아동복지론

김미영 · 조성심 · 조윤정 · 조윤희 · 이정희 · 김정식 지음

도서출판 파란마음

머리말

우리 사회는 현재 저출산 · 고령화 사회로 진입하여 사회 제도적 차원에서 커다란 변화를 겪고 있으며, 한부모가정과 맞벌이가정의 증가로 인하여 가족의 구조와 기능 차원에서도 다양한 변화를 실감하고 있다. 이러한 변화는 아동복지 차원에서 야기되는 문제점들과 밀접한 상호연관성을 가지고 있기 때문에 전문적 시각에서 다각도로 검토해야 하는 필요성이 대두되고 있다.

아동이 안전한 사회에서 건강하고 행복하게 자라나기 위해서는 개인과 가정, 사회의 적극적인 지원이 무엇보다 필요하다는 것은 모두 인식하고 있다. 최근까지 아동에 관한 자료와 정보는 방대할 정도로 많으며, 연구도 광범위하게 이루어지고 있고, 과거에 비해 아동의 복지와 권리는 많이 향상되었다. 아동복지 대상의 범위도 요보호 아동 중심의 선별주의적 원칙에서 점점 모든 아동을 대상으로 하는 보편주의적 원칙으로 변화하고 있다는 점에서도 괄목할 만한 성과를 거두고 있다.

그럼에도 불구하고 아직 아동을 둘러싸고 있는 가정, 교육, 사회, 문화적 환경 안에서 적절한 보호를 받지 못하고 방임, 학대, 장애, 혹은 빈곤으로 고통 받고 차별 받고 있는 사례들이 무수히 많다는 것을 간과해서는 안 된다. 이러한 문제는 단순히 아동보호만 잘 해주는 것으로 해결될 수 없으며, 이제는 각 분야에서 통합적이고 전문적인 질적인 서비스를 통하여 아동의 만족스러운 삶을 영위할 수 있도록 노력해야 한다.

이러한 점에서 우리 저자들은 공통적으로 아동복지 전반에 대한 문제점을 함께 고민하고 전문적 아동복지에 대한 실천적 서비스를 모색하고자 하는 뜻을 가지고 본 서를 준비하였다. 미래의 사회복지사나 아동 관련 전공 분야의 학생들에게 필요한 지식과 정보를 전달하기 위하여 아동복지에 관한 제이론을 중심으로 아동복지사업을 총괄적으로 소개하고 있다.

먼저, 아동복지의 기초로서, 아동복지의 개념을 시작으로 전제조건과 기본 원리를 통해 아동–부모–사회의 세 주체에 대한 책임과 권리를 다루었고, 아동발달의 기본 특성을 중심으로 발달이론 및 아동복지의 발달과정을 살펴보고자 하였다. 다음으로 아동복지의 실천적 접근방법으로 개별 및 집단 아동복지실천을 단계별로 정리하였다. 그리고 아동복지의 구체적 실천 분야에 대한 내용으로 보육, 빈곤, 학대, 장애, 입양, 시설 아동을 위한 복지실천사업에 대한 개념 및 현황, 서비스 내용 및 개선 방안 등에 관하여 다루고 있다. 또한 한부모가족 및 다양한 가족에서의 다문화가정, 조손가족, 재혼가족의 아동을 위한 복지실천사업을 설명하고 있다. 마지막으로 아동복지의 과제와 전망에 대해 살펴보았다.

막상 교재를 출간하는 시점에서 보니, 집필 방향에 대해 논의하고 협의하는 시간이 절대적으로 부족하여 처음 의도와는 달리 미진한 점이 많이 있음을 인정한다. 부족한 점은 추후 수정 · 보완해 가기로 하겠다. 끝으로 원고가 나오기까지 오랜 시간동안 기다려주고 출판해주신 도서출판 파란마음 황호철 대표와 편집부 직원분들께 심심한 감사의 말씀을 드린다.

저자 일동

차례

Part I 아동복지의 기초

Chapter 01 아동복지의 이해 • 19

Chapter 04 아동복지 정책과 제도 • 85

Chapter 05 아동복지의 실천적 접근방법 • 121

• Part II • 아동복지의 실천 분야

Chapter 06 보육 아동을 위한 아동복지실천 • 149

Chapter 07 빈곤 아동을 위한 아동복지실천 • 179

Chapter 10 입양 아동복지 • 259

Chapter 11 시설 아동 • 279

Chapter 12 한부모가족을 위한 아동복지실천 • 295

Chapter 14 아동복지의 과제와 전망 • 341

Part I

아동복지의 기초

아동복지의 이해

Chapter 1

1 아동복지의 개념

2 아동복지의 기본 요소

3 아동복지의 원칙

4 사회 환경의 변화와 아동복지

아동복지의 기초는 아동의 눈으로 세상을 보려고 노력해야 하는 것에서부터 출발한다. 즉, 적극적으로 아동의 관점을 찾고, 아동의 감정과 경험을 이해하려고 노력하며, 아동에게 귀 기울이고, 아동의 시각에서 사물을 보려고 노력하는 것이다. 이러한 일에는 무엇보다 아동에 대한 지식을 기반으로 아동복지적 관점에서 출발하여야 한다. 본 장은 첫째, 아동 및 아동복지에 대한 기초적인 개념들을 파악하는 데서 출발한다. 아동과 복지를 어떻게 보느냐에 따라 아동복지의 의미는 달라질 수 있으며, 각 나라마다의 사회 · 문화적 배경과 학문 분야에 의해 크게 영향을 받는다.

둘째, 아동복지는 모든 아동의 복지에 관심을 가지며, 특히 최적의 상태로 발달하는 데 방해받을 수 있는 상황에 처한 아동에게 우선적으로 관심을 가져야 한다. 아동의 필요를 충족시키기 위한 부모 및 가정 지원, 보건의료 체계 및 제반 교육여건을 개선하는 등의 노력은 지속적으로 필요하기 때문이다. 따라서 아동복지사업을 실시할 때에 기본적으로 갖추어야 할 요인들을 살펴본다.

셋째, 아동이 건강하게 발달하도록 돕기 위해서는 적절한 대책과 프로그램, 아동복지 서비스가 요구된다. 이에 아동복지 서비스를 전개할 때에 고려할 원칙들에 대해 살펴보기로 한다.

마지막으로 아동복지제도의 출현에 대한 요구를 증대시키는 사회적 요인은 여러 가지가 있으나 대표적으로 사회적 환경의 변화에 따른 가족 구성원의 변화, 가족의 다양성, 가족 체계의 변화와 아동의 복지권을 중심으로 살펴보고자 한다.

1 아동복지의 개념

아동이라는 개념은 어린이, 유아, 청소년 등의 용어와는 조금 다르지만 비슷하게 혼용되는 개념으로 사용되고 있으며, 시대와 사회의 변천 및 학자의 관점에 따라 다양하게 정의내리고 있다. 즉, 각 생물학적 측면, 발달심리학적 측면, 교육학적 측면, 법적 측면에서 각각 아동에 대한 정의를 내린다.

1) 아동의 개념

생물학적 측면에서 아동이란 출생 이후 신체적 성숙이 마무리되는 기간 사이의 생애주기 내에 있는 연령층의 집단을 의미하는 것이다. 생물학적인 연령과 성숙의 정도를 기준으로 규정하는 바에 의하면, 일반적으로 특정 연령대에 있는 아동은 인간의 일생에서 특히 미성숙한 단계에 있는 것으로 보고 아동을 일차적으로는 부모를 포함한 가족이나 사회에 의존하는 존재로 본다. 그러므로 아동에 대한 개념은 아동기의 의존성과 욕구를 중심으로 정의내리기도 하고, 사회가 그 사회의 아동에게 부여하는 독특한 일련의 역할과 기대로 설명하는 사회학적 개념으로 정의내리기도 한다.

발달심리학적 측면에서 아동이란 이 세상 모든 아동에게 공통되는 보편적인 욕구와 특성 중심으로 정의내릴 수 있다. 즉, 아동은 일반적으로 언어능력이나 운동능력, 정신적 · 정서적인 대처능력이 부족하여 의 · 식 · 주를 포함한 인지적 · 정신적 · 사회적 · 도덕적 발달과정을 성인들에게 의존하는 보편적인 욕구와 특성을 가진 존재라고 본다. 이에 따라 아동기는 영아기와 유아기 이후의 시기에 해당되며 대개 6~12세의 연령으로 규정하고 있다(Newman & Newman, 1991).

교육학적 입장에서 아동이란 교육의 대상으로서 정의내리는데, 우리 사회에서는 초등교육과정에 해당되는 시기, 즉 6~12세에 해당되는 자로 보았으며 그 이전의 시기를 영유아기로 규정하여 초등학교 취학 이전까지의 시기로 구분하여 아동기와는 다른 시기로 보고 있다(김성경 외, 2005).

법적 측면에서 아동의 개념은 법의 성격에 따라 아동의 개념을 규정한다. 법에서 규정하는 아동의 개념은 다소 상이하게 규정되고 있으며, 용어에서도 유아, 아동, 소년, 연소자, 미성년자, 청소년 등이 혼재되어 유사 개념으로 사용되고 있다. 국제법에서는 아동을 18세 미만으로 명확하게 규정하고 있는데, 국내의 경우는 법에 따라 명칭 및 연령상의 차이가 있어 그들의 권리와 의무에도 많은 차이가 나고 있다.

아동복지의 근간이 되는 「아동복지법」에서는 아동을 한 인간으로서 근로 및 자립할 수 있는 시기까지를 고려하여 '18세 미만의 자'로 규정하고 있으며, 「소년법」에는 소년을 '20세 미만의 자'로 규정하고 「소년법」에 대하여는 처벌보다는 교정과 선도를 통한 사회복귀에 주력하고 있다. 「근로기준법」에서는 연소자를 '18세 미만의 자'로 규정하고 있어 연소자에 대해 취업업종을 제한하고, 15세 미만의 자에 대해 취업을 금지시켜 아동을 노동으로부터 보호하고 있다.

또한 2013년 7월부터 성년의 나이 기준을 20세에서 19세로 낮추는 민법 개정안이 국회를 통과하였다. 개정안에 관한 법무부 측에 의하면 청소년 조숙현상을 반영해야 할 필요성이 있고, 젊은 층과 사회적 약자의 자율성을 높이고 책임의식을 부여하여 국가경제 발전 등에 순기능을 할 것으로 기대하며, 고령화 사회에 대비한 사회적 약자 보호장치를 마련했다는 데 의의가 있다고 밝혔다.

표 1-1 아동 관련법에 의한 아동의 호칭 및 연령 기준

관련법	호칭 및 연령
• 헌법	• 아동(18세 미만의 자)
• 아동복지법	• 아동(18세 미만)
• 영유아보육법	• 영유아(6세 미만 취학 전 아동)
• 한부모가족지원법	• 아동(18세 미만의 자)
• 청소년기본법	• 청소년(9세 이상 24세 이하)
• 청소년보호법	• 청소년(19세 미만)
• 소년법	• 소년(20세 미만)
• 근로기준법	• 연소자(18세 미만)
• 입양촉진 및 절차에 따른 특례법	• 아동(18세 미만)
• 국민기초생활보장법	• 아동(18세 미만)
• 형법	• 형사 미성년(14세 미만의 자)
• 민법(2013. 7. 개정)	• 성년 19세

| 출처 | 장영인 · 최영신 · 백선희 · 임유경(2006). 아동복지론. p. 14. 재정리.

2) 복지의 개념

복지의 개념은 다소 추상적이면서 실천적인 개념을 공유하고 있어서 매우 다면적일 뿐 아니라 관련 분야에서 특수한 상태로 전용하여 사용하기 때문에 그 개념을 구체화하여 정의내리는 것은 쉽지 않다.

원래 복지(welfare)는 안녕(well-being), 행운(goodfortune), 행복(happiness), 번영(prosperity) 등과 같이 동의어로 사용되며, 더할 나위 없이 좋고 만족스러운 삶이 영위되며 건강과 행복의 조건이 충족되는 상태를 말한다고 할 수 있다. 다만 학자에 따라 다르게 구별하는 경우를 볼 수 있는데 예를 들면, 행복이란 주관적이고 개인 지향적인 특성이 강하여 '상태' 의 의미가 함축되어 있지만 복지는 행복한 상태라기보다는 행복을 고려한 실천적 행동의 의미를 보다 더 많이 지닌 것으로 보고 있다(김영모, 1997). 이렇게 볼 때에 복지는 인간의 안녕된 삶을 위한 적극적인 사회의 노력이라고 볼 수 있다.

따라서 복지의 개념 및 주체, 형태는 매우 다양하기 때문에 어떠한 주체가 복지 실천의 중심이 되고 있는지, 어떠한 형태의 복지가 발달되고 있는가 하는 문제는 그 나라가 처하고 있는 사회 · 경제적 수준에 따라 다르게 설명될 수 있다. 1980년대 중반 유럽에서 시작된 슬로푸드(slow food) 운동, 1990년대 초 '느리게 살자' 는 기치를 내걸고 등장한 슬로비족(slow but better working people), 부르주아의 물질적 실리와 보헤미안의 정신적 풍요를 동시에 추구하는 보보스(bobos) 등도 웰빙의 한 형태이다. 웰빙을 추구하는 사람들은 육체적으로 질병이 없는 건강한 상태뿐 아니라, 직장이나 공동체에서 느끼는 소속감이나 성취감의 정도, 여가생활이나 가족 간의 유대, 심리적 안정 등 다양한 요소들을 웰빙의 척도로 삼는다. 몸과 마음, 일과 휴식, 가정과 사회, 자신과 공동체 등 모든 것이 조화를 이루어 어느 한쪽으로 치우치지 않은 상태가 웰빙이다.

반면에 비복지란 '만족스럽지 못한 상태, 질병, 빈곤, 불안, 불행한 상태' 를 뜻한다고 할 수 있다. 이렇게 복지와 비복지를 대비시켜 보면 가장 단순한 차원에서 복지국가란 '국민들의 비복지를 제고하고 복지를 향상시키기 위해 노력하는 국가' 혹은 '국민들의 복지향상을 가장 중요한 책임과 의무로 삼는 국가' 라고 볼 수 있다. 현재 우리나라에서 저출산화, 고령사회, 다문화가정 등의 문제들이 회자되면서 복지에 대한 욕구가 확대되며, 또한 동시에 아동 및 사회문제의 발생이 점점 증가되고 더욱 심화됨에 따라 오늘날에서는 복지 주체로서의 국가의 역할이 보다 강조된다.

3) 아동복지의 개념

아동복지란 '아동'과 '복지'의 합성어로서 아동복지를 이해해보면, 아동이 편안하고 행복하게 잘 지내는 상태 혹은 그러한 삶이 가능하도록 구비된 환경으로 볼 수 있지만 특수한 관점으로 전이되어 사회적인 입장에서 아동의 복지를 보장하기 위한 여러 활동과 사업 체계로 설명된다.

복지사업이란 국민의 행복을 추구하기 위해서 하는 모든 사업을 지칭하므로 일반적으로 아동복지란 요보호 상태에 있는 아동은 물론 모든 아동들이 가족 및 사회의 일원으로 건강하고 건전하게 성장할 수 있도록 개인, 민간, 국가가 서로 협력하여 벌이는 활동으로 정의할 수 있다.

구체적으로는 아동복지에 대한 개념은 협의의 개념과 광의의 개념으로 나누어 설명할 수 있다. 협의의 아동복지란 특수한 욕구를 가진 아동과 가족을 대상으로 사회복지기관을 비롯한 특정기관에서 제공하는 서비스를 의미하며, 광의의 아동복지란 일반아동과 그 가족을 대상으로 다양한 복지 주체들이 서로 유기적인 관련 하에 체계적으로 복지 활동을 전개하는 것을 말한다(Kadushin, 1980). 그리고 아동복지의 대상에 아동의 가족이 포함되는 것은 아동복지의 일차적인 책임은 가족에게 있으며, 최선의 아동복지는 아동양육에 대한 가족의 기능을 강화해 주기 위한 사회복지의 한 분야로서 아동과 그 가정의 안녕을 위한 것이라고 할 수 있다.

과거의 아동복지는 주로 기아 · 미아, 비행, 가출, 빈곤이나 학대, 해체가정의 아동 등 구조적으로나 기능적으로 부적절한 가정 환경에 처한 아동이나 신체 · 정서 · 행동적 장애를 지닌 아동 등 요보호 아동을 위한 복지 활동이 주를 이루었다고 볼 수 있다. 그러나 오늘날 아동복지의 대상은 요보호 아동 중심인 협의의 개념에서 모든 아동을 대상으로 하는 광의의 개념으로 나아가고 있다. 더욱이 아동들에게 주어지는 복지 대책의 경우는 단순한 보호와 민간 차원의 서비스를 포함한 사회제도의 차원에서 아동복지를 인식함에 따라 아동복지의 주체는 부모는 물론 민간단체와 국가기관을 비롯한 공공단체의 노력을 포괄하고 있으며, 그 관심 분야도 아동의 욕구, 즉 생리적 · 신체적 · 정신적 · 사회적 욕구와 이로 인한 사회적 문제에 비중을 두고 있다.

아동복지의 개념은 보편적이며 포괄적인 개념을 수용한다는 입장에서 본고에서는 광의의 개념을 채택하고자 한다. 즉, 아동복지란 요보호 상태에 있는 아동은 물론 모든 아동들이 가족 및 사회의 일원으로 신체적 · 정신적 · 사회적으로 건강하게 성장하고 발달할 수 있도록 아동복지 관련 공 · 사단체와 기관들이 상호 협력하여 수행하는 총체적 활동으로 정의된다.

2 아동복지의 기본 요소

아동이 건강하고 행복하며 안전하게 양육되는 데 필수적인 기본조건이 수반되어야만 비로소 아동복지를 실천한다고 할 수 있다. 아동의 욕구야말로 아동복지의 대상이라 할 수 있으며 욕구충족이 제대로 이루어지 않으면 곧 아동의 문제로 이어질 수 있기 때문에 이러한 요소들이 결핍되지 않도록 기본적으로 보장해주어야 한다.

아동복지의 실천을 위해 고려되어야 할 기본 요소에 대해서는 학자에 따라 다양한 견해들이 제시되고 있으며, 또한 아동의 권리에 관한 선언이나 법에 의해서도 제시되고 있다. 예를 들면, UN 아동 권리에 관한 국제협약(1989)에서는 아동의 기본 권리로서 시민권과 자유권, 가정 환경 및 대리보호에 대한 권리, 보건 및 복지에 대한 권리, 교육 · 여가 · 문화 활동에 대한 권리, 특별보호에 대한 권리 등을 제시하고 있다. 본 절에서는 여러 학자들이 공통적으로 제시된 요소들을 포함하고 종합하여 다음과 같은 내용으로 나누어 살펴보고자 한다.

1) 가정 환경 및 부모의 역할

아동에게 가장 중요한 환경은 1차적으로 가정이며, 그 가정에서 부모의 보호 하에 양육되어야 하는 것을 기본 전제로 한다. 가정이라는 환경은 아동이 태어나서 최초로 경험하는 생활 환경으로서 가정생활이 안정된 가운데 바람직한 부모역할이 제공된다면 아동발달에 최선의 이익을 가져올 수 있다. 발달의 기초가 형성되는 영유아 시기에는 무엇보다 부모의 따뜻한 사랑과 보호를 받으면서 양육될 수 있어야 하지만 가족 체계의 구조적 변화와 기능적 변화는 아동양육에 위협이 될 수도 있는 가능성이 높아지고 있다.

현대 가족의 특성에 의하면 아동을 양육하고 교육하기 위한 인적 자원 및 사회적 지원망이 부족하고 높은 이혼율로 인하여 발생하는 가족 해체 등은 가정 구조의 불안정성을 조장하여 아동발달과 성장을 저해시키는 요인이 되기도 한다. 과거에 비하여 취약해진 가정 내 양육 기능 체제는 가족 해체의 증가로 가족의 안정성은 상당히 위협을 받고 있다.

이와 같은 현대 가족의 특성들은 안정된 가정 환경과 올바른 부모역할 수행이 무엇보다 아동복지에 있어서 선행되어야 함을 인식시켜 준다. 안정된 가정 환경을 제공한다면 아동은 그 부모와 가족으로부터 생존에 필요한 생리적 욕구를 충족하고 정서적인 부모자녀 관계를 경험하며, 사회화의 기초를 형성하게 된다.

또한 부모는 자녀에 대한 책임감을 가지고 올바른 부모역할을 수행하는 계획과 교육이 필요하다. 부모교육을 통해서 아동발달의 원리와 자녀와의 대화 기술 등에 대한 내용을 학습하고, 자녀에 대한 지나친 기대와 보호, 간섭, 편애 등 아동문제의 원인이 되는 그릇된 부모의 가치관과 태도 및 행동특성 등을 수정해 가는 것이 필요하다. 부모로서 갖추어야 할 지식과 기술에 대한 교육을 통해 아동은 물론 부모 자신의 성장에도 도움을 줄 수 있으므로 가정에서뿐만 아니라 국가와 지방자치단체의 노력과 지원이 요구된다.

2) 경제적 안정

아동의 건전한 발달을 위해서 가정의 경제적 안정은 필수적이고, 각 가정생활에 필요한 최소한의 물질적 욕구가 충족되어야 하며, 아동의 기본욕구인 의 · 식 · 주의 문제를 기본적으로 충족할 수 있어야 한다. 아동이 필요로 하는 적절한 식사, 안전한 주거 공간 및 환경, 의료 및 보건 서비스, 양질의 교육, 여가 및 문화생활 등을 제공하기 위해서는 적절한 경제력이 바탕이 되어야 한다.

'가정의 빈곤은 아동복지의 지표이며, 동시에 가정 기능의 수준을 측정하는 지표이다' (Garbarino, 1992)라는 지적은 가정의 경제적 안정이 아동복지의 중요한 요소임을 강조하고 있으며, 이는 가정의 경제적 여건은 부모뿐 아니라 아동의 삶에 직접적인 영향을 미친다. 빈곤가정의 아동들에게 나타나는 취약점을 보완하기 위해 우선적으로 가정의 안정을 도모해야 하며 그러한 일환으로 제공되는 공적 부조, 사회보험, 아동수당 제도 등은 열악한 빈곤 환경에서 벗어나 건강한 성인으로 성장하는 데 바람직한 지원 방안이 될 수 있다.

경제적 안정은 아동의 건강한 발달에 필요한 기본적 요소뿐만 아니라 학업성취 및 교육과 관련하여 매우 중요한 의미를 내포한다. 빈곤가정의 아동들은 사망률과 유병율이 높고, 영양실조, 사고, 비위생적 환경 등 교육기회의 박탈에 따른 학업 부진과 정서 · 행동문제 등의 가능성이 높으며, 가정폭력의 피해 가능성 등의 부수적인 문제들을 유발할 수 있다. 경제적 불안정으로 가족이 해체되기도 하고 욕구충족의 좌절로 우울 증상이나 비행이 나타나기도 한다. 따라서 취약 환경에 처해 있는 아동은 인간의 심리 · 사회적 발달 단계에 관련된 문제뿐 아니라 가정, 이웃 등 사회 환경의 취약성에서 비롯된 위험에도 동시에 노출되어 있기 때문에 보다 집중적인 사회적 지원과 관심이 필요하다.

3) 보건 및 의료 서비스

아동복지는 아동의 신체적 · 정신적 건강을 기반에 두고 있기 때문에 아동의 건강 상태는 웰빙의 중요한 지표가 되며, 나아가 아동의 인지 · 사회적 발달에 영향을 미치는 중요한 요소로 작용한다. 아동의 건강관리는 우선적으로 어머니의 신체적 · 정신적 건강관리와 밀접한 관계가 있으므로 임신, 출산 시 모자보건에 대한 각별한 관심과 적절한 서비스를 제공하는 것에서부터 시작될 필요가 있다. 아동에게는 보건 · 의료 서비스를 받을 권리가 보장되어야 하며, 질병 치료와 건강회복을 위한 시설을 사용할 수 있도록 해야 하며, 더 나아가 국가는 영유아 · 아동의 사망률을 감소시키고 질병과 영양실조를 퇴치하기 위한 조치를 취해야 할 책임이 있다.

최근 세계보건기구(WHO)의 아동 및 모성 보건의 개선을 위한 캠페인의 '적절한 영양공급, 감염과 질병으로부터의 보호와 필수 보건 및 의료 서비스에 대한 접근' 이라는 세 가지 주요 내용을 월드비전이 추구해야 하는 목표로 설정하고 그에 따른 구체적인 방안을 발표하기도 하였다(월드비전, 2010). 우리나라의 경우는 보건복지부 질병관리본부에 따르면, 2012년부터 어린이 필수예방접종에 대한 지원이 대폭 확대되어 영유아(0~12세)를 둔 부모들의 육아 부담이 경감되었다고 한다. 이에 대한 주된 내용은, 기존 병 · 의원 필수예방접종 이용 시 만 12세 이하 아동의 경우에는 접종비가 기존 1만 5천 원에서 5천 원으로 낮아져 부모들의 경제적 부담이 줄어들게 되었으며, 혜택을 받을 수 있는 지정 의료기관도 전국 6,975개(보건소 포함, 2011. 12. 28. 기준)로 확대되어 멀리 있는 보건소를 찾아다니는 불편이 없어져 바쁜 맞벌이 부모들의 시간, 거리적 부담도 줄어들었다는 것이다. 아울러 지원 대상 백신도 기존 8종에서 10종으로 늘어나 어린이들의 감염병 위험을 줄이는 데도 긍정적 영향을 줄 것으로 기대된다. 앞으로 보건복지부 질병관리본부는 어린이 필수예방접종 지원 확대를 알려 필수예방접종률 향상을 위한 범국민적 인식의 제고 활동을 지속적으로 진행할 예정이다(메디칼 헤럴드, 2012. 1. 12.). 이와 같이 세계기구 및 협회 등에서 아동들의 건강에 대한 권리를 보호하고 질병을 미연에 예방하는 차원에서라도 보건 및 의료 서비스에 대한 지원은 국가적인 정책 아젠다로 확장시켜 나가야 할 것이다.

4) 교육권 보장

아동의 교육권을 보장하기 위하여 국제사회에서는 UN 아동권리협약 제28조, 제29조를 근거로 아동의 교육받을 권리 기준을 규정하고 있으며, 우리나라도 헌법 제31조와 교육기본법 13조에 모든 아동이 초 · 중등교육을 받을 기본 권리를 명시하고 있다. 즉, 국가로부터 학교출석을 권장 받는 것은 물론이고 이탈로부터 방지되도록 적극적인 지원을 받을 수 있는 교육권의 근거가 되는 조항을 두고 있다. 이러한 각 규정의 취지에서 볼 수 있듯이 학습권은 아동의 성장과 발달, 인격의 완성을 위해서도 절대적으로 필요하며, 교육권 보장은 학습을 할 고유의 권리이자 기본 인권 중에서도 가장 핵심적인 기본권이라고 할 수 있다.

교육권의 보장은 모든 아동에게 공평하게 교육의 기회가 제공되어야 할 뿐 아니라 아동 개인의 능력, 필요, 흥미에 따라 적절한 교육 여건을 개방해야 함을 의미한다. 그러나 현재 우리나라는 조기교육의 흐름을 타고 유아기부터 과도한 교육열로 인하여 발달에 무리가 가는 학습을 강요한다거나 아동 및 청소년들로 하여금 과도한 입시 위주의 교육으로 인하여 학업 스트레스가 높으며, 전인교육의 부재현상과 과도한 사교육비의 문제 등이 부각되고 있는 실정이다. 또한 교육 기회와 과정에 있어서 불평등을 겪고 있는 이주노동자의 자녀들과 미등록 이주민 자녀의 경우에는 초등학교 입학부터 난항을 겪음으로써 교육권 침해를 경험한다. 현재 우리나라에서 시행하고 있는 「다문화가족지원법」에 근거하여 불평등한 교육권에 대한 개선이 필요하다고 할 수 있다.

아동 개개인의 능력과 적성을 고려하여 최대한의 잠재력을 일깨워주는 교육이 구현하여야 하며, 더 나아가 아동들이 미래에 대한 꿈을 가지게 되며, 자신의 삶을 주도적으로 이끌어 가는 데 원동력이 될 수 있는 교육권에 대한 보장이 실현되고 개선되어야 할 것이다.

5) 놀이 및 오락 제공

놀이는 아동에게 삶이고 학습이며, 본능적인 활동이기 때문에 아동은 놀이를 통해서 가장 효과적으로 학습할 수 있다. 따라서 아동은 적절한 휴식과 여가를 즐기고 자신의 연령에 적합한 놀이와 오락 활동에 참여할 수 있는 권리가 보장된다면 비로소 건강하게 성장하고 발달하게 된다.

아동권리협약 제31조에는 '모든 아동은 적절한 휴식과 여가생활을 즐기고 자신의 연령에 적합한 놀이와 오락 활동에 참여하며, 문화 예술 활동에 참여할 권리를 가진다.' 라고 명시한 것처럼 놀이 및 여가의 중요성을 강조하고 있다.

그럼에도 불구하고 아동이 현재 누려야 할 즐거움과 관심은 간과하고 무시되어 아동의 놀 권리는 존중되지 못하고 있는 것이 현실이다. 아동기를 삶의 과정에서 즐거움과 행복을 누리고 향유하는 시기로 인식하지 못하고 과도한 학업을 요구하고 친구들과 자유롭게 어울려 놀 수 있는 시간과 환경은 턱없이 부족한 실정이다. 아동에게 충분히 놀이할 수 있는 자유, 권리를 누리기 위해 부모와 지역사회 그리고 국가 차원에서 아동의 학습에 과도하게 치우치게 하기 보다는 놀이 문화를 위한 적절한 배려와 대책이 필요하다.

6) 아동 노동의 보호

전 세계 아동 노동 현황에 대한 국제노동기구(ILO) 보고서(2004)에 의하면, 아동 노동 인구가 1억 2천 6백만 명에 달하며, 안전과 생명, 성장을 위협하는 매우 위험한 일들에 종사하고 있으며, 여자 어린이, 고아, 소수 민족이나 거리의 어린이들 같이 학교에 대부분 다니지 않는 가장 취약한 계층의 아이들이 착취를 당한다고 보고하고 있다. 국제노동기구에 따르면 아동 매춘, 매매, 소년병과 같은 아동에게 해를 끼치는 모든 악의적인 형태의 아동 착취가 계속 발생하고 있다.

빈곤 가정 아동을 노동 현장으로 내모는 현실을 감안할 때 교육은 어린이에게 안전한 환경을 제공할 수 있다는 사실을 간과해서는 안 된다. 아동 노동자나 외곽 지역 아이들을 위한 유연하고 적절한 교육 프로그램과 이를 위한 기금 모금, 초등학교 수업료 폐지 등과 같은 교육 환경 개선 사업 없이는 아동 노동의 현실을 개선할 수 없을 것이다.

우리나라 「근로기준법」에는 15세 미만의 아동에 대한 근로가 금지되어 있으며, 「아동복지법 」 제29조에서도 아동을 학대하거나 착취하는 행위를 금지하고 있다. 근로 아동 및 청소년들이 장시간 노동, 저임금, 비위생적인 작업 환경, 영양실조 등으로 질병과 비행 등의 문제를 보일 수 있기 때문에 모든 아동은 유해 노동이나 기타 착취적 노동으로부터 아동을 보호하기 위한 법률적 · 사회적 보호 대책이 강구되어야 한다.

7) 특수보호

아동복지는 요보호 아동을 포함한 모든 아동을 대상으로 복지증진을 위해 노력한다면 특수한 요구를 지닌 아동, 즉 신체 · 정서 · 사회적 장애를 지닌 아동 및 보호, 학대, 방임되는 아동에 대한 적절한 보호와 교육, 치료 서비스를 제공해야 한다. 그 외 취업모의 자녀, 미혼모와 그 자녀, 빈곤층 아동에 대한 교육, 위탁 및 입양 대상 아동 등 여러 가지 이유로 인해 사회적 차원에서의 특수보호가 필요한 아동을 위한 대책이 마련되어야 한다.

국가는 장애 아동에게 특별한 보호를 받을 권리가 있음을 인정하고 아동과 부모에게 적절한 지원을 제공해야 하며, 이러한 지원은 가능한 한 무상으로 아동의 교육 · 훈련 · 건강관리 지원 · 재활 지원 · 취업 준비와 오락 기회를 효과적으로 이용하고 제공받을 수 있도록 계획되어야 한다(한미현 외, 2007).

3 아동복지의 원칙

아동복지를 실천하기 위해서는 아동복지의 기본원칙에 근거하여 정책을 마련하고 복지 서비스 실천이 이루어져야 한다. 아동복지의 원칙은 다음과 같은 다섯 가지 원칙으로 나누어 살펴볼 수 있다.

1) 권리와 책임의 원칙

아동복지 서비스는 아동–부모(보호자)–사회(국가와 지방자치단체)의 상호 관계를 바탕으로 실시되어야 한다. 이 세 주체가 각자의 권리와 책임이 동반되어야 하며, 상호작용과 협력 속에서 수행되어야 바람직한 방향으로 나아가게 된다. 이들 중 어느 한 부분이라도 권리의 상실이나 부적응, 지나친 요구 등이 야기될 때에 아동복지는 많은 문제점을 도출하는 상황이 일어난다. 따라서 아동은 아동으로서의 권리와 책임을 부여받고 부모는 부모로서의 권리와 책임을 감당해야 하며, 또한 사회는 사회로서의 권리와 책임을 충실히 이행할 때에 진정한 아동복지의 실천은 이루어질 수 있다.

(1) 아동의 권리와 책임

모든 아동은 적절한 의 · 식 · 주를 제공받으며 건강하고 위생적인 삶을 향유하며 문화적인 생활을 누릴 수 있는 복지권을 가지며, 모든 아동은 폭력과 공포, 학대나 방임으로부터 보호받을 권리와 자신의 의견을 주장하고 결정할 수 있고 자신이 원하는 각종 활동에 참여할 수 있는 권리를 갖는다.

아동이 부모의 자산이나 소유물로, 종족의 유지나 국가의 보호를 위한 수단으로 간주되었던 시대에는 아동의 권리는 존재하지도 존재할 수도 없었다. 아동관이 변화되기 시작한 20세기에 들어와서도 법은 전통적으로 아동을 보호의 객체로 파악했을 뿐 아동의 생존, 보호, 발달을 위한 적극적인 권리의 주체로 인식하지 않았다. 아동의 권리는 아동의 일차적 환경인 가정에서 부모나 형제들에 의해서 학습되어야 하며, 학교에서 교과과정을 통해 교사로부터 배워야 하며, 무엇보다도 아동들 자신들이 스스로 권리의 개념을 배우고 이해하며 그 권리를 지키기 위한 힘을 길러야 할 것이다.

(2) 부모의 권리와 책임

부모에 의한 아동양육 환경의 질적 환경이 아동발달에 중요하다는 것은 이미 널리 알려진 사실이다. 급격한 사회변화로 인하여 맞벌이가족과 한부모가족이 증가함에 따라 가정 밖의 양육이 증가함에도 불구하고, 아동의 보호 및 양육을 위한 일차적 책임은 부모에게 있다. 특히 UN 아동권리협약의 제18조는 '부모 쌍방이 아동의 양육과 발전에 공동 책임을 지는 것' 으로 규정하고 있다. 부모의 권리와 의무의 중요성에 대한 사회적 인식이 강조되면서 가족의 정서적 기능을 강화하고 부모가 함께 부모역할을 할 수 있는 제도적 장치 마련이 필요하다. 아동의 권리는 가족과 사회가 함께 노력함으로써 보장될 수 있다(이재연 외, 2007).

아동의 기본적 복지권을 위해서는 가족생활교육과 아동의 권리에 대한 인식을 높이기 위한 부모교육이 필요하며, 다양한 가족 체계에서는 적절한 부모의 역할규정과 부모의 선택으로 변화된 부모-자녀 관계에서 아동의 지위와 인식을 명확히 하는 것이 중요하다.

(3) 국가와 사회의 권리와 책임

아동기는 오랜 세월 동안 사회적 약자로서 위치를 감내해 오던 아동에 대해 1차 대전 이후 큰 각성이 일게 되었다. 결과적으로 이것은 '아동에 대한 권리 선언' 이 계기가 되었다. 그러나 이러한 선언이 아동에게 실제적인 변화를 가져오지는 않았지만 1989년 UN 총회에서 만장일치로 채택한 '아동권리협약' 은 국가로 하여금 아동의 권리실현을 위해 법적 구속력을 갖추게 하여 아동 권리에 커다란 진전을 가져오게 하는 계기가 되었다. 아동들이 적절한 생활수준을 누리는 세상을 만들기 원하는 국제사회의 염원을 담고 있는 이 협약은 세계 모든 국가의 아동들에게 큰 변화를 약속하는 국제적인 문서가 되었다(UNICEF, 2002).

협약은 아동의 권리를 지키는 수단이자 기준이 되는 문서이다. 협약은 아동이 가정에서 성장하고, 학대로부터 보호받으며, 자신의 견해를 표현하며, 부모의 양육과 사회의 제도가 아동의 최선의 이익에 의해 이루어지도록 공식화하였다. 그리하여 아동의 권리는 확실하게 정치적인 사안이 되었으며, 국가들은 협약이 의도하는 효과를 달성하기 위해 아동과 관련하여 많은 영역을 중앙정부와 지방자치단체, 지방의회에 위임하여 상당 부분을 이러한 주체에 맡겨진다. 그러나 협약이 국내에서 효과를 발휘하게 하는 책임은 궁극적으로 중앙정부에 있다.

2) 보편성과 선별성의 원칙

아동복지의 서비스는 보편성과 선별성이 동시에 고려되어야 한다. 보편성의 원칙은 일반 아동을 위해 적용되며, 선별성의 원칙은 특수한 요구나 문제를 가진 아동에게 적용된다. 이러한 원칙은 사회복지의 두 가지 개념, 즉 잔여적 개념과 제도적 개념에서도 찾아볼 수 있다. 잔여적 개념이란 복지 제공의 일차적 책임은 가족이나 시장기구와 같은 정상적인 집단이 부담하지만, 그 역할이 붕괴될 때에는 취약 집단에 국한된 잔여 부분을 국가가 개입하는 것이다. 반면에 제도적 개념은 복지 제공의 일차적 책임을 국가가 담당하고, 다양한 복지제도를 통해 일차적이고 정상적인 기능을 수행한다고 보는 개념을 의미한다.

보편성이란 모든 아동을 대상으로 하는 포괄적이고 기회균등적인 제도로서, 계층, 인종, 민족, 장애 유무, 부모 유무 등 제반 조건이나 특성에 관계없이 동등한 수준에서 예방적 서비스를 목적으로 사회가 책임지고 제도적으로 실시하는 것이다. 아동수당, 국민보건 서비스, 가족수당, 무상의무교육 등을 들 수 있다.

선별성이란 빈곤 계층의 아동이나 특수아동 등 가장 욕구가 크고 긴급한 아동들을 중심으로 보충적이고 열등처우적인 서비스를 제공하는 것을 말한다. 고아나 기아를 아동 복지시설에서 보호하거나 다른 가정에서 입양할 수 있도록 조치하는 경우가 그

예이다.

기존의 아동복지사업은 요보호 아동을 중심으로 하는 보충적 서비스가 주를 이루었으나 최근 들어서는 모든 아동을 위한 보편적인 수준에서 가족, 의료, 고용, 사회보장제도 등에서 아동의 복지를 도모하며, 아동의 발달 수준에 대한 기대나 교육적 욕구에 대한 변화를 수용하고 충족하는 질적인 서비스가 제공되어야 한다.

3) 개발적 기능의 원칙

개발적 기능의 원칙이란 일반 아동뿐 아니라 사회적 고립아, 우수아, 장애아, 빈곤가정 아동 등이 가진 능력을 최대한 발휘할 수 있도록 잠재력을 개발하자는 원칙이다. 이 원칙의 과제는 '경제적 성장, 욕구의 발견, 사회계획, 변화와 발전에 대한 사람들의 참여, 지도자의 개발, 기관과 집단 간의 조정과 협조의 향상, 직원의 훈련과 감독 등에 관여하는 일' 등이 포함된다.

오늘날 아동문제가 발생되는 현실은 예방적 대책의 부재가 심각하고 경제발전과정에서 야기되는 제 문제에 대한 적극적인 개발 기능이 부족함에 기인한다. 아동들을 위한 적극적이고 예방적이고 의도적인 변화를 가져올 수 있는 개발적 기능이 수행된다면 국가 전체의 욕구와 문제해결을 위한 것이며 또는 경제개발과 사회개발의 제 조건을 향상시키고 창조하는 기능의 수행까지 포괄하는 것이다.

시대적 · 사회적 변화와 함께 아동의 욕구 및 발달과업도 변화하고 있으므로 앞으로의 아동복지사업은 대상 아동의 욕구를 발견하고 변화를 예측하며 사회 구조나 경제조건에 바람직한 변화를 초래하는 접근을 모색함으로써 국가적 발전을 촉진하는 것이다. 결과적으로 개발적 기능의 원칙은 많은 사회문제들이 사회 구조나 사회 · 경제적 변천과정에서 일어난다는 인식에서 출발하여 과거의 사후복지 지향적 아동복지 체계에서 나아가 개발 지향적 체계를 적용해야 함을 의미한다.

4) 포괄성의 원칙

아동복지의 기본 전제가 되는 제 요소, 즉 안정된 가정생활, 경제적 안정, 교육, 보건, 노동, 오락 및 특수보호 등에 대한 프로그램이나 서비스는 포괄적이고 통합적으로 제공되어야 한다. 우리나라의 경우에 많은 정부부처들이 아동 프로그램의 조직이나 운영에 관여하고 있으나, 일부 관계부처들은 아동들의 일부 영역만을 소관사항으로 간주하여 문제를 다른 곳에 전가하는 현상을 찾아볼 수 있다.

여러 분야의 기관들이 각기 문제를 중점적으로 처리함으로써 나타나는 장점도 있으나, 독자적으로 처리함으로써 야기되는 문제점도 간과할 수는 없다. 아동복지 프로그램은 상호 보완적으로 적절히 제동되어야 함에도 불구하고, 부분적인 서비스 제공만으로는 아동문제를 완전히 해결할 수 없다. 관련부처 등의 기능이 원활하게 협력될 수 있도록 대통령 또는 국무총리 직속하에 아동과 관련된 각 행정 분야를 조정하는 기구를 두어서 아동복지 대책에 포괄적인 상호조정 체계가 확립되어야 한다.

아동 학대를 포함한 양육상의 문제, 대도시의 대가족, 만성적인 빈곤, 가정 파괴의 압력, 한부모 양육, 노숙, 농촌지역의 빈곤층, 미성숙아, 부모의 술과 약물 남용 등이 최근 커다란 사회문제로 되고 있다. 이 외에도 환경의 문제, 경제적 곤란, 교육관을 비롯한 부모 및 사회 가치관의 혼란, 세계화로 인한 무한 경쟁 돌입, 유전자 복제로 인한 새로운 생명의 탄생에 대한 기대 등 매우 다양하고 중대한 변화들이 그 어느 때보다 아동들의 삶에 직접적인 영향을 주고 있다(이재연 외, 2007). 이러한 모든 변화들은 아동들의 발달과 삶에 심각한 문제를 동반하므로 아동을 둘러싼 다양하고도 포괄적인 체계를 고려하는 것이 무엇보다 필요하다.

5) 전문성의 원칙

전문성의 원칙은 아동복지의 성과를 좌우하는 중요한 원칙적 방향이다. 즉, 아동들의 건전한 성장과 발달을 위해서는 이들을 위한 전문기구와 아울러 전문직 인력의 필요성이 절감되는 것이다. 종전과 같은 자원지도자(volunteer leader)만으로 현재 우리가 직면하고 있는 복잡하고도 중요한 아동문제를 다루기란 용이한 일이 아니다. 아동들의 욕구나 사고 및 행동문제 등에 관한 전문적 지식이나 기술이 없이는 아동을 올바로 이해하기 어려우며 문제해결을 도모하기 어렵다.

아동지도력 개발을 위한 훈련은 다른 분야와 비교해 볼 때에 대단히 미약한 상태에 있다. 일부 비전문직 요원들에 대한 지도력 세미나가 산발적으로 이루어지고 있으나, 아동복지사업의 전문직 기술이나 훈련제도는 일부 대학에 속한 관련 학과들의 교육을 제외하고는 별로 찾아볼 수 없다. 관련된 전문직 분야의 훈련을 받은 사람들도 아동복지 분야에 종사할 수 있는 생활보장이나 신분보장을 받을 수 없기 때문에 이 분야에서의 참여 활동을 주저하고 있는 실정이다.

그러므로 아동의 건강한 발달을 조력하고 아동 및 인간발달을 이해하고 아동 관련 프로그램을 직접 기획하고 아동복지 사업을 효율적으로 전개하기 위해서는 사회복지학, 교육학, 심리학, 아동복지학, 기타 아동과 관련된 학문 분야를 전공한 전문 인력의 활용이 복지 정책에 반영되어야 하며, 이 밖에 현행 자원지도자들의 체계적인 보수교육을 통한 전문직 인력이 요구된다.

4 사회 환경의 변화와 아동복지

사회의 기본적 단위인 가족은 사회의 변화와 더불어 가정의 구조나 기능이 변화되어 왔다. 가정은 그 자체가 하나의 체계인 동시에 전체 사회 체계의 한 하위 체계를 이루고 있다. 그러므로 사회 체계의 구조적 변화는 가족 체계의 구조에도 영향을 미치게 된다. 가족은 하나의 형태로 존재하는 것이 아니라 사회제도와의 유기적인 상호작용을 통해 끊임없이 변화한다.

특히 20세기 이후 경제 체제의 변화, 기술 및 의학의 발달과 가족가치관의 변화를 통해 나타난 두 차례의 인구혁명으로 가족 구조가 다양해지고 가족 관계에 많은 변화가 나타나고 있다. 산업화로 인하여 나타난 가족의 변화는 가족 구성원의 감소와 가족의 다양성 증가, 가족의 양육방식의 변화로 설명할 수 있다.

이러한 가족의 변화는 불가피하게 많은 아동문제를 발생시키고 있다. 예를 들면, 기혼여성의 취업이 증가하고 적극적으로 사회 활동에 참여함에 따라 맞벌이가족이 증가하여, 부모의 자녀 양육 및 교육에 대한 부담감은 저출산화 현상을 초래하게 되었다. 따라서 부모의 입장에서는 자녀에 대해 더 이상 걱정하지 않고 안심하고 일할 수 있으며, 자녀의 입장에서는 부모가 맞벌이를 할 동안 자녀를 안전하고, 건강하게 성장 · 발달할 수 있도록 도와줄 수 있는 사회적인 대책이 아동복지적 차원에서 필요하게 된 것이다. 이러한 가족 및 사회 환경 변화에 대한 인식은 아동복지의 필요성을 주지시키는데 충분히 중요하다.

1) 가족 구성원의 변화

가족은 아동의 성장 · 발달에 가장 많은 영향을 미치는 사회적 환경이다. 가족은 자녀들이 접하는 최초의 사회화 장소로서 자녀들에게 사회생활에 필요한 기본적인 가치를 가르치는 장소이며, 가족 구성원들에게는 정서적 유대감을 제공하는 인간조직의 가장 기본적인 단위이다.

가족의 크기는 아동의 부모-자녀 양육 방식과 상호작용 패턴에 영향을 미칠 뿐만 아니라 사회에서의 기회에도 영향을 미친다. 가족의 크기가 커지면 자원이 제한되기 때문에 가족 내의 갈등이 많아지고 부모들도 더 권위적인 양육방식을 나타내게 된다. 반면 가족 수의 감소는 형제 수의 변화를 의미하는 것으로 아동의 가장 중요한 사회적 지원망인 형제 · 자매 관계의 단절을 의미하기 때문에 아동의 삶에 혁명적 사건임을 강조한다. 형제는 연령, 욕구, 활동이 가장 비슷한 가족 구성원이기 때문에 가족 자원의 가장 큰 경쟁자가 될 수 있지만 형제 수가 많은 가정의 아동은 상대적으로 돌봄과 친밀한 형제 간의 우애 기회가 더 많기 때문에 서로에게 가장 중요한 동료이기도 한다. 반면 형제 수가 적은 가정의 아동은 동료애를 느낄 수 있는 경험의 부족으로 가족의 정서적 기능의 약화를 가속화시키는 원인이 된다.

아동복지적 관점에서 가족의 변화가 갖는 의미에 대해서는 상당히 많은 중요성이 내포되어 있다. 즉, 가족의 변화는 가족에 대한 가치관이 변화하고, 인내와 희생정신이 결여되고 이기주의와 물질주의가 만연하고 가족의 연대의식과 결합력이 약화되며, 개인주의적인 이해관계 등과 결부되기 쉽기 때문에 가족 해체의 원인이 되며, 이는 곧 아동문제와 직결된다고 할 수 있다. 가정에서 부모나 형제와 애정 어린 눈빛을 교환하거나 친밀한 상호작용을 하지 못한 아동은 외로움과 슬픔을 느끼며, 어린이집이나 유치원에서 또래와 원만한 관계를 맺지 못하고 소외되어 어떤 활동에도 참가하기 어렵게 된다.

2) 가족의 다양성 증가

현대 가족 구조의 변화에 영향을 미치는 중요한 요인이 가족의 다양성이다. 사람들의 결혼과 가족에 대한 태도가 변화하고, 이혼, 재혼 및 여성의 취업이 증가하면서 가족 구조와 형태가 다양해지고 있다. 실제적으로 가족의 다양성 문제가 발생하면서 자녀에 대한 보호적 · 교육적 기능이 저하되고, 자녀의 비행화는 아동복지적 문제를 발생시키며, 이는 또한 사회복지 서비스 정책으로 대처해야 할 심각한 과제로 남게 된다. 다양한 가족 유형 중에 점차 중요성이 강조되는 맞벌이가족, 한부모가족, 재혼가족을 중심으로 특징을 살펴보면 다음과 같다.

맞벌이가족의 증가는 가정경제의 향상으로 연결되며, 산업화, 정보화 사회에서 가족의 물질적 자원은 가족의 사회적 서비스 이용을 위한 자원이며 자녀들에게 필요한 자원의 변화를 의미함으로써 아동 삶의 환경을 변화시키는 요인이 되고 있다. 한편으로 맞벌이가족 부모들의 양육을 위한 시간적 제약, 일에서의 스트레스 및 죄책감 등이 아동복지적 관점에서 또 다른 긴장원이 되고 있다.

한부모가족의 계속적인 증가를 가져오는 이혼율 증가는 가족 소득의 하락과 부모와 자녀 모두 심리적 어려움의 원인이 된다. 한부모의 부재는 일상의 돌봄이나 관심의 감소를 의미하므로 장기적으로 볼 때, 아동기 동안의 대부분의 시간을 양쪽 부모가족에서 지내지 않은 아동은 성인이 된 후에 만성적인 무기력, 우울증, 자신감 결여 등의 심리적인 문제를 나타낼 뿐 아니라 부모-자녀 관계에서 어려움이 많다.

재혼은 분명히 초혼과 그 성격이 다르며 복잡한 성격을 갖는다. 즉, 계부모가족의 자녀들은 두 가구의 가족 구성원이고, 서로 다른 가족 역사를 지니고 있어 다른 가족 유형보다 여러 면에서 더 복잡하다. 계부모가족은 사회적 지지가 부족하고, 계부모자녀 사이의 법적인 관계도 애매모호하거나 부재하며, 가족 체계가 정서적으로 친밀하지 않다는 특징을 갖는다(Ganong & Coleman, 1994). 또한 사회에서 재혼가족을 보는 시각은 매우 보수적이어서 두 부부와 혈연관계의 자녀들로 구성된 가족만을 바람직한 가족으로 인식하여, 재혼가족에 대한 사회적 지원과 정책은 매우 미미하며 이들의 법적 지위도 매우 불안정한 실정이다.

맞벌이가족과 한부모가족, 재혼가족은 앞으로 아동이 삶의 과정에서 경험하게 될 가장 보편적인 가족 형태이다. 맞벌이가족의 어려움을 극복하기 위해서는 일과 가족을 양립할 수 있는 사회적 조건 마련이 필수적이며, 한부모가족의 경제적 지원 정책과 재혼가족의 사회적 편견과 법적 지위보장 등의 문제가 해결되지 않는다면 아동의 건강문제, 학교성취의 하락, 다양한 행동문제 등을 유발케 하는 위험한 환경에 빠지게 한다. 따라서 다양한 가족들이 스스로 해결하기 어려운 당면한 문제에 대한 사회적 지지망으로서의 지원 정책이 요구된다.

3) 가족 체계의 변화와 아동의 복지권

가족의 중요성은 가족 구성원들에게는 정서적 유대감을 제공하고, 친밀한 인간관계를 통해 인간의 기본적인 욕구인 소속감과 친밀감에 대한 욕구를 충족시켜 준다는 점에서 그 중요성이 강조된다. 그러나 가족변화의 내용 중에 공통적인 특징 중 하나는 가족의 정서적 기능의 약화로 산업사회를 거쳐 정보화 사회로 들어오면서 가족의 정서적인 기능이 점차 약화되고 있다. 또한 형제 수의 감소로 형제 관계도 제한되면서 돌봄과 친밀한 동료애의 기회가 제한되고 있으며, 3세대 가족의 감소와 부부가족의 증가도 친밀한 관계의 감소를 가져오면서 아동의 기본적인 복지권이 위협받고 있다.

아동의 기본적 복지권은 사회와 부모에 의해 수행되어야 하는 중요한 양육행동이므로 아동의 생존과 성장을 위하여 부모뿐만 아니라 사회의 일반적 의무를 포함하고 있다. 그러므로 다양한 가족들이 겪는 어려움을 극복하기 위해서는 가족에 대한 사회적 지원망으로서의 정책의 필요성이 더욱 강조된다.

가족 체계의 변화로 인해 다양한 가족이 출현하였으나 이러한 다양한 가족문화에 대한 규범과 아동의 변화된 가족 환경에 대한 인식이 부족하여 이것이 다시 사회문제가 되고 있다는 점을 간과해서는 안 된다.

가족 관계의 변화로 인해 돌봄과 친밀한 동료애에 대한 기회가 감소되므로 애정표현이나 다른 사람과의 친분, 여가 및 놀이 향유권 등이 확대되도록 가족 차원에서의 노력과 아울러 아동의 권리를 인식하는 법적 · 제도적 노력이 필요하다. 결과적으로 현재의 가족변화를 장기적이고 규범적인 변화로 인식하여 다양한 가족이 경험하는 어려움을 가족 스스로만으로는 극복할 수 없음을 인식하고 사회적 지원망 확대를 통해 아동의 기본적인 복지권이 지원되도록 하여야 할 것이다.

아동발달의 이해

Chapter 2

아동복지를 기본적으로 이해하기 위해서는 무엇보다 아동발달에 대한 전반적인 이해가 선행되어야 한다. 아동에 따라, 문화적인 특성에 따라 예외가 있기는 하지만 대개의 경우에는 아동들은 보편적이고 일반적인 특성에 따라 발달해 간다. 아동기의 보편적인 발달특성을 영역별로, 혹은 연령별로 살펴보는 것은 아동발달의 전반적인 이해는 물론 문제행동이나 장애를 발견하는 데 중요한 단초가 될 수 있다.

이 장에서는 아동발달의 기본적인 특징 및 원리와 주요 이론에 대해 알아보고 연령에 따른 아동의 신체적, 인지적, 언어적, 사회·정서적 발달이 어떻게 이루어지는지를 살펴보고자 한다.

1 아동발달의 기본 특성

아동은 미성숙하지만 무한한 성장과 발달의 잠재능력과 가능성을 가지고 있는 존재이다. 아동의 신체발달이나 지적 발달, 사회성 발달, 성격발달 등은 삶을 살아가는 데 매우 중요한 기초가 된다. 따라서 아동발달의 특성에 대한 이해는 매우 중요하며 이를 구체적으로 설명하면 다음과 같다.

1) 기초성

아동발달에서 인생 초기의 신체적·정서적·지적·사회적·성격발달은 그의 일생을 결정하는 기초가 된다. 기초성이란 어릴 때일수록 그때의 경험여부가 그 후를 위한 초석적인 의미를 가진다는 것이다. '세 살 버릇 여든까지 간다.', '될 성 부른 나무는 떡잎부터 안다.' 라는 우리 속담에는 이 기초성의 의미가 내포되어 있다. 영유아기는 아동기의 기초가 되며, 아동기는 청년기의 기초가 형성되는 시기로서, 초기 경험이 후기 발달의 결과가 되어 대개 일생 동안 지속된다는 것이다.

2) 적기성

로렌츠(1903~1989)

| 출처 | Shaffer & Kipp (2007)

적기성이란 아동발달에서 어떤 특정한 발달과업을 성취하는 데는 가장 적절한 시기가 있다는 것으로, 발달은 인간의 전 생애에 걸쳐 각 발달 영역에 따라 보다 용이하고 최적의 발달이 이루어질 수 있는 민감기가 존재한다. 각 발달 단계별로 이루어져야 할 발달과업이 제대로 이루어지지 못하면 후일의 발달에 부정적인 영향을 미치기 때문에 결정적 시기와 밀접히 관련되어 있다. 동물 생태학자 로렌츠(Lorenz)는 발달의 결정적 시기를 각인현상(imprinting)이라는 것을 통해 최초로 증명하였다. 즉, 로렌츠의 관찰 결과에 의하면 갓 부화한 새끼 오리는 13시간 이내에 처음 본 대상을 따라 다니는 반응을 보였으며, 이 특정 시간이 지나서는 어떤 대상에 대해서도 각인현상을 보이지 않았다는 것이다.

3) 누적성

누적성이란 '빈익빈 부익부' 의 기제라고 말할 수 있다. 아동발달에서 어떤 적절한 시기에 결손이 생기면 다음 시기의 발달에 좋지 못한 장애가 되며, 이러한 결손은 계속 누적되어 보다 심각한 결손으로 나타날 수 있다. 아동발달은 기존의 발달을 근거로 이루어지기 때문에 초기 발달은 후기 발달에 영향을 준다. 발달의 과거, 현재, 미래가 서로 연결되어 있다는 것이다.

따라서 발달적 성취나 손상은 그 이후의 발달에도 계속적으로 영향을 미친다는 것을 뜻한다. 즉, 아동발달에 있어서 적절한 시기에 특정한 발달과업을 성취하지 못하면 다음 시기에 계속적으로 누적되며 인생 후기에 보충하기 어렵다는 것이다. 그러므로 인간발달에서 초기의 발달이 더욱 중요하며, 결손이 누적되면 즉시 교정하거나 보충하는 것이 필요하다.

4) 불가역성

아동발달에 있어 불가역성이란 불가회복성으로서 일종의 돌아오지 못하는 강의 성질과 같은 것으로 이미 이루어진 발달적 손상은 그 후의 노력으로도 회복하기가 매우 어렵다는 것을 의미한다.

따라서 아동발달에서 최적기에 발달을 이루지 못하면 일생 동안 그러한 발달과업을 성취하기가 거의 불가능하게 되고 그 시기 이후에 완전히 회복하기 어렵게 된다는 것이다. 아동의 신체적 · 정서적 · 지적 · 사회적 · 성격적 발달은 최적기를 놓치면 그 이후에 이를 교정하거나 보충하기가 매우 힘들게 되며, 거의 회복할 수 없다는 것이다.

2 아동발달의 원리

아동발달은 일반적으로 보편적인 순서와 방향성에 따라 진행된다. 모든 아동은 유전적 및 환경적 요인에 따라 개인차가 있지만 발달과정에는 일련의 원리가 적용되고 있다. 발달 원리를 소개하면 다음과 같다.

1) 일정한 순서와 방향의 원리

개인에 따라 성장 속도는 일정하지 않으나 아동발달의 순서와 방향은 항상 일정하게 이루어진다. 모든 어린이는 목운동이 가능해야 몸을 뒤집을 수 있으며, 앉기 시작한 후에 비로소 설 수 있고 걸을 수 있게 된다. 또한 옹알이를 시작하고, 한두 단어를 사용하면서 점차적으로 어려운 단어와 문장을 말할 수 있게 된다. 이와 같이 발달이 진행되는 순서와 방향에는 네 가지 기본 원리, 즉 상부에서 하부 방향, 중심에서 말초 방향, 전체에서 세부 방향, 기능에서 구조의 변화로 진행된다.

첫째, 상부에서 하부 방향으로 이루어지는 두미 방향의 원칙은 머리에서 발아래 방향으로 진행되는 것을 말한다. 둘째, 중심에서 말초 방향으로의 진행은 중심부가 말초신경보다 먼저 발달한다는 것이다. 중심에서 가까운 가슴, 어깨 전반을 사용하는 능력이 먼저 발달하고 그 후에 팔과 손, 다리와 발, 그리고 마지막으로 손가락과 발가락을 사용하는 능력이 발달한다. 셋째, 전체에서 세부 방향으로의 진행은 일반적인 것에서 특수한 것으로 발달이 이루어지는 것을 말한다. 즉, 어떤 사물을 잡으려고 할 때 처음에는 전신반응으로 나타나지만 후에 손이나 손가락만을 이용하여 물체를 잡게 된다. 넷째, 기능의 변화 다음에 구조의 변화가 이루어진다. 즉, 신체적인 발달이 먼저 준비되고 완성된 후에야 기능적으로 발달하게 된다. 그 예로 신체적 감각기관인 청각이나 시각이 먼저 정상적으로 발달되어야만 언어 및 사고 등의 인지발달과 사회성 발달이 정상적으로 발달하게 된다(강경미 외, 2005).

2) 연속성 및 적기성의 원리

발달은 연속적이고 점진적인 과정으로 앞 단계의 변화를 기초로 하여 다음 단계의 변화가 이루어지는 연속적인 관계를 갖는다. 즉, 어느 한 시기에 발달한 부분이 다음 시기에 발달하지 않고 멈추는 것이 아니라 계속적으로 발달이 진행되며, 발달의 속도는 일정하지 않지만 시간의 경과에 따라 발달이 점진적이고 계속적으로 이루어진다. 따라서 다음 단계에서 나타나는 행동적 변화는 그 이전에 이루어졌던 내용을 기초로 하여 형성된다는 것이다.

결정적 시기란 발달에 있어서 어떤 기관이나 기능의 발달이 급격히 진행되는 특정한 시기를 말하는 것으로 대개 이 시기에 정상적인 발달이 장애를 받으면 영구적인 결함을 지니게 된다. 따라서 개체의 발달에는 결정적 시기가 있으며, 인간의 성장 · 발달과정 중에서 특정한 발달을 가져오는 시기가 따로 있다.

3) 개인차와 상호 관련성의 원리

모든 아동은 보편적인 순서에 따라 성장, 발달해 가지만 발달속도뿐만 아니라 발달

유형에도 개인차가 있으며, 남녀의 성차이도 있다. 또한 연령과 성별이 같다 해도 신체적 · 심리적 · 사회적 · 문화적 측면에서 발달의 속도는 양적인 면에서나 질적인 면에서 개인에 따라 다르게 나타난다. 즉, 개인에 따라 창의성이 발달된 어린이, 언어가 유창한 어린이, 운동 능력이 발달된 어린이, 사교성이 잘 발달된 어린이 등 개인차가 심하다.

신체발달에 있어서 개인차를 보이는 한 예에 의하면, 9개월부터 걷기 시작하는 유아가 있으나 15개월이 되어도 걷지 못하는 유아가 있다. 즉, 초기에 빠른 발달을 보이는 어린이가 있는가 하면 후반기에 성장속도가 가속화되는 어린이도 있다. 보통 시기별 성장 영역을 볼 때에 영아기에는 신체발달이 빠르게 진행되고, 유아기에는 인지발달, 아동기에는 사회성 발달이 빠르게 진행된다.

이와 같이 발달속도나 유형에 따른 개인차는 각 개인이 지니는 각각의 측면들이 상호 간에 밀접히 관련되어 있다(김제한, 2001). 아동발달은 통합되어 상호 관련성을 지니는 것으로 발달의 한 측면은 다른 여러 측면의 발달과 각기 독립적으로 이루어지지 않고 상호 간에 밀접하게 관련되어 영향을 미친다.

4) 유전과 환경과의 상호작용 원리

발달을 연구하는 많은 학자들 가운데 아직도 유전과 환경 간의 상호작용 조건에 대해 견해가 일치하지 않으며, 이 문제에 대한 만족할 만한 연구결과나 증거가 제시되지 않아 유전과 환경의 이분법적인 논쟁은 계속되고 있다.

유전의 경우에는 임신 순간부터 부모로부터 물려받은 태내 유전적 소인을 받는 것이며, 환경의 경우에는 출생 후의 심리적인 경험에 영향을 미치는 물리적 · 사회적 세계의 상호작용의 영향을 받는다. 아동들이 출생 전부터 이미 발달스케줄에 의해 좀 더 복잡한 방식으로 사고하는 능력을 가지고 태어나는지 혹은 부모와 교사로부터 자극과 영향을 받은 결과인지에 대한 질문을 고려해 보아야 한다.

또한 아동들 간의 방대한 개인차, 예를 들면, 키, 몸무게, 신체적 협응 능력, 지능, 성격, 그리고 사회적 기술 등은 유전적 혹은 환경적 소인의 영향인가에 대한 고려가 필요하다(Berk, 2000).

유전과 환경에 대한 이슈에도 불구하고 많은 학자들에 의하면, 성장과 발달은 유전과 환경과의 상호작용에 의해 일어난다. 부모로부터 물려받은 유전 인자는 환경의 영향을 받아 그 잠재력을 발휘할 수 있으며, 환경도 유전 인자가 제한하는 범위 내에서만 발달에 영향을 미친다고 할 수 있다. 따라서 유전적인 잠재능력이 최대한 발휘될 수 있도록 최적의 환경을 만들어 주어야만 발달이 성공적으로 이루어질 수 있을 것이다.

3 발달 단계의 이해

인간의 발달 단계에 대한 구분은 오래 전부터 많은 학자들에 따라 차이를 보이고 있다. 보통 발달 단계를 구분하는 기준으로 연령, 심리적 특성, 생리적 구조와 기능의 변화 등 세 가지로 설명하고 있다(Bijou, 1976). 첫째, 연령에 근거한 발달 단계는 주로 성숙 이론을 주장하는 학자들 사이에서 많이 이루어지고 있다. 즉, 출생 이전의 태아기, 출생 후 2세경까지의 영아기, 3세에서 6세까지의 유아기, 7세경부터 12세까지의 아동기, 13세경부터 22~23세경까지의 청년기, 청년기 이후부터 40세까지의 성인 전기, 60세까지의 성인기, 60세 이후의 노년기 등으로 구분된다.

둘째, 심리적 특성으로 발달 단계를 나누어 분류하는 것은 인지발달 및 심리성적 발달 단계가 대표적인 예이다. 피아제에 의하면 네 단계의 인지발달은 감각운동기, 전조작기, 구체적 조작기, 형식적 조작기 등으로 진행된다고 설명한다. 정신분석가인 프로이트에 의하면 심리성적 발달은 구강기, 항문기, 남근기, 잠복기, 생식기의 발달 단계를 거친다고 설명한다.

셋째, 생리적 구조와 기능의 변화에 따라 발달 단계를 분류하는 방법으로 흔히 보편적 시기(출생 전부터 말을 하기 전 1년 6개월경까지), 기초적 시기(말을 하기 시작할 때부터 초등학교 입학 전), 그리고 사회 활동 시기(초등학교 입학 후부터 성인기까지) 등 다양한 사회적 관계를 맺는 시기 등으로 구분한다.

발달 단계를 연구하는 학자들의 공통된 견해를 정리하여 보면 대부분 다음과 같은 시기로 구분하며, 각 시기별로 주요한 변화를 요구하는 새로운 능력과 사회적 기대 등을 수반하고 있다(Berk, 2000).

1) 임신기(The prenatal period)

임신에서부터 출생에 이르기까지 9개월 동안의 시기로 변화에 있어서 가장 신속하다. 수정 이후 약 280일 동안 태아는 어머니의 뱃속에서 자란다. 이 기간 동안 태아의 여러 신체기관이 형성되고 기능이 시작되면, 기관의 크기와 무게가 급속히 증가한다. 이 과정은 배란기, 배아기, 태아기를 거쳐 이루어진다. 태내발달의 평균 기간은 266일, 즉 38주 동안이지만 태내 환경이나 아기의 상태에 따라 다소 차이가 있다. 대부분의 아기들은 수정 후 34~40주 사이에 태어나며, 이 기간 동안 하나의 단세포는 인간의 삶에 적응해야 하는 현저한 능력을 가진 아기가 되어 세상 속으로 나오는 것이다.

2) 신생아(Newborn)

갓 태어난 아기를 신생아라고 하는데 신생아의 기간을 언제까지 보느냐 하는 문제는 학문 분야에 따라 다르나 아기가 환경에 적응하기 위해서는 약 1개월 간의 기간이 소요되기 때문에 세계보건기구(WHO)에 의하면 생후 4주 미만으로 규정하고 있다.

이 시기의 신생아는 모체의 태내 생활에서부터 외부의 생활로 전환되는 일생을 통하여 가장 많은 변화를 나타내는 시기로서 시일의 경과에 따라 신체적 · 심리적인 발달상태가 급속히 변화되는 시기이다. 이 시기의 아기는 생존하기 위한 신체적 과업을 수행해야만 한다. 즉 호흡하고 새로운 패턴의 혈액순환을 시작하며 동시에 체온을 조절하고 음식물을 섭취할 수 있어야 한다.

3) 영아와 걸음마기(Infancy and toddlerhood)

출생에서부터 2세까지의 시기는 신체 및 뇌 발달에 있어 극적인 변화를 가져와 부모로부터 물려받은 유전적 특성과 외부적인 환경적 요인의 상호작용에 의해 빠르게 성장한다. 운동능력, 지각 및 지적 능력, 언어발달, 양육자와의 첫 번째 유대 관계 등에 포괄적인 발달이 수반된다.

영아기는 급격한 발달상의 변화가 일어나는 시기로, 영아 초기는 신생아기와 마찬가지로 거의 의존적이나, 점차 성장해 감에 따라 운동능력이나 사회성 등이 급격히 발달한다. 주로 돌보는 사람, 즉 어머니와의 상호 관계를 통해 기본적인 신뢰와 인간 상호관계를 위한 기초를 확립한다. 이 시기에는 신체적 성장, 정신발달, 질병 감염으로부터의 보호, 건강 증진에 중점을 두어야 한다.

걸음마기의 유아는 걸을 수 있게 되면서 환경에 대한 탐색이 활발해지고 상호교류의 대상이 확장되며 지속적이지는 않지만 스스로 결정하고 행동하려는 자율성을 가지려고 애쓴다. 걸음마기는 영아기와는 달리 걷고, 말하고, 자기주장을 하며, 자신이 타인과는 분리된 개체임을 인식하게 되고 대 · 소변 조절과 같은 자아통제력이 증가한다.

4) 유아기(Early childhood)

2세 6개월에서 6세 사이의 시기는 신체의 신장과 체중이 증가하고 운동능력과 기술들이 세련되어지며, 아동들은 자신을 좀 더 잘 통제하게 되며 자기-효능감을 갖게 된다. 따라서 격렬한 신체적 활동과 주변 환경에 대한 탐구로 신체적 · 정신적 발달이 두드러지게 나타나는 시기이며, 성격발달도 꾸준하게 진행된다.

신체발달은 모든 발달의 출발점으로서 성격, 정서, 욕구, 인지와 같은 여러 발달의 영역이 밑받침이 된다. 이 시기 동안의 신체발달과 더불어 유아는 언어와 폭넓은 사회화를 익히게 되며, 역할 기준을 학습하고, 자기조절과 지배권을 습득하게 되며 의존과 독립에 대한 지각발달이 증가되고, 자아 개념의 발달이 시작된다.

5) 아동기(Middle childhood)

보통 6~12세에 해당되고 초등학교에 다니는 아동들은 그들이 속한 사회가 요구하는 기본기술을 배우고 익히려는 강력한 욕구와 책임감이 발달하며, 아동 전기의 자아중심성에서 벗어난다. 아동기 동안 신체 형태와 능력에서 큰 변화가 일어나지는 않지만 이 시기의 아동들은 어린 아동들보다 더 유연하고 조화된 활동을 할 수 있으며, 언어 및 인지의 능력에서도 훨씬 큰 변화를 겪는다. 또한 학교라는 보다 더 큰 사회와의 경험이 시작되어 보다 넓은 세상과 문화에 접하게 된다.

이 시기의 주요한 과업은 신체적 능력을 향상시키며, 규칙이 있는 구조화된 게임에 참여하며, 논리적 사고가 확산되며, 기본적인 학습기술을 연마하고, 자기이해, 도덕성, 그리고 친구와의 우정 등의 기술을 향상시킨다.

6) 청년기(Adolescence)

12~18세까지의 이 시기는 성인기로의 변환을 시도하는 시기이다. 급속한 신체적 성장이 이루어지면서 사춘기로서 성적으로 성숙되고 생식능력을 갖게 된다. 사고능력은 추상적이고 이상적인 추론이 가능하며, 학교생활은 고등교육과 직업세계에 대한 준비에 들어간다.

이 시기는 유아 및 아동기로부터 성인기로 전화되는 어려운 시기라는 점과 신체적 · 사회적 변화에 대한 청소년기의 민감성 때문에 다른 어떤 시기보다 많은 정신적 고통과 혼란을 겪게 된다. 그럼에도 불구하고 이 시기에는 자아정체감을 확립하고 가족으로부터 독립적인 성인으로서의 삶을 준비하여 개인적 가치와 목표를 세우는 시기이다. 그렇기 때문에 이 시기는 청소년에게 부여된 많은 역할로부터 혼돈이 생길 수 있는 위험 요인이 공존할 수 있다. 따라서 청소년들은 고립감, 불안감을 느낄 수 있으며 우유부단해지거나 심지어 저항감을 불러일으킬 수도 있기 때문에 부모와 교사의 주의 깊은 배려와 관점이 어느 때보다 필요한 시기라고 할 수 있다.

④ 아동발달의 이론

지난 100여 년 동안 아동발달에 대한 수많은 연구가 수행되어 왔으며 아직도 이슈화되고 있는 쟁점들에 대한 논의가 그치고 있지 않고 있다. 아동발달 학자들은 일반적인 발달 양상에는 동의하는 편이나 발달을 일으키는 원인과 과정에 대해서는 각기 다른 주장을 하고 있는 가운데 최근에는 현대 심리학의 영향을 받아 발달의 본질을 좀 더 체계적으로 분석하려는 시도가 이루어지고 있다.

본 절에서는 크게 정신분석학적, 학습 이론적, 인지발달적, 생태 체계적 관점 등 네 가지 관점에서 각각 아동발달에 관한 접근방법에 대해 살펴보고자 한다.

1) 정신분석학적 관점

정신분석 이론의 창시자인 프로이트(1856~1939)는 특히 인간의 초기 경험을 중요시하여 마음 깊이 감추어져 있는 본능이나 충동, 억압된 관념 내지는 감정 등이 인간의 행동에 어떻게 영향을 미치는지 분석한 결과로 정신분석 이론을 정립하게 되었다. 그의 이론을 바탕으로 융(1875~1961), 에릭슨(1902~1994) 등의 학자들이 정신분석 이론의 맥을 이었다. 본 절에서는 프로이트의 심리성적 이론과 에릭슨의 심리사회적 이론에 대해 설명하고자 한다.

(1) 프로이트의 심리성적 이론

프로이트는 인간의 모든 행동, 사고, 감정은 신체적 긴장상태에 의해 일어나는 무의식적인 성적 본능과 공격적 본능에 의하여 결정된다고 보았으며, 인간은 이러한 본능적 긴장을 해소하기 위하여 행동을 한다고 주장하였다.

1 성격 구조

프로이트는 인간의 성격을 원초아, 자아, 초자아로 분류하고 이 세 체계 간의 상호작용에 의해서 발달의 다섯 단계가 통합되어 형성된다고 보았다. 원초아란 출생할 때부터 가지고 태어나는 성격의 가장 원초적인 부분으로 쾌락 원리(pleasure principle)에 따르며, 본능적 충동을 주관하는 정신에너지의 저장고라고 말한다. 이 쾌락 원리는 어리고 미숙할 때에 사용하는 행동원칙이다.

아동이 성장함에 따라 원초아에서 자아와 초자아가 분화된다. 자아는 출생 후 2년 동안 원초아로부터 나오는 것으로서 원초아가 유기체 내부의 욕구나 긴장, 충동 등에 대한 현실적인 상황 여건을 고려하기 때문에 현실 원리를 따르는 이차적 과정(secondary process)이라고 한다.

초자아(superego)는 세 요소 중에 가장 늦게 나타나 4~5세경부터 발달하기 시작한다. 초자아는 자신을 평가하고 비판하며, 도덕적 행동을 하게 한다. 초자아는 자아를 돕는 기능을 해야 한다. 가혹한 초자아를 가진 사람은 지나치게 양심적인 사람, 성공을 오히려 못 견디는 사람, 자신감이 없는 사람, 모든 면에서 자신의 부족을 느끼고 자책하는 도덕적 자학자가 된다(이무석, 2003).

2 성격의 발달 단계

프로이트는 아동기 동안 성적 에너지인 리비도(libido)가 집중되는 신체 부위가 발달단계에 따라 구강에서 항문, 성기로 변화하며 발달한다고 보았다.

① 구강기(oral stage)

출생 후 약 1세까지는 리비도가 입, 혀, 입술 등 구강으로 집중하는 시기로서 모든 만족의 근원은 먹는 것이다. 아기는 구강을 통해 엄마의 젖을 빨고 음식을 씹는 것으로 성적인 욕구를 충족시킨다. 그러므로 자신의 욕구를 충족시켜 주는 어머니에게 애착을 형성하게 된다. 구강기의 욕구가 만족되지 못하면 다음 발달 단계로 이행하지 못하고 이 시기에 고착(fixation)되어 후에 손가락 빨기, 과식, 수다 떨기, 손톱 깨물기 등의 구강기적 성격이 나타날 수 있다.

② 항문기(anal stage)

약 1세 이후에서 3세까지의 시기로 배설물을 보유하거나 방출함으로써 쾌감을 얻기 때문에 항문기라고 한다. 대 · 소변을 가리는 훈련과정에서 어머니의 훈련방법과 태도가 성격형성에 많은 영향을 준다. 만약 대 · 소변 훈련이 언어능력 이전에 실시된다면 의사소통이 제대로 이루어지지 못하므로 많은 긴장 및 불안과 관련된 경험을 하게 되며 그러한 경험이 쌓이다 보면 불쾌한 경험으로 무의식에 저장될 것이다. 항문기는 아동이 처음으로 사회의 기대에 순응하도록 요구되는 단계이며, 자기의 본능적인 충동인 배설에 대해 외부로부터 통제를 받게 된다.

③ 성기기(phallic stage)

약 3세 이후에서 5~6세 사이에 해당하는 시기로, 리비도가 항문에서 성기로 옮아가는 시기이다. 이 시기의 유아는 자신의 몸에 성기가 있다는 사실을 자각하게 되고, 성기에 자극을 가함으로써 느끼게 되는 쾌감을 경험한다. 프로이트에 의하면, 이 시기의 남아는 오이디푸스 콤플렉스(oedipus complex)를 경험하게 되고, 여아는 엘렉트라 콤플렉스(electra complex)를 경험하게 된다고 하였지만 지금은 남녀 모두 오이디푸스 콤플렉스라고 부른다(이무석, 2003).

이 시기에 남아는 거세불안의 두려움으로 인하여 어머니에 대한 성적 욕망을 포기하고 아버지처럼 되기 위해 아버지와의 동일시를 통해 성적 만족을 얻고자 한다. 이러한 동일시 과정을 거쳐 남아는 어머니에 대한 성적 욕구를 간접적으로 해결하며, 그 사회에 적절한 남성적 성역할을 학습하게 되며, 아버지의 도덕률과 가치 체계를 내면화하고 이로 인해 초자아를 내면화하게 된다. 프로이트는 남아와 마찬가지로 여아에게 있어서도 이와 같은 심리적 현상이 나타난다고 생각하였으나 남아에 비해 그 설명이 충분하지 않다.

④ 잠복기(latent stage)

6세에서 12세경까지의 초등학교 시기로 이 시기부터 아동의 성적 욕구는 철저히 억압되어 외형상 평온한 시기가 된다. 따라서 이 시기의 아동의 관심은 비성적인 것으로 향하면서 지적인 탐구가 활발해져 학습하고 친구와 어울리면서 운동이나 놀이에 열중하게 되어 사회적으로 받아들여질 수 있는 일에 자신의 에너지를 집중시킨다. 성적 충동은 학교 친구와의 우정이라든지 부모에 대한 사랑, 배려 등의 형태로 변해가면서 성격도 침착성과 자기 통제력을 발달시켜 간다. 충동을 조절하는 것을 배우고, 새로운 기술과 역할을 배우는 기회도 갖는다. 이것은 장래의 이성과의 건전한 성적 관계를 만들어 나가는 데 있어 초석이 된다.

⑤ 생식기(genital stage)

심리성적 발달의 마지막 단계로서 성기기라고도 하는 이 시기는 12~13세 이후 사춘기가 되면서 비롯되는 시기로 전 단계에서 철저히 잠복되었던 성 에너지가 무의식에서 의식의 세계로 나와 다시 왕성한 활동을 시작한다. 전 단계에서 볼 수 있었던 자기 욕구적인 성향이 이 시기에 들어오면서는 상대방과의 일체화를 향한 생식적인 것으로 바뀐다.

생식기의 전반기에는 동성과의 우정, 후반기에 들어서서는 이성과의 상호성에 바탕을 둔 친밀한 관계를 만들어 나갈 때 비로소 성욕의 건설적인 충족이 가능해진다. 즉 이성에 대한 부드러운 감정과 성적 욕구의 충족이 잘 조화롭게 이루어지면 정신적으로 신체적으로도 상대방을 사랑할 수 있게 되어 이타적이고 성숙한 생식기적 성격을 보인다.

(2) 에릭슨의 심리 · 사회적 이론

심리 · 사회적 발달 이론은 프로이트가 성적 본능을 강조한 것과는 달리 사회 · 문화적 맥락을 중시하여 인간의 성장을 개인적 욕구와 능력, 사회적 기대와 요구 간의 상호작용의 소산물로 보았다. 에릭슨은 인간이 유아에서 성인으로 성장해 가면서 어떻게 자신의 정체성을 발전시키는지에 관심을 가졌다.

1 기본가정 및 주요 개념

에릭슨은 무의식적 욕구나 충동을 강조하는 프로이트와는 대조적으로 자아, 즉 의식적 자아의 성장에 관심을 가졌다. 따라서 프로이트의 발달 단계를 심리 · 성적 단계라고 하는 반면, 에릭슨의 발달 단계는 사회 · 문화적 맥락을 중요시하여 심리 · 사회적 단계라고 한다. 또한 성격발달이 출생 이후부터 노인기까지 전 생애를 통해 이루어진다고 주장함으로써 성격발달이 사춘기까지 이루어진다고 밝힌 프로이트와 견해를 달리하였다.

에릭슨(Erikson, 1950)에 의하면, 각 단계에서 인간은 개인적 욕구나 사회적 욕구의 통합을 필요로 하는 특별한 문제에 직면하게 되는 심리적 위기를 설명하고 있다. 즉, 각 단계마다 발달과업과 대칭적인 개념인 심리적 위기를 함께 제시하고 있다. 결과적으로 에릭슨에 의하면 인간의 발달 단계는 유전적 요인에 의해 결정되지만, 유전적으로 결정된 단계가 현실화되는 것은 사회적 · 환경적 힘에 의해서라고 말하고, 인간의 성장을 개인적 욕구나 능력, 사회적 기대나 요구 사이의 상호작용의 소산물로 보았다.

2 발달 단계

에릭슨의 심리사회 이론의 발달 단계에서는 출생에부터 사망까지의 생애 기간을 통해 보통 사람들이 사회적 관계 속에서 어떻게 성장하고 발달하는지를 설명하고 있다. 에릭슨(Erikson, 1950)이 제시하는 성격발달의 여덟 가지 단계를 표로 소개하면 다음 | 표 2-1 |과 같다.

표 2-1 에릭슨(1950)의 생의 8단계

단계	연령	단계명	발달과업
1	출생~1세	기본적 신뢰감 대 불신감	• 이 세상은 안전하고 행복한 곳이라는 느낌을 갖는 것
2	1~3세	자율성 대 수치심(의심)	• 스스로 할 수 있는 독립성과 자율성을 기르는 것
3	3~6세	주도성 대 죄책감	• 새로운 것을 시도하고 주도하는 능력을 개발하는 것
4	6~12세	근면성 대 열등감	• 학습과 또래 관계의 경험을 통해 근면성과 성취감을 배우는 것
5	12~20세	자아정체성 대 정체성 혼미	• 자신에 대한 이해와 통합된 자아감을 개발하는 것
6	20~24세	친밀성 대 고립감	• 타인과 가깝고, 따뜻하며, 친밀한 관계를 공유하는 것
7	25~65세	생산성 대 침체성	• 자녀출산, 양육, 직장에서의 성취 등을 통해 가정과 사회에 기여하는 것
8	65세 이후	자아 통합감 대 절망감	• 지금까지 살아 온 인생에 대한 긍정적 통찰 및 관조

| 출처 | 김미영(2010). 아동발달. p. 176.

① 기본적 신뢰감 대 불신감(basic trust vs. mistrust)

출생에서 약 1세경까지의 시기로서 영아들은 자신을 돌보아주는 주요 양육자(어머니)와 사회적 관계를 맺게 되는데 그들의 양육방식이나 태도에 의해 아기의 신뢰감이나 불신감의 발달이 결정된다. 이 시기의 긍정적 결과는 신뢰감의 획득이다. 이 시기에 영아 자신의 성공적 발달이나 실패는 주요 양육인의 태도가 결정적 영향을 미친다. 영아의 신체적 · 심리적 욕구에 민감하게 반응해 주며 일관성 있게 상호작용을 해주는 양육 욕구에 잘 응해주지 않고 일관성 있는 관계를 지속하지 못할 경우에 영아는 어머니에 대한 불신감을 형성하게 된다.

② 자율성 대 수치심 및 의심(autonomy vs. shame and doubt)

1세에서 약 3세경까지의 시기로 유아들은 모든 것을 자기 힘으로 해결하려고 애쓰는 독립성과 자율성을 보이면서 더 이상 부모에게 전적으로 의존하려 하지 않는다. 즉, 이 시기에 유아는 괄약근의 통제가 가능해지기 시작하고 근육발달을 통하여 혼자 걷고, 먹고, 옷을 입고, 배설하며 자신의 행동 영역을 확장하게 된다.

이러한 발달과정을 통하여 유아 스스로 하고자 하는 힘이 생기게 되고, 다른 사람과 의사소통을 하게 되므로 열심히 환경을 탐색하게 된다. 그러나 유아의 독립심과 자율성을 얻고자 하는 노력이 부모에게 인정받지 못하거나 반복적으로 실패하게 되면 기본적인 자기 조절감과 자기 자신감 대신에 지나친 수치심과 의심을 가져올 수 있다.

③ 주도성 대 죄책감(initiative vs. guilt)

3세에서 6세경까지의 단계로 이 시기의 유아는 새로운 기술이나 능력이 시작되며, 스스로 어떤 목표나 계획을 세워 그 일을 성공적으로 완수하려고 열중하며 노력하는 시기이다. 이 시기 유아는 감각기관을 통해 새로운 세계를 탐색하고 다양한 신체적 활동과 언어 활동을 즐기며 상상력과 창의력을 동원하여 주변 환경을 알아가며 적극적인 활동에 참여하게 된다.

만일 이 시기에 유아의 초자아가 너무 강해 유아에게 지나치게 많은 죄의식을 심어준다면 유아는 자신을 지나치게 억제하고 제한하여 자신의 개성을 발휘하지 못하게 되고 결국 무력하고 편협한 성인으로 성장하게 된다. 자기 주도적으로 유아가 호기심을 가지고 외부 세계 탐색 환경을 가지도록 기회를 마련하는 것이 중요하다.

④ 근면성 대 열등감(industry vs. inferiority)

6세에서 12세경까지의 학령기로 에릭슨에 의하면, 이 시기는 자아성장의 결정적 시기이므로 개인의 일에 대한 기본적 태도가 확립된다고 보았다. 학교나 가정에서 부과하는 과제를 성실히 완수하면서 성취감을 맛보고, 부모나 교사로부터 인정을 받을 수 있는 일에 많은 관심을 쏟으며 이런 경험을 통해 근면성을 발달시키게 된다.

만일 이 시기에 순조롭게 근면성이 발달하지 못하고 아동이 기대하는 기술을 발전시키지 못하거나 학습이나 놀이에서 실수나 실패를 거듭하게 되거나 자신의 능력이 친구들과 비교하여 낮다고 느끼는 아동에게 너무 무리한 요구를 하게 되면 유능감을 갖지 못하고, 부적절감과 열등감을 갖게 될 수도 있다.

⑤ 자아정체감 대 역할혼돈(identity vs. role confusion)

이 시기는 13세경부터 사춘기에 이르는 시기로 급속한 성적 성숙이나 새로운 사회적 압력과 요구에 대응해야 한다. 청소년은 이 시기를 통해서 자신이 하고 싶고, 되고 싶은 자아와 자신에게 적합한 성적 역할에 대하여 재통합하게 된다.

한편으로 이 시기는 성인기로 전환되는 어려운 시기라는 점과 사회적으로 부여된 수많은 책임과 역할에 대한 부담으로 인한 역할 혼돈이 생길 수 있는 위험 요인이 공존할 수 있다. 결과적으로 고립감이나 불안감을 느낄 수 있으며, 우유부단해지거나 심지어 저항감을 불러일으킬 수도 있다. 이러한 고민과 갈등, 방황이 길어지면 자신이 누구인지, 자신의 역할이 무엇인지에 대한 역할혼미가 생긴다.

⑥ 친밀성 대 고립감(intimacy vs. isolation)

성인 초기에 해당되는 이 시기는 타인과 자신의 정체성을 통합하여 친밀감을 나눌 수 있는 관계를 형성하는 것이다. 진정한 친밀감은 합리적인 자아정체감이 형성되었을 때에만 가능하며 이는 우정과 사랑 모두에서 필요하다. 친구나 이성 관계 속에서의 자아발견을 하는 단계로 타인과 가깝고, 따뜻하며, 친밀한 관계가 발달됨으로써 사람을 알게 된다.

그러나 전 단계에서 긍정적인 자아정체감을 확립하지 못한 사람은 자기 자신에 대해 자신감을 갖지 못하므로 타인과의 사회적 관계에서 고립감을 느끼게 되어 자기 자신에게만 몰두하게 된다고 했다. 친밀감을 갖지 못한 결과는 사회적 배척감이나 고립감이 발달하게 되어 자신을 과소평가하게 된다(김연진 외, 2005).

⑦ 생산성 대 침체성(generativity vs. stagnation)

중년기에 해당하는 성인 후기의 이 시기는 자신의 문제가 아니라 다음 세대를 양육하고 교육하는 문제에 관심을 기울이는 시기이다. 성인 초기의 친밀감이 바탕이 되어 일이나 직업 관계에서도 건설적으로 되어 자녀를 낳아 키우고, 자신이 하는 일이나 직업에서도 창의적인 성취나 업적을 통해서 생산성을 발휘하며 사회적으로는 후세대를 양성하는 데 노력을 기울인다.

이 단계에서 성공적인 발달을 이룬 사람은 자신의 이기적인 관심에서 벗어나 다른 사람을 배려할 줄 안다. 그러나 다음 세대를 위하여 무엇인가를 할 수 없으며 성인기의 여러 가지 요구에 응답할 수 없고 생산성을 발휘하지 못할 때에는 개인적 욕구에 지나치게 집착하게 되거나 타인의 욕구를 무시하여 점차 침체상태에 빠지게 되며, 타인에 대한 관대함이 결여된다.

⑧ 자아통합 대 절망(ego integrity vs. despair)

성인기 후기인 마지막 단계는 신체적 노쇠, 직업에서의 은퇴, 배우자의 죽음 등으로 인생에 대한 무력감을 느낄 수 있기도 하면서 한편으로 이 시기는 자신의 존재에 대한 성공과 실패를 받아들임으로써 도달하게 되는 자아통합의 단계로 설명될 수 있다. 나이가 더 많아지면 신체적으로 약해지고 직장에서 은퇴하므로 힘과 특권의 상실 등으로 의존심이 증가한다.

(3) 정신분석학적 관점의 평가

프로이트의 정신분석학은 인간 정신의 무의식을 탐구하는 학문으로 인정받아 20세기의 가장 위대한 과학자 중 한 사람으로 선정될 정도로 그의 업적은 탁월하고 위대한 것으로 인간발달 연구에 지대한 공헌을 한 학문이라는 평가를 받고 있다. 즉, 인간 성격발달에 관한 근본적인 가설을 제공하였으며, 무의식의 영역을 제시하였다는 점에서 심리학 발달에 크게 기여하였다.

한편으로 프로이트의 심리성적 이론에 의하면, 초기 부모자녀 간의 관계의 중요성을 강조하면서 부모역할과 자녀 양육 행동에 관한 많은 시사점을 남겼으나 그의 이론은 지나친 생물학적 성충동에 기반을 두고 있어 과학적 검증이나 설명이 어려워 객관성과 정확성이 결여된다는 비판을 받고 있다.

에릭슨은 프로이트 이론에 기초하여 발달 단계를 생애 전반으로 확장시키면서 사회적 요인들에 의한 인간발달의 8단계를 규정함으로써 발달을 질적인 것으로 설명하는 데 기여하였다. 동시에 정체감의 강화나 확립 등 양적인 발달도 그의 이론에서 시사하는 점이 크다고 할 수 있다. 그러나 에릭슨의 발달 이론에서 개념 정의가 명확하지 못하고, 발달의 원인 및 발달기제에 관한 설명이 부족하며, 또한 각 단계로의 전환이 어떻게 이루어지는가에 대한 설명이 명확하지 않다는 비판이 제기되고 있다.

2) 학습 이론적 관점

행동주의 심리학에서 도출된 학습 이론은 발달의 주요 추진력이 유기체 내부가 아닌 환경에 있다고 보고 아동발달에 있어서 생물학적 요인보다는 환경적 요인을 보다 강조한다. 초기 행동주의자들은 심리학이 과학이어야 한다는 것을 강조하면서 객관적 관찰이 가능하고 측정할 수 있는 외현적 행동만을 중요시 하였다.

학습 이론은 아동발달을 이해할 때 질적으로 다른 단계가 있다고 보지 않으며 인간 대부분의 행동은 자극과 반응 간의 관계를 학습한 결과로 설명한다. 그리고 아동은 계속적인 반복, 연습 및 모방을 통해 학습자에게 강화나 보상을 줄 때 잘 학습하게 된다는 것이다.

아동의 행동은 외부의 환경에 의해 형성된다는 것을 전제로 학습과정을 강조하고 있어 고전적 조건화 이론을 전개한 파블로프를 필두로 왓슨, 스키너, 반두라 등이 행동주의와 사회학습 이론을 대표하는 이론가들이다.

(1) 고전적 조건형성 이론(classical conditioning theory)

고전적 조건형성 이론은 러시아의 생리학자인 파블로프의 동물실험을 통해 확립되었으며, 미국의 심리학자 왓슨이 이 이론을 인간에게 적용하여 행동주의 학습 이론의 기초가 되었다. 고전적 조건형성 이론은 중립자극이 반응을 유발하는 조건자극으로 변화시켜 조건반응을 일으키도록 하는 조작적 조건형성에 관한 이론이다.

파블로프의 실험을 학습심리학에 응용한 미국의 심리학자 왓슨(Watson: 1878~1958)은 행동주의학파를 창시한 사람으로 고전적 조건형성이 아동의 행동에도 적용될 수 있는지를 실험하였다. 왓슨 이후 행동주의는 여러 학자들의 연구를 통해 심리학의 대표적인 이론 중 하나로 발전하였다.

이 이론은 학습상태가 이루어지는 방법인 조건반사를 이용하여 과학적으로 설명함으로써, 이후의 학습 이론의 발전에 중요한 기초를 제공했다고 볼 수 있다. 그러나 인간의 감정이나 행동은 후천적인 조건형성의 결과로 보이기 때문에 선천적인 반응에만 초점을 두는 고전적 조건형성에는 한계가 따르며, 인간을 기계처럼 개념화하였다는 점에서도 많은 비판을 받았다.

(2) 조작적 조건형성 이론(Operant conditioning theory)

조작적 조건형성 이론은 스키너가 고전적 조건형성 이론을 수용하여 더욱 발전시킨 이론이다. 그는 행동주의 학습 이론의 가장 뛰어난 선구자로서, 인간의 행동이 반응행동보다는 조작행동에 의해 더 많이 좌우된다고 보았으며, 조작적 조건형성 이론을 세우고 그와 관련된 다양한 원리와 기법을 제시하였다. 조작적 조건형성 이론은 인간의 행동이 행동의 결과에 의해 변화된다고 보고, 환경을 조작하여 행동의 반응을 일으킬 수 있다고 보았다.

결과적으로 스키너 이론은 고전적 조건형성의 한계를 극복하고 학습 이론의 범위를 상당히 넓혔다는 평가를 받고 있다. 또한 조작적 조건형성의 원리를 이용한 행동수정 기법은 아동의 문제행동을 수정하고 바람직한 행동을 학습시키는 데 유용하게 활용되고 있다. 반면 실험상황에서 동물을 대상으로 한 연구결과를 인간의 행동에 동일하게 적용하였다는 점에서 비인간적이며, 실험실 내에서 이루어진 행동변화를 일반화하기가 어렵다는 것에 이 이론의 한계가 있다.

(3) 사회학습 이론(Social learning theory)

반두라(Bandura: 1925~1997)는 아동이 능동적으로 주위 세계를 이해하려고 노력한다고 믿었기 때문에 '학습' 이라는 용어를 사용하고, 다른 사람들이 하는 행동들이 주위 세계에 대한 중요한 정보가 되기 때문에 그의 이론에 '사회' 라는 용어를 포함시켰다. 그는 인간의 내적 과정에 관한 연구를 넘어 사회적 상황 속에서 나타나는 행동에 관한 학습에 관심을 갖고 인간행동의 상호결정론과 관찰학습의 중요성을 강조하였다. 인간은 타인의 행동을 관찰함으로써 행동을 학습하며, 학습에는 내적 · 인지적 요소가 포함된다는 것이다.

사회학습 이론가들은 보상이나 처벌을 통해 행동이 학습될 수 있다는 것을 인정함과 동시에 인간의 내적 과정도 인정함으로써 인간 행동에 있어서 인지적 과정을 고려하였다. 즉, 다른 사람이 보상이나 처벌을 받는 것을 관찰함으로써 대리 강화를 통해 자신의 행동 결과를 예상하는 것도 하나의 인지적 과정이라는 것이다. 또한 자기효능감이 발달됨으로써 아동은 어떤 행동을 모방할지를 결정하는 데 도움을 받게 된다고 보았다.

반두라의 사회학습 이론은 강화 이론에 토대를 두고 있는데, 인간행동이 직접적인 외적 강화가 주어지지 않더라도 관찰학습을 통한 모델의 영향으로 습득될 수 있다고 보았다. 그래서 이러한 학습을 관찰학습이나 대리학습이라고 한다. 주의집중, 파지, 운동재생, 동기적 과정을 거쳐 이루어지는 관찰학습은 많은 종류의 모델을 통하여 행동을 학습하며, 상징적 모델의 또 다른 형태인 언어적 지시를 통해서 학습이 이루어진다고 할 수 있다.

(4) 학습 이론적 관점의 평가

정신분석학적 관점과 마찬가지로 학습 이론적 관점도 아동연구에 많은 지대한 공헌을 하였다고 평가받고 있다. 행동주의 이론은 외현적으로 관찰 가능한 행동을 객관적으로 측정하고 정의함으로써 과학적인 학문으로 인정받기도 하였다. 아동의 문제행동을 수정하고 사회적으로 바람직한 행동을 유지하고 형성하기 위하여 필요한 강화, 모방 등의 조건화과정은 아동기에 흔히 나타나는 어려움들을 해결하는 데 많은 기여를 하였다.

한편으로는 조작적이고 제한된 실험실에서 동물들을 대상으로 실험한 결과들을 자연적이고 실제상황에서 일어나는 복잡한 인간행동을 기술하고 적용하는 데는 많은 한계가 따른다. 또한 환경의 영향만을 지나치게 강조한 나머지 유기체의 내적인 동기 요인이나 인지적인 요소를 간과하였다는 점에서 비판을 받고 있다.

3) 인지발달적 관점

피아제(Piaget: 1896~1980)는 인간이 능동적으로 환경과 상호작용을 함으로써 인지발달을 이룬다고 주장한다. 피아제는 아동의 지능발달에 관심이 많아 인간의 기본적인 지적 능력의 획득과정을 설명하고자 하였다. 즉, 한 인간의 생애에서 지능은 일련의 질적으로 다른 단계를 거쳐 발달해 나간다고 믿었으며, 각 발달 단계에 따른 아동의 사고 특성을 기술하였다. 정보처리 이론은 인지발달이 피아제의 발달 단계처럼 단절적으로 이루어지는 것이 아니라 일련의 연속적인 과정을 거치면서 일어난다고 본다. 여기에서는 인지발달 이론과 정보처리 이론을 살펴본다.

(1) 피아제 발달 이론

1 주요 개념

피아제의 인지발달을 이해하기 위하여는 도식, 동화와 조절, 평형화 등의 기본 개념을 우선적으로 이해해야 한다. 도식이란 유기체가 사물을 인지하고 대응하는 데 사용하는 '지각의 틀', '반응의 틀', '이해의 틀'이라고도 할 수 있다(유안진 외, 1998). 도식은 여러 가지 경험을 통해 점점 분화되기 때문에 발달과 더불어 환경과 상호작용하는 데 수많은 도식들이 이용된다.

인지발달은 환경과의 끊임 없는 상호작용을 통해서 이루어지는 적응과정으로 동화

(assimilation)와 조절(accommodation)의 두 단계를 거친다. 동화와 조절은 동시 발생적이며 일생을 통해 계속되는 과정이며 새로운 지식으로의 진전을 의미한다(조복희 외, 1989; 유효순, 1997).

평형화는 동화와 조절을 통하여 유기체가 환경과 균형 상태를 이루는 것을 말한다. 아동이 새로운 자극을 접했을 때 그 자극이 기존의 도식과 맞지 않으면 불평형 상태가 일어난다. 불평형 상태는 긴장과 갈등을 유발하여 평형 상태로 되돌아가려는 노력을 활성화시킨다. 아동은 새로운 정보가 기존의 도식과 일치하지 않으면 인지적 갈등을 경험하게 되고 동화에서 조절로 이동한다. 그 결과로 아동은 적응상태, 즉 인지적 구조와 주변 환경 간의 평형상태에 이르게 된다.

2 인지발달 단계

피아제(Piaget)에 의하면 인지발달의 순서는 모든 문화권을 초월하여 동일하게 나타나며, 이전 단계가 이루어지지 않고는 다음 단계로의 이동이 불가능하다고 하였다. 각 단계는 연속적이며 현 단계는 전 단계를 토대로 형성되거나 파생된다.

① 감각운동기(sensorimotor period: 출생~2세)

이 시기의 영아는 보고 듣고 만지는 등의 감각 운동적인 활동을 통해 환경과 상호작용하면서 이 세상에 대한 이해를 넓혀간다. 이 시기에 있어서 발달은 매우 빨라서 처음에는 생득적인 반사가 출발점이 되지만 마지막 단계에 가서는 감각운동적인 활동을 통해서 비교적 지적인 행동도 할 수 있게 되고, 원시적 형태로나마 상징을 사용할 수 있게 되어 단순한 상징놀이도 가능해진다. 또한 영아들은 감각적인 반응이나 탐색 활동을 통해 외부 세계를 알고, 대상 영속성을 습득하게 된다.

② 전조작기(preoperational period: 2~7세)

이 시기는 감각운동기의 사고유형과는 달리 사물에 대해 상징과 심상을 사용하는 표상능력이 증가하고 자신의 주변에서 일어나는 일들에 대해 사고할 수 있게 된다. 그러나 이 시기의 사고는 논리적이지 않고 문제해결에 있어 여러 가지의 조작적 사고를 할 수 없기 때문에 전조작기라 부른다. 전조작기의 인지적 특성으로는 상징적 활동의 증가, 자기중심적 사고, 직관적 사고에 의존한다. 그리고 물활론적 사고, 실재론, 목적론적 사고의 특징을 보인다.

③ 구체적 조작기(concrete operational period: 7~12세)

구체적 조작기에 들어서면 아동의 사고는 급격한 진전을 보이게 된다. 전 단계의 유아들은 지각적으로 두드러진 대상에게만 자기의 관점을 한정시키는 데 반하여 이 시기의 아동은 일반적인 것으로 관점이 확대되고 내적 표상을 여러 가지 방식으로 조정할 수도 있게 된다.

논리적 조작이나 규칙을 적용하면서 보존문제를 쉽게 풀게 되며, 자기중심적인 사고에서 벗어나 타인의 입장, 감정, 인지 등을 추론하고 이해할 수 있는 조망수용 능력이 발달하게 된다. 구체적 조작 단계의 인지 구조는 관찰될 수 있는 구체적 사물을 다루는 데는 논리적이라고 할 수 있지만 가설적이고 추상적인 또는 언어적인 문제를 다루는 데는 아직 미숙하다.

④ 형식적 조작기(formal operation period: 12세 이후)

마지막 단계인 형식적 조작기는 12세부터 청년기에 해당하는 것으로, 사춘기가 되면서 아동의 사고는 중요한 변화를 겪게 된다. 이 시기에는 세부적이거나 구체적인 경험과 독립되어서 추상적 사고, 가설적 사고가 가능하며 효율적으로 지적인 과업을 성취할 수 있다.

이 시기의 사고의 특징은 조합적 사고로서, 문제가 제시되었을 때 가장 타당한 해결방안 내지 정답을 찾기 위해서 먼저 그 문제를 인출하여 그것을 차례로 검토한 다음 결론을 내리는 사고가 가능하다. 형식적 사고는 사춘기 이후 아동을 여러 측면에서 변화하게 만든다. 우선 자신의 인생에서 가능한 것이 무엇인지 생각하게 하고, 안정된 정체감을 형성할 수 있도록 하며, 타인의 심리적 조망을 할 수 있도록 해준다.

(2) 정보처리 이론

정보처리 이론가들은 지적 능력의 기초가 되는 정신과정에 대한 분석을 통해 인간의 인식, 주의, 기억, 문제해결 등의 과정을 연구함으로써 아동이 어떻게 환경으로부터 정보를 수용하여 이미 자기 기억 속에 저장되어 있는 정보와 연결시켜 문제를 해결하는 가를 보여주려 하였다. 정보처리적 관점의 기억발달은 정보가 입력되고 조작되어 산출이 이루어지는 인지적 과정으로 보기 때문에 여기에서는 아동기 동안 현저히 발달하는 기억 향상을 위한 기억과정과 상위기억을 살펴보기로 한다.

① 기억과정

일반적으로 인간의 기억과정은 정보를 받아들여 내적인 표상을 형성하여 부호화(encoding)하고 정보를 나중에 사용할 수 있도록 어떤 형태로 저장(storage)하고 저장된 특정한 정보를 선택하여 끄집어내는 인출(retrieval)로 구분된다. 다시 인출과정은 재인(recognition)과 회상(recall)으로 구분된다(성현란 외, 2003). 기억전략은 기억저장고에 정보를 집어넣거나 인출을 하기 위하여 사용하는 의도적인 활동으로서 반복시연, 조직화, 정교화 등의 기억전략이 있다.

② 상위기억

상위기억이란 기억과 기억과정에 대하여 의도적으로 기억 활동의 결과를 예측하고 활동의 순서를 설계하며, 또한 활동을 감시하고 검토하는 데 관련된 여러 가지 지식을 말한다. 다시 말해 어린이가 기억하고자 할 때, 주어진 과제를 수행하기 위하여 어떤 전략을 사용해야 기억을 더 잘 할 수 있는지를 이해하는 능력을 말한다. 어린 유아에게는 자신이 기억할 수 있는 양에는 한계가 있으며, 난이도를 정확하게 판단하는 능력이 미약하나 연령이 증가하면서 초등학교 5학년경이 되면 기억해야 할 과제의 난이도 차이를 이해하기 시작하며, 이 능력은 청년기까지 계속 발달한다(Flavell & Wellman, 1976). 정보처리 이론에서는 아동의 사고과정이 연령이나 발달의 단계에 따라 달라지는 것이 아니라 각 아동 개인의 주의력, 기억력, 정보에 대한 해석 능력에 대한 문제해결력의 차이로 보는 것이다.

(3) 인지발달적 관점의 평가

인지발달적 관점에서 피아제는 아동의 인지발달의 중요성을 강조하면서 아동 내부의 인지과정에 초점을 두어 아동을 능동적인 학습자라는 사실을 밝혀냄으로써 유아교육 발달의 토대를 제공하였다. 연구방법론에 있어서 아동의 내적인 사고과정을 연구하고 인지발달뿐 아니라 기억, 학습, 언어, 사회인지 등의 여러 분야에 영향을 미쳤다는 점에서 많은 공헌을 하였다.

한편으로는 피아제가 신생아와 유아의 능력을 과소평가했다는 증거를 제시하기도 하였으며, 연구방법 측면에서도 단계의 진전이나 주요 개념들에 대한 과학적인 검증이 어렵고 아동에 대한 임상적 관찰과 면접방법은 객관성과 신뢰성이 결여되어 있다는 비판을 받고 있다.

정보처리 이론도 피아제 이론과 마찬가지로 발달은 유전과 환경과의 상호작용으로 일어난다는 입장으로, 인간은 연령의 증가에 따라 계속적으로 발달하고, 신경계의 성숙이 곧 정보처리과정의 효율성을 높이고 환경으로부터 지속적인 정보투입의 중요성을 시사하고 있다.

4) 생태 체계적 관점

생태학적 관점에 가장 대표적인 학자인 브론펜브레너(Bronfenbrenner: 1917~)는 '맥락 속의 발달', 혹은 '발달의 생태학'의 연구를 수행하면서 아동을 '매우 다양한 수준의 주위 환경에 영향을 받는 관계의 복잡한 체계 속에서 발달하고 있는 존재'로 보았다. 생태 이론적 접근에서는 가족, 지역사회, 문화 등 인간이 몸담고 있는 생태 환경을 보다 체계적으로 구조화하고 이들 환경 체계와 개인 간의 관계를 이해하는 것을 인간 발달의 주요 과제로 삼고 있다.

(1) 기본 개념

브론펜브레너(Bronfenbrenner, 1979)에 의하면, 아동의 발달은 진공상태에서 이루어지는 것이 아니라 가족, 이웃, 학교, 지역사회, 국가 등 여러 가지 환경 속에서 인간과 환경 간의 상호작용을 통해 이루어지는 것으로 보고, 아동의 성장 · 발달에 영향을 주는 생활 환경을 아동에게 근접한 순서로 미시 체계, 중간 체계, 외체계, 거시 체계, 시간 체계 등 다섯 가지로 설명한다.

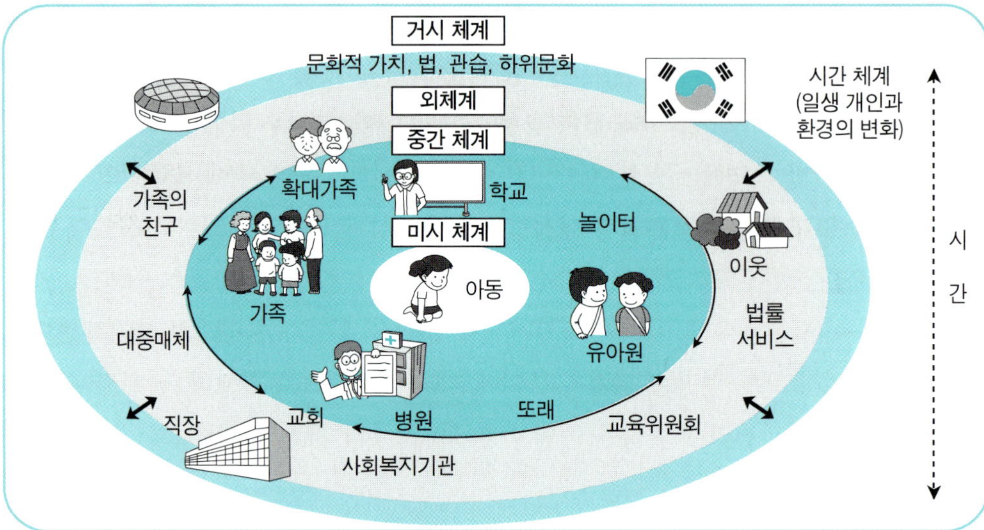

그림 2-1 브론펜브레너의 아동의 성장 · 발달에 영향을 주는 생활 환경

| 출처 | 김미영(2013). 영아발달. p. 52.

① 미시 체계(microsystem)

미시 체계란 아동을 둘러싸고 있는 환경 중에서 가장 내부에 있고 가장 중요한 곳으로 아동의 즉각적인 환경 속에서의 활동과 상호작용 관계를 말하며, 이러한 미시 체계들 간의 관계가 아동발달에 영향을 미친다. 미시 체계는 아동이 성장하면서 변화하는 것으로 아동을 보호하고 발달을 촉진하는 가정과 보육시설, 학교, 지역사회 등을 의미하는 것으로 아동과 성인 간의 상호작용이 가장 밀접하게 일어나는 체계이다. 미시 체계 내에서의 상호작용은 양방향이며 상호적인 특징을 갖고 있다.

② 중간 체계(mesosystem)

중간 체계는 미시 체계들을 연결하고 있는 고리로 작용하기 때문에 환경들과의 관계에 영향을 미치고, 이러한 관계가 아동의 발달에 영향을 미친다. 부모와 자녀 관계, 형제 · 자매 관계, 또래친구, 교사와의 관계 등에 있어서 서로 간의 연계가 잘 이루어지고 서로 정보를 교환하는 등 체계들 간의 관계가 밀접하면 할수록 아동의 발달도 순조롭게 진행된다(안영진, 2006).

③ 외체계(exosystem)

아동과는 직접적인 관계는 없지만 부모의 직장, 지역사회의 복지 체계, 정부, 교육 및 의료기관 등의 환경들에 의하여 영향을 받는 사회적 환경을 의미한다. 아동의 양육을 도와줄 수 있는 지지 체계가 있는가 하면, 아동 학대와 관련된 부적인 외체계의 변인들도 있을 수 있다. 예를 들면, 부모의 실직, 빈곤, 빈약한 주거 환경 및 사회적 지원망 등이 아동 학대의 가능성을 높일 수 있는 외체계의 요인들이다.

④ 거시 체계(macrosystem)

거시 체계는 구체적인 환경이라기보다는 미시 체계, 중간 체계, 외체계에 포함된 사회의 광범위한 관습, 가치, 신념 등의 문화적 환경을 의미한다. 이러한 체계들은 직접적인 영향을 미치지 않지만 아동이 속해 있는 사회 · 문화적 배경은 아동과 관련된 제도와 프로그램, 일반인의 태도 등에 막대한 영향을 미치는 중요한 환경이라고 말할 수 있다. 사회적 변화와 가치에 따라 아동에게 미치는 영향력은 다양한 형태로 나타날 수 있다.

⑤ 시간 체계(chronosystem)

시간 체계는 생태학적 관점에서 최근에 포함된 관점으로, 인간의 전 생애에 걸쳐 일어나는 변화와 사회 · 역사적인 환경까지 포함하고 있으므로 인간의 생애에서 단일사건이 발달에 미치는 영향만을 연구하지 않는다. 즉, 시간적으로 한 시점의 사건이나 경험이 아닌 오랜 시간의 경과에 따라 연속적으로 발생하는 사건들이 누적되어 발달에 미치는 영향을 연구하고자 한다. 결과적으로 어떤 시대에 출생하여 어떻게 성장하였는가를 아동발달 측면에서 조명해 보는 것이다.

(2) 생태학적 관점의 평가

생태 이론은 아동발달에 매우 중요한 새로운 지평을 열어주었다. 즉, 기존의 많은 연구들은 아동발달 자체에만 관심을 가지고 아동 주변의 환경에만 국한하여 설명하였지만, 브론펜브레너는 아동을 둘러싼 여러 환경을 구조로 체계화하고 이들 체계와 아동발달 간의 관계를 총체적으로 이해하고자 한 점에 있어서 가장 큰 공헌을 하였다고 볼 수 있다.

한편으로는 아동발달에 맥락적 영향력을 중시하는 반면에 성숙이나 생물학적인 요인 등은 아동의 능동적 발달과정에 의한 영향을 간과하고 있다는 점에 비판이 제기된다. 최근에 와서 브론펜브레너의 이론에 생물학적 영향을 추가함으로써 생물·생태학적 이론으로 새롭게 대두되고 있지만 여전히 환경적 영향이 우위를 점하고 있다.

아동복지의 발달과정

Chapter 3

아동복지의 발달은 역사적으로 볼 때 이미 원시 시대부터 이루어졌다고 볼 수 있으나 우리나라의 경우는 좀 더 구체적으로 시작한 삼국 시대부터를 아동복지 서비스의 시작으로 보고 있다. 하지만, 외국의 경우는 원시 시대부터를 아동복지 서비스의 근원으로 보고 있다. 그래서 본 장에서는 우리나라의 경우 삼국 시대의 아동복지, 근대 사회 아동복지, 현대 사회 아동복지로 구분하였다. 외국의 경우는 원시 시대의 아동복지, 고대 사회 아동복지, 중세 사회 아동복지, 근대 사회 아동복지, 현대 사회 아동복지로 구분하여 아동복지의 역사적 발달을 전반적으로 살펴보고자 한다.

1 한국의 아동복지 발달과정

1) 전통 사회 아동복지

삼국 시대에 신라 제3대 유리이사금 5년(서기 28년)에 왕명으로 전국의 환, 과, 고, 독(鰥, 寡, 孤, 獨)-환은 늙고 처가 없는 사람, 과는 늙고 남편이 없는 사람, 고는 어리고 부모가 없는 아이, 독은 늙고 자식이 없는 사람들을 말하며 관가에서 이들에게 식량을 지급하고 부양하는 일을 처음 실시하였다. 백제에 온조왕 33년(서기 15년)에, 고구려 태조왕 56년(서기 108년)에 재해를 당한 자 중에 아동을 포함하여 관곡을 배급 기록이 있다(구자헌, 1972).

고려 시대 제6대 성종 13년(서기 994년) 고아로서 양육할 사람이 없는 자에 한하여 10세까지 식량을 지급하였고 그 후에는 원하는 곳에 거주하게 하였다. 고려 시대에는 계급사회이므로 고아의 민간수양은 대개 노비로 삼는 방편으로 이용되기도 했다. 이후 충목왕 3년(서기 1347년)에 해아도감(孩兒都監)이라는 영아원을 설치하여 유아들을 보호 · 양육하였으며 전쟁과 흉년에 걸식하는 아동들을 수용 · 양육하는 승려나 사역승으로 양성하는 일이 성행하였고 승려와 고아가 법부법자(法父法子) 관계를 맺기도 하였다.

조선 시대에는 관에서 보호해야 할 아동이 증가하면서 유기 · 부랑하는 아동을 절대적으로 보호하기 위한 국가에 수용보호를 하거나 민간수양으로 양자녀나 노비로 삼는 것을 그 정황에 따라 허가하는 것을 근본 취지로 삼았고 요보호 아동을 위해 식량과 의복을 관급에서 제공하는 것이 관례였다.

『대명률(大明律)』의 규정에는 부인범죄자가 임신 중인 경우 바로 처형시키지 않고 태아를 보호하기 위하여 출산한 뒤 백일이 지난 후에 처형케 하는 규정이 있었으며 이는 태교를 중시하여 태아 보호에 힘을 기울였다.

『경국대전』의 「혜휼조」는 조선 시대 아동복지의 효시로서 아동의 규휼 조항에 춥고 배고파 떠돌아다니며 걸식하는 아동 중에 부양할 사람이 없는 자는 나라에서 의료와 식량을 지급하도록 하였다.

第18대 현종(1661년)은 한성 각 부(서울 행정구역)의 유기아에 대한 관청의 허가제에 의한 민가수양이 실시되고 이들에 대하여 일을 시킬 수 있는 권리를 갖게 하였다.

第19대 숙종(1696년) 「수양임시사목(收養臨時事目)」이 제정되었으며 내용은 흉년에 한하여 일시보호의 수단으로 민간수양을 허가했고, 부모나 보호자가 없는 아동을 대상으로 수양된 후 3개월 이내에 부모가 나타나면 다시 데려갈 수 있으나 그동안 양육에 소요된 곡물을 2배로 보상하게 함으로써 부모의 책임을 확실히 하였다.

수양을 원하는 사람이 있을 경우에는 아동의 부모 유무, 부양책임자의 유무 등을 상세하게 조사하여 사정을 밝힌 후 진휼청에 보고 등록하고 허가를 얻어 시행하도록 규정하였다(박선희 · 조흥식, 2006).

第21대 영조(1744년) 『동사목』을 편찬하여 「수양임시사목」의 조치를 더욱 확고히 하였다.

第22대 정조(1783년) 『자휼전칙』에 의하면 서울에서는 진휼청 유접소, 지방은 진장을 설치하여 부랑걸식 아동을 한시적으로 수용하여 보호하고, 친족부양의 책임을 강조하여 친부모나 친족이 3개월 이내에는 데려갈 수 있으나 3개월이 지나면 데려갈 수 없게 하였다. 유기아의 경우는 3세까지 흉년이나 풍년을 관계없이 수용 · 보호하였고, 단 포대기에 싼 갓난아기를 거리에서 발견하면 시급을 요하므로 선입소 후 보고하도록 하였다. 부랑걸식아는 부모나 친족이 없는 경우에는 수용보호를 하며, 추운 때는 수용 · 보호하고 봄이 되어 보리가 날 때는 노역으로 숙식을 해결하도록 하였다.

또한 질병이 있는 아동은 진휼청으로부터 혜민서(惠民署)에서 치료하도록 하였으며 진휼청 규정을 준수하지 않을 경우는 감사 보고하여 논죄케 하고 암행어사 염탐 시에 모두 적발하여 경중에 따라 죄를 논하게 하였다.

2) 근대 사회 아동복지

조선 말엽은 고종(1885년) 천주교 조선교구장인 장 블랑(Jean Blanc)이 서울 명동성당 내에 최초로 설립된 천주보육원이며, 개신교에서 처음으로 1892년 언더우드 목사가 서울에서 고아사업을 시작하였으며, 갑오경장 이후 종교 단체들의 선교와 교육 구호사업을 하였다. 우리나라에 최초로 아동 복지시설은 1905년 독지가 이필화 선생이 설립한 경성보육원이다.

1910년 한일합방 이후 일본의 정치 · 외교 · 경제적 지배하에 놓이게 되면서 조선총독부는 경성보육원을 총독부가 직영하는 제생원사업에 일부 흡수하였다. 일제 시대에는 1944년 「조선구호령」에 의해 아동구호사업이 있었지만 아주 미비하였다.

해방 후 남북이 분단되면서 미군이 진주하여 군정을 펴기 시작하여 가장 두드러진 것은 「아동노동법규」(1946)를 통해 아동들이 부당하게 고용되는 것을 방지하는 데 공헌하였다. 내용을 보면 14세 미만의 아동들은 노동할 수 없도록 하였고, 16세 미만의 아동들은 중공업이나 유해산업에 종사하지 못하게 하고, 18세 미만의 아동들은 생명을 위협하는 업무에 종사하지 못하도록 규정하였다.

3) 현대 사회 아동복지

1950년대와 1960년대는 해방 후에 이북에서 월남한 가족과 외국에서 귀환하는 동포들도 많았으며, 특히 6 · 25전쟁 후 급증한 요보호 아동에 대한 수용구호의 필요성으로 인하여 외국 민간원조에 의해 구호사업이 활발히 진행되었으며 각종 아동 복지시설이 급증하였다. 아동 보호시설의 종류도 다양해져 영아원(3세 미만), 육아원(3~18세 미만) 외에 전쟁미망인, 과부와 12세 미만 아동을 함께 수용하는 모자원, 부랑아 보호시설, 작업보도시설 등이다. 이와 관련된 법적 조치를 보면 「후생시설운영요령」(1952), 「아동복리법」(1961) 제정을 들 수 있다.

아동복지 각 분야별로 발달과정을 살펴보면 다음과 같다(박선희 · 조흥식, 2006).

비행 아동 보호 제도는 주로 시설보호 중심에서 사회선도 중심으로 바뀌었고, 우리나라 최초의 비행 아동 보호시설은 영흥학원(1923)이며 비행 아동 법적인 조치는 「소년령」(1942), 경성소년재판소(1942), 「소년법」(1958), 「소년법」 개정(1963), 「보호관찰법」(1988) 등이다.

근로아동복지는 「아동노동법규」(1946)가 제정되면서 아동이 심한 노동에 혹사당함을 방지하도록 하였다. 내용은 14세 미만의 아동은 노동할 수 없도록 학교 수업시간에 근로할 수 없으며 근로할 수 있는 직업을 제한하였고, 그 후 「미성년자 노동보호법」(1947)은 근로연령을 12세 미만으로 조정하였고 근로시간도 규정하였다. 「근로기준법」(1953)에서는 근로청소년의 권익보호 및 산업체 특수학교를 개설하여 진학의 기회를 제공하였다.

입양사업은 부모 없이 시설보호 아동을 국외, 국내 가정에서 자랄 수 있도록 하기 위한 「입양특례법」(1976)을 제정하였다.

보육사업은 「아동복리법」(1961)에는 처음에 탁아사업으로 아동복지 정책으로 채택하였으나 요보호 아동을 중심으로 대상은 영세가정, 결손가정의 영아에게 혜택을 주었으며 기관명칭도 탁아소로 보호를 위주로 하였다. 이 법은 1981년에 「아동복지법」으로 개정 공포하면서 18세 미만의 요보호 아동에서 전체 아동으로 확대하여 서비스의 전문화와 다양화를 지향하였다. 또한 1968년 「아동복리법 시행령」에 의해 미인가 탁아시설 임시조치령을 공포하여 재단법인이 아니더라도 탁아시설을 설치 · 운영하도록 하여 그 명칭을 탁아소에서 어린이집으로 바뀌고 그 결과 1977년 603개소로 증가되었으나 질이 떨어질 우려되자 미인가 탁아시설 임시조치령을 폐기하였다.

1982년 「유아교육진흥법」에 의해 어린이집은 유아교육기관인 새마을 유아원으로 흡수되고 관장부서도 보건사회부에서 내무부로 이관되었다. 1989년 「아동복지법 시행령」을 개정하여 새마을 유아원을 아동 복지시설인 탁아시설로 환원하였으며 가정탁아 제도도 마련되었다. 그 후 1970년대 보호 중심의 탁아사업에서 보호와 교육을 통합한 「영유아보육법」(1991)을 제정 · 공포하여 새마을 유아원을 어린이집으로 개칭하도록 하였으며 보육의 종류도 국 · 공립보육, 민간보육, 직장보육, 가정보육, 방과후 보육으로 구분하였다.

1970년대를 고비로 아동복지 운영과 관련된 국가의 책임은 계속 증대되고 외원 감소와 국가 지원 강화, 일반 아동까지 도모하는 아동복지로 1990년대 아동 복지시설 재정 구조를 보면 정부 지원 65%, 자체수입 15.8%, 민간보조 12.0%, 기타 7.3%의 비중을 보여 과거의 외원기관 중심에서 국가 중심의 운영 체제로 전환되었음을 알 수 있다(표갑수, 2002). 이러한 가운데 우리나라의 아동복지는 시설수용보호, 입양사업, 영유아보육사업, 아동결연사업, 가정위탁사업으로 발전하였다. 과거의 시설 위주의 형태에서 가정과 지역사회 중심의 보육 서비스, 가정위탁, 국내입양, 재가복지 서비스로 점차 바뀌어 가고 있다.

한편 현대 사회에 변화에 따른 아동복지 욕구가 증대되면서 불가피하게 대두되는 아동 학대, 장애 아동 증가, 학교부적응, 비행과 폭력, 약물남용, 가족 해체, 한부모가정, 조손가정, 소년소녀가정, 미혼모와 아동문제의 증가에 따른 아동복지 서비스 분야가 다양해지고 있다. 또한 최근에는 저출산 경향이 심화되면서 저출산을 극복하고 일과 자녀 양육을 병행할 수 있는 국가적 차원의 개입과 재정 지원의 필요성이 증대되고 있다. 이러한 사회적 추세는 선별주의 아동복지에서 보편주의 아동복지로 발전해 나갈 것이다.

2 외국의 아동복지 발달과정

1) 원시 사회 아동복지

원시 시대에는 태어나면서 가능한 빨리 성인과 같은 생활자로서 생산(수렵 또는 식물 채취)에 종사하거나 자신의 생활을 영위하도록 하였다. 이때는 아동을 소유물로 보았으며 종족보존의 수단으로 삼고, 장애를 가진 아동이나 병약한 아동은 공동체생활을 할 수 없으므로 희생의 대상이 되기도 했다.

카두신(Kadushin)에 의하면, 아마존 강 유역의 인디오들은 아기가 태어나면 강물에 그 아이를 넣어 건강한 아이만을 건져내며 그렇지 않은 아이들은 그대로 내버려두는 생존시험을 했다고 보고되었다. 또한 홉스하우스(Hobhouse)는 미개인의 생존은 치열

하였으므로 부양할 식구가 늘어난다는 것이 매우 심각한 문제였으며, 미개 사회에서는 영아살해가 심각한 것이 아니었다고 말한다.

2) 고대 사회 아동복지

원시 시대에서 고대 사회는 점차 문명이 발달하면서 생산력도 높아지고 영아살해와 기아가 늘어나게 되었다. 스파르타식 교육에서는 건전하게 자랄 가망 없는 영아를 기르는 것을 금지하였다. 또한 고대 사회의 영아살해와 기아는 인구조절의 방편이었으며, 아리스토텔레스(Aristoteles)는 기아보다 낙태가 더 나은 방법이라고 보았고, 아동매매도 성행하여 534년 제정된 「유스티니아누스 법전」에서는 가난하여 아이를 키울 수 없는 부모에게 자식을 매매할 권리를 허용하였다.

고대 사회 말기에는 종교가 발달함에 따라 생명을 중시하며 자선 활동이 발달하였다. 유럽 국가들이 기독교가 국교가 되면서 기아, 낙태, 아동 매매, 영아살해 등이 죄악시되어 「콘스탄틴 법전」에 아동살해 금지 조항이 포함되면서 아동의 생명이 존중되기 시작하였다.

3) 중세 사회 아동복지

중세 사회는 종교의 사회적 영향이 강했던 시대로 교회를 중심으로 아동을 보호하였다. 그러나 신분 사회로서 신분에 따라 처우가 달라졌다. 신분이 높은 아동은 혈통계승자로서 존중된 반면 신분이 낮은 아동은 농노로서 무가치하게 취급되었으며, 농노에 의해 노동력을 착취당하는 경우도 많았다. 이들은 5, 6세가 되면 도제(徒第)가 되어 엄격한 훈련을 받았을 뿐 아니라 고아가 되면 길드(gild) 안에서 상호부조로 그들을 양육하기도 하였다.

중세 사회의 교회 중심의 종교적 차원의 보호는 자선차원 행위였고 개인의 욕구나 권리를 존중하는 아동복지의 서비스는 아니었다.

4) 근대 사회 아동복지

산업혁명의 시작과 함께 중세봉건 제도가 붕괴되면서 자본주의가 시작되었다. 자본주의가 발달하면서 개인주의와 자유주의가 나타났으며 경제 활동에 역할 기준이 자본가와 노동자라는 사회 계층으로 구분되었다. 사회의 변화와 함께 노인, 아동, 및 구호가 필요한 사회적 약자에 대한 문제 등 사회문제가 대두되기 시작하였다. 이러한 사회문제가 개인적인 문제보다는 사회변화에 따른 사회문제로 인식되었다.

그동안 개인적 · 종교적 자선차원의 구호 활동에서 국가적인 차원으로 바뀌게 되었다. 1601년 영국의 「구빈법(Elizabethan Poor Law)」은 성인뿐만 아니라 요부양 아동(고아, 기아 · 빈곤 가정의 아동)에 대한 규정을 세워 오늘날의 아동복지의 효시가 되었다고 할 수 있다. 이 법에서 최초로 국가적인 차원의 책임에서 빈곤가정의 아동을 위탁보호제도와 도제 제도를 마련하였다. 위탁보호 제도는 시설수용을 감소시키고 가정에서 안정된 생활을 할 수 있도록 하였고, 도제 제도는 빈곤 아동의 의 · 식 · 주를 해결할 뿐 아니라 직업능력을 길러 자립할 수 있도록 하였다. 그러나 아동을 노동력의 제공자로 간주하고 노동력 착취와 교육의 기회를 박탈하는 부정적인 영향도 없지 않았다.

「구빈법」 제정 이후 아동 · 청소년복지에 관련된 법이 많이 제정되었는데 이를 보면 다음과 같다(표갑수, 2002).

영국에서는 1802년에 '옥면공장 등의 도제의 건강 및 품성을 위한 법률' 이 제정되었는데 이 법은 세계 최초로 연소 공장 노동자의 노동시간을 규제하고, 최소 수준의 위생과 교육을 보장하려고 한 법령이었다.

1819년에 「공장법(Factory Act)」이 제정되어 취업연령을 최저 9세로 정하였고, 9세 이상 16세 미만의 어린이는 하루 12시간을 초과할 수 없다고 규정하였다. 그 후 1833년에 「공장법」이 개정되어 9세 미만의 아동은 노동을 금지시켰고, 9세 이상 13세까지의 어린이의 노동시간을 주 48시간, 하루 최고 노동시간을 9시간으로 제한하여 아동의 노동을 보호하였다. 그 후 프랑스에서 1814년, 스웨덴에서는 1881년, 미국에서는 1895년에 근로 아동을 위한 관계법을 제정하여 최저 근로연령을 상향 조정하고 근로를 제한하는 직업의 종류를 규정하는 등 발전을 보였다.

아동의 관계법의 제정과 함께 산업혁명 이후 대량으로 발생한 취업모에 대한 보호대책으로 민간주도의 탁아시설이 주된 역할을 담당하였다. 1861년 영국의 오웬(Owen)

이 공장 내에 세운 성격형성신학원(New Institute for the Formation of Character)이 효시가 되어 보호와 교육을 담당하는 많은 유아학교(infant school)가 설립되게 되었다. 1891년에는 「아동감호법(Custody of Children Act)」이 제정되어 어린이를 유기한 부모나 어린이를 감호하기 부적당한 부모의 친권은 부인되어 그것으로서 사립 아동 구제사업의 입장이 유리해졌다(영국, 프랑스, 벨기에, 덴마크). 또한 장애 아동에 대한 인식도 운명론에서 합리적인 인식으로 바뀌어 맹아학교가 설립되었다.

근대 사회는 구빈법의 제정으로 아동복지가 민간이 주도하는 자발적인 아동보호사업이 전개되었고 종전에 혼합수용에서 분리수용 되었으며 가정위탁 제도가 실시되어 아동이 점차 안정된 생활을 할 수 있도록 하였으며 아동문제가 국가와 사회적 책임으로 발전되었다고 볼 수 있다.

5) 현대 사회 아동복지

20세기에는 점차 아동을 고유의 인격체로 받아들이면서 다양한 사회 제도들이 만들어지고 아동보호에 대한 책임이 국가와 사회현상으로 받아들여지게 되었다.

영국에서는 1908년 「아동법(Children Act)」이 제정되었으며 이 법은 1948년 「신아동법」으로 체계가 정비되었다. 「신아동법」에는 부모가 없는 아동, 유기된 아동, 부모와 떨어져 사는 아동, 특히 아동부양능력이 없는 부모인 정신질환자, 정서적 문제를 가진 자, 알코올 중독자, 약물 중독자 등의 부모의 자녀들은 지역사회와 공동단체가 부모역할을 담당하도록 규정하고 있다(표갑수, 2002).

미국에서는 아동복지의 중요성을 강조하면서 루즈벨트 대통령이 제1차 백악관 회의를 개최하였다. 이 회의에서 아동을 위한 부모의 역할과 가정생활의 중요성을 세 가지 원리로 제시하였다.

첫째, 가난하다는 이유로 가정에서 이탈되어서는 안 된다. 둘째, 가정을 떠나야만 할 이유가 있을 경우에는 차선책으로 잘 선정된 위탁가정이 바람직하다. 셋째, 필요에 따라 시설을 이용할 경우 소숙사 형태가 좋으며 아동의 의존성이 나타나지 않도록 해야 한다.

이후 백악관 회의는 10년마다 열어 아동복지 정책을 모색하기에 이르렀다. 1930년 3차 백악관회의는 후버(Herbert Hoover) 대통령에 의해 아동보건과 보호를 위한 회의가 소집되었고, 특히 신체적 · 정신적 장애 아동, 교육, 의료보호, 보건보호를 강조하는 아동의 건강욕구에 집중되었다. 이 회의는 아동헌장을 발표하기도 했다.

1940년 백악관회의는 유럽의 전쟁기에, 그리고 1950년 백악관회의는 한국전쟁기에 개최되었는데 전자는 민주주의 아동, 후자는 아동발전의 정서적 요인이 강조되었다. 1960년 제6차 백악관회의는 변화하는 세계 속의 아동 및 청소년의 연구가 주제였는데 자유와 존엄의 창조적 생활을 실현하기 위한 아동 및 청소년을 위한 기회가 강조되었다. 1970년 백악관회의는 청소년회의가 분리되었다. 이와 같이 매 10년마다 개최되는 이 회의는 아동 및 사회복지 분야에 많은 영향을 주었다.

한편 20세기에 들어 아동시설과 가정위탁시설이 요보호 아동을 보호하는 보편적인 형태로 발전되었으며, 20세기 후반에는 대규모 시설은 소규모 시설로 발전하였고 위탁가정과 시설의 특성을 동시에 갖춘 소규모 가정시설로 발전하였다.

또한 아동복지의 대상이 요보호 아동에서 일반 아동까지 확대됨의 일환으로 가족수당 및 아동수당 제도가 발전하였다. 아동수당은 가족수당 제도의 체계 내에서 독자적인 영역으로 발달되었다. 영국은 1946년에 제정된 가족수당 제도의 개선책으로 1974년 모든 아동을 대상으로 「아동수당법」이 제정되었으며 독일, 스웨덴, 프랑스, 일본 등에서도 실시되었다(표갑수, 2002).

한편 1959년에 유엔(UN)이 '아동권리선언을 선포한 이후, 1979년은 아동의 해로 지정하였다. 1959년에 아동권리선언을 채택한 후 30년이 지난 1989년 아동 권리에 관한 국제협약을 통과시켰다. 이 협약에 포함된 아동 권리는 다음과 같다.

첫째, 제공(Provision)과 권련된 권리이다. 아동이 필요로 하는 인적 · 물적 자원을 제공하고 이를 사용할 권리를 의미한다. 둘째, 보호(Protection)와 관련된 권리이다. 이는 아동이 위험하고 유해한 행위(상업적 또는 성적 착취, 육체적 · 정신적 학대, 전쟁 참여)로부터 보호받을 권리를 가지고 있음을 의미한다. 셋째, 참여(Participation)의 권리이다. 이는 아동이 자신의 인생의 영향을 미칠 중대한 결정에 대해 알 권리가 있음을 의미한다.

이와 같이 아동복지의 서비스도 세분화되어 지지적 서비스, 보조적 서비스, 대리적 서비스로 아동복지를 담당하는 전문가가 양성되어 전문적인 서비스로 이어짐을 알 수 있다.

현대 사회 아동복지는 과거의 아동 개인에 초점에서 국가와 사회의 책임으로 집단수용에서 소규모 수용으로, 시설보호에서 위탁가정으로 포괄적인 서비스에서 분화된 서비스로 보편적인 아동복지로 발전됨을 볼 수 있다.

아동복지 정책과 제도

Chapter 4

최근 아동복지 정책의 동향은 요보호 아동 중심의 선별적 관점의 정책에서 벗어나 전체 아동을 대상으로 하는 보다 보편적인 예방 서비스 형태의 정책으로 확대되어 가고 있다. 이에 본 장에는 아동복지 정책과 아동복지 관계법 및 아동복지행정에 대해 살펴보고자 하는데, 아동복지 정책의 변화에 따른 최근 우리나라 아동복지 정책의 현황과 아동복지 서비스로 전환시키는 아동복지행정에 대해 살펴보고자 한다. 그리고 아동복지사업을 실천하는 데 주 근거가 되며 아동복지와 밀접한 관련을 지닌 아동복지 관계법에 대해 알아본다.

1 아동복지 정책

1) 아동복지 정책의 개념

아동복지 정책(child welfare policy)은 사회복지 정책의 하위 영역으로 아동복지와 정책의 합성어이다. 이에 아동복지와 정책의 개념을 통해 아동복지 정책의 개념을 살펴볼 수 있다. 먼저 아동복지에 대한 개념은 카두신과 마틴(Kadushin & Martin, 1998)에 의하면 광의의 개념과 협의의 개념으로 정의하고 있다. 광의의 개념으로 '아동복지'란 아동의 생리 · 심리 · 사회적 잠재력이 최적으로 발달할 수 있도록 지원하는 모든 수단이며, 협의의 개념으로는 특정한 아동과 가족에게 특정한 기관의 특정 서비스를 제공하는 것이라 하였다. 또한 프리드랜드와 앱트(Friedlander & Apte, 1974)는 아동복지란 단지 빈곤, 방치, 유기, 질병, 결함 등을 지닌 아동이나 환경에 적응하지 못하는 비행아동에만 관심을 두는 것이 아니며, 모든 아동이 신체적 · 지적 · 정서적 발달에 있어서 안전하고 행복할 수 있도록 위험으로부터 지키고 보호할 수 있도록 공사 제기관에서 실시하는 사회적 · 경제적 · 보건적 제활동이라고 정의하였다. 정책에 대한 개념은 길버트와 트렐(Gilbert & Terrel, 1998)에 의하면 특정한 목적을 이루기 위한 행동들의 원칙과 지침, 일정한 계획, 조직화된 노력이라 하였다. 이는 국가적 차원에서 계획된 각종 사업을 추진하기 위한 방침을 설정하는 것으로 사회복지 프로그램이나 제반문제에 대한 의사 결정에 활용되는 지침이다(도미향 외, 2009).

이러한 개념정의를 통해 아동복지 정책은 아동의 복지를 위한 정부의 원칙이나 지침, 또는 조직화된 노력이라 할 수 있다. 아동복지 정책은 정책의 궁극적인 관심의 대상은 아동이지만 아동의 복지는 많은 부분 가족의 복지와 관련이 깊기 때문에 가족 지원 정책을 포함한 아동 및 가족복지 정책으로 정의한다(Downs et al., 1996; Pecora et al., 2000). 이는 아동복지 정책이 가족복지를 위한 제반 정책과 함께 논의되어야 한다는 것을 의미한다. 또한 아동복지 정책은 아동복지법과 그와 관련된 법규정에 의해 제공되는 아동을 위한 서비스로 정의하기도 한다(장동일, 1997).

따라서 아동복지 정책이란 모든 아동이 건강하고 행복한 삶을 영위할 수 있도록 돕기 위해 아동복지 서비스가 제도화되는 과정에서 국가와 지방자치단체의 제반적인 서비스와 필요한 원칙과 방향을 정하거나 계획하는 것이다. 즉, 아동복지 정책은 아동을 대상으로 건강 · 안전, 기초학습, 활동기회보장을 통해 적정한 서비스가 제공될 수 있는 능동적 복지 체계 구축을 위한 필요한 원칙과 방향을 정하거나 계획하는 것으로 아동복지를 달성하기 위한 지침 · 제도 · 규칙 · 법 그리고 이러한 가이드라인의 총체적인 의미라 할 수 있다(강란혜, 2010).

2) 아동복지 정책의 유형과 영역

사회복지 정책은 사회보험과 공공부조, 사회복지 서비스로 구성되는 사회보장의 여러 가지 제도를 포함하고 있다. 이는 각각의 재원마련과 대상자 선정과 지원의 수준을 결정하고 지원하는 방식들에 있어서 상이하지만, 대부분의 국가에서는 아동복지 정책이 아동을 대상으로 하는 수당과 서비스 그리고 아동을 보호하는 가정을 대상으로 하고 있다(공계순 외, 2003). 아동복지 정책의 유형에 대한 구분으로 표갑수(2010)는 사회보장 제도에 의한 구분을 적용하여 아동 · 청소년 관련 사회보험, 아동 · 청소년 관련 공공부조, 아동 · 청소년복지 서비스로 분류하였다. 이를 구체적으로 살펴보면 다음과 같다.

첫째, 아동복지와 관련된 사회보험 제도는 아동만을 직접적인 표적으로 시행하는 별도의 정책은 드물다. 하지만 보험가입자의 가족 내 소득보장이나 의료보장의 형태를 통해 아동복지를 지원하고 있는데 연금 제도, 가족수당 제도, 아동수당 제도, 출산수당 제도, 질병수당 제도의 사회보험 형태를 띠고 있다.

둘째, 아동복지와 관련한 공공부조 제도는 아동을 가진 가족을 위한 공적 부조로 우리나라에서는 「국민기초생활보장법」에 의해 실시되고 있으며, 아동을 직접 급여 대상으로 하는 경우와 가족의 일원으로 급여 대상자에 포함하는 것으로 구분할 수 있다. 보호 대상 아동의 범위와 대상은 시설에 수용·보호되어 있는 아동, 소년소녀가정의 아동, 수급자의 소득인정액이 최저생계비 이하인 빈곤가정의 아동이다. 아동 관련 급여로는 수급자의 소득인정액을 감안한 생계 급여와 의료를 요하는 자에 대한 제반적인 조치에 해당하는 의료 급여 및 입학금, 수업료, 학용품비, 기타 수급품을 지원하는 교육 급여가 있다.

셋째, 아동복지와 관련한 아동복지 서비스는 「아동복지법」, 「영유아보육법」, 「입양촉진 및 절차에 관한 특례법」, 「한부모가족지원법」, 「건강가정기본법」, 「청소년기본법」, 「청소년복지지원법」 등에 근거하여 이루어지고 있다. 각 관련법에 근거하여 시설보호를 포함하여 아동과 가족에 대한 상담, 아동문제 예방을 위한 조사, 교육 등 현금과 현물의 지원을 포함한다. 또한 대부분 서비스는 현물로 구분되는 지원을 주로 하고 있으며 가정보호사업, 아동 학대 예방센터 운영, 지역아동센터 지원사업, 시설보호사업, 아동 양육시설, 아동일시 보호시설, 아동상담소 등을 제공하고 있다(표갑수, 2010 재인용).

장인협·오정수(2001)는 아동복지 정책의 유형을 크게 가족유지 및 지원 정책, 대체가정 서비스 정책, 아동강제보호 서비스 정책으로 분류하였다. 구체적으로 살펴보면 다음과 같다.

첫째, 가족유지 및 지원 정책은 아동양육을 지원하는 정책으로 소득보장에 의한 방법과 가족을 지원하는 서비스가 있다. 이는 아동을 위한 소득보장으로 급여가 아동에게 직접 주어지는 것이 아니라 가족이나 다른 부양 의무자에게 지급되는 것이다. 보편주의 원칙에 의하여 전체 아동을 대상으로 일정한 급여를 지불하는 방법과 선별주의 원칙에 의한 아동부양 능력이 없는 가정에 대해 국가가 부담을 경감시켜주는 정책이 있다.

둘째, 대체가정 서비스 정책은 부모와 자녀 관계가 일시적 혹은 영구적으로 손상되었을 때에 가정을 대체할 수 있는 서비스로 아동이 가정에 위탁되거나 입양 혹은 시설에 의해 보호되는 것이다. 부모는 대리자에게 아동의 양육을 일시적(가정위탁, 시설)으로 혹은 영구적(입양)으로 맡기게 된다. 일시적인 대체가정보호 정책으로 가정위탁, 친족보호, 주거시설보호가 있으며 입양과 같은 영구적인 대체가정보호 정책이 있다.

셋째, 아동강제보호 서비스 정책은 아동의 학대와 유기에 대한 대응으로 학대 및 방임 부모나 기타 보호자로부터 아동을 분리시켜서 보호하는 정책으로 국가의 법률에 의한 공권력이 개입된다. 강제보호 서비스는 아동보호와 부모의 친권보호라는 두 가지 목표를 가지고 있으나, 아동의 보호에 보다 초점을 둔 것이다(오정수 · 정익중, 2010). 그러나 아동보호가 아동을 부모로부터 격리시키는 것에 목표를 두는 것이 아니라, 가능한 한 가족의 순기능을 유지할 수 있도록 하는 것이다. 이에 아동과 가족에 대한 다양한 서비스와 지원을 보다 강화하는 정책을 적극적으로 개발하고 추진해야 할 필요성이 있다.

카두신과 마틴(Kadushin & Martin, 1998)에 의하면 아동복지 서비스 정책의 유형을 지지적(supportive) 서비스, 보충적(supplemental) 서비스, 대리적(substitutive) 서비스로 분류하였다. 이를 살펴보면 다음과 같다.

첫째, 지지적 서비스는 가장 실질적이고 기본적인 아동복지 서비스로서, 가족 내에서 부모자녀 관계에서 발생하는 긴장을 완화시켜 주기 위해 가족의 강점을 강화하는 서비스이다. 즉, 부모가 맡은 책임을 온전하게 수행할 수 있도록 부모의 노력을 지원하고 강화하는 서비스이다.

지지적 서비스는 방임되거나 학대받은 아동, 보호가 필요한 아동을 위해 제공되는 서비스로, 주로 아동을 둘러싼 환경을 아동에게 적합하게 바꾸면서 아동문제에 접근하는 방법이며, 부모의 적극적인 협조가 필요하다.

둘째, 보충적 서비스는 부모가 그 역할을 제대로 수행하지 못하여 부모와 자녀의 관계가 손상되었을 때 제공되는 것으로 사회부조와 사회보험과 같은 재정 지원이 있다. 이러한 재정적인 지원은 소득 활동을 하는 부모를 대신하여 가족을 지원해 주는 수단이 된다. 즉, 가정과 가족의 형태는 그대로 있으면서 가정 외부에서 부모의 역할을 대행하거나 도와주며 지원하는 것이다.

셋째, 대리적 서비스는 부모와 자녀의 관계가 일시적 혹은 영구적으로 손상되었을 때에 제공되는 것으로 가정위탁과 입양 및 시설보호의 형태로 부모는 대리자에게 아동의 양육을 맡기게 된다.

표 4-1 카두신과 마틴의 아동복지 서비스 제도 유형화

구분	기능	서비스 유형
지지적 서비스	• 부모의 역할 지지 • 가족 기능 강화 – 원가정 구조 유지, 가정 외부에서 가족 내부의 역할 기능 수행 서비스 제공	• 아동–가정상담 서비스 • 지역사회복지관, 지역정신보건센터 서비스 • 학대 및 방임 아동 보호 서비스 • 미혼부모, 한부모 서비스
보충적 서비스	• 부모의 양육 활동 보충 • 부모의 역할의 일부 보충 – 가정 형태 유지, 가정 외부에서 지원	• 소득보완(지원) 프로그램 • 아동수당 • 가사조력(가정봉사원 파견) 서비스 • 아동보육 서비스: 시설보육/재가보육
대리적 서비스	• 부모의 양육 대리 – 원가정 해체, 제3자에 의한 보호	• 가정위탁 서비스 • 입양, 영구 가정위탁 • 시설보호: 쉼터, 그룹홈, 양육시설, 집중치료시설

| 출처 | Kadushin & Martin(1998). Child Welfare Services; 도미향(2006). 아동복지. p. 103.

쥬크만(Zuckerman, 1983)은 아동복지를 아동을 보호하는 방어선(line of defense)의 위치에 따라 3가지로 분류하였다. 아동에게 방어선이란 일차적으로 가족에서부터 제공되는 것이다. 하지만 가족이 방어 기능을 하지 못하게 될 때 2차, 3차 방어선으로 이동되어 간다고 보고 있다. 이는 카두신(Kadushin)의 분류와 많은 부분 중복된다(장인협 · 오정수, 1999 재인용). 이를 구체적으로 살펴보면 다음과 같다.

첫째, 1차 방어선은 가정으로, 가정에서 아동의 기본적인 욕구가 충족된다고 본다. 만약 가정이 위기에 처하게 되면 가정의 사회적 기능을 강화하여 역할을 회복하도록 해야 한다. 즉, 가정이 아동의 기본적인 욕구를 충족하지 못할 위험에 처하거나 부모와 자녀의 역할 관계에 장애가 있는 경우에는 가정의 사회적 기능을 회복 · 유지 · 강화함으로써 1차 방어선으로서의 역할을 수행하도록 한다는 것이다. 소득보장, 아동상담 서비스 등이 이에 포함된다.

둘째, 2차 방어선은 가정의 역할에 문제가 있을 때에 가정과 가장 유사한 기능을 하는 환경을 아동에게 제공하는 것이다. 즉, 아동의 출생가정의 역할을 대신할 수 있는 보호의 장으로서, 가정과 가장 유사한 보호의 장을 마련해 주는 것이다. 2차 방어선은 구조화된 수용시설에 비하여 덜 구속적이고, 가정생활의 환경에 근접하며 지역사회에 자유롭게 접근할 수 있도록 하는 것이다. 가정위탁, 입양과 같은 대리가정 서비스와 보육 서비스 등이 이에 포함된다.

셋째, 3차 방어선은 아동의 욕구가 본 가정이나 대리가정에서 충족될 수 없을 때에 마지막 대안으로 제공되는 집단보호 서비스이다. 즉, 3차 방어선은 아동을 시설에 수용하여 보호하는 것이다. 3차 방어선은 원가정을 대리한다는 점에서 2차 방어선과 동일하지만 탈시설화의 기조에 따라서 가장 지양되는 아동복지 서비스이다. 3차 방어선은 원가정과 가장 유사한 환경이라기보다는 집단적 생활 환경에 의해서 서비스가 제공된다는 차이점이 있으며 시설보호 서비스가 이에 해당된다.

이 외 아동복지 서비스의 유형을 제공되는 장소에 따라 재가 서비스, 가정외 서비스로 분류(장인협 · 오정수, 1999)를 하기도 하며, 최근에는 예방적 서비스(Preventive Services), 발달적 서비스(Developmental Services), 개입적 서비스(Intervention Services)로 분류하여 치료적인 접근에서 한걸음 나아가 예방적인 측면을 가미하여 분류하고 있다(Segal, 2004; 도미향 외, 2009 재인용). 예방적 서비스는 위험에 대비하여 사전에 서비스를 제공하는 것으로 주로 다양한 교육가 재정적 지원이 포함되며, 발달적 서비스는 아동의 성장 및 발달에 필요한 것으로 아동의 연령에 따른 사회적 · 정서적 필요를 충족시켜주는 것이다. 개입적 서비스는 어려운 상황에 있는 아동과 가족을 대상으로 다양한 서비스를 제공하는 것으로 상담과 가족 중심적 지원, 학대 및 방임 아동 보호, 미혼부모 지원 서비스, 가정위탁, 입양, 시설보호 등이 포함된다(한국보건사회연구원, 2010).

3) 아동복지 정책의 분석

사회복지 정책을 여러 가지 방법으로 분석할 수 있다. 그 중 사회복지 정책의 보편적인 분석틀로서 길버트와 트렐(Gilbert & Terrel, 1998)은 대상 체계 · 급여 체계 · 전달 체계 · 재원 체계의 4가지 틀을 제시하고 있다. 이에 따른 한국의 아동복지 정책을 분석하면 다음과 같다(표갑수, 2010).

(1) 대상 체계

대상 체계는 아동복지 서비스의 급여와 서비스의 대상을 누구로 결정하는 것, 즉 수급권의 자격을 결정하는 차원이다. 여기에는 보편주의와 선별주의가 대표적인 서비스 결정의 원칙이다. 보편주의는 경제적 수준에 관계없이 일정한 계층이나 범주에 속하는 모든 일반가정의 아동에게 급여를 제공하는 것이다. 선별주의는 급여의 자격이 자산조사 등과 같은 기준에 따라 선별적으로 제공되는 것으로 국민기초생활보장수급자 및 차상위 계층 가정, 소년소녀가정, 한부모가정 등의 아동이 해당된다.

(2) 급여 체계

급여 체계는 아동복지 대상자의 욕구와 문제를 해결해 주기 위해서 무엇을, 어떤 형태로, 구체적으로 전달할 것인가를 급여의 유형과 수준으로 결정하는 것이다. 급여의 대표적인 유형으로 현금 급여과 현물 급여가 있다. 현금 급여는 공공부조와 아동수당을 들 수 있으며, 현물 급여는 물품 제공, 물품교환권, 비물질적 사회 서비스 제공, 신용 제공 등이 있다. 또한 현금 급여와 현물 급여의 장점을 결합한 '바우처(voucher)'는 국가 입장에서 목적에 맞는 재정 지출을 한다는 만족을 주며, 대상자 입장에서는 현금 급여와 같이 지출이 자유롭지는 않아도 현물 급여보다는 서비스 선택을 보장받는 만족을 주게 된다(장영인 외, 2006).

(3) 전달 체계

전달 체계는 급여나 서비스를 수급자에게 효율적으로 전달하기 위하여 어떠한 조직과 인력 및 방법을 활용할 것인가를 결정하는 것이다. 아동복지 정책의 전달 체계는 중앙집권식 방식과 지방분권식 방식, 공공전달 체계와 민간전달 체계, 공공과 민간의 혼합 형태 등으로 나눌 수 있다(강란혜, 2010). 우리나라 아동복지의 급여와 서비스 전달 체계는 공공부문과 민간부문의 장점을 결합한 혼합 형태가 많이 활용되고 있다. 이것은 사회복지가 대체로 공공재로서의 성격을 지니고 있기 때문에 공공부문의 역할이 필요하며, 민간부문의 장점을 도입해야 한다는 필요성 제기에 따라서 점차 확대되고 있다(표갑수, 2010 재인용).

(4) 재원 체계

재원 체계는 아동복지 실현에 필요한 급여나 서비스의 비용을 어떠한 방법으로 조달하여 충당할 것인지를 결정하는 것이다. 아동복지 정책의 재원은 공공부문 재원으로 조세가 있는데 이는 정부의 일반예산, 목적세 형태의 사회보장성 조세와 조세비용이 있다. 민간부문의 재원으로는 사용자가 부담하는 경우의 재원, 자발적 기여에 해당되는 기여금, 기업이 출연하는 재원 등이 있다. 아동복지에서 사회보장의 형태로 제공되는 아동 수당이나 저소득 아동 급여는 공공 재정에 의해 충당된다. 반면, 가정위탁, 입양, 보육, 아동보호 서비스 등은 순수 민간 재정에 의하여 운영되는 경우도 있으나, 민간 재정으로 운영하면서 공공 재정의 지원을 받는 혼합 형태인 경우가 많다. 우리나라 아동복지 정책의 재정 체계는 공공 재정 · 공공과 민간의 혼합 형태 · 공동모금으로 나누어 볼 수 있다(표갑수, 2010 재인용).

4) 우리나라 아동복지 정책의 추진 방향

우리나라의 아동복지 정책은 1961년 「아동복리법」 제정을 출발로 보건복지부의 요보호 아동을 위한 아동복지 중심에서 모든 아동을 대상으로 하는 정책으로 발전해 왔다. 2008년은 아동과 청소년 분야에서 큰 변화의 시기로 이명박 정부의 출범과 함께 아동과 청소년이 함께 하나의 부처로 통합되면서 아동 · 청소년복지로 다시 태어나게 되었다. 그동안 아동과 청소년복지 정책은 체육청소년부, 문화체육부, 국가청소년위원회 등으로 관할 부처를 변경하면서 발전해 오다가 보건복지가족부로 흡수되면서 아동 · 청소년 정책의 통합작업이 진행되고 있으며, 아동복지 정책을 전담하는 전달 체계가 2010년 3월부터는 보건복지부에서 여성가족부로 이관되었다. 현재 아동복지 정책은 보건복지부의 저출산고령사회정책실 산하 아동복지 정책과와 아동권리과가 있으며, 여성가족부 산하 권익증진국에서 아동 · 청소년 성보호를 담당하고 있다.

(1) 아동복지 정책의 변천과정

우리나라 아동복지 정책의 역사는 크게 3기로 나누어 살펴볼 수 있다.

첫째, 1950년대까지는 전쟁으로 인한 고아, 기아, 미아에 대한 응급구호적 성격의 업무 위주였으며, 이로 인해 아동 복지시설이 급속히 증가해서 1960년대에는 전체 사회복지시설의 80%에 달할 정도에 이르렀다. 이 시기는 국가 주도하의 원칙에 따른 서비스보다는 민간과 해외원조에 의존한 빈민아동구호가 중심이었다. 이후 1960년대는 현 「아동복지법」의 모태가 되는 「아동복리법」을 제정하여 요보호 아동에 대한 국가책임 원칙을 법제화하였다.

둘째, 1970년대에는 「모자보건법」, 「입양특례법」 등 아동복지와 관련된 법이 차례로 공포되면서 아동보호 정책이 국가 중심 체제로 전환하였으나 여전히 선별주의 원칙에 입각한 잔여적 형태의 아동서비스를 제공하였다. 1980년대에는 시설입소 보호에서 벗어나 보편주의에 입각한 영유아보육사업 등 다양한 복지 서비스를 제공하기에 이르렀다.

셋째, 2000년대 이후에는 요보호 아동 보호대책 외에 아동의 인권과 권리, 아동안전 등과 관련된 정책을 추진하는 등 개별적 서비스에서 보편적 서비스를 지향해 오고 있다. 아동의 복지향상과 권리증진을 도모하고 아동 학대, 학교폭력, 아동 안전사고 예방 등 아동이 안심하고 생활할 수 있는 기반 마련을 위해 다양한 정책을 수립하였다. 또한 2004년에는 모든 아동이 공평하게 출발할 수 있는 기회를 제공하기 위한 '빈곤아동종합대책' 을 마련하여 아동의 보건, 복지, 보육, 안전, 권리증진 등 우리나라 아동복지 수준을 진작시키기 위한 포괄적인 정책의 기틀을 형성하게 되었다. 2008년부터 추진되어 온 아동과 청소년복지 정책의 통합화는 그동안 아동과 청소년 정책이 각기 다른 추진 체계를 바탕으로 독립적으로 발전해 오다가 이명박 정부의 출범과 더불어 단일 부처 관할의 동일 추진 체계로 재정비되었다. 이에 따라 정부에서는 동 정책 환경의 변화에 맞게 관련 법률과 인프라 등의 후속정비 작업을 추진하고 있다(보건복지가족부, 2009 재인용).

(2) 아동 · 청소년 정책의 통합

아동 정책과 청소년 정책은 그 태동과 발전의 역사를 각기 달리하면서 최근까지 독립적으로 수행되어 오다가 이명박 정부의 출범(2008)과 함께 하나의 부처로 통합하면서 아동 · 청소년 정책으로 다시 태어났다. 그동안 아동 정책에서 아동이라 함은 '0세에서 18세' 를 대상으로 하고, 청소년 정책에서 청소년은 '9세에서 24세' 를 대상으로 하였기 때문에 사실상 정책 대상이 상당히 중복됨에도 불구하고 각기 다른 추진 체계를 바탕으로 서비스 중복현상이 나타나고 정책의 체계적 집행력이 부족한 채 '각자의 길' 을 걸어왔다. 이에 따라 정부에서는 일관성 있는 아동 · 청소년 정책의 추진을 위해 '출생에서 자립' 까지 생애 주기별로 적정한 서비스가 제공될 수 있는 능동적 복지 체계를 구축하기 위하여 관련 법률과 인프라 등의 후속정비 작업을 추진하고 있다. 그리고 기능적으로 활동, 복지, 보호 체계를 유지하면서 대상별로 생애 주기별 특성에 맞춰 '영유아(6세 미만)' 를 대상으로 건강증진, 보육 지원 중심의 정책을, '아동(6~12세)' 을 대상으로 건강 · 안전, 기초학습, 활동기회보장 정책을, '청소년(13~18세)' 을 대상으로 역량강화, 청소년 활동, 비행 · 일탈예방을 통한 잠재역량개발 지원 정책을, '청년(19~24세)' 을 대상으로 취 · 창업 등 자립능력 지원 중심의 정책을 핵심적으로 추진하고 있다.

아동 · 청소년 정책의 정비 방향에 대한 기본원칙은 다음과 같다.

첫째, 상호 연계와 협력을 통한 시너지 효과 창출이다. 이는 아동 · 청소년 정책의 통합과정이 인위적 통합의 관점보다는 상호 연계와 협력을 통해 각 기능과 역할의 상승효과를 가져올 수 있는 영역으로 최대한 발굴을 지원한다는 관점에서 이루어져야 한다는 것이다.

둘째, 그동안의 소중한 가치와 역사에 대한 계승과 발전을 도모한다. 이는 아동 · 청소년 정책의 통합과정에서 두 정책이 태동하게 된 본질적 의미와 그 가치를 최대한 계승하고 발전시켜 나가야 한다는 것이다.

셋째, 통합 시대에 부합하는 정책 추진 체계의 새로운 패러다임을 구축한다. 이는 아동 · 청소년 정책 영역의 독자성과 정체성을 인정함과 동시에 이를 넘어서는 새로운 정책 환경에 부응하고 나아가 새로운 정책과제를 해결할 수 있는 새로운 패러다임의 구축도 동시에 추진되어야 한다는 것이다.

아동 · 청소년복지 정책의 두 정책을 정비함에 있어서 '첫째, 통합된 아동 · 청소년 정책의 정체성을 어떻게 규명할 것인가? 둘째, 새로운 정책 틀을 위한 법률 체계는 어떻게 구축할 것인가? 셋째, 정책 추진을 위한 물적 · 인적 인프라의 문제는 어떻게 재편할 것인가?' 라는 세 가지 과제를 해결하기 위하여 다음과 같은 주요 정비 방향을 설정하였다.

첫째, 정책의 정체성 재정립에 대한 문제로서 정책명과 정책 이념 및 그 내용에 대한 것이다. 먼저 정책명은 종전 정책명의 역사성과 대국민 선명성 차원에서 양 정책 면을 결합한 '아동 · 청소년 정책' 으로 결정하였다. 정책 이념은 '아동 · 청소년이 태어나서 자립할 때까지 충분한 역량을 갖출 수 있도록 여건을 조성하고, 균형 있고 조화로운 성장을 위한 기회를 보장함으로써 아동 · 청소년이 건강하고 행복한 삶을 영위할 수 있도록 하는 것' 으로 하고, 동 내용을 「아동 · 청소년 기본법(안)」 제2조(기본 이념)에 명시적으로 규정하였다. 그리고 아동 · 청소년 정책을 '동 이념을 실현하기 위하여 국가와 지방자치단체가 시행하는 정책' 으로 규정하고 정책의 범주로는 활동 · 복지 · 보호 정책의 세 영역으로 체계화하기로 하였다. 세 영역별 내용을 구체적으로 살펴보면, 활동이란 '아동 · 청소년의 소질과 역량을 개발하고 민주시민으로서의 소양을 갖추기 위한 수련 · 교류 · 문화 활동 등 다양한 형태의 활동' 으로 정의하고 있다. 복지란 '아동 · 청소년이 행복한 삶을 누릴 수 있는 기본적인 여건을 조성하고 조화롭게 성장 · 발달할 수 있도록 하기 위한 경제적 · 사회적 · 정서적 지원' 을 그리고 보호란 '아동 · 청소년을 위험하거나 유해한 환경으로부터 보호 · 구제하고, 아동 · 청소년에게 유익한 환경을 조성함으로써 아동 · 청소년이 건강하고 안전하게 성장할 수 있도록 지원' 하는 것으로 정의하고 있다.

둘째, 아동 · 청소년에 대한 개념 및 연령에 대한 정의이다. 아동 · 청소년에 대한 개념 및 연령에 대한 정의는 통념상의 연령 개념보다 해당 법률이 지향하는 목적 대상의 범주화라는 측면에서 연령을 규정하며, 기존 개념에 대한 혼란을 방지하는 차원에서 현행 개념을 유지하기로 하였다. 즉, 아동과 청소년 개념은 각기 독립적으로 사용하며 병행하여 표기할 때는 아동 · 청소년으로 표기하기로 하여 '아동 · 청소년' 은 독립적 개념이 아니라 아동과 청소년이 결합된 개념으로 이 개념에 대한 정의는 따로 하지 않는다. 이에 따라 법조문별로 대상에 대한 분류는 아동, 청소년, 아동 · 청소년의 세 가지 개념을 상황에 맞게 탄력적으로 사용하게 된다. 이외 연령 정의의 특수한 상황으로 획일적인 아동, 청소년 개념정의와 달리 쓸 필요가 있는 경우에는 개별 법률별 해당 조문에서 별도 표기나 정책적으로 해결하도록 하고 있다.

셋째, 법률 체계 개편에 대한 것으로 법률 체계는 대상별로 일원화하고 기능별로 세분화하여 추진하기로 하였다. 이에 종전 아동, 청소년으로 이원화되어 편제되었던 법률 체계를 '출생에서 자립까지' 라는 하나의 정책 틀에서 추진한다는 기본 이념을 전제로 한다. 그러므로 이를 포괄하는 모법으로 종전의 「청소년기본법」과 「아동복지법」 중 기본법적 성격의 내용을 통합하여 「아동 · 청소년기본법」으로 개정하기로 하였다. 기능별로 활동, 복지, 보호로 구분하여 각기 관계 법률을 기본법 체계 속에 편제한다. 이에 활동과 보호 영역은 종전의 청소년 정책에서 발전된 내용을 그대로 원용하며, 아동 · 청소년 정책 체계의 변화상을 일부 반영하고 있다. 다만 복지 영역은 종전의 「청소년복지기본법」과 「아동복지기본법」을 하나의 법체계로 통합하고 대상 연령은 「아동복지법」의 18세 미만과 「청소년복지지원법」의 9~24세의 연령을 절충하여 19세 미만으로 통일하여 규정하기로 하였다.

넷째, 정책추진 인프라의 개편에 대한 문제이다. 이는 종전의 아동과 청소년 정책의 연결고리를 새로이 구축하여 양 정책 간 상호 연계와 협력을 도모할 수 있도록 하며, 그동안 문제로 지적되었던 공공성과 중심축의 부재 문제를 해소할 수 있는 보완책을 강구하고자 하였다. 정책전달 체계의 재편과정의 기본원칙은 국가행정 체계, 공공 지원 체계, 현장 수행 체계로 3원화한다. 이에 따라 행정 체계는 국가기관이 전담하고, 공공 지원 체계는 '종합수행기관' 으로 명명하고 철저히 공공성을 확보하도록 하여 국가행정 체계와 현장 수행 체계 간의 가교역할을 원활히 수행하도록 한다. 현장 수행 체계는 다양한 전문 분야별 서비스시설이나 단체 기관 등이다. 공공 지원 체계는 일부 직접 서비스 분야를 맡더라도 민간 수행 체계에서 분담하기에 부담스러운 공적 서비스를 중심으로 하고, 현장 수행 체계는 민간 영역 중심으로 활성화할 계획이다(보건복지가족부, 2009 재인용).

(3) 아동복지 정책의 추진 방향 및 내용

우리나라 아동복지의 목표와 내용, 중점 추진과제는 다음과 같다. 주요 추진과제는 저소득층 아동 · 청소년 지원 강화, 아동 · 청소년 역량 강화, 안전한 아동 · 청소년 보호 체계 구축이다(강란혜, 2010, 최순옥 외, 2011).

① 저소득층 아동 · 청소년 지원 강화

저소득층 아동 · 청소년에 대한 지원 강화는 아동발달지원계좌(디딤씨앗통장), 드림스타트 사업, 위기청소년 사회안전망 사업, 아동 · 청소년 발달 지원 서비스(방과후지원사업)를 확대하는 것이다. 첫째, 아동발달지원계좌(CDA: Child Development Account)는 저소득층 아동이 18세 이후 사회 진출 시 학자금 · 취업 · 창업 · 주거마련 등의 자립 · 자활기금을 마련하는 데 소요되는 초기비용을 마련하기 위한 것이다. 대상은 만 18세 미만 아동으로서 아동 복지시설 생활 아동, 가정위탁 아동, 소년소녀가정, 공동생활가정, 장애인 시설생활 아동 등이며 지원 대상을 단계적으로 확대해 나가고 있다. 지원액 규모는 아동저축액과 1:1 매칭으로 하며 월 3만 원 이내에서 17세까지 같은 금액을 지원하고, 기본 매칭 최고한도 3만 원을 적립한 보호 아동에 대하여 자율적으로 추가적립 한도액을 연간 60만 원 내(월 5만 원 내)에서 설정할 수 있다.

둘째, 드림 스타트 사업은 가족 해체 · 사회양극화 등에 따라 아동빈곤문제의 심각성이 대두되면서 시작되었다. 이에 취약지역에 거주하는 저소득임산부와 아동(0~12세) 가구 전체를 대상으로 아동에게는 건강 · 복지 · 보육 · 교육 등 맞춤형 통합 서비스 제공을 통해 아동의 전인적 발달을 지원하고, 부모에게는 양육에 대한 부담 완화, 바람직한 양육기술, 직업훈련 및 고용촉진 서비스 등의 지원을 통해 가족 기능을 회복시켜 공평한 양육여건을 보장하는 프로그램들로 구성한다. 저소득 아동 및 가정과 기초수급가정 및 차상위층 가정 우선 지원을 원칙으로 하며 해당지역 내 공동생활가정, 가정위탁, 대리양육, 성폭력 피해 아동을 우선 대상으로 지원한다. 2010년 100개 지역에서 2013년에는 250개 시 · 군 · 구로 사업지역을 확대하며 최종 663개소까지 확대할 예정이다.

셋째, 위기청소년 사회안전망 사업은 지역사회 내 청소년 관련 자원을 연계하여 학업중단, 가출, 인터넷 중독 등 위기 청소년에 대한 상담 · 보호 · 의료 · 자립 등의 맞춤형 서비스를 제공하는 청소년통합지원 체계(CYS-Net)를 확대하는 것이다. 또한 학교부적응 및 학업중단 청소년의 자립을 지원하는 프로그램(두드림존, 해밀)과 찾아가는 상담인 청소년 동반자(Youth Companion) 병행사업을 확대하여 실시한다.

넷째, 아동 · 청소년 발달 지원 서비스(방과후 지원사업)는 빈곤 아동과 그 가족을 위해 돌봄 · 교육 · 체험 등의 통합 서비스를 제공하는 것으로 지역아동센터 운영, 청소년 방과후 아카데미 운영, 청소년공부방 운영 등이 있다. 지역아동센터는 아동들을 위한 '공부방'이 제도화된 형태로 지역사회 안에서 아동의 건강한 성장뿐 아니라 가족 기능을 강화하며 아동의 통합적 복지 서비스를 제공하는 역할과 기능을 담당하고 있다.

② 아동 · 청소년 역량 강화

아동 · 청소년의 역량 강화는 아동 · 청소년의 권리증진과 참여기회 확대를 위한 제도 개선과 청소년 국제교류 프로그램을 확대하고 다양화하는 것을 통해 실현한다. 아동 · 청소년의 권리증진과 참여기회 확대를 위한 제도 개선으로 아동 · 청소년의 권리에 대한 의식 수준 제고를 위해 2008년부터 아동 · 청소년권리센터를 시범적으로 설치 · 운영하고 있다. 또한 UN 아동권리협약 이행점검을 위한 모니터링 센터를 운영하고 있으며, 아동총회를 개최하여 전국의 아동대표들이 아동과 관련된 문제들에 대해 토론하고 그 결과를 정부에 건의하는 제도적 절차를 마련하였다. 이와 더불어 아동 · 청소년의 정책 참여를 확대하기 위한 청소년참여위원회와 청소년운영위원회의 지속 운영과 해마다 청소년 특별회의를 개최하고 있다. 또한 청소년 활동체험의 기회를 확대하기 위해 수련시설을 확충하며, 주 5일제 수업의 전면 실시에 대비하여 방과후 시간대에 다양한 문화 활동을 체험할 수 있는 프로그램을 개발하고 그 운영을 확대한다.

③ 안전한 아동 · 청소년 보호 체계 구축

안전한 어린이 생활 환경 조성과 학대 아동보호를 위한 전문 인력 확충, 시스템 구축, 실종예방을 위한 지역 단위의 아동 안전 시스템 구축, 조기 발견 체계 구축 강화 등 안전한 아동 · 청소년보호 체계를 구축한다. 이를 위해 먼저, 안전한 어린이 생활 환경을 조성하기 위해 제2차 어린이 안전종합대책을 마련하며 가정 내 안전사고 예방을 통한 안전용품 보급과 안전증진을 위한 교육 및 홍보를 확대한다. 또한 사망자수 외 손상 관련 통계를 포함한 아동안전 지표를 마련하고 활용한다.

학대 아동을 보호하기 위해 전문 인력을 확충하며 학대 아동에 대한 신고 의무자 범위를 확대하며 친권 제한을 강화한다. 아동 · 청소년 대상 성범죄자 신상정보 고지 및 피해 아동 보호를 강화하며 성범죄 피해 아동 · 청소년 보호 명령제를 도입한다. 아동 실종 예방을 위해 교육과 홍보를 강화하며 실종 아동 공익캠페인 MOU를 체결한다. 또한 지역 단위로 아동보호를 위한 안전망을 구축하며 아동전문기관 간의 전산망을 연계를 구축한다(최순옥 외, 2011 재인용).

5) 세계의 아동복지 정책 흐름

아동복지는 1601년 「엘리자베스 구빈법」에 의해 아동들이 보호를 받기 시작하면서 아동을 위한 복지가 국가적 책임 인식으로 태동하는 계기가 되었다. 그러나 아동을 위한 복지사업은 19세기 후반에 이르러서야 조직적인 체계 하에서 이루어졌고 현대적인 의미에서의 아동복지사업은 20세기에 이르러서 활성화되었다. 각 국가의 아동복지 정책은 시대적 변화의 산물로 다양한 사회적 환경의 영향을 받으면서 국가마다 고유한 정체성과 차별성을 지니며 발전해 왔다. 그러나 아동복지 정책과 서비스는 어느 정도 국가 간의 유사한 정책과 서비스의 수렴현상을 보이고 있다. 이에 미국, 영국, 일본의 아동복지 관련 정책과 아동복지 서비스에 대해 살펴보도록 한다.

(1) 미국의 아동복지

미국의 아동복지 정책은 18세기에서 20세기 초에 유기된 아동이나 고아를 대상으로 한 잔여적인 복지 기능을 수행한 것으로 볼 수 있다. 이 시기의 아동복지사업은 종교단체의 자선사업으로 시설보호 형태로 발달하기 시작하였으며, 이후 시설에 의한 보호가 아동의 건전한 발달에 도움을 주지 못한다는 인식이 퍼지면서 가정적인 보호방법을 모색하기 시작하였다. 이에 최초의 원외보호방법으로 1853년 뉴욕에서 뉴욕아동구제협회(New York Children's Aid Society)가 창설되었다. 이 협회의 취지는 빈곤가정을 보호하는 위탁사업을 실시하는데 있었으며, 이는 현재 미국의 아동보호의 근간이 되는 위탁가정보호의 최초 형태라 할 수 있다. 이후 1866년 오하이오 주를 중심으로 아동가정협회가 발족되면서 빈곤가정의 아동을 보호하는 운동이 여러 주로 파급되기에 이르렀다. 1866년과 1873년 매사추세츠 주와 미시건 주에 각각 주립 아동구빈원이 세워져 공적으로 보호 · 감독하여 가정에 복귀시킴으로써 공적인 차원에서 아동의 복지향상에 공헌하였다(성영혜 외, 2002). 위탁보호가 주를 이루었던 초기 미국의 아동복지는 성공사례도 있었지만 위탁가정에서의 부적응문제와 아동 노동력 착취와 같은 부작용도 보고되었으며, 전문성과 과학적 방법의 결여로 많은 시행착오를 낳았다. 한편 1875년 뉴욕 주는 아동이 비참한 상황에서 살아가는 것을 방지하기 위하여 어떠한 이유에서든 3세에서 16세까지 구빈원에 감금하는 것을 금지하는 「아동법」을 제정하였다. 또한 1895

년에는 「아동노동법」 제정을 통해 14세 이하 아동에 대한 노동금지와 야간 작업금지, 노동시간의 제한규정, 학교출석을 의무화하였으며, 현재 학교사회복지제도의 모태가 된다.

이후 미국의 아동복지는 19세기 말에 이르러 아동의 단순한 보호에서부터 벗어나 아동 중심의 국가개입주의로 발전하게 되었다. 1909년 제1회 백악관회의를 통해 루즈벨트 대통령은 부모역할과 가정생활의 중요성을 강조하였으며, 아동배치의 중요한 지표로서 다음의 세 가지 원칙을 논의하였다.

첫째, 빈곤 때문에 아동이 가정에서 격리되지 않아야 하며 가정에서 보호되어야 한다.

둘째, 원 가정으로부터 격리가 불가피하게 된 경우에는 잘 선정된 위탁가정을 제공하는 것이 바람직하다.

셋째, 위탁가정조차도 마땅하지 않아 시설보호가 필요한 경우에는 소숙사 제도(cottage system)를 통해 아동의 시설 의존성이 나타나지 않도록 예방해야 한다고 하였다.

백악관회의는 아동에 대한 국가적 · 법적 보호의 필요성을 공식화함으로써 아동문제에 대한 관심을 전국적으로 확산시키는 계기가 되었다. 이에 1910년에는 아동문제 전담부서로 아동국(Children's Bureau)을 설치하여 아동복지, 아동문제, 아동발달, 아동노동, 비행, 학대, 착취 등 아동의 안전과 보건에 관한 모든 것을 연구하였다. 또한 1911년 미주리 주를 시작으로 모성연금 제도를 마련하여 모자 가구의 소득보장에도 노력하게 되었다.

1919년 제2차 백악관회의에서는 「아동노동법」, 「아동복지법」이 제정되었고, 각 주에 아동위생과와 아동복지과를 설립하게 되었다. 이러한 법제정은 주로 아동 중심이었으나 최근에는 가족의 책임을 강조하면서 아동을 지원하는 동시에 지역사회와 국가가 보조하는 경향을 띠고 있다.

1930년 제3차 백악관회의에서는 전인적인 아동관, 인격존중, 가정과 아동의 불가분성, 아동복지기관의 전국적 설치 및 아동전문 사회사업가 채용 등의 19개 조항에 이르는 아동헌장을 채택하여 발표함으로써 아동복지의 전문화에 획기적인 계기를 마련하였다. 이후 백악관회의는 10년 주기로 대통령 주재로 열리고 있다.

미국의 아동복지 체계가 전국적으로 정비되고 확립된 것은 1935년 「사회보장법」을 통해서이다. 「사회보장법」의 노령부조와 장애인부조, 아동부조법을 통해 빈곤가정의 소득을 보장하였다. 「아동부조법(ADC: Aid to Dependent Children)」은 모성연금 제도에 그 뿌리를 둔 것으로 이후 ADC-UP(Un employed Parent), AFDC(Assistance to Families with Dependent Children), AFDC-UP 프로그램으로 발전하였으며, 최근에는 시간제한을 두어 모의 취업을 의무화하는 TANF(Temporary Assistance for Needy Families)로 변화하여 왔다.

미국의 아동복지는 1970년대에 이르러서야 비로소 체계적인 법의 제정이 이루어졌다. 1974년의 「아동 학대 예방 및 치료법」과 「청소년비행방지법」, 1975년의 「특수교육법」과 「장애아동교육법」, 1980년 「입양부조 및 아동복지법」, 1990년의 「가족부조법」 등이 제정되었다. 그러나 미국의 아동복지 관련 법률은 시대적 상황의 변화와 주정부에 따라 임기응변적으로 이루어져 하나의 전체적이고 일관된 정책과 법률 체계가 존재하지 않는다. 전체 아동을 대상으로 하는 기본법의 성격을 가진 하나의 통일된 아동복지 법률은 없고 개별 서비스로 분산되어 있으며 지역별로 차이가 있다.

최근 미국의 아동복지 분야별 서비스는 소득보장 정책으로 TANF, 식품교환권, 여성·유아·아동 식품보조 프로그램(WIC), 학교급식 프로그램, 공공주택 프로그램, 주택임대와 관련된 섹션(Section) 8 프로그램, 저소득 가구 광열비 부조, 의료부조, 일반부조, 근로소득보전세제(EITC), 보육 프로그램, 헤드 스타트(Head Start) 등이 있다. 또한 아동보호를 위한 아동 학대예방, 입양, 가정위탁, 시설보호가 있으며, 일반 아동의 보호를 위한 보육 및 아동안전에 관련하여 법적 규제를 통해 다양한 위험으로부터 아동을 보호할 수 있는 제도적 장치를 마련해 놓고 있다(오정수 외, 2006).

(2) 영국의 아동복지

영국은 이미 1601년 「엘리자베스 구빈법」의 제정으로 아동보호의 원칙이 세워졌으나 그 이면에는 아동의 노동력을 확보하고자 하는 의미도 있었다. 이후 산업혁명의 가속화에 따른 빈곤가정과 결손가정의 아동이 증가하게 되자 1834년 「구빈법」을 개정하게 되었고, 개정된 법에 의해 도움이 필요한 아동을 위한 지역학교와 육아원이 설립되었으며 맹아와 농아를 교육하기 위한 특수학교가 설립되었다. 이는 미국과 유럽에 전파되어 아동복지보장에 공헌하였다.

점차 가속화되는 산업혁명에 따라 가정에서 아동양육의 기능이 약화되었으며 아동방임이 나날이 증가하게 되었고 이에 따라 일요학교(유아학교)를 설립되었는데, 이는 영국에서의 공교육의 기틀을 마련하는 계기가 되었다. 또한 1870년에는 5세부터 초등의무교육을 세계 최초로 실시하였으며, 1872년 「유아생명보호법」(유아 · 사생아 매매의 비인도적 행위 견제), 1874년 「출생신고 의무법」 등이 제정되었다. 이후 1884년 런던에 아동학대방지협회가 설립되었고, 이어 1889년 「아동학대방지법」이 제정되었다(도미향 외, 2009).

1906년에는 「급식법」이 제정되어 초등학교의 빈곤 아동에게 무료급식을 제공하였으며, 1907년에는 「교육법」이 제정됨으로써 모든 아동에게 의무교육의 혜택이 주어지게 되었다. 그러나 영국의 아동복지가 제도적으로 체계화된 것은 1946년의 커티스(Curtis) 위원회의 보고서와 1948년에 제정된 「아동법」 이후라고 볼 수 있다. 커티스위원회에서는 정상적으로 가정생활을 영위할 수 없는 아동에 대한 대책 강구로 분산된 아동 관련 복지행정 체제를 집중시키고, 아동 개개인의 욕구를 중시하며 가정을 존중할 것 등을 권고하였다. 이 위원회의 보고서는 「아동법」의 기초가 되었으며, 지방정부 행정 체계에 아동국의 설치를 가져왔다. 「아동법」은 보호를 받는 아동을 지역사회의 다른 일반 아동과 같은 권리를 지닌 한 개인으로서 존중하였으며 양친이 없는 아동, 유기 아동, 부모와 떨어져 사는 아동, 특히 아동 부양 능력이 없는 부모(정신질환자, 정서적 문제를 지닌 자, 알코올 중독자, 약물 중독자 등)의 자녀들은 지역사회와 공공단체가 부모의 역할을 담당해야 한다는 개념이 확립되었다(성영혜 · 김연진, 2002). 또한 아동보고 서비스가 제공되었고 아동복지는 보호가 필요한 아동의 보호뿐만 아니라 예방의 중요성도 부각되게 되었다.

1963년 「아동 및 청소년법」의 제정을 통해 예방적 접근을 통한 아동복지 증진에 대한 임무와 비행 및 아동방임에 대한 전략들이 다루어지게 되었으며, 이후 가족 지향적 접근에 기초하여 비행 아동이 소년법정에서 기소되기보다는 가능하면 자신의 집에서 처분을 받게 하는 보다 복지지향적인 사법절차를 통해 비행치료에 초점을 두었다. 1976년 「입양법」이 제정되었고, 이 법은 2002년 「입양 및 아동법」으로 개정되었다.

1980년대는 영국의 아동복지는 아동보호 정책과 국가의 사법권 간의 오랜 긴장이 해소되었다. 이에 1989년 새로운 아동법이 국가개입주의 관점과 출생가정의 권리를 방어하는 관점으로 제정되면서 가장 포괄적이고 획기적인 아동보호입법으로 평가되고 있다. 이 법은 학령 전 보육, 아동보호, 아동을 위한 지방정부의 서비스, 이혼이나 감호과정의 아동보호, 장애 아동의 보호, 장기입원 아동과 학습장애 아동의 보호 등을 포괄하고 있으며 현재까지 영국 아동 정책의 근간이 되고 있다. 또한 1991년에 제정된 「아동부조법」, 1976년 제정된 「입양법」을 2002년 개정한 「입양 및 아동법」, 2002년 별도로 제정된 「입양법」 등이 있다.

최근 영국의 아동복지 분야별 서비스는 소득보장 정책으로 아동수당, 근로가족 조세감액, 아동부조, 후견인수당 등이 있다. 아동보호 서비스로는 가정위탁, 학대 아동 보호, 입양, 시설보호가 있으며 일반 아동에 대한 보호는 지역사회 일반 아동을 위한 지원 서비스로 일반 아동 보육, 저소득 취약지역 아동에 대한 슈어 스타트(Sure Start)가 있으며, 아동보건으로 모성 서비스, 5세 미만 아동보건 서비스, 면역 서비스, 학교보건 등이 있다(오정수 외, 2006).

(3) 일본의 아동복지

일본의 아동복지는 사회복지의 발달에 따른 자선사업에서 사회사업, 후생사업의 단계를 거치고 있다. 일본의 초기 아동복지는 일본 왕실이나 불교사원에서 고아에 대한 구제에 관심으로부터 시작하여 1874년 공적 구빈법인 「휼구규칙」을 제정하였으며 메이지 시대 후기에 들어서 아동복지사업이 활발하게 이루어지게 되었다. 1887년 고아원이 설립되었고, 1886년에 전국에 빈곤 아동을 위한 학교를 설립하였다. 또한 1900년에는 빈곤가정의 아동을 돌보기 위하여 기독교 선교사들에 의한 후바다 유아원이 설립되었고, 이후 민간 독지가에 의한 보육소가 설립되었다. 1918년 이후 공립보육소가 설립되었으며, 1921년에는 「아동보호법」이 제정되어 임산부를 비롯한 영아, 고아, 기아, 미아, 빈곤가정의 영 · 유아, 위탁아, 불량아, 부랑아, 심신장애아의 보호 및 아동의 학대

방지에 대한 사항을 규정하였으며, 아동보호 사무를 위해 시 · 정 · 촌(市 · 町 · 村)에 아동보호위원을 두게 하였다. 이 법은 1947년 제정된 「아동복지법」의 기초가 되었다. 1929년 「구호법」의 제정으로 구호 대상에 임산부가 포함되기도 하였다(도미향 외, 2009).

이후 일본의 아동복지는 1940년대의 요보호 아동 대상의 보호 중심의 사업에서, 1950년대에는 그 대상이 장애 아동과 모자가정 아동으로 확대되었다. 1960년대에는 급격한 도시화와 공업화에 따른 사회적 병리현상에 대응하기 위한 일반 아동으로 그 대상이 확대되어 갔다. 1964년 「모자복지법」, 1965년 「모자보건법」이 제정되었으며, 1967년에는 「아동복지법」의 개정에 따라 중증장애 아동시설이 신설되었다. 일본의 경제가 고도로 성장하던 1970년대 이후에는 다양한 사회문제에 따라 가정의 아동양육 기능이 저하되면서 가족폭력, 아동 학대, 가출, 비행 등의 아동문제가 증가하였다. 이에 1971년 「아동수당법」이 제정되었고, 1974년에는 장애 아동 보육의 실시 등 장애 아동 복지사업이 추진되었다.

일본의 아동복지는 1990년대 이후 출생율의 저하로 아동과 가정을 둘러싼 환경의 변화 등 아동복지 정책에 새로운 국면에 직면하고 있다. 이에 1994년 「아동복지법」을 일부 개정하였으며, 2000년 「아동수당법」도 개정하여 지급 대상자를 의무교육 취학 전 아동으로 확대하였으며, 뉴엔젤플랜의 추진으로 영 · 유아를 포함하는 아동의 양육 지원을 위한 종합계획을 마련하고 있다.

최근 일본의 아동복지는 아동수당 확대를 위한 「아동수당법」의 개정, 아동 학대의 조기발견과 조기대응을 위한 아동 학대 예방사업의 확충, 영아시설 · 아동양호시설의 아동 입소연령요건의 개정, 새로운 소아만성 특정질환에 대한 대책을 확립하기 위한 「아동복지법」의 개정, 육아휴업 기간의 연장과 자녀간호휴가 제도의 창설 등을 추진하고 있다. 아동복지 분야별 서비스는 소득보장 정책으로 소득 수준과 부양친족 수에 따른 차등지급이 있으며, 아동보호 서비스로 아동자립 지원사업(시설보호, 가정위탁), 학대받은 아동보호 · 치료사업, 장애 아동 지원사업, 한부모가정아동 지원사업 등이 있다. 또한 일반아동보호 서비스로 모자보건사업 , 보육사업, 아동수당, 자녀 양육 지원사업 등을 실시하고 있다(오정수 외, 2006).

② 아동복지행정

1) 아동복지행정의 개념 및 특징

아동복지행정은 아동복지 정책이 아동 및 가족을 대상으로 구체적으로 전달되어지는 과정 또는 구조로서 광의의 개념과 협의의 개념으로 구분할 수 있다. 광의의 개념에서는 행정을 조직의 모든 활동과정에 다양하게 기여하는 조직 구성원들의 협동적 · 조정적 노력으로 보는데, 다시 말하면 아동복지행정은 아동복지 정책을 아동복지 서비스로 전환시키는 데 필요한 아동복지 조직에서의 총체적 활동을 의미한다. 협의의 개념에서는 행정을 하나의 실천방법으로 보고, 이러한 의미에서의 아동복지행정은 아동복지조직의 목표달성을 용이하게 하기 위해 관리자에 의해 수행되는 상호의존적인 과업과 기능 및 관련 활동 등의 체계적인 개입과정을 의미한다(최성재 · 남기민, 2001). 오늘날 사회복지는 국가의 주요한 제도로 발전하고 있으며, 이에 따라 사회복지 서비스도 공적 · 사적 사회복지조직을 통해 전달되기 때문에 사회복지행정은 협의의 개념보다는 광의의 개념을 취하는 것이 바람직하다고 하겠다(한미현 외, 2008).

아동복지행정은 아동에게 적절한 서비스를 제공하기 위해 정부 부처나 지방자치단체 및 각종 아동단체와 관련된 기관들이 수행하고 있는 다양한 업무와 기능을 효과적이고 효율적으로 달성하기 위한 것으로 전문성, 체계적 지능 담당, 책임성, 통합조정, 지역사회 참여, 조사 및 연구를 통해서 이루어진다. 또한 아동복지행정은 평등성, 포괄성, 적절성, 지속성의 원칙을 가지고 있다(도미향 외, 2009).

2) 아동복지행정의 전달 체계

아동복지행정의 전달 체계는 아동복지 서비스의 전달 체계라 할 수 있다. 아동복지 서비스 전달 체계는 아동복지 정책을 아동복지 서비스로 전환하여 아동복지 대상자인 아동과 가족에게 연결시키기 위한 체계를 의미하며, 모든 공적 · 사적인 조직적 체계를 의미한다. 이에 아동복지 서비스 전달 체계는 크게 두 가지로 분류해 볼 수 있다(배화옥,

2010).

첫째, 아동복지 서비스 전달 체계를 구조와 기능상으로 보면 행정 체계와 집행 체계로 분류할 수 있다. 행정 체계는 아동복지를 관장하는 모든 조직을 구조적으로 볼 때 서비스 전달을 기획 · 지원 · 관리하는 체계이다. 아동복지 서비스의 전달 체계는 보건복지부 → 특별시 · 광역시 · 도 → 시 · 군 · 구(사회복지과, 계) → 읍 · 면 · 동(사회복지전문요원, 사회복지 담당) → 대상 아동 및 가족으로 이어진다. 여기서 보건복지부부터 시 · 군 · 구까지의 체계는 아동복지 서비스를 계획하고 지시, 지원 및 관리와 감독하는 업무를 주로 하는 행정 체계이다. 그리고 읍 · 면 · 동과 대상 아동 및 가족까지의 체계는 구체적인 서비스를 제공하는 업무를 주로 하기 때문에 집행 체계라 할 수 있다. 이 때문에 아동복지 서비스 전달 체계의 의미는 아동복지행정의 의미와 중복되어 사용된다(문선화, 2005; 최순옥 외, 2011).

둘째, 아동복지 서비스 전달 체계를 운영 주체에 따라 공적 전달 체계와 민간(사적) 전달 체계로 구분될 수 있다. 공적 전달 체계는 정부(중앙 및 지방)나 공공기관이 직접 관리 · 운영하는 것을 의미하며, 민간 전달 체계는 민간단체인 복지재단, 자원봉사단체, 사회복지협의회, 이용 및 수용시설 등 민간이 직접 관리 · 운영하는 것을 의미한다.

현재 우리나라의 아동복지행정 및 서비스의 전달 체계는 보건복지부를 중심으로 여성가족부, 교육과학기술부, 고용노동부, 법무부와 검찰청 등 중앙정부부처와 지방정부, 그리고 아동복지법상 아동복지사업을 이행하기 위해 정하고 있는 아동 복지시설, 아동보호전문기관, 아동정책조정위원회, 가정위탁지원센터, 지역아동센터 등이 있다. 또한 직접적인 아동복지 서비스를 제공하는 아동복지 전문 인력이 아동복지 서비스 전달 체계에 포함될 수 있다(한미현 외, 2008).

3) 아동복지 서비스 기관

아동복지 서비스를 제공하는 기관은 공공기관, 민간기관 혹은 비영리기관으로 나눌 수 있다. 그 외 또 다른 제3유형의 영리기관이 있다. 공공기관과 민간기관이 모두 다 아동복지 수준을 향상시킨다는 공통의 목표는 있으나 설립의 법적 근거와 재정을 조달하는 방법, 대상 아동 및 복지에 대한 기본적인 철학에 있어서는 많은 차이가 있다(배화옥, 2010).

(1) 공공기관

공공기관 또는 공공전달 체계는 법령에 의해 설립되며, 법령에 의해 아동복지 서비스를 제공하는 기관의 책임이 명시된다. 중앙과 지방의 공공기관으로 아동복지를 위한 공공부조, 의료보호, 가족 서비스 등 다양한 사업에 대하여 재정 지출을 담당하며, 지방 단위에서는 지방자치 단체별 아동복지 서비스를 실행하는 부서가 있다. 하지만 지방자치 단체에 있는 아동복지 담당부서의 업무 수행과 관련된 문제점이 피드백을 통해 중앙정부에 전달되기 어려운 상의하달식의 수직적 체계를 가지고 있다. 또한 행정의 획일성으로 사회복지 전담 공무원이 전문성을 발휘하여 업무를 수행하기 어렵고, 사회복지 전담 공무원의 업무가 과다하여 전문적인 대인 서비스가 이루어지기 어려운 형편이다.

(2) 민간기관

민간기관 혹은 비영리기관은 지역사회에 거주하는 특정 아동들을 대상으로 특정 복지 서비스를 제공하기 위하여 법인으로 설립되는 경우가 많다. 법인 설립을 위하여 이사회와 정관을 구성하게 되며, 이사회 위원들은 법인의 운영과 정책에 대한 의사결정을 하게 된다. 한편 아동복지 서비스를 제공하는 모든 민간기관은 정부로부터 지도감독을 받게 된다.

민간기관의 재정은 기여금이나 후원금으로 충당되고, 일부는 정부로부터의 지원금을 통해 운영된다. 주로 가족지원치료 서비스와 위탁 및 입양 서비스, 피학대아동보호 서비스 등을 제공하게 된다.

(3) 영리기관

아동복지 서비스를 제공하는 한편 아동복지 서비스 구매계약이 이루어지기도 한다. 대표적인 기관은 일하는 부모를 위한 보육시설을 들 수 있으며 일반인의 소규모 가정 보육(아가방)도 해당된다.

표 4-2 아동 복지시설의 기능 및 현황(2010. 12. 31. 현재) (단위: 개소, 명)

구분	기능	시설 수	현재 수용인원
아동양육시설	• 보호를 필요로 하는 아동을 입소시켜 보호, 양육하는 것을 목적으로 하는 시설	238	15,787
아동직업훈련시설	• 아동 복지시설에 입소되어 있는 만 15세 이상의 아동과 생활이 어려운 가정의 아동에 대하여 자활에 필요한 지식과 기능을 습득시키는 것을 목적으로 하는 시설	2	69
아동보호치료시설	• 불량행위를 하거나 불량행위를 할 우려가 있는 아동으로서 보호자가 없거나 친권자나 후견인이 입소를 신청한 아동 또는 가정법원, 지방법원소년부지원에서 보호 위탁된 아동을 입소시켜 그들을 선도하여 건전한 사회인으로 육성하는 것을 목적으로 하는 시설	11	495
아동자립지원시설	• 아동 복지시설에서 퇴소한 자에게 취업준비 기간 또는 취업 후 일정 기간 보호함으로써 자립을 지원하는 것을 목적으로 하는 시설	12	235
아동일시보호시설	• 보호를 필요로 하는 아동을 일시보호하고 아동에 대한 향후의 양육대책 및 보호조치를 행하는 것을 목적으로 하는 시설	14	402
아동종합시설	• 보호시설을 갖춘 아동상담소	3	131
아동상담소	• 아동과 그 가족의 문제에 관한 상담, 치료, 예방 및 연구 등을 목적으로 하는 시설로 일시 보호시설을 갖추지 아니한 시설	7	–
계		287	17,119

| 출처 | 이순형 외(2011). 아동복지 이론과 실천. p. 181.

표 4-3 아동복지 민간조직

아동복지 민간조직		시설의 종류
아동 복지시설	생활시설	• 아동양육시설, 아동일시 보호시설, 아동보호치료시설, 아동직업훈련시설, 아동자립 지원시설, 아동단기 보호시설, 공동생활가정
	이용시설	• 아동상담소, 아동전용시설, 아동복지관, 지역아동센터
보육시설		• 국 · 공립 보육시설, 법인 보육시설, 직장 보육시설, 가정 보육시설, 부모협동 보육시설, 민간 보육시설
아동보호전문기관		• 중앙아동보호전문기관, 지역아동보호전문기관(시 · 군 · 구)
입양기관		• 국내 · 외 입양기관, 국내 입양기관
가정위탁지원센터		• 중앙가정위탁지원센터, 지역가정위탁지원센터(시 · 군 · 구)
실종아동전문기관		• 어린이재단 실종아동전문기관(보건복지부 위탁)

| 출처 | 오정수 · 정익중(2008). 아동복지론. p. 236. 재인용.

표 4-4 아동보호전문기관 기능 및 현황(2010. 12. 31. 현재)

구분	기능 및 현황
아동보호전문기관	• 중앙아동보호전문기관(1개소) – 아동 학대 예방 교육, 홍보, 연구, 국제협력 등의 업무를 수행 • 지역아동보호전문기관(44개소) – 아동 학대 신고접수, 현장조사 및 각종 서비스 제공의 업무 수행
실종아동전문기관	• 어린이재단 실종아동전문기관(1개소–보건복지부 위탁) – 실종 아동 등의 발생예방, 조속한 발견, 복귀와 복귀 후 사회생활의 적응을 위하여 실종 아동 등과 그 가족 지원
입양기관	• 국내 · 외 입양기관(4개소) • 국내 입양기관(18개) – 보호자가 없거나 보호자로부터 이탈된 아동에게 건전한 가정을 영구적으로 제공하여 신체적, 정신적, 사회적으로 건전하게 성장할 수 있도록 지원
가정위탁지원센터	• 중앙가정위탁지원센터(1개소) • 지역가정위탁지원센터(17개소) – 요보호 아동을 보호 양육하기를 희망하는 가정에 위탁 양육함으로써 가정적인 분위기에서 건전한 사회인으로 자랄 수 있도록 지원

| 출처 | 이순형 외(2011). 아동복지 이론과 실천. p. 182. 재구성.

4) 아동복지 재정

국가와 지방자치단체는 아동복지법에 의거하여 아동복지사업 비용의 전부 또는 일부를 보조하며, 아동의 보호조치 및 치료에 소요되는 비용을 본인이나 부양의무자로부터 징수할 수 있다고 규정하고 있다(「아동복지법」, 제31, 32조). 또한 아동 복지시설을 설치 · 운영하는 법인에 대해 국유재산을 무상으로 대여할 수 있으며, 아동 복지시설에 대해 조세 및 기타 공과금을 면제할 수 있으며, 지급된 금품과 이를 받을 권리는 압류하지 못하게 규정하고 있다(배화옥, 2010).

우리나라의 아동복지 재정에 대한 지출 유형은 현금 급여와 현물 급여로 나누어 살펴볼 수 있다.

현금 급여는 가족수당과 육아휴직, 기타 현금 급여가 있다. 가족 현금 급여는 아동이 있는 가족에게 제공되는 급여로, 아동 돌봄 휴직 기간 중 돌봄 제공자에게 제공되는 급여, 출산수당, 군인가족 수당, 장애 아동 수당, 취약가족에 대한 공공부조 등이 있다. 또한 세제 제도(세제혜택, tax credit)를 통해 가족수당을 보충하거나 대체되는 개념으로 아동가족을 지원한다. 육아휴직은 고용과 관련된 것으로 유급과 무급이 있는데 임신, 출산, 입양 시 제공된다. 모성휴가는 여성에게 제공되고 일반적으로 출산 다음에 제공되며, 반면 부성휴가는 아버지에게 제공되는 것으로 일반적으로 부모 모두나 한쪽이 사용할 수 있으며 다양한 서비스가 제공된다. 육아휴직 수당은 임금의 일부나 전부를 대체하는데, 육아휴직에 대한 지출은 점차 증가하고 있는 추세이다. OECD 국가의 육아휴직 기간은 1980년에는 20주였는데, 2000년에는 평균 40주로 증가하였다. 기타 현금 급여는 한부모가족, 저소득가족에 대한 보충 급여, 특별한 가족(군인가족, 공무원가족 등)에 대한 주기적 혹은 일시적 급여를 말한다.

현물 급여로는 서비스, 비현금 이전(noncash transfer)이 있는데, 아동 돌봄 관련 서비스, 레크리에이션, 방과후 서비스, 대인 서비스(정보 제공, 상담 서비스 등), 가사 지원 서비스, 조기유아교육 및 돌봄 서비스, 아동보호, 장애 아동 지원, 취업모 지원, 아동발달역량 강화, 아동취학준비 등의 서비스가 포함된다.

우리나라의 아동복지 재정 지출은 세계적으로 매우 낮은 수준이다. 특히 국가보다는 가족에게 복지책임을 부과하는 남유럽 여러 국가보다 낮은 상황으로 아동복지의 대부분의 책임을 가족에게 지우고 있다. 아동복지 분야 지출은 2조에 달하는 보육 분야를 제외하면 방과후 복지 서비스, 즉 3,500여개에 달하는 지역아동센터에 대한 지원에 집중되어 있다. 이는 빈곤 아동에 대한 집중 지원으로 당연하고 우선시해야 하는 지원 항목이지만 일반 아동도 가족 해체 및 맞벌이가족의 증가와 인터넷 보급 및 학력 제일주의의 풍토아래 빈곤 아동처럼 복지수요가 급증하고 있다는 것이다. 이에 다양한 사회환경변화에 따라서 아동복지 지출의 적정선을 마련해야 할 필요성이 있다(한국보건사회연구원, 2010).

3 아동복지법과 관련법

아동복지법과 아동복지 관련법들은 아동복지를 보장하기 위한 사회적 책임을 명문화한 것으로 아동복지사업 실시의 근거가 된다. 아동복지 법률 체계는 아동복지법을 기본법으로 우선하고, 아동복지 관련법을 보완적으로 제정하고 있다. 아동복지법은 아동복지 정책의 방향을 대변하는 기본법으로서, 헌법과 일반 법률 사이에 위치하며 양자를 연결해주는 역할을 한다. 즉, 기본법은 그것과 관련되는 헌법의 이념을 구체화하고 하위법률들을 구속하고 지도하는 역할을 수행하는 법이라 할 수 있다(윤찬영, 1998). 아동복지 관련법은 사회복지 관련법 중에서 아동의 복지와 지위에 관한 법의 총체나 아동의 복지에 직·간접적인 관련을 지닌 법으로 정의할 수 있다. 직접법은 아동이 직접적인 대상이 되는 개별법이 되며, 간접법은 아동이 간접적인 대상이 되는 공통법으로 아동이 관계가 되는 법이다(이소희 외, 2004).

1) 아동복지법

우리나라는 1961년에 최초로 아동복지에 대한 기본법으로 「아동복리법」이 제정되었다. 「아동복리법」은 시설보호를 중심으로 한 선별적이고 구호적인 성격의 복지 제공에 중점을 두고 있었다. 이에 1981년 일반 아동을 대상 체계에 포함하여 전체 아동의 복지를 보장하는 보편주의적 「아동복지법」으로 개정하였다. 「아동복지법」은 1989년 일부 개정되었고, 2000년에는 전면 개정되었으며, 2010년 6월까지 네 차례에 걸쳐 일부 개정되었다. 특히 아동안전 기준의 설정과 아동 학대의 예방과 조치를 강화한 내용이 반영된 새로운 「아동복지법」을 2010년 7월부터 시행하게 되었다.

「아동복지법」의 기본 이념과 목적은 개정된 「아동복지법」 제1조에서 '아동이 건강하게 출생하여 행복하고 안전하게 자라나도록 그 복지를 보장함을 목적으로 한다.' 고 규정하고 있다. 제3조 기본 이념은 '아동은 어떠한 종류의 차별도 받지 아니하며 안정된 가정 환경에서 자라나야 하며, 아동의 이익이 최우선으로 고려되어야 한다.' 라고 명시하고 있다. 제4조에서는 '모든 국민은 아동의 권익과 안전을 존중하여야 하며 아동을 건강하게 양육해야 하며, 국가와 지방자치단체는 아동의 건강과 복지 증진에 노력하여야 한다.' 라고 규정하고 있다.

「아동복지법」의 대상은 제2조에서 '18세 미만의 자' 로 전체 아동을 보호 대상으로 하고 있으며, 또한 '보호를 필요로 하는 아동' 을 '보호자가 없거나 이탈된 경우, 보호자가 아동을 학대하는 경우 등 보호자가 아동을 양육하기에 부적당하거나 양육할 능력이 없는 경우의 아동' 으로 규정하고 있다.

「아동복지법」에서 아동복지 서비스 전달 체계는 국무총리 소속의 아동정책조정위원회, 보건소, 아동 복지시설, 아동보호전문기관, 가정위탁지원센터, 아동복지센터가 있다. 아동정책조정위원회는 아동의 권리 증진과 건강한 출생 및 성장을 위하여 종합적인 아동 정책을 수립하고, 관계부처의 의견을 조정하며, 그 정책의 이행을 감독하고 평가한다. 또한 위원회가 심의 · 조정하는 사항은 아동 정책의 기본 방향, 개선 및 예산지원, 관련부처 간 협조사항 등으로 광범위하며, 이 외에 아동 관련 국제조약의 이행 및 평가 · 조정에 관한 사항이 포함되어 있다(이순형 외, 2011).

아동 복지시설은 아동양육시설, 아동일시 보호시설, 아동보호치료시설, 아동직업훈련시설, 자립 지원시설, 아동단기 보호시설, 아동상담소, 아동전용시설, 아동복지관, 공동생활가정, 지역아동센터가 있으며 이에 대한 설치 기준과 운영에 대해 밝히고 있다. 이외에 아동복지 서비스를 전달하는 전문인력으로 아동위원, 아동복지지도원, 아동 복지시설 종사자, 아동보호전문기관원의 자격과 직무에 대해 규정하고 있다.

「아동복지법」에서 아동복지 서비스 내용은 아동의 건강과 안전에 대한 시설의 안전기준과 아동용품의 안전 기준, 안전교육에 관한 규정 및 절차를 두고 있다. 또한 보호를 필요로 하는 아동에 대한 규정과 이에 대한 보호조치의 내용과 절차를 밝히고 있으며, 아동 학대에 대한 규정과 이를 방지하기 위한 조치 내용과 그 절차, 가정위탁지원센터의 설치와 업무에 대해 규정하고 있다. 아동복지에 대한 재정 및 비용에 대한 내용은 국가와 지방자치단체의 비용에 대한 보조, 비용의 징수, 보조금에 대한 반환명령, 국유재산의 무상 대여에 대해 규정하고 있다.

2) 아동복지 관련법

(1) 영유아보육법

1991년 제정된 「영유아보육법」은 보육사업의 주근거가 되는 법이다. 영유아의 보호와 교육에 관한 문제를 사회적 · 국가적 차원에서 체계화한 법으로, 영유아의 건전한 보호와 교육 및 보호자의 경제적 · 사회적 활동에 대한 지원을 통해 영유아 및 가족복지 증진을 도모하는 것을 기본 이념으로 삼고 있다. 이에 국가와 지방자치단체뿐만 아니라 모든 국민은 영유아에 대해 보호할 책임을 지니며, 보육시설의 설치 기준, 보육교사 및 종사자의 자격, 보육시설의 확충, 보호와 보육의 통합화, 보육시설의 운영과 필요한 비용의 부담과 보조, 세제 지원 등에 관하여 규정하고 있다.

「영유아보육법」의 대상은 '6세 미만의 취학 전 아동(방과후 보육 아동은 12세 미만)'으로 보호와 교육을 통한 보육 서비스로서 적절한 영양과 건강, 안정관리 등을 서비스 내용으로 하고 있다.

영유아보육의 전달 체계로는 보육위원회, 보육정보센터, 보육시설연합회, 국 · 공립 보육시설, 민간 보육시설, 직장 보육시설이 있으며 보육시설 종사자가 있다. 보육시설 종사자로는 시설장 및 보육교사와 보육정보센터의 보육지도원이 있다.

영유아보육에 대한 재정 및 비용은 국가 및 지방자치단체가 법의 규정에 따른 보육시설의 설치와 보육교사의 인건비, 초과보육 운영경비 등에 소요되는 경비 또는 보육정보센터의 설치 · 운영 · 복지시설 종사자의 복지 증진, 취약보육의 실시 등 보육사업에 소요되는 비용의 전부나 일부를 보조하도록 규정하고 있다. 또한 초등학교 취학 직전 1년의 유아 및 장애아에 대한 보육은 무상으로 하도록 되어 있으며, 저소득층 가구의 자녀에 대한 보육에 필요한 비용의 전부나 일부를 부담하여야 한다고 명시하고 있다. 즉, 영유아보육에 필요한 비용부담과 비용에 대한 보조, 보육사업주의 비용부담, 보육료 수납 및 세제 지원, 지도와 감독에 대한 사항 등을 규정하고 있다.

(2) 한부모가족지원법

1989년 제정된 「모자복지법」은 2002년의 「모부자복지법」에서 2007년의 「한부모가족지원법」으로 그 명칭이 바뀌었다. 「한부모가족지원법」은 한부모가족들에게 소득보장과 취업알선, 주거보장, 의료보건 지원, 보육 지원 등을 통해 그들의 건강과 복지 증진에 이바지하는 것을 기본 이념으로 한다.

「한부모가족지원법」의 대상자는 아동을 양육하는 자로서 배우자와 사별이나 이혼하거나 배우자로부터 유기(遺棄)된 자, 정신이나 신체의 장애로 장기간 노동능력을 상실한 배우자를 가진 자, 미혼자(사실혼 관계에 있는 자 제외)로서 여성가족부령이 정하는 자이다. 또한 이 법의 한부모가족이란 모 또는 부가 세대주(세대주가 아니더라도 세대원을 사실상 부양하는 자)인 가족이며, 아동은 18세 미만(취학 중인 경우 22세 미만)의 자를 말한다.

「한부모가족지원법」의 복지 급여의 내용은 생계비, 아동교육 지원비, 직업훈련비 및 훈련 기간 중에 생계비 · 양육비 등으로 구성되어 있다. 아동 양육비 지급의 경우에 미혼모나 미혼부, 직계존속이 5세 이하의 아동을 양육하면 예산의 범위에서 추가적인 복지 급여를 실시할 수 있다고 명시되어 있다(강란혜, 2010).

한부모가족 복지시설로는 모자 및 부자 보호시설, 모자 및 부자자립시설, 미혼모자시설, 미혼모자 공동생활가정, 모자 및 부자 공동생활가정, 미혼모 공동생활가정, 일시보호, 여성복지관, 한부모가족 복지상담소 등이 있다.

(3) 입양촉진 및 절차에 관한 특례법

1976년 제정된 「입양특례법」은 1995년 「입양촉진 및 절차에 관한 특례법」으로 명칭을 변경하고 전면 개정되었으며, 이후 몇 차례에 걸쳐 일부 개정되었다. 이 법은 비불임부부의 입양을 유도하고 가정위탁보호 서비스의 제도화를 유도하기 위한 것으로 요보호 아동의 입양촉진 및 양자로 되는 자의 안전과 복지증진을 도모하기 위한 목적을 지니고 있다. 이에 입양의 요건과 양자될 자격, 양친이 될 수 있는 자격, 입양절차와 그 과정, 입양기관의 업무 등을 구체적으로 규정하고 있다.

이 법의 대상자는 태어난 가정에서 양육이 곤란한 18세 미만의 아동, 입양된 아동이다. 양자가 될 자격은 보호자로부터 이탈된 자, 부모나 후견인이 입양을 동의하여 입양기관에 보호 의뢰한 자, 법원에 의하여 친권상실의 선고를 받은 자로 보장시설에 보호 의뢰된 자, 기타 부양의무자를 알 수 없는 경우 시설에 의뢰된 자이다.

입양사업에 소요되는 재정 및 비용은 국가가 보조해야 한다는 규정은 없으나 입양 아동의 양육보조금을 신청할 수 있다. 또한 입양기관의 입양 알선에 소요되는 비용의 수납, 양육수당, 의료비, 기타 양육보조금의 지급, 가정위탁비용의 보조 등에 대해 규정하고 있다.

「입양촉진 및 절차에 관한 특례법」에 의한 사업 내용은 입양 아동 보호, 모국방문, 가정위탁보호 등이 있다.

(4) 건강가정기본법

「건강가정기본법」은 최근 우리 사회의 저출산, 가족 해체 증가, 여성노동인구 증가 등에 따라 새롭게 등장하는 가정문제의 예방과 해결을 위하여 가족을 지원하는 것을 목적으로 2004년도에 제정되었다. 즉, 이 법은 가족 구성원의 정신적 · 신체적 건강 지원, 소득보장을 통한 경제생활의 안정, 안정된 주거생활, 태아검진 및 출산양육에 대한 지원, 직장과 가정의 양립, 위해 환경으로부터의 보호, 가정폭력으로부터의 보호 등을 통해 예방적이고 통합적인 아동복지 실현을 구현하고자 하는 목표를 가지고 있다. 관련 전달 체계 중 중앙부처의 국무총리 산하 중앙건강가정정책위원회는 5년 단위로 가족 실태 조사를 실시하고, 이를 통해 범국가적인 가족 단위 복지 기본계획을 수립하여 가족 단위의 복지를 증진하도록 하고 있다. 중앙, 시 · 도 및 시 · 군 · 구에 건강가정지원센터를 설립하고 전문 인력인 건강가정사를 양성하도록 규정하고 있다(배화옥, 2010).

(5) 청소년 관계법

우리나라는 관련법의 성격에 따라 아동, 청소년의 명칭이 상이하고 그에 따른 연령규정도 다르며, 그 적용도 다르다. 청소년 관계법으로는 「청소년기본법」과 「청소년보호법」, 「청소년복지지원법」, 「청소년활동진흥법」 등이 있다. 이 중 「청소년기본법」은 9세 이상 24세 이하, 「청소년보호법」은 만 19세 미만의 자를 법 적용의 대상으로 하기 때문에 아동이 그 대상에 포함이 된다고 볼 수 있다.

「청소년기본법」은 1987년 제정된 「청소년육성법」으로 1991년에 그 명칭을 변경하고 전문을 개정하였으며, 청소년의 권리 및 책임과 가정 · 사회 · 국가 및 지방자치단체의 청소년에 대한 책임을 정하고 청소년육성 정책에 관한 기본적인 사항을 규정하고 있다. 청소년의 수련 활동, 청소년의 교류 활동, 청소년복지, 유해 환경으로부터의 보호, 청소년의 문화, 비행선도, 청소년상담 등을 내용으로 하고 있다.

「청소년보호법」은 청소년에게 유해한 매체물과 약물 등이 청소년에게 유통되는 것과 청소년이 유해한 업소에 출입하는 것 등을 규제하고, 청소년을 청소년폭력 · 학대 등 청소년유해행위를 포함한 각종 유해한 환경으로부터 보호 · 규제함으로써 청소년이 건전한 인격체로 성장할 수 있도록 청소년을 보호함을 목적으로 한다.

「청소년복지지원법」과 「청소년활동진흥법」은 「청소년기본법」에서 정한 청소년복지 증진에 관한 사항 및 다양한 청소년 활동을 적극적으로 진흥하기 위하여 필요한 사항을 정하기 위해 제정된 법률이다.

(6) 아동 · 청소년의 성보호에 관한 법률

아동 · 청소년의 성보호에 관한 법률은 청소년의 성보호에 관한 법률이 2009년에 개정된 것으로 아동 · 청소년을 성범죄로부터 보호하고 건강한 사회 구성원으로 성장할 수 있도록 하는 것을 목적으로 한다. 특히 아동 · 청소년의 성행위, 매매, 성폭력 처벌 및 대상자의 보호와 구제를 위한 제도적 장치에 대해 규정하고 있다.

(7) 소년법, 보호소년 등의 처우에 관한 법률

소년법은 반사회성이 있는 소년의 환경 조정과 품행 교정을 위한 보호처분 등의 필요한 조치를 하고, 형사처분에 관한 특별조치를 함으로써 소년이 건전하게 성장하도록 돕는 것을 목적으로 한다. 소년법의 소년은 19세 미만인 자를 의미한다. 이 법은 처벌 위주보다는 교화와 선도를 중요하게 다룬다.

보호소년 등의 처우에 관한 법률은 소년원과 소년분류심사원의 조직 및 다양한 임무와 기능, 기타 소년의 교정교육 등에 관하여 필요한 사항을 정하고 있다.

아동복지의 실천적 접근방법

Chapter 5

아동복지실천은 아동을 위한 사회복지실천으로 사회복지의 전문적 실천방법론인 개별실천기술, 집단실천기술, 지역사회복지실천기술의 방법론을 적용하는 것이며, 학자에 따라 가족치료나 사례관리 등의 적용기술을 포함시키기도 한다. 아동복지실천은 아동의 삶의 질을 증진하기 위하여 아동의 특수성을 고려하면서 사회복지의 기본적인 원리와 전문적이고 임상적인 직접적 실천방법을 적용하여 실천현장에 옮기는 과정을 의미한다. 즉, 아동과 가족에게 직접적으로 접근하며 구체적으로 아동복지를 실천하는 기술적 방법이라 할 수 있다.

아동복지실천의 목적은 아동 개인과 환경과의 기능적인 상호작용을 촉진하거나 회복시키며, 사회 환경을 변화시킴으로써 아동 및 가족이 갖는 문제를 예방 · 치료하는 것이다. 아동복지실천에 대한 관점은 아동복지의 특수성이 아동의 발달이 가족에 달려있다는 가족 중심 관점과 환경과의 상호작용에 의해 영향을 받는다는 생태 체계 관점에 의해 잘 설명될 수 있을 것이다. 그러므로 아동복지실천은 아동뿐만 아니라, 부모와 전체 가족 그리고 외부 환경의 맥락으로 그 관심을 넓히는 것을 전제로 해야 한다. 아동의 발달 단계별 특성과 부모의 특성, 가족의 발달주기, 가족의 사회심리 체계, 가족과 외부 체계와의 상호작용, 실천가와 실천기관의 개입 등 복합적인 요인이 상호작용하는 맥락에서 설명될 수 있다.

본 장에서는 아동과 그 가족, 지역사회를 대상으로 직접 실천에 적용할 수 있는 아동복지실천방법으로 개별실천, 집단실천, 사례관리, 가족 대상 실천, 지역사회실천에 대해 알아보고자 한다.

1 아동복지실천 대상의 특성

아동은 독립된 인격을 가진 권리의 주체이면서 동시에 건전한 성장과 발달을 위해 기본적인 욕구를 보장하는 제반적인 노력을 기울여야 할 보호의 대상자이기도 하다. 또한 아동은 그들만의 독자적인 심리적 세계를 가지고 지속적으로 성장하고 발달해 나가는 존재로서 독립생활을 할 능력이 없으면서 성인과 구분되는 신체적 · 정서적 · 사회적 특성을 지니고 있다. 따라서 아동은 건전한 성인으로 성장하기 위해 안전한 환경에서 보호받으면서 적절한 교육이 필요한 사회복지실천의 중요한 관심의 대상이면서, 아동의 발달적 특성을 고려한 차별화된 실천적 접근방법을 적용해야 할 대상자이다.

우리나라의 아동복지법상 아동은 일차적으로 부모와 가족으로부터 생존에 필요한 생리적 욕구를 충족하며, 정서적 인간관계를 경험하고, 적절한 환경에서 사회적 보호를 받으면서 신체, 심리 그리고 사회적으로 건전한 발달을 도모할 수 있는 대상자로 되어 있다. 그러나 가족의 문제, 사회 환경의 부적절성, 사회적 지원 체계의 부족으로 인하여 많은 아동이 건전한 발달을 도모하지 못하고 문제나 미충족의 욕구를 지니고 있다. 즉, 많은 부모는 아동의 원활한 기능을 가능케 하는 환경 조성에 실패하며 아동을 포함한 가족이 직면하는 문제, 문제의 특징, 지속 기간, 심각도에 있어서도 다양하다.

따라서 아동복지의 대상자로서 아동은 가족생활 속에서 자연적으로 발생하는 위기, 부모의 양육 능력을 제한하는 상황, 신체발달이나 행동상의 문제, 국가나 사회의 제반 환경의 가족생활에의 분리 등 성인과는 다른 고유하고 독특한 특성과 욕구를 지녔다고 할 수 있다. 이와 같이 클라이언트로서의 아동의 특성은 사회복지실천현장에서 치료자, 교사, 상담가, 중재자, 대변가 등 다양한 사회복지사의 역할을 요구한다(도미향 외, 2009).

아동복지실천의 대상은 빈곤, 방치, 유기, 질병, 결함, 비행행동 등을 지닌 아동뿐만 아니라 모든 아동과 그 가족 및 주변 환경 체계를 모두 포함한다.

2 아동복지실천의 접근방법

아동복지실천의 접근방법은 사회복지실천의 이론과 기술을 활용한 전문적이고 임상적인 직접적 실천기술의 접근을 통해 아동과 환경과의 기능적인 상호작용을 돕고, 사회 환경을 변화시킴으로써 문제를 예방 · 치료하는 것을 의미한다. 그러므로 아동 및 가족에게 직접적인 접근과 서비스 차원에서 아동복지를 구체적으로 실천하는 아동복지 실천기술방법이 이에 해당된다. 즉, 아동복지실천은 사회복지사가 아동의 욕구와 문제해결을 돕기 위해 개인, 집단, 지역사회를 대상으로 일정한 개입목표와 과정을 통한 전문적 활동이다.

아동복지실천을 위한 접근방법으로 개별아동복지실천, 집단아동복지실천, 지역아동복지실천 등이 있다.

1) 개별아동복지실천

개별아동복지실천은 전문 사회사업의 기본이 되는 실천으로 개인적 또는 사회적 문제에 직면해 있는 아동과의 일 대 일 관계 속에서 문제해결을 돕는 실천방법이다. 즉, 개별아동복지실천은 아동으로 하여금 주변 환경에서 적응하도록 도움을 제공하거나 아동에게 영향을 미치는 사회 · 경제적 결핍상태를 완화시켜주는 활동으로 아동이 갖는 문제에 초점을 두고 아동의 적응과 변화 또는 아동과 환경의 상호작용을 변화시키기 위한 노력이라고 할 수 있다. 따라서 개별아동복지실천에서의 사회복지사는 아동만을 대상으로 문제해결을 원조하는 것이 아니다. 아동을 비롯하여 아동의 문제에 직 · 간접으로 영향을 미치는 주변 체계들에 직접 개입하여 그들의 변화를 시도하는 미시적 접근 중심으로 예방보다는 치료적 입장에서 문제해결을 중시한다(곽형식 외, 2008).

(1) 실천과정

사회복지실천과정은 학자들마다 단계를 조금씩 달리 구분하지만 각 단계에서의 실천내용은 거의 유사하다. 개별아동복지실천의 과정을 접수 및 자료수집-사정-계획수립-개입-평가 및 종결-사후관리의 단계로 구분하여 살펴보도록 한다.

① 접수 및 자료수집 단계

접수(Intake)는 문제나 욕구를 가진 클라이언트가 사회복지기관을 방문했을 때 그의 문제와 욕구를 확인하고 기관에서 서비스를 제공할 수 있는지에 대해 판단하는 과정으로 서비스 제공여부를 결정하게 된다. 사회복지사는 아동을 포함하여 부모나 보호자와 함께 접수면접을 진행하게 되지만 특히, 아동의 경우에는 비자발적인 클라이언트일 가능성이 높으므로 부모나 보호자와 함께 방문하는 경우가 많아서 부모를 대상으로 면접이 이루어지는 경우가 많다. 부모의 방문동기와 기대 등을 명료화하는 것이 중요하며, 이 과정에서 아동에 대한 걱정이 적절한 내용과 수준인지, 기관을 통해서 해결될 수 있는지를 가늠해야 한다. 접수 단계에서는 아동의 문제를 확인하여, 기관의 서비스 방향이나 내용이 맞지 않을 때에는 타 기관으로 의뢰하고, 초기 관계형성을 통해 클라이언트의 참여를 유도해야 한다(한미현 외, 2008).

접수 단계에서 사회복지사는 다음의 사항들을 포함한 원조 활동을 해야 한다(도미향 외, 2009).

첫째, 클라이언트의 문제와 욕구를 확인하는 것이다. 이 과정에서 사회복지사는 아동과 부모로부터 신뢰감을 얻는 것이 중요하다. 클라이언트의 두려움과 초기 저항에 민감해야 하며 이를 효과적으로 다루면 이후 실천과정에도 도움이 될 수 있다. 이에 아동과의 첫 번째 면담에서는 불안감을 해소할 수 있는 덜 민감한 주제에 초점을 맞추는 것이 좋다. 예를 들면, 학교, 친구들, 애완동물이나 관심 있는 연예인, 여가 활동 등과 같은 덜 민감한 주제에 초점을 맞추면서 초기 관계형성을 하는 것도 바람직하다. 또한 아동이 면접의 목적을 알고 있는지 물으면서 면접을 시작하는 것도 바람직하며, 부모가 말해 주었거나 그 스스로 면접의 목적을 알고 있다면 그로부터 시작하면 된다. 방문의 목적에 대해 아동이 이해할 수 있도록 질문함으로써 문제나 욕구를 확인해가는 것이 중요하다(오정수 외, 2008).

둘째, 아동의 문제와 욕구를 충족시킬 수 있는 서비스를 제공할 수 있는 전문가, 기관, 프로그램에 아동을 연결한다. 사회복지사는 아동의 문제와 욕구를 확인한 후 그에 필요한 서비스를 기관에서 제공할 수 있는 경우, 부모와 서비스에 대한 잠정적 합의를 한다. 만일 아동의 욕구와 문제를 충족시킬 수 없다면 타 기관에 의뢰를 하며 이에 대한 이유를 명확히 클라이언트에게 설명하고, 이에 대한 동의를 구해야 한다.

자료수집은 접수된 사례에 대해서 클라이언트의 문제를 이해하고 분석 · 해결하는데 필요한 자료를 모으는 과정이다. 이를 통해 아동의 문제와 욕구를 명확하게 규정함으로써 개입의 방향을 설정한다. 자료수집은 원조의 전 과정을 통해서 이루어지지만 초기 단계에서 집중적으로 일어난다(엄명용 외, 2007). 사회복지사는 아동의 발달과 문제행동, 생활력, 아동의 가족 배경 및 사회적 상황 등에 대한 자료와 아동, 가족 및 기타 객관적인 자료 등을 통해 정확하고 활용 가능한 자료를 수집해야 한다. 즉, 아동의 출생에서부터 발달 단계별 아동의 발달력과 사회력을 조사하고 현재의 발달 상태 및 기능 수행 정도를 조사한다. 또한 아동의 주요 환경인 가족 배경으로 가족 구성원에 대한 정보, 가족의 역동성, 가족문화 등을 조사하고, 학교와 이웃, 기관 등과 같은 아동과 가족의 주변 사회적 지지망에 대한 자료를 수집한다. 이 과정에서 중요한 자료의 출처는 아동이며, 자료수집 시 아동의 의사를 최대한 존중해야 하며 충분한 참여와 동의를 얻어 진행해야 한다.

② 사정 단계

사정(assessment)은 자료에 기초하여 자료에 대한 분석과 종합, 사실적 자료에 대한 해석과 의미 부여를 통해 실천적 개입을 하기 위한 함의를 도출하는 과정이다. 즉, 수집된 자료를 분석하고 문제를 규명해내는 과정이다.

사정의 과정은 자료수집처럼 초기 단계에 집중적으로 이루어지지만 순환적으로 일어나며 원조 과정 내내 지속되며, 아동이 처한 환경 속 개인을 강조하는 특징이 있다.

사정 활동은 클라이언트의 관심과 상황을 이해하고, 이를 통해 활동계획(개입계획)을 개발하기 위한 활동이다. 또한 자료수집을 통해 사실과 정부를 조직화하여 분석하는 것으로 아동의 발달과 기능에 대한 사정, 아동과 가족 및 부모 간의 상호작용, 환경에 대한 사정을 한다.

사정의 방법은 사회복지사가 아동이나 부모 등을 통해 인터뷰, 놀이 활동 등을 통해서, 또는 가족치료에서 사용하는 여러 기법으로 아동발달 관점에 근거한 사정, 실천 이론에 근거한 사정, 자원 및 환경에 대한 사정, 구조화된 평가도구에 근거한 사정 등이 있다.

아동발달 관점에 근거한 사정은 아동문제의 사정을 연령과 개인차에 따른 아동의 발달 시각에서 접근하는 것이다. 실천 이론에 근거한 사정은 수집된 자료를 이론적 배경에 따라 분석하고 평가하는 것이며, 자원 및 환경에 대한 사정은 공식적 · 비공식적 자원을 포함한 다양한 환경 자원에 대해 포괄적으로 사정하는 것이다. 구조화된 평가도구는 자기보고에 의존하여 측정하는 것으로 아동발달 심리전문가나 검사전문가에게 의뢰하여 이루어진다.

대표적인 사정도구로는 DSM-IV에 의한 정신의학진단, 심리검사 및 학습능력검사, 그림 그리기 검사, 투사적 질문, 행동관찰 등이 활용된다. 또한 가계도(Family Genogram)와 생태도(Ecomap), 생활력(Life History), 아동의 기능 수행 사정(Assessment of Child Functioning) 등이 있다. 가계도는 가족계보를 중심으로 그 가족의 3세대 이상의 정보를 보여주는 것으로써 각 세대의 가족에 대한 결혼, 이혼, 질병, 사망 등 중요 생활사건에 대한 정보를 얻을 수 있다. 또한 가족의 여러 세대에 걸친 가족 패턴, 특히 문제가 되거나 역기능적인 가족 패턴에 대해 초점을 두고 사정할 수 있으며 아동과 가족 및 부모 간의 상호작용에 대해 사정을 할 수 있으며, 가족의 역동성과 가족 기능, 부모와 자녀와의 상호작용을 사정할 수 있다.

생태도는 클라이언트와 환경 체계 간의 관계에 대한 것으로, 클라이언트를 둘러싼 각 환경 체계와 가족 구성원 간의 관계뿐 아니라 환경 체계들의 자원이 가족에게 어떻게 흐르는지 표시된다. 또한 그 가족이 집단, 자원, 조직, 단체, 다른 가족 및 다른 개인과 맺는 상호작용에 초점을 두고 생태도를 살펴볼 수 있다(곽형식 외, 2008). 이처럼 가계도와 생태도는 모두 가족의 역동을 알아볼 수 있으며 이를 통해 아동의 문제를 해결하고 아동의 욕구를 충족시켜 줄 수 있는 활용 가능한 자원(공식, 비공식적)들을 찾아내고, 주변 환경에서 도움이 되는 자원과 바람직한 양육 환경을 위한 필요 사항에 대해 사정해야 한다.

아동의 발달과 기능수행에 대한 사정은 아동의 발달 단계, 발달과업, 아동의 과업에 대한 대처 행동 등을 사정하는 것이다. 이에 사회복지사는 아동의 발달상 문제는 무엇이며, 발달 단계에 맞는 기능 수행을 하고 있는지, 아동의 발달과업에 대한 특유한 대처기제 등에 대해 사정한다. 즉, 아동의 문제행동에 대한 대처, 아동의 위기 예방과 관리, 아동의 장애에 대한 적응, 아동의 가족생활, 아동의 성, 학교생활, 이웃 및 지역사회에서의 생활, 아동의 자기보호, 아동의 개인적 만족 등 45개 항목을 통해 아동의 사회적 기능 수행 수준을 기록하고 측정하는 것이다(도미향 외, 2009).

③ 계획수립 단계

자료수집과 사정결과를 통해 사례에 관련되는 자료를 토대로 다른 전문직과의 검토를 통해 개입에 대한 계획을 수립해야 한다. 이때 사회복지사는 개인과 환경의 적합성을 고려하여, 환경적 고려와 관련된 사람들 양쪽에 대한 초점을 두는 포괄적인 시각을 유지해야 한다. 특히, 계획수립의 과정에 클라이언트를 참여시킴으로써 개입과정에 클라이언트가 효과적으로 참여할 수 있게 되므로 아동과 보호자의 참여는 필수적이다.

개입계획에는 목표설정, 개입에 대한 대안, 개입의 우선순위, 기대되는 결과, 개입과정 동안 사회복지사와 클라이언트가 취할 행동, 개입 기간, 개입에 대한 효과성 평가도구 등 개입 전반에 관한 구체적인 방향성이 명확히 제시되어야 한다. 특히, 개입에 대한 목표는 성취 가능한 것을 설정하여 아무리 작은 것일지라도 아동이 성공을 경험할 수 있도록 하며, 목표설정과 시간을 정할 때에는 아동이 꼭 참여하도록 한다. 또한 효과성 평가를 위한 측정도구는 종결 후 사례에 대한 평가의 근거가 되기 때문에 사례에 적합한 평가에 대한 틀을 계획 단계에서 세워야 한다.

개입계획은 서면으로 작성하여 기록하며, 계획이 순조롭게 이행되기 위해 클라이언트와 계약서를 작성해야 한다. 계약은 문제에 대한 상호 이해를 통해 문제에 대한 정의, 목표 설정, 사회복지사와 클라이언트의 역할, 시간, 장소, 비용, 개입기법, 평가방법 등에 대해 사회복지사와 클라이언트가 서면을 통해 동의를 하는 것이다.

④ 개입 단계

개입 단계는 사회복지사와 클라이언트가 동의한 문제 해결 계획, 즉 목표와 계약을 실천하는 단계로서 구체적인 행동을 통해 의도적인 변화가 일어날 수 있도록 지원하는 실천과정의 핵심 단계라 할 수 있다.

사회복지사는 사정을 통해 얻어진 결과를 바탕으로 아동과 가족 체계의 특성과 욕구에 부합되는 적절한 개입방법을 사용해야 한다. 전문가로서의 지식과 신념, 경험 등을 통해 적합한 개입방법을 선택하고 이를 따르는 명확한 근거와 전문가적 판단을 하게 된다. 즉, 아동 개인, 가족 구성원, 또래 및 기타 중요 타자들의 참여 및 지역사회 자원연계 등 이용 가능한 자원을 고려하여 다양한 개입모델 중 아동의 문제유형, 심각성 정도, 아동복지 전문가의 지식 및 기술에 맞는 모델을 선정하여 개입을 실시한다. 아동을 대상으로 한 개입방법으로 심리치료, 행동수정 모델, 클라이언트 중심 모델 등이 있다.

사회복지사는 하나의 모델을 지속적으로 사용하거나 필요에 따라 다양한 모델을 절충적으로 활용하기도 한다(Maluccio, 1995; 천성문 외, 2001).

개입 단계에서 구체적으로 활용할 수 있는 방법은 다음과 같다(공계순 외, 2003).

첫째, 아동의 참여를 촉진시키기 위한 전략이 필요한데, 이를 위해 아동의 저항을 해결하기 위해 아동 스스로의 동기와 흥미를 유발하고 유지하는 노력을 해야 한다. 또한 아동의 관점에서 공감적 반응과 우호적인 상담 분위기 제공, 상담과정에 대한 설명, 비밀보장에 대한 설명을 해야 한다.

둘째, 아동생활의 대부분을 차지하고 긴장과 불안을 감소시켜 주는 놀이 활동을 통한 접근방법을 도입하면 효과적이다. 사회복지사는 아동 개입에서 놀이의 중요성을 인식하고, 놀이의 과정을 통해 아동의 내적 욕구를 만족시킬 수 있다. 이를 위해 놀이치료실을 구조화하고 발달 단계별 놀이감을 제공한다.

셋째, 아동과 가족에 대한 통합적인 개입을 통해 가정에서의 아동의 변화에 대한 모니터링과 사회복지사와 부모가 일관된 방식으로 아동의 변화를 격려하도록 한다. 가족 내 복잡한 문제가 있을 경우에는 부모나 가족을 위한 별도의 개입을 계획할 수 있다(윤혜미, 2005).

넷째, 아동에 대한 치료적 실천으로 놀이치료, 클라이언트 · 아동 중심 치료, 정신역동적 아동치료, 인지 · 행동적 아동치료 등의 방법을 적용할 수 있다.

⑤ 평가 및 종결 단계

종결은 의도적이고 계획적으로 이루어지기도 하지만 다양한 원인으로 갑자기 이루어지기도 한다. 계약 기간의 만료, 아동의 상황변화(이사, 거부, 사고 등)에 따른 종결, 사회복지사의 상황변화(이직, 전직 등)에 따른 종결 등 다양하다. 일반적으로 의도된 종결은 문제가 해결된 시점으로 목표달성을 이룬 것으로 가장 바람직한 종결이다. 즉, 사회복지사와 아동, 부모나 보호자, 아동복지전문가의 합의에 의해 개입과정에 대해 최종 평가를 하고 종결하는 것이다.

종결은 개입과정에 형성된 상호 간의 친밀감이 의존성으로 변질되지 않도록 해야 하며, 갑작스런 종결로 아동이 배신감이나 두려움을 느끼지 않도록 해야 한다. 이를 위해 아동과 부모 모두 종결에 대한 준비를 미리 해야 한다. 아동은 종결에 앞서 문제행동의 재발현상을 보이기도 하며, 상실과 이별에 직면하면서 다양하고 복잡한 감정과 태도를 보이기도 한다. 그러므로 사회복지사는 적절한 시기에 회기를 종결하는 일은 상당한 기술과 계획, 민감성이 필요하며 이를 위해 기술적으로 접근하는 준비가 필요하다(한미현 외, 2008). 또한 종결 시 사회복지사는 지금까지 변화되어 온 부분이 지속될 수 있도록 강화해 줄 필요가 있다. 필요한 경우에는 다른 기관에 아동 내담자를 의뢰하는 서비스를 제공하기도 한다(홍봉선 외, 2000).

평가 단계는 종결 시 이루어지는 것이 아니라 개입에 대한 계획 단계에서부터 이루어져야 한다. 어떤 평가 척도를 사용할 것이며, 언제 평가를 할 것인지에 대해 계획을 해야 한다. 평가는 종결 시 이루어지기도 하지만 개입과정 중에도 평가는 이루어져야 한다. 이를 통해 개입과정을 점검하고 목표를 달성해 나가는데 겪게 되는 시행착오의 오류를 최소화할 수 있다. 평가는 실천의 목적과 목표 달성 여부에 대해 점검하고 실행에 효과적이었던 방법과 전략들을 밝혀내는 과정으로 아동의 문제에 따른 다양한 척도에 의하여 개별실천의 효과성과 효율성을 평가하게 된다.

⑥ 사후관리

사후관리는 개별아동복지실천의 마지막 단계인 평가와 종결 이후의 변화에 대해 그 효과성이 지속되는지에 관하여 추수관리를 하는 것이다. 사후관리는 실천과정에 포함하지 않지만 개별실천에서 꼭 필요한 과정이다.

(2) 실천방법

① 아동상담 및 치료

아동상담 및 치료는 개별실천기술이기도 하지만, 아동복지사업의 한 분야로 전문상담기관을 통해 아동상담 및 치료가 구체적으로 이루어지고 있다.

아동상담 및 치료는 가정생활의 위기, 부모의 능력 부족으로 인한 위기, 아동의 정신적 · 신체적 · 행동적 문제가 있는 경우, 지역사회 해체와 가족 및 아동의 욕구불만 위기 등으로 인해 보호와 치료가 필요한 아동과 그 가족이 대상이 된다(한성심 외, 2006).

표 5-1 아동상담 및 치료의 실천 분야

아동상담 및 치료의 대상	실천 분야
가정생활의 위기	• 실직자가정 아동과 부모의 상담 및 치료 • 부모의 사망, 유기 등으로 인한 고아, 기아 등 상담 • 부모의 교육 및 상담(장애아 출산, 모의 취업으로 인한 역할 갈등 등)
부모의 능력 부족으로 인한 위기	• 결손가족 아동의 적응문제 상담 및 치료 • 빈곤 아동의 적응문제 상담 및 치료 • 학대 아동과 부모의 상담 및 치료 • 알코올 및 약물중독 가정의 아동과 부모상담 및 치료 • 부모상담 및 치료(자녀 양육 능력 향상, 부모 개인문제 상담 및 치료)
아동의 정신적 · 신체적 · 행동적 문제가 있는 경우	• 발달장애 아동과 부모의 상담 및 치료 • 정신장애를 가진 아동의 상담 및 치료 • 또래폭력 피해 아동의 상담 및 치료 • 가출, 약물남용, 비행 아동 및 피해 아동의 상담 및 치료
지역사회 해체와 가족 및 아동의 욕구불만 위기	• 아동과 가족에게 지원되는 정책과 제도상 문제로 인한 욕구불만의 상담 또는 관련 기관의 알선과 의뢰 • 지역사회 조사 및 욕구상담
기타	• 아동과 관련된 다양한 검사(지능, 심리, 적성, 인성검사 등)의 실시 및 상담 • 아동의 진로지도 및 상담

| 출처 | 곽형식 외(2008). 아동복지론. p. 90.

② 사례관리

사례관리(case management)는 복합적이고 장기적이며 다양한 욕구를 가진 클라이언트를 대상으로 그들의 욕구를 충족시키기 위한 적절한 서비스나 기회, 급여를 확인하고 포괄적인 서비스 계획을 개발하며, 각종 서비스에 대한 클라이언트의 접근을 용이하게 하기 위한 옹호를 제공하며, 적절하고 효과적인 서비스의 전달을 점검하거나 평가하는 실천방법이다.

아동복지실천에서 사례관리는 빈곤 아동이나 발달장애 아동 등과 같이 단기간 내 서비스 개입이 끝나는 것이 아니어서 개별실천 및 가족에 대한 개입, 집단실천, 지역사회 실천 등의 다양한 개입방법이 활용된다. 하지만 개입의 초점은 개인이며, 개인에 대한 개입을 다양한 체계로 확대시키는 통합적 접근방법을 활용한다. 기존의 전통적 개별사회사업이 기관의 서비스와 프로그램에 기초한 서비스를 제공하였다면, 사례관리는 클라이언트(아동, 가족 및 대상자)의 욕구에 초점을 두고, 기관의 범위를 넘어서 지역사회 차원에서 보다 적극적인 서비스를 제공하고 점검하는 것을 강조한다. 즉, 사례관리자는 클라이언트의 포괄적인 욕구를 인식하고 적절한 서비스와 자원연계를 통해 효율적인 서비스를 제공하는 것이다. 그러므로 사례관리는 지속성, 서비스 간의 연계성, 통합성을 필요로 하는 아동이나 그 가족을 위한 일련의 다양한 서비스를 아동복지실천에서 제공받을 수 있는 효과적인 방법이다.

표 5-2 사례관리의 과정 및 기능

구분	내용
사정	• 클라이언트 개인의 심리적·사회적 기능뿐 아니라 사회적 지지망과 지역사회 내에서 활용 가능한 자원까지 포함한 다차원적 접근 • 전화, 가정방문, 가족면접, 직접면접 등을 통한 의뢰 접수 수행 • 신속한 조사 수행 • 다른 기관들이나 관련 기록으로부터 정보 수집
계획	• 사정에서 얻은 자료를 토대로 포괄적이고 구체적인 서비스 계획 • 기관 내의 팀이나 직원들과 서비스 계획 • 관련 기관들과의 사례조정회의 계획 및 참석
개입	• 서비스 계획을 바탕으로 개입 수행 – 클라이언트 자신이 서비스에 접근하고 이용할 수 있는 능력과 기술 향상을 돕는 직접적 개입과 클라이언트를 대신해서 체계의 수행이나 행동변화를 시키려는 간접적 개입 수행
점검과 재사정	• 서비스 계획의 이행과 전달을 지속적으로 감시 또는 감독 • 클라이언트와 서비스 제공자들이 직접 접촉하면서 점검 • 클라이언트와 관련 기관, 가족들과 진행 상태 논의 • 지속적인 사후관리 수행 • 재사정을 통해 장기간 관리에 대한 반복적 평가 실시
중재 및 옹호	• 대인 관계의 문제와 분쟁들에 대한 중재 • 클라이언트를 위한 다른 서비스 중재
심리치료	• 개인과 집단 및 가족상담 및 치료 • 위기개입
연결하기	• 클라이언트를 다른 기관들로 연결해 줌 • 관련된 다른 기관으로부터 온 직원들과 클라이언트를 만나게 함
평가 및 종결	• 클라이언트에 대한 서비스 전달 계획의 영향에 대한 평가 • 클라이언트의 욕구 해결 및 상태 유지

| 출처 | 곽형식 외(2008). 아동복지론. p. 120. 재구성.

(3) 실천원칙

아동에 대한 개별실천을 위해 사회복지사가 지켜야 할 7대 원칙을 비에스텍(Biestek, 1961)은 다음과 같이 제시하고 있다(표갑수, 2010 재인용).

① 개별화의 원칙

아동과 부모는 고유한 인격을 지니고 있음을 인정하여 불특정한 개인이나 사례로서가 아닌 개별적 특성을 가진 인간으로 대우해야 함을 의미한다. 즉, 사회복지사는 인권사상에 기초하여 편견이나 선입관으로부터 탈피하여 클라이언트를 독특성을 지닌 인간으로 바라보아야 한다.

② 의도적 감정표현의 원칙

아동과 부모의 감정표현의 욕구, 특히 부정적인 감정을 표현하고 싶어하는 욕구를 허용하는 것이다. 사회복지사는 의도적으로 목적을 갖고 경청하여야 하며, 그들의 감정표현을 제지하거나 비난, 책망하지 말고 격려하여야 한다는 것을 의미한다. 그리하여 긴장으로부터 완화하여 자신의 문제를 객관적으로 볼 수 있도록 도와주는 원칙이다.

③ 정서적 개입의 원칙

아동과 부모의 정서나 감정에 대해 사회복지사가 전문적으로 개입하는 것을 말한다. 사회복지사는 아동과 부모의 문제를 알기 위해서는 조직적이고 체계적인 정서파악 능력을 구비하며 민감성을 지니고 반응해야 한다.

④ 수용의 원칙

사회복지사는 아동과 부모의 장점과 약점, 바람직하거나 그렇지 못한 점, 긍정적 · 부정적 감정, 건설적 태도나 파괴적 행동을 포함하여 있는 그대로의 모든 면을 이해하고 다룬다는 원칙이다. 그렇지만 반사회적인 태도나 행동을 시인하거나 인정하는 것은 아니다. 그럴 수밖에 없었던 감정에 대해 이해하고자 하는 것이다.

⑤ 비심판적 태도의 원칙

사회복지사는 아동과 부모의 문제 진술에 대해 잘잘못, 유무죄, 책임 정도를 말하지 않는다는 원칙이다. 사회복지사의 비심판적 태도는 아동의 반사회적 행동의 비판이 아니라 그를 이해하고 도와주기 위하여 그의 행동, 태도, 가치 기준 등을 객관적 · 전문적으로 평가하는 것이다.

⑥ 자기결정의 원칙

자기결정의 원칙은 모든 아동과 부모는 스스로 선택하고 결정하고자 하는 욕구와 권리를 갖는다는 가정에서 이루어진다. 아무리 아동이라 하더라도 이 원칙에 따라 그가 내린 결정을 존중하며, 그의 잠재력을 자극해서 결정하도록 도와주는 것으로서 주체성의 요구이기도 하다. 그러나 자기결정권은 그의 능력, 법률 및 도덕의 테두리 또는 사회복지기관의 범위 내에서 이루어져야 하며, 가치결정을 내리기 위한 충분한 논의와 대안에 대한 제시가 필요하다.

⑦ 비밀보장의 원칙

아동과 부모의 기본적 요구인 비밀보장의 원칙이 지켜지지 않는다면 개별실천의 관계는 근본적으로 성립될 수 없다. 아동과 부모의 비밀이 기관의 다른 전문 직원에게 공개되어야 할 경우에는 당사자의 동의를 구해야 하며, 그 직원도 비밀을 보장해야 한다.

2) 집단아동복지실천

집단아동복지실천은 전문가에 의한 의도적 집단과정과 경험을 통해 집단성원들의 사회기능 능력을 향상시키고 아동과 또래 집단 및 지역사회의 제반 문제를 효과적으로 해결하기 위한 사회복지 전문실천방법론이다.

집단아동복지실천은 아동의 연령 및 발달상 특성에 따른 과제를 다루거나 유사한 문제행동을 갖고 있는 아동 집단을 대상으로 문제해결 집단을 진행할 수 있다. 이는 아동의 특성상 또래와 함께 있을 때에 더 편안함을 느끼고 상호원조와 에너지를 경험하기 때문에 아동 집단의 또래와의 상호작용을 통한 역동성과 응집력을 활용하는 것이다. 집단에서의 아동은 말하기와 참여에서 자유로움을 느끼고 혼자가 아니라는 안도감을 가지게 되며, 활동을 통해 욕구충족과 수용, 집단공유, 연대감을 경험하게 해준다(윤혜미, 2005).

집단아동복지실천은 개별아동복지실천과는 달리 아동 집단의 상호작용을 통한 집단 역할에 대해 의논하며 문제해결을 시도하는 것으로, 집단 구성원이 서로에게 의미 있는 영향을 주고받는 것에 의해 소정의 효과를 기대할 수 있다. 따라서 집단의 역동성과 응집력의 활용에 따라 프로그램의 효과가 좌우되므로 집단지도자는 집단 내에서 아동의 개인적인 특성을 파악하고, 집단의 상호작용을 최대한 활용하는 실천기술을 필요로 한다.

집단사회복지실천에서 집단의 유형은 다양하다. 토스랜드와 리바스(Toseland & Rivas, 1995)는 집단의 목적에 따라 치료 집단과 과업 집단으로 나누고 있다. 치료 집단은 집단 개별성원의 교육, 성장, 지지, 행동변화, 사회화 등 사회적 · 정서적 욕구를 충족시키는 데 주목적을 두는 집단이다. 목적에 따라 지지 집단, 교육 집단, 성장 집단, 치료(치유) 집단 및 사회화 집단으로 구분된다. 과업 집단은 과업 달성, 성과물의 산출, 명령의 수행을 목적으로 하는 집단으로 개인적 성장보다는 의사를 결정하고 산출물을 만들어 내는 것에 초점이 주어진다. 과업 집단에는 각종 위원회, 자문위원회, 이사회, 행정 집단, 대표회의, 팀, 치료회의, 사회행동 집단 등이 있다. 아동 대상 집단실천은 치료 집단에 근거하여 구분될 수 있으며(김혜란 외, 2001), 아동복지 실천현장에서 하나의 목적을 가진 집단은 없으며 대개 한 집단은 여러 목적을 가지고 있다고 볼 수 있다.

표 5-3 치료 집단의 유형

유형	특징	예
지지 집단	• 생활상의 사건에 잘 대처하고 효과적으로 적응할 수 있는 능력을 향상시킬 수 있도록 원조 • 유대감 형성 용이 • 자기표출 수준 높음	• 이혼한 부부의 자녀 집단 • 자녀 양육의 어려움을 공유하는 한부모 혹은 재혼부모 집단
교육 집단	• 지식, 정보, 기술 향상이 주목적 • 공통관심사를 교육을 통해 원조 • 자기표출 수준이 높지 않음	• 성교육 집단 • 식이요법 훈련 집단(예 당뇨 등) • 부모역할 훈련 집단, 위탁부모 집단
성장 집단	• 성원들의 자기인식 증진과 사고변화가 주목적 • 잠재력 발휘 • 치료보다는 사회·심리적 건강 증진 향상에 초점	• 참만남 집단 • 가치명료화 집단 • 잠재력 개발 집단
치료 집단	• 집단성원의 행동변화, 개인적 문제 개선, 상실된 기능 회복 원조가 주목적 • 공통문제를 겪는 성원들로 구성 • 자기표출 수준이 높음	• 보호관찰 처분 청소년 집단 • 인터넷 중독 집단 • 약물 중독자 집단
사회화 집단	• 사회적 관계에 어려움을 겪는 성원을 중심으로 사회적 기술 습득과 효과적인 사회생활의 기능 원조가 주목적 • 대인 관계 및 사회적응 기술 향상 • 게임, 역할연습, 레크리에이션 등 특정 프로그램 활동을 통해 결속력 강화	• 스카우트 활동 집단 • 공격적 아동의 집단 • ADHD 아동 대상의 활동 집단

| 출처 | 곽형식 외(2008). 아동복지론. p. 93; 도미향 외(2009). 아동복지론. p. 131. 재구성.

(1) 실천과정

일반적으로 집단아동복지실천의 과정은 준비 단계-초기 단계-중간 단계-종결 및 평가 단계로 구분하여 살펴보도록 한다.

① 준비 단계

집단이 형성되기 전 단계로서 집단을 준비하고 계획하며 예비 성원에게 개별적인 홍보와 오리엔테이션을 제공하는 시기이다.

집단에 대한 계획은 집단의 목표에 따른 집단 계획서를 준비하고, 홍보하며, 집단 구성원의 선발과 사전면접의 실시를 통해 집단 구성원에 대한 최종결정을 내리게 된다. 예비 집단 구성원의 사전면접 시 집단의 목적과 활동 및 내용에 대한 정보를 제공하여 집단의 목적에 부합되는지를 파악하여 구성원을 선발해야 한다. 적합한 구성원을 선발하는 것은 집단의 성패와 매우 밀접한 관련이 있으며 집단운영에 영향을 미치게 된다. 또한 아동이 대상이므로 부모가 동의를 하였는지에 대해 면접 시 질문해야 한다.

집단의 크기와 시간, 장소 등과 관련된 결정도 이 시기에 이루어진다. 집단의 크기와 시간은 아동의 연령에 따라 달라질 수 있는데, 아동의 연령이 낮을수록 집단 크기는 작아지고 회기시간은 짧아진다. 어린 아동을 대상으로 집단을 진행하기 위해서는 자유롭게 돌아다닐 수 있는 장소인지, 아동에게 위험한 물건은 없는지, 비밀보장이 가능한 구조인지 등을 살펴야 한다(김명권 외, 2001).

예비 구성원들에게 오리엔테이션을 통해 집단의 목적과 의도, 집단에서 무엇이 일어날 것인가, 무엇이 성원과 지도자에게 기대되는지를 알려주어야 하며 집단과정 내 진행될 내용들에 대해 기본적인 정보를 제공해 주어야 한다. 오리엔테이션은 집단 구성원들이 최종 결정되고 난 후 첫 회기에 포함시키기도 하고 때로는 회기와는 별개로 진행하기도 한다. 오리엔테이션 시 집단 구성원들에게 집단과정을 잘 이행하고 참여하겠다는 약속이행과 서약서를 받는 것이 중요하다. 약속이행이나 서약서는 집단과정에 잘 참여하기 위한 시간 약속, 다른 사람의 이야기를 잘 들을 것, 또 말하고 싶지 않은 때는 말하지 않은 권리, 다른 사람을 무시하지 않기, 비밀보장 등과 같이 집단과정에서 지켜야 할 규칙들에 대한 것을 서면으로 동의를 구하는 것이다. 이것은 이후의 집단과정에 적극적으로 참여할 수 있게 도와준다. 또한 집단 참여에 대한 보호자의 동의서를 받는 것도 중요하다.

준비 단계에서는 전반적인 집단운영에 대한 총체적인 준비가 이루어지게 되는데, 아동을 대상으로 하는 집단상담은 면밀하고 세심한 준비가 필요하다. 부주의한 준비는 자칫 산만하게 진행될 수 있으므로 조심해야 한다. 그러나 집단의 과정에서 집단의 계획에 의거한 진행을 하지만 아동의 상황이나 반응에 따른 '지금, 여기'에서 일어나는 자연스러운 상황에 맞게 집단 형식과 주제를 융통성 있게 조정해야 한다. 즉, 어떤 일이 발생해도 미리 준비된 계획대로 무조건 추진하는 것은 옳지 않다는 것이다. 철저하게 계획하고 준비하며, 창의적이고 융통성 있게 진행해야 하는 것이다(공계순 외, 2003).

이 외 준비 단계 시 집단의 구성에 대한 적정 인원수를 결정하는 것, 집단의 구조를 폐쇄형으로 운영할 것인가, 개방형으로 운영할 것인가를 정해야 하는 것, 집단의 규칙을 정하는 것 등 집단실천에 필요한 고려사항들에 대해 철저히 준비해야 한다.

② 초기 단계

집단 초기에는 집단 구성원의 참여가 결정되고, 최초로 집단이 형성되는 시기이므로 아직 집단으로서의 속성보다는 구성원 개개인의 목적과 느낌이 강하다. 이 시기는 집단 구성원들이 서로 안면을 익히고 관계를 형성해 나가는 단계로 집단의 응집력과 매력을 증진시키며 안전한 집단 분위기를 만들어 나가도록 적극 개입하게 된다.

초기 단계는 회기의 전반부로 주로 1~2회기에 해당되며 구성원들은 집단규칙과 목적, 그리고 개인적 목표에 대해 집단이 어떻게 기능하는지, 그들의 목표와 기대를 어떻게 정의하며 기능해야 하는지, 어떻게 적절하게 자신을 드러내는지를 알게 된다.

초기 단계는 집단운영과 더불어 집단 내 개별 아동, 집단, 집단 환경에 대해 사정을 해야 한다. 개별 아동에 대한 사정은 아동의 약점이나 문제보다는 강점을 중심으로 사정하는 것이 중요하다. 아동의 자기보고 외에도 부모, 교사, 관련 전문가 등의 평가와 관찰을 기반으로, 아동의 집단 내 상호작용 유형, 사교성, 리더십, 인기도, 집단 내 아동의 역할이나 위치, 집단 내 아동의 공헌점 등을 사정하고 아동이 소속된 환경(예 가족, 학교, 지역사회 등)이 아동의 욕구와 목표를 달성하는 데 지지적인가를 사정할 필요가 있다. 또한 집단에 대한 사정을 해야 한다. 집단의 구조, 집단 내 의사소통 유형, 집단의 응집성, 집단의 발달 단계, 집단의 분위기 등을 사정하여 집단의 역동성을 이해한다. 집단 환경에 대한 사정은 집단지도자가 소속된 기관이나 시설의 환경 및 지역사회환경이 포함된다. 이러한 집단 구성원 개별 아동, 집단성원, 집단 환경에 대한 사정은 초기 단계에만 일어나는 것이 아니라 집단과정 내내 지속적으로 이루어져야 한다.

③ 중간 단계

중간 단계는 집단회기의 핵심 단계로 집단의 역동성이 일어나게 되는 단계이다. 중간 단계의 초기는 구성원들이 집단주도권이나 권위를 둘러싸고 지도자나 구성원 간의 힘을 탐색하는 갈등을 겪게 된다. 갈등의 존재는 집단이 발달한 증거이기도 하지만 갈등 자체를 문제시하기 보다는 어떻게 다룰 것인지가 중요하다. 지도자는 성원 간의 갈등이나 자신에 대한 도전들에 대해 구성원들이 충분히 이야기할 수 있도록 하고, 도전이나 갈등 사안을 집단에게 제시하여 함께 다루도록 하여 갈등을 기능적으로 활용하도록 촉진하는 것도 좋다. 갈등으로는 문제행동, 침묵, 부정적인 하위 집단 형성 등이 있다.

중간 단계의 후반부는 집단 간 신뢰와 응집력이 높아지고, 의사소통이 개방적으로 되며, 집단 내 상호작용과 피드백이 건전하고 충분하게 이루어지게 된다. 이에 집단생산성이 최고조에 달하는 시기로 집단의 목표가 달성되는 단계로 변화에 대한 의지와 희망을 갖고 집단 밖에서도 변화를 시도, 유지하려는 행동을 보인다(김명권 외, 2001; Smead, 1995). 또한 구성원들은 목표와 관심에 초점을 맞추고, 목표달성과 문제해결을 위하여 '우리' 라는 의식이 증가하고 집단에 대한 신뢰와 자기개방이 발생한다. 이 단계에서 집단주도권은 집단과 집단 구성원에게 있다. 그러므로 지도자는 집단 안에서 다른 사람과 어떻게 대화하고 서로를 이해할 것인가에 대해 모델링 역할을 하며 이를 통해 구성원들이 경험하는 문제나 정서의 공통성을 인식시켜서 지지적인 상호작용을 할 수 있도록 집단연대감과 응집성을 촉진시킨다.

중간 단계에서 집단 구성원들의 중간평가를 하는 것도 중요하다. 어떻게 집단이 흘러가고 있는지에 대해 지도자가 느끼는 것 이외 구성원들의 평가를 통해 진행의 방향성에 대한 점검이 필요하다.

④ 종결 및 평가 단계

종결 단계에서 지도자는 집단에서 이룬 변화를 확인하고, 집단 외의 상황으로 변화를 일반화시킬 수 있도록 촉진한다. 지도자는 집단에서 일어난 변화나 목표달성 정도를 개별성원들이 인식할 수 있도록 개별성원 스스로 자신이 경험한 변화를 공개적으로 발표하는 기회를 마련한다. 또한 이를 미래의 삶에서 지속시킬 수 있는 방안이나 결심을 발표하거나 기록하는 활동을 통해 변화의 일반화를 꾀할 수 있다(윤혜미, 2005).

종결 단계가 되면 집단성원들은 이별에 대한 다소의 불안과 우울을 경험하며 저항의 감정을 가질 수 있다. 이에 지도자는 종결회기에 대해 예고하며, 구성원들이 주도적으로 종결을 준비할 수 있도록 안내한다. 수료식이나 종결파티에 부모나 친구 초청, 발표회, 전시회 등 다양한 방법을 통해 아동의 성취감이 고취되고 종결을 자연스럽게 받아들일 수 있도록 한다.

평가는 마지막 회기에 집단의 효율성과 집단 구성원의 변화 정도를 표준화된 평가 척도나 질문지를 활용하여 할 수 있다. 평가는 집단계획 단계에서부터 준비되어 있어야 하며, 집단의 목표가 무엇인지에 따라 그 평가 척도가 달라진다. 준비 단계나 초기 1회기 시 사전검사를 통해 집단성원의 현재 상황에 대해 평가하고, 회기 중 과정평가를 하게 되며, 회기가 종결된 후 변화에 대해 사후검사를 한다. 이는 집단아동복지실천이 효과적이고 성공적이었는지를 검증하는 매우 중요한 과정이다. 평가는 과정에 대한 평가와 결과에 대한 평가가 있다. 과정평가는 집단의 유용성이나 프로그램의 진행에 대한 평가로서 집단과정 내 회기별로 평가할 수도 있고 마지막 시간에 회기별 평가에 대해 설문할 수도 있다. 결과평가는 집단이 시작되었을 때에 세웠던 목표성취에 대한 판단으로 이를 달성하지 못한 경우에는 후속 프로그램을 개선하는 노력을 해야 한다.

(2) 실천방법

집단사회복지실천은 집단지도자가 프로그램 활동을 매개로 집단 구성원 간의 상호작용을 발전하게 하여 개개인의 욕구와 능력을 향상시키는 데 그 목적이 있다. 그러므로 실천방법은 집단과정을 일으키게 하는 집단, 프로그램, 집단지도자 등 3대 기본 요소와 기능, 역할이 중요하다(표갑수, 2010).

① 집단

집단지도는 집단과 집단 내의 개인과 함께 진행되는 것이다. 이에 집단을 통해 구성원 개인 각자에게 접근하게 된다. 따라서 지도자는 집단 자체에 대한 이해가 있어야 한다. 이를 위해 집단의 역사, 집단의 특성, 집단 내의 개인, 지도자와 집단과의 관계, 프로그램(내용), 개인 목적과 집단 목적, 집단의 발달 단계 등에 대해 이해해야 한다.

집단과정을 일으키는 힘은 서로 간의 인간관계(상호작용)에 의해 나타나므로 구성원의 수보다는 집단성원들의 결속력과 같은 역학적 힘이 작용된다. 따라서 집단은 집단 구성원들의 결속력을 높이기 위한 성원들 간의 상호의존성과 상호작용이 존재해야 하며, 결속력이 없는 집단은 지속될 수 없다.

② 프로그램

프로그램은 집단 내에서 이루어지는 모든 것(언어적인 토론이든, 비언어적인 활동이든)으로서 어떤 행사 그 자체만을 의미하는 것이 아니라, 그것을 위한 준비 단계에서부터 종료 후 평가까지의 전 과정을 의미한다. 즉, 프로그램은 개인 및 집단의 욕구에 호응하기 위해 집단 내에서 신중히 계획되고 실행되는 활동으로서 상호작용 및 제 경험을 포함하는 준비에서 평가에 이르는 전 과정이다. 또한 프로그램은 집단 활동의 내용으로서 집단의 결속력을 강화시키는 중요한 도구이다. 그러므로 프로그램은 지도자의 능력에 따라 집단 활동의 성과를 좌우할 수 있다. 즉, 어떤 내용의 프로그램을 어떻게 진행하느냐가 중요하다. 프로그램은 집단실천에 핵심적 요소로서 집단경험의 내용을 결정하는 부분이며 이를 통해 성원 간의 단결과 협력태도가 이루어지게 된다(성영혜 외, 2002).

프로그램의 효과적 작성의 기준은 다음과 같다(표갑수, 2010 재인용).

- 프로그램은 집단을 구성하는 개인의 관심과 욕구에 기초해야 한다.
- 프로그램은 집단성원의 연령, 문화적 배경, 경제적 차이와 같은 요인을 고려해야 한다.
- 프로그램은 개인의 고유한 가치를 추구하기 위하여 자발적으로 선택한 경험과 기회를 개인에게 제공해야 한다.
- 프로그램은 다양한 욕구와 관심을 만족시키기 위하여 그리고 참여를 위한 최대한의 기회를 주기 위하여 유동적이고 다양해야 한다.
- 프로그램은 집단성원의 성장의 결과에서 나오는 발전과 함께 단순한 것부터 점차 복잡해져 가야 한다. 본질적으로 개인적 관심이 사회나 지역 사회적 관심으로 발전되고 프로그램의 사회적 의의가 클수록 궁극적 목적이라 할 수 있다.

③ 집단지도자

집단지도자는 집단의 결속력을 높이고 집단 내의 갈등을 해결하고 소집단의 이해와 고립자 등에 대한 문제를 해결하여야 한다. 이에 빈터(Vinter)는 집단지도자의 역할을 다음과 같이 제시하고 있다(문인숙, 1983).

- 집단성원의 동일시 대상과 변화의 원동력을 제공하는 중심인물로서의 역할을 수

행해야 한다.

- 집단성원들에게 건전한 규범과 가치를 상징하는 매개자와 대변자로서의 역할을 수행해야 한다.
- 동기조성과 자극을 통해 집단성원 개인이 자신의 목표와 과제를 정의하도록 동기를 조성하고 자극제로서의 역할을 수행해야 한다.
- 행정적인 기술을 사용함으로써 집단성원들의 역할을 조정한다.

이 외 집단지도자는 교육자, 프로그램 개발과 진행, 지역사회 자원연계자, 타 분야의 지식 응용, 철학적 사고, 집단지도의 능력과 기술 개발 등 다양한 역할수행이 필요하다.

(3) 실천 원리

집단아동복지실천의 성공적인 효과를 거두기 위해서는 다음과 같은 10가지의 기본 원리가 있다(표갑수, 2010 재인용).

- 의식적이고 계획된 집단형성이 필요하다.
- 개인과 집단발달의 특수목적은 집단의 목표와 능력이 조화를 이루고, 기관 기능을 유지할 수 있도록 형성되어야 한다.
- 집단지도자와 집단의 관계성이 목적에 합당하여야 한다.
- 개인의 욕구는 다양하기 때문에 집단지도자는 의식적으로 개별화를 실시해야 한다.
- 집단이나 개인을 가동하는 일차적 활력 원천인 상호작용이 집단 지도자에 의해 지도되어야 한다.
- 집단은 최대한의 책임감을 가진 민주적 자기결정이 있어야 한다.
- 집단조직은 집단과 그 욕구의 변화와 더불어 유동적 기능조직이라야 한다.
- 프로그램 경험은 성원의 관심 · 욕구 · 경험경쟁의 수준에서 진보적이라야 한다.
- 기관의 전체 환경과 지역사회 자원은 개인과 집단경험의 내용을 풍부하게 하는데 이용되어야 한다.
- 과정과 프로그램의 계속적 평가는 효과적이라는 점에서 필요하다.

3) 지역사회 아동복지실천

지역사회 아동복지실천은 사회복지실천방법론 중 지역사회조직(Community Organization)에 대한 방법이다. 지역사회조직은 개별실천이나 집단실천이 개인이나 집단을 대상으로 활동하는 것에 비해 지역사회 전 주민의 편리와 복리를 위해 노력하는 방법이다. 아동들이 신체적 · 정서적으로 건전하게 성장하고 발달하기 위해서는 아동의 생활의 장이 되며 환경이 되는 지역사회가 건전하고 안정된 바탕을 이루어야 한다. 따라서 지역사회 성원들은 아동이 성장하는 데 장애가 되지 않는 지역사회 환경을 조성해야 하며 이를 지역사회복지실천을 통해 이룰 수 있다(표갑수, 2010).

지역사회 아동복지실천은 지역사회를 단위로 하는 종합적 의미의 아동복지실천으로 지역아동복지와 아동권리보호, 아동이익의 대변, 아동문제의 사회문제화, 아동 관련 정책의 비판 및 대안제시 등 사회운동과 시민운동의 성격을 띤 아동복지실천이다(한성심 외, 2006). 즉, 아동복지실천을 위해 지역사회 내의 기관과의 협력, 아동 집단 옹호, 아동에 대한 사회적 지지 체계의 개발, 서비스 조정, 프로그램 개발 등의 활동으로 지역사회에서 활용할 수 있는 자원들을 확대하거나 지역사회 주민들의 자발적 참여를 촉진시키는 실천 활동이라 할 수 있다.

지역사회 아동복지실천을 위한 사회복지사의 중요한 기술은 지역사회의 자원에 의뢰하고, 특정 문제 상황을 해결하기 위해 다른 기관과 협력하며, 아동과 부모를 위해 새로운 자원을 개발하는 것이다. 지역사회의 서비스 전달 체계는 보건, 아동복지, 직업재활, 교육 체계, 정신건강 등 다양한 기능으로 구분되어 있다. 이러한 제반 서비스가 분리되어 있지 않고 통합되어 있는 것이 더 바람직하지만 현실적으로 전문 분야는 분야별로 분리되어 서비스를 제공하는 경향이 있다. 그러므로 사회복지사는 지역사회 아동복지실천을 통해 아동에게 필요한 자원을 개발하고 여러 서비스를 조정해 주는 역할이 매우 필요하다. 아동에 대한 성학대, 신체 학대, 의료방임, 교육방임, 영양과 위생 등 심각한 문제들이 발견될 경우에 사회복지사는 관할지역의 아동보호전문기관에 사례를 의뢰하고, 전문가와 협의하여 아동의 환경 체계가 개선되도록 노력해야 한다. 법에 위배되는 행위를 저지른 부모에 대한 서비스와 아동에 대한 서비스 중에 아동보호가 우선되어야 하며, 관련 전문가와 사례회의를 통해 전문적인 서비스를 제공하는 것이 필요하다(오정수 외, 2008).

표 5-4 지역사회 아동복지실천의 유형

분류 기준		유형
간접 서비스	정책을 통한 지역사회 아동복지	• 지방자치단체 중심의 아동복지 정책, 행정, 조례 등
	위원회, 협의회를 통한 지역사회 아동복지	• 아동복지시설협회, 사회복지협의회, 아동위원
	모금(재정 지원)을 통한 지역사회 아동복지	• 공동모금회(사회복지공동모금회)
직접 서비스	기관을 통한 지역사회 아동복지	• 사회복지관, 아동복지관, 기타 아동 관련 기관

| 출처 | 곽형식 외(2008). 아동복지론. p. 97.

우리나라의 지역사회 아동복지실천 중에 지역사회 아동보호의 내용은 아동급식, 지역아동센터 운영, 아동복지교사 지원사업, 결연사업, 아동복지 네트워크 구축 및 운영, 아동위원 등이 있다.

아동급식은 빈곤, 가족 해체, 부모의 실직 · 질병 · 가출 및 직업적 특성, 아동 학대 · 방임 · 유기 · 부양기피 및 거부, 가정위탁 아동, 소년소녀가정, 그 밖에 여러 가지 사유로 인해 끼니를 거르거나 먹는다 해도 필요한 영양을 충분히 공급받지 못하는 아동을 대상으로 민 · 관이 협조 체계를 구축하여 지역실정과 아동의 가정 환경 및 욕구에 맞게 효율적으로 제공한다.

지역아동센터는 지역사회 아동의 보호 · 교육, 건전한 놀이와 오락의 제공, 보호자와 지역사회의 연계 등 아동의 건전육성을 위한 종합적인 아동복지 서비스이다.

아동복지교사 지원은 빈곤 · 아동의 보호, 교육, 문화, 상담 등을 담당하는 지역아동센터에 아동복지교사를 파견하여 질 높은 아동복지 서비스를 제공하는 것이다.

결연사업은 시설보호 아동, 가정위탁보호 아동, 소년소녀가정 등 어른으로부터 마땅한 롤모델을 할 수 없는 아동들에게 지역사회 이웃과의 결연으로 물질적 · 정신적 지원을 통해 이웃사랑의 사회기풍을 조성하며 아동의 건전한 육성을 도모하는 것이다.

아동복지 네트워크의 구축과 운영은 시 · 군 · 구의 보호 아동 관계자들이 지역사회의 참여 활성화를 통해 보호를 필요로 하는 아동에 대해 가정에서 보호 양육하고 아동특성에 적합한 시설보호와 자립이 이루어지도록 지원하는 시스템을 구축하여 운영하는 것이다.

아동위원은 각 시 · 군 · 구에 배치되어 지역 내 아동의 생활상태 및 가정 환경을 상세히 파악하고 아동복지에 필요한 원조를 행하여 보호가 필요한 아동 발생을 사전에 예방한다(곽형식 외, 2008). 우리나라 지역사회의 빈곤 · 결손 아동 지원과 관련된 기관들의 협력 체계 구성에 대해 나타낸 것이다.

지역사회 아동복지실천을 하기 위한 지역사회조직의 과정은 다음과 같다(표갑수, 2010).

첫째, 사실파악의 단계로 지역사회 내의 아동의 욕구와 문제의 유형, 지역사회의 자원유무를 실태 조사, 체계적인 토론회 등을 통해 정확히 파악하는 단계이다.

둘째, 계획수립의 단계로 사실파악을 통해 어떤 사업을 어떻게 할 것인가를 결정하는 단계이다. 목표를 설정하고 프로그램을 기획하고, 그에 따른 추진 방법 및 일정 등에 대한 계획을 수립한다.

셋째, 계획실천의 단계이다. 이 단계는 주민 참여 유도와 지역사회의 조직 추진을 통해 가용한 자원을 최대한 동원하며 외부의 자원을 적절하게 도입하고 결합하여 사실파악에 의해 제기된 아동 욕구와 문제를 해결하는 것이다.

넷째, 평가의 단계로 목표와 성과, 계획과 실시간의 격차 즉, 기준치와 실제치 사이의 간격을 원인별로 발견하여 기존 사업을 수정이나 보완함으로써 추후 계획수립에 기여하게 된다. 평가는 시기에 따라 사전평가, 중간평가, 최종평가가 있다.

Part II

아동복지의 실천 분야

보육 아동을 위한 아동복지실천

Chapter 6

오늘날 우리나라는 산업 구조가 전문화되고 가족 구조가 핵가족화 됨에 따라 취업여성이 급증하고 여성들의 자기개발로 인한 사회 활동 참여가 높아지고 있다. 여성의 노동시장 참여가 확대되는 과정에서 무엇보다 요구되는 것은 각종 성차별 및 자녀 양육 등이 새로운 문제로 떠오르고 있다.

우리나라 최초의 아동 보육사업은 1921년 서울 태화사회관에서 탁아 프로그램을 개설하면서 시작되었는데 종전의 탁아사업은 저소득층 자녀 및 소외 계층의 자녀들을 대상으로 그의 가정에서 정상적인 양육을 받기 어려운 경우에 이용하는 복지사업이라는 의미가 강하였다.

최근 우리나라에서는 종전의 단순보호 차원에서 벗어나 아동의 건전한 성장과 발달을 촉진하기 위한 사회적 서비스로서 아동의 보호와 교육을 동시에 중시하게 되었다. 1991년에 제정된 영유아보육법이 탁아라는 용어 대신 보호와 양육적 기능, 교육적 기능을 통합하는 보육이라는 용어를 사용한 것을 보더라도 아동보육이 지향하는 바의 이념과 실제적인 면에서의 변화를 반영하고 있음을 알 수 있다. 본 장에서는 보육의 개념으로부터 시작하여 보육의 필요성, 보육 정책의 현황 및 변화과정을 파악하고 향후 과제를 살펴보고자 한다.

1 보육의 개념 및 필요성

1) 보육의 개념

보육은 기존의 탁아를 말한다. 이전에는 탁아란 아동이 그의 가정에서 정상적인 양육을 받기 어려운 경우에 하루 중 일정한 시간 동안 타인에 의해 주어지는 보호(Fredrickson, 1948), 또는 저소득 가정과 결손·파손 가정의 어머니가 일하러 나가는 동안 아동의 성격적 욕구, 교육적 욕구, 신체적 욕구 등을 충족시키기 위해 사업가, 교육가, 의사 등의 전문가들이 협동하는 사업이라고 정의(서영숙·김경혜, 2002)되기도 했다. 즉, 기존의 탁아 개념은 보육을 아동복지사업의 일환으로 사회·경제적 지위가 낮은 가정을 대상으로 부모의 노동시간 동안 음식, 안식처 등과 같은 보호를 제공하는 것으로 보거나, 부모가 직업, 질병 또는 그 밖의 사유로 인해 자녀를 돌볼 수 없을 때에 하루 중의 일정 시간 동안 가정 밖에서 부모를 보완하여 집단적 보호와 지도를 제공하기 위해 조직된 서비스로 정의하여 부모역할의 대리로서가 아닌 보완의 개념으로 보았다.

따라서 보육이라는 용어를 사용하기 이전까지는 탁아는 사회적으로 혜택 받지 못한 계층을 대상으로 제공되는 질적으로 낮은 보호 차원의 서비스라는 이미지를 심어 주었다. 보육제도가 처음 제공되기 시작한 19세기 말에서 20세기 중반에 이르기까지는 선별주의적인 개념에 기초해서 저소득층이나 소외 계층의 자녀들이 방치되는 것을 방지하고자 시작한 '탁아(day care, 아동을 맡아줌)' 라는 개념으로 구빈적 역할을 담당해 왔다.

그러나 보육에 대한 요구와 관심이 전 세계적으로 높아지면서 보육에 대한 개념도 변화되어 왔다. 현대에서 논의되어지고 있는 보육이란 영유아의 발달적 요구를 위한 교육적인 도구로서 기존의 신체보호를 중심으로 하던 보호의 개념에서 영유아의 전인적 발달을 위한 포괄적인 보호 · 교육 프로그램으로 전환되어, 최근에는 이것을 발달적 보육이나 질적 보육이라고 부르고 있다(이기숙, 1999).

우리나라에서 현재 사용하는 보육이라는 용어는 영어의 'care(보호 · 양육)' 와 'education(교육)' 이라는 용어 두 가지를 모두 통합하는 의미이다. '에듀케어(educare)' 란 영유아기의 보호 · 양육, 그리고 교육은 서로 분리될 수 없다는 인식에서 출발하였으며, 이러한 양 측면이 영유아에게 제공되는 서비스에 반드시 포함되어야 한다는 것에 기초한다. 2012년 1월 1일을 기준으로 보육교사 2급 양성교과목 및 이수학점 상향 조정의 이유도 현실적으로 보육시설이 감당해야 할 '교육' 의 부분은 매우 커지고 있으며, 단순한 보호에 치중하기 보다는 교육적으로 능력 있고 지도력 있는 보육교사를 양성함으로써 전문성을 높일 필요성이 있는 것으로 보아 보육은 이제 교육이라는 개념과 같이 가야 함을 명시적으로도 제시하고 있다.

2) 보육과 교육

영유아는 발달 특성상 보호와 교육 중 어느 한쪽이 아니라 보호적 요구와 교육적 요구를 모두 필요로 한다고 볼 수 있는데, 이러한 측면에서 볼 때에 제도상으로만 보육과 교육으로 구분되는 이원화된 유아 서비스 체제는 영유아 보육적 요구와 교육적 요구를 동시에 충족시킬 수 없는 비효율적 체제이며, 같은 기능을 제도상 이원화시켜 많은 문제점을 야기시킨다는 지적이 대두되고 있다.

주 기능이 보호 위주이든 교육 위주이든 간에 영유아를 대상으로 하는 서비스의 주요 목적은 영유아의 건강, 안전, 정서적 안정, 그리고 발달을 도모하는 데 있다. 특히 영유아기는 성장과 발달의 변화가 가장 왕성하게 일어나는 시기이므로 어떠한 보호적 노력이나 교육적 시도도 장기적인 영향을 줄 수 있다.

따라서 보육과 교육을 분리하는 양분논리는 영유아의 성장과 발달에 더 이상 도움이 되지 않으며, 이 두 기능을 조정 · 통합하는 개념이 세계적으로 수용되는 추세에 있다. 이에 따라 국제기구들의 공식적인 표현에서는 교육과 보호를 함께 제시한다(Early Childhood Education and Care). 그러나 아직까지 세계적으로 영유아교육과 보육의 관계는 세 가지 유형으로 실행되고 있다. 즉 영유아교육과 보육의 개념분리에 따른 이원화, 영아에게는 보호를 강조하고, 유아에게는 교육을 강조하는 연령별 이원화, 영유아교육과 보육을 통합하는 체제이다(최미현, 2001).

경제협력개발기구(OECD) 국가들은 기존의 영유아교육과 보육의 이분화에서 단일 행정 체계로 통합하거나 연령별로 이분화하는 추세에 있다. 현재 영유아교육과 보육을 연령별로 분리한 행정 체계를 갖추고 있는 나라는 프랑스, 영국, 독일 등이며, 대체적으로 3~6세 대상의 유아교육은 교육부가, 0~2세 영아 대상의 보육은 보건복지부가 담당하고 있다. 한편 단일 행정 체제를 갖추고 있는 나라는 스웨덴, 스페인, 노르웨이 등으로 교육부가 담당하고 있다. 이들은 유아기가 평생학습의 중요한 첫 번째 단계임을 부각하여 유아기의 경험의 연계성을 높여주고자 노력하고, 이로서 자원을 효율적으로 사용할 수 있도록 하고 있다. 특히 우리나라와 일본은 유아교육과 보육의 중복 체제를 유지하고 있는 국가로 0~5세의 보육은 보건복지부, 3~5세의 교육은 교육부가 담당하고 있다.

그러나 우리나라는 실제 내용상으로는 양 기관 모두 보육과 교육의 기능을 동시에 제공하고 있다. 즉 영유아의 보육과 교육의 공통적인 내용은 건강, 안전, 정서적인 안정, 발달로 들 수 있는데, 보육시설은 앞의 네 가지 요소 중 건강, 안전, 정서적 안정을 위주로 한 영유아의 발달을 신장하는 보육 위주의 교육이라면, 유치원은 발달을 위주로 한 건강, 안전, 정서적 안정을 도모하는 교육 위주의 접근 방법이라고 말할 수 있다.

3) 보육의 필요성

산업혁명의 영향은 전반적인 사회 구조와 가치관의 변화를 초래하는 데 중요한 요인이 되었다. 현대 산업사회는 여성의 가치관 변화 및 취업모의 증가, 가족 구조의 핵가족화 및 결손가정의 증가 등은 보육에 대한 필요성을 더욱 증대시키고 있다. 따라서 맞벌이를 하는 가정의 자녀가 안전하게 보호 받을 뿐 아니라 전인적 발달을 도울 수 있는 보충적 형태의 양육이 필요하다. 또한 보육 서비스에 대한 욕구 증대는 영유아보육을 전문화시키고 있는 추세이기 때문에 이는 전업주부의 자녀까지도 보육시설 이용을 희망하는 것으로 나타나고 있다.

(1) 가치관 변화 및 취업모의 증가

현대의 부모는 전통적인 부모역할에서 벗어나 사회적 존재로서의 의식이 강화되고 자신의 자아실현의 경향이 높아지면서 자녀 양육은 전적으로 부모의 책임이라는 생각에서 벗어나 자신의 발전을 위한 시간을 내기 위해 보육 서비스를 이용하고자 하는 경향이 늘어나고 있다.

한국 사회의 여성취업의 특성은 이전의 저소득가족의 생계유지를 위하여 주로 이루어지던 것이 이제는 중산층가족의 고학력 여성까지도 자아실현과 보다 풍요로운 삶을 영위하기 위하여 적극적으로 노동 시장에 진입하는 경향을 띠고 있다. 기혼 여성의 경제 활동 참가율이 해마다 증가하고 있으며, 이는 여성이 담당해 왔던 가정 내 자녀 양육을 더욱 어렵게 하고 있는 요인이 되고 있다.

이러한 사회변화에도 불구하고 남성들은 전통적인 가치관을 불식시키지 못하고 있으며, 이는 부인이 취업을 하고 있는 가정에서조차도 자녀 양육, 노인부양, 가사 등을 주로 여성이 담당하고 있는 결과를 낳아 취업여성은 직장과 가정에서의 노동을 양립하여야 하는 이중고를 겪고 있는 실정이다. 여성 인력을 효과적으로 사용하는 데 필요한 선행조건은 육아의 문제를 사회적으로 해결하는 조건이 이루어져야 하므로 보육의 필요성은 절대적이다.

(2) 가족 구조의 변화에 따른 보육의 필요

우리나라는 전통적으로 대가족 제도를 유지하여 왔다. 그러나 급속한 경제발전을 이루면서 선진 산업사회가 겪었던 도시화 · 산업화 및 핵가족화가 심화되고 있다. 핵가족의 가족 구조의 변화는 자녀 양육 문제를 불러일으키고 있다. 예전처럼 조부모나 형제 · 자매, 친 · 인척이 자녀를 맡아 주는 관계를 기대할 수 없게 되었고, 조부모나 이웃 어른의 부재는 더이상 자녀 양육에 대한 정보나 조언을 줄 수 있는 집단이 없어 이를 사회에서 대신해야 하는 결과를 낳고 있다.

전통적인 성 역할분리의 개념 하에 가족 내에서 여성이 담당하여온 자녀 양육의 부담은 여성의 취업을 가로막는 요인이 되고 있으며, 이처럼 자녀 양육이 전적으로 여성의 몫이 되고 있는 부담은 여성의 가장 큰 경제 활동의 장애 요인이면서 취업여성의 스트레스 요인이 되고 있는 상황에서 보육사업의 필요성은 더욱 절실하다.

(3) 결손가정의 증가

보육의 필요성을 증대시키는 또 다른 사회적 경향은 이혼에 따른 가족 해체를 들 수 있다. 오늘날 미국에서는 결혼한 부부의 1/3이 이혼을 하며, 2001년 한국은 하루 평균 877쌍이 결혼하는 데 비해 하루 평균 이혼은 370쌍으로 나타났으며, 이는 인구 1,000명당 2.8쌍이 이혼하는 것으로 이같은 이혼율은 OECD 국가 중에서 미국 4.2쌍, 영국 2.9쌍에 이어 3위를 기록하고 있다. 이처럼 모성취업과 이혼율 증가, 결혼을 하지 않고 아이를 낳으려는 여성의 수가 증가하는 것은 어머니 혼자 아이를 키워야 하고 직업도 가져야 하는 상황을 야기시키며, 이런 사회 · 경제적인 여건의 변화도 보육의 필요성을 증대시키고 있다.

(4) 저출산화 추세

우리나라 총인구에 대한 아동인구 비율의 감소는 심각한 사회문제로 대두되고 있다. 아동인구의 감소는 앞으로 노동력의 부족 및 사회보장 비용부담의 증가로 이어질 것이다. 저출산화 추세의 이면에는 자녀 양육의 적절한 지원시스템이 갖추어져 있지 않아 취업여성이 육아와 일을 양립할 수 없는 상황에 기인하기 때문으로 볼 수 있다. 미래의 일꾼이 되는 아동을 건강하고 건전하게, 정서적으로 안정되게 양육하는 것은 미래의 인적 자원을 관리하고 보존한다는 측면에서, 또 한편으로는 취업여성이 아기를 안심하고 맡기고 일함으로써 생산성을 높인다는 차원에서도 보육 서비스는 필요하다.

2 보육 서비스의 유형 및 현황

바람직한 보육 서비스는 보육에 대한 질을 개선하고 양질의 보육 환경을 갖추며, 아동의 발달적 요구에 적합하고 질적으로 우수한 보육 프로그램을 실시함으로써 아동뿐만 아니라 부모와 가족에게 도움을 주고 더 나아가 지역사회의 발전에 기여하는 사회적 서비스를 실천하는 데 기여할 수 있게 된다.

1) 보육 서비스의 유형

보육 서비스의 유형은 보육 대상, 보육장소, 보육시간, 보육시설의 설립 · 운영 주체 등에 따라 분류할 수 있으며 다음 [표 6-1]과 같다(이순형 외, 2006).

표 6-1 아동보육 서비스의 유형 및 내용

<table>
<tr><th colspan="3">보육 서비스의 유형</th><th>보육 서비스의 내용</th></tr>
<tr><td rowspan="7">보육 대상</td><td colspan="2">영아보육</td><td>• 만 3세 미만의 영아 대상</td></tr>
<tr><td colspan="2">유아보육</td><td>• 만 3세에서 6세의 취학 전 유아 대상</td></tr>
<tr><td colspan="2">방과후보육</td><td>• 초등학교 1학년에서 6학년의 아동</td></tr>
<tr><td rowspan="2">장애아 보육</td><td>장애아 통합보육</td><td>• 장애아와 비장애아를 통합하여 보육</td></tr>
<tr><td>장애아 전담보육</td><td>• 심신장애를 가진 아동만을 보육</td></tr>
<tr><td colspan="2">전담 보육시설</td><td>• 한 유형의 대상이 일정 수를 유지</td></tr>
<tr><td colspan="2">혼합 보육시설</td><td>• 두 유형의 대상들을 포함</td></tr>
<tr><td rowspan="4">보육장소</td><td rowspan="2">가정보육</td><td>자기집보육</td><td>• 영유아 및 아동의 집에서 보육</td></tr>
<tr><td>보육자가정보육</td><td>• 보육자의 가정에서 소수의 영유아를 보육</td></tr>
<tr><td rowspan="2">시설보육</td><td>시설 집단보육</td><td>• 인가받은 시설에서 다수의 영유아를 보육</td></tr>
<tr><td>직장보육</td><td>• 부모가 근로하는 직장에 보육시설 설치 · 운영</td></tr>
<tr><td rowspan="7">보육시간</td><td colspan="2">종일제보육</td><td>• 하루 12시간 이상 운영</td></tr>
<tr><td colspan="2">반일제보육</td><td>• 하루 중 오전 또는 오후에만 운영</td></tr>
<tr><td colspan="2">시간제보육</td><td>• 약정한 일정 시간 동안 보육</td></tr>
<tr><td colspan="2">야간보육</td><td>• 정규 보육시간 이후 야간의 보육</td></tr>
<tr><td colspan="2">24시간보육</td><td>• 1일 24시간 전일 보육</td></tr>
<tr><td colspan="2">방과 전 · 후보육</td><td>• 등교 전 시간 및 하교 이후 시간의 보육</td></tr>
<tr><td colspan="2">휴일보육</td><td>• 국경일 및 공휴일 보육</td></tr>
<tr><td rowspan="6">설립 · 운영 주체</td><td colspan="2">국 · 공립 보육시설</td><td>• 국가 및 지방자치단체에서 설립</td></tr>
<tr><td rowspan="2">민간 보육시설</td><td>법인 보육시설</td><td rowspan="2">• 사회복지 법인 및 개인이 설립</td></tr>
<tr><td>민간 보육시설</td></tr>
<tr><td colspan="2">직장 보육시설</td><td>• 사업주나 직장에서 설립</td></tr>
<tr><td colspan="2">가정 보육시설</td><td>• 개인이 설립</td></tr>
<tr><td colspan="2">부모협동조합 보육시설</td><td>• 보육 아동을 둔 보호자 15인 이상이 상호 출자하여 공동으로 보육시설을 설립 · 운영</td></tr>
</table>

| 출처 | 이순형 외(2006). 아동복지 이론과 실천. p. 229. 재정리.

(1) 보육 대상

1 영아보육

영아보육은 0세부터 36개월 미만의 영아를 대상으로 교육보다는 영양과 보호 차원에서 건전한 발달과 정신건강에 초점을 맞추어 이루어지는 복지적 서비스를 말한다. 이 시기는 발달적 특성상 수유 및 이유, 식사 및 수면 습관, 배변훈련, 자유놀이 등이 이루어지는 시기이다.

2 유아보육

유아보육은 36개월부터 취학 전 유아를 대상으로 보육의 기본원칙인 교육, 영양, 건강, 안전 등 발달적으로 적합한 교육을 통합적으로 실시한다.

3 방과후 보육

방과후 보육은 초등학교 저학년 아동을 대상으로 만 12세까지 보육하며, 등교 전과 하교 후, 방학 중의 시간에 보호 · 교육하는 것을 의미하며, 학교정규수업 활동 이외에 이루어지는 각종 프로그램으로 보는 광의의 개념과 학교 수업이 없을 때, 어른의 보호를 받을 수 없는 학령기 아동을 허가받은 정규기관에서 정기적으로 돌보아주는 협의의 개념으로 나누어 볼 수 있다(서영숙 외, 1996).

방과 후 보육의 궁극적인 목적은 '아동들이 원만한 인간관계를 맺고 공동체 의식을 기르게 하기 위해 다양한 활동을 제공하고 방과 후 시간을 안전하게 보호하여 건강한 생활을 영위하도록 도와주는 것에 둔다.

4 장애아보육

① 장애아 통합보육

장애아 통합보육은 정원의 20% 내에서 장애아반을 편성 · 운영하거나 장애아반을 별도로 편성하지 않은 채 장애아를 3명 이상 통합하여 보육 서비스를 제공하는 것으로, 장애아와 비장애아들이 한 공간에서 자연스럽게 상호작용하고 생활하고 학습함으로써 일반 사회생활에 적응할 수 있도록 하는 데 목적이 있다.

장애아들에게는 또래와의 집단생활을 통해 사회적 관계를 넓히고, 비장애아들에게는 장애에 대한 올바른 인식과 타인에 대한 배려와 더불어 함께 살아가는 사회라는 것을 배울 수 있도록 한다.

② 장애아 전담보육

장애아 전담보육은 장애아만을 보육하는 형태로, 이는 장애아를 위한 전문적인 시설, 설비 및 종사자를 갖추고 있으며 장애아를 위한 프로그램으로 운영된다. 중증 장애나 특정 장애를 가진 경우에는 특수시설이나 장비, 전문적 치료 서비스를 제공받는 점에서는 유용하지만 비장애 아동들과의 통합보육에서 기대할 수 있는 이점은 차단된다는 단점이 있다.

(2) 보육장소

보육장소를 기준으로 보육 서비스를 어디에서 제공하느냐에 따라 가정보육과 시설보육으로 분류할 수 있다.

1 가정보육

가정보육은 시설이 아닌 일반 가정집에서 이루어지는 보육의 형태로 자기집 보육과 보육자 가정보육으로 분류된다. 일반적으로 가정보육은 시설보육에 비해서 보육 아동의 연령이 낮은 편이다. 이는 어린 아동을 위한 보육의 가장 적합한 장소로서 가정이 지니는 정서적 속성과 가치에 대한 인식 때문이다(공계순 외, 2008).

① 자기집보육

자기집보육은 영유아가 지신의 집에서 자신의 가족이나 이웃사람, 친구, 그 외의 사람에 의해서 보육하는 것으로 아동이 형제들과 함께 있을 수 있으며, 자기집에서 보육이 이루어지기 때문에 아동의 건강과 정서를 고려할 때에 가장 좋은 형태가 된다.

② 보육자가정보육

아동이 보육자의 가정으로 가서 보육 서비스를 제공받는 형태로 가정 어린이집이라는 곳이 이에 해당된다.

2 시설보육

시설보육은 가정이 아닌 시설에서 보호와 교육을 받는 것으로 '어린이집' 이라고 명명하며 가장 보편적인 보육 서비스의 형태이다. 시설보육은 공식적으로 인가를 받아야 하며, 적어도 2명 이상의 직원이 있어야 하며, 보육교사를 비롯하여 특수교사, 영양사, 간호사 등 다양한 인력을 포함하고 영유아 발달에 적합한 교육 프로그램을 운영하여야 한다. 우리나라 시설보육은 종일제 운영을 원칙으로 하며, 공휴일을 제외하고 연중 계속 운영된다.

(3) 보육시간

보육시간에 따른 유형으로는 종일제 보육, 반일제 보육, 시간제 보육, 야간 보육, 24시간제 보육, 방과 전 · 후 보육, 휴일보육 등으로 구분된다.

① 종일제 보육

종일제 보육은 오전 7시 30분부터 오후 5~7시까지 운영되는 형태로 보통 부모가 출근하면서부터 퇴근하는 시간까지 운영한다. 대개 부모의 요구에 따라 융통성 있게 이루어지는데 종일제 보육은 비교적 장시간 운영되기 때문에 맞벌이 부부가 많이 이용한다.

② 반일제 보육

반일제 보육은 하루 여섯 시간 이하로 운영되는 보육 형태로 보통 오전 8시 30분이나 9시에 시작하여 오후 1시나 2시 정도에 끝나는 형태로 운영된다. 아동의 주의력을 고려해 볼 때에 부모의 취업과 관계없이 자녀를 보육하고자 하는 반일제 보육은 효과적인 보육 형태라고 할 수 있다.

③ 시간제 보육

시간제 보육은 주로 부모의 편의를 목적으로 종일제 보육을 이용하지 않는 아동에 대해 하루의 일부분 또는 필요한 때는 언제나 아동을 돌봐 주는 시설을 의미한다. 최근에는 식당, 백화점, 문화센터 등 고객의 편의를 위해 설치 · 운영되기도 하며, 개인보육자가 부모가 필요한 일정시간 동안 돌보아 주기도 하는 베이비시터도 포함될 수 있다.

④ 야간보육

야간보육은 직장의 특성상 야간에 근무하는 부모의 편의를 위하여 운영되는 유형으로 정규 보육시간 이후의 보육으로 주로 퇴근시간 이후부터 다음 날 10시 30분까지 운영되며 교사는 교대로 근무한다.

⑤ 24시간 보육

24시간 보육은 보육 아동이 보육시설에서 먹고 자는 형태로 특별한 도움을 필요로 하는 가족의 아동이나 야근 등의 불규칙한 근무 환경에 있는 부모의 자녀를 대상으로 보육하는 형태이다. 24시간 보육은 숙박시설이 있으며, 보육교사는 대개 8시간 3교대로 근무한다. 대부분 혼합연령 집단으로 운영되며, 낮에는 보육 프로그램을 운영하지만 야간에는 주로 보호에만 초점을 둔다.

24시간 보육 환경은 보육 대상 아동이 하루 종일 있으므로 집과 같은 편안한 분위기를 느낄 수 있도록 꾸며져야 하며, 건강과 영양에 대한 고려가 필수적이다.

⑥ 방과 후 보육

방과 후 보육은 학령기 아동을 대상으로 학교 수업이 끝난 후 일정 시간 동안 보육하는 형태이다. 방과 후 보육에서는 보육 대상 아동들이 사고나 위험 및 부적절한 자극에 노출되지 않도록 보호해 줄 뿐만 아니라 학교교육을 보완하는 기능도 수행하므로 보육 내용은 주로 학교에서 내주는 숙제 지도, 놀이, 예 · 체능과 같은 특별 활동이 된다.

⑦ 휴일보육

부모들이 일요일이나 공휴일에도 특별한 일로 인해 아동을 돌보기 어려운 경우에 이를 보육해주는 서비스를 말한다. 이외에 보육시간에 따른 보육유형으로 부모들의 특별한 요구가 있을 경우에 기준 보육시간(07:30~19:30)을 경과하여 최대 24:00까지(최소

21:00 이후) 시간을 연장하여 보육 서비스를 제공하는 시간 연장형 보육 서비스가 있다.

(4) 설립 · 운영 주체

우리나라의 보육시설은「영유아보육법」제10조의 설립 주체에 따른 유형을 채택하여 운영하고 있다. 국 · 공립 보육시설, 직징 보육시설, 민간 보육시설, 가징 보육시설, 공동 육아 협동조합 보육시설 등으로 구분할 수 있다.

① 국 · 공립 보육시설

국 · 공립 보육시설은 국가와 지방자치단체가 설치 및 운영(위탁운영 포함)하는 시설로서 지역주민의 자녀를 보육 아동 정원의 50% 이상 보육하는 시설을 말한다. 시설의 운영은 각 지방자치단체의 장이 직접 보육시설의 종사자를 공무원 등으로 채용하여 운영하거나 법인, 단체, 개인에게 위탁하여 운영할 수 있으며, 운영에 관한 구체적인 사항은「영유아보육법」시행규칙에 의거하여 준수하여야 한다.

② 민간 보육시설

민간 보육시설은 법인, 단체, 개인이 설치 · 운영하는 시설로서 법인과 민간으로 구분할 수 있다. 법인 보육시설은「사회복지사업법」에 의한 사회복지법인이 설치 및 운영하는 시설을 말하며, 민간 보육시설은 사회복지법인이 아닌 비영리법인 및 비영리단체, 개인이 설치 · 운영하는 시설을 말한다.

③ 직장 보육시설

직장보육은 여성의 경제 활동 참가에 있어 가장 큰 당면문제인 자녀보육에 있어 이들을 고용하고 있는 사업주가 자녀보육에 필요한 각 각종 서비스를 제공하는 것으로, 상시 여성근로자 300인 이상 또는 근로자 500인 이상인 사업장은 직장 보육시설의 설치 및 운영을 의무화하고 있다.

보육 아동 정원의 1/3 이상이 동 사업장 근로자의 자녀이어야 하며, 의무설치 사업장이 보육시설을 설치하지 않을 경우에는 보육수당을 지급하도록 하고, 그 지원 단가를 '정부 보육료 지원 단가의 50/100 이상' 으로 지급하여야 한다.

④ 가정 보육시설

개인이 가정 또는 그에 준하는 곳에 설치 · 운영하는 시설로서, 상시 영유아 5인 이상 20인 이하를 보육하여야 하며, 명칭은 '○○ 어린이집' 이라고 한다.

⑤ 부모협동조합 보육시설

보육 아동을 둔 보호자 15인 이상이 상호 출자하여 공동으로 보육시설을 설립 · 운영할 것을 약정함으로써 그 효력이 발생된다. 상시 영유아 11인 이상을 보육하여야 하며, 부모들 나름대로의 교육철학과 신념에 대한 의지가 투철하고 확고하다면 보육시설의 기본 이념 및 교육 프로그램이 잘 운영될 수 있으나 자칫 운영상의 어려움이 있을 수 있다.

2) 보육 서비스의 현황

우리나라 보육사업은 1991년 「영유아보육법」이 제정된 이후 비교적 활발하게 추진되어 왔다. 보육사업을 시작한 이래 양적 팽창에 있어서는 어느 정도 성과를 거두었다고 볼 수 있기 때문에 지금은 보육시설의 서비스 수준을 향상시켜 부모들과 아동들에게 양질의 보육 서비스를 제공할 수 있는 노력을 기울여야 한다.

(1) 보육시설 설치 · 운영 현황

보건복지부의 보육통계에 의하면 2010년 12월 우리나라의 어린이집 설치 · 운영 현황은 다음 |표 6-2|와 같다.

표 6-2 어린이집 연도별 설치 · 운영 현황 (단위: 년, 개소)

구분	계	국 · 공립 어린이집	사회 복지법인 어린이집	법인 · 단체 등 어린이집	민간 어린이집	가정 어린이집	부모협동 어린이집
2012	42,527	2,203	1,444	869	14,440	22,935	113
2011	39,842	2,116	1,462	870	14,134	20,722	89
2010	38,021	2,034	1,468	888	13,789	19,367	74
2009	35,550	1,917	1,470	935	13,433	17,359	66
2008	33,499	1,826	1,458	969	13,306	15,525	65
2007	30,856	1,748	1,460	1,002	13,081	13,184	61
2006	29,233	1,643	1,475	1,006	12,864	11,828	59
2005	28,367	1,473	1,495	979	12.769	11,346	42
2004	26,903	1,349	1,537	966	12,225	10,583	미분류
2003	24,142	1,329	1,632	787	11,225	8,933	미분류
2002	22,147	1,330	1,633	575	10,471	7,939	미분류
2001	20,097	1,306	1,991	313	9,490	6,801	미분류
2000	19,276	1,295	2,010	324	8,970	6,473	미분류

|출처| 보건복지부(2010). 보육 통계 일반사항. p. 2.

(2) 보육 · 교육 서비스 이용 실태

「2009년 전국 보육 실태 조사」 보고에 제시된 영유아의 보육 · 교육 서비스 이용 실태는 |표 6-3|과 같다. 영유아의 기관 이용률은 어린이집 41.3%, 유치원 19.4%, 선교원 0.6% 순으로 이용하고 있는 것으로 나타났다.

표 6-3 영유아의 보육 · 교육 서비스 이용 실태 (단위: %(명))

구분		영유아 구분		연령						전체
		영아	유아	0세	1세	2세	3세	4세	5세	
기관보육 및 교육	어린이집	33.5	49.9	8.2	30.5	61.9	60.6	49.2	39.5	41.3
	유치원	0.5	39.4	–	–	1.7	23.6	40.6	53.8	19.4
	선교원	0.1	1.0	–	–	0.2	1.4	1.2	0.8	0.6
	반일제 이상 학원	0.1	4.5	–	0.2	0.2	4.3	5.1	4.2	2.3
	특기 및 보습 학원	0.2	13.5	–	0.3	0.4	3.1	9.6	27.1	6.6
	지역아동센터 등	0.3	1.2	–	0.2	0.8	0.6	1.0	2.1	0.8
	문화센터 등 사설기관	8.5	4.4	4.1	13.3	7.8	3.9	5.1	4.2	6.5

| 출처 | 서문희 외(2009). 전국보육 실태 조사. p. 107.

한편, 「2009년 전국 보육 실태 조사」에 제시된 미취학 아동의 보육 · 교육 기관 이용률은 | 그림 6-1 |과 같다. 그림에 의하면 미취학 아동의 이용률은 만 2세부터 증가하면서 4~5세 영유아의 이용률이 가장 높은 것으로 나타났다. 또한 기관별로 보면, 어린이집은 3세를 기점으로 이용률이 낮아지는 반면 유치원 이용률은 만 3세부터 5세까지 점차 증가추세를 보이고 있다.

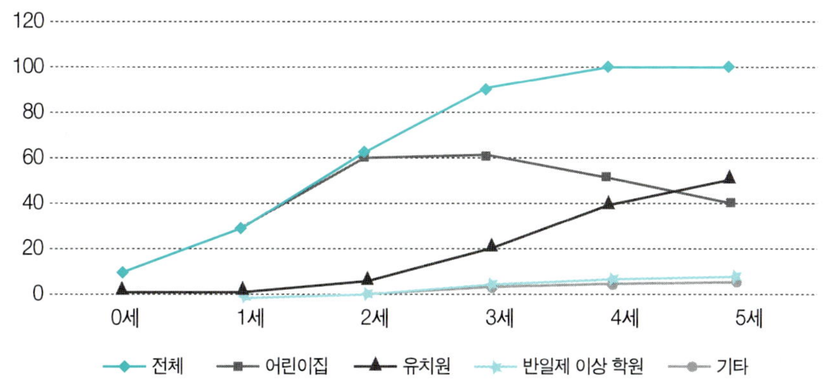

그림 6-1 기관 유형에 따른 연령별 이용률

| 출처 | 서문희 외(2009). 전국보육 실태 조사. p. 171.

③ 보육 정책의 기본 방향 및 추진사업

1) 보육 정책의 기본 방향

보육 정책은 여성의 경제 활동 증가와 우리나라가 최근 심각하게 겪고 있는 저출산 현상에 대응하기 위한 중요한 정책 중 하나로서, 부모가 자신의 아동을 양육할 수 없을 때에 국가나 외부 기관에서 이들 기능의 일부를 보충해주는 부모의 아동양육 기능의 보완을 목적으로 보고 있다. 우리나라의 「영유아보육법」 제1조에서 정의하는 보육사업은 '보호자가 근로 또는 질병 기타 사정으로 인하여 보호하기 어려운 영아 및 유아를 심신의 보호와 건전한 교육을 통하여 건강한 사회성원으로 육성함과 아울러 보호자의 경제 · 사회적 활동을 원활하게 하여 가정 복지 증진에 기여하는 것' 에 그 목적을 두고 있다.

보육은 개인적 차원의 문제만이 아니라 사회와 정부가 미래세대의 건강한 성장과 발달을 지원하고 양질의 인적 자원을 양성하기 위해 함께 노력해 나가야 하는 분야인 것이다.

(1) 보육 정책의 연혁

보육에 대한 사회 및 정부의 역할이 강조된 것은 그리 오래된 일이 아니다. 우리나라의 보육 정책은 1921년 태화기독교사회관에서 실시된 저소득층 자녀 위주의 탁아사업을 시작으로 1961년 「아동복리법」이 제정되면서 '탁아시설' 이라는 용어와 탁아시설의 설치 기준 및 보호 내용 등이 구체적으로 규정됨으로써 보육시설에 대한 법적 근거가 마련되었다. 1980년 제5공화국이 출범되면서 '유아교육' 이 정부의 주요 개혁 시책 중 하나로 채택되어 1981년에는 「아동복리법」이 폐지되고, 「아동복지법」으로 전면 개정되면서 탁아사업도 이를 근거로 실시되었다.

1982년에는 「유아교육진흥법」을 제정하여 어린이집, 새마을 협동 유아원 및 농번기 탁아소를 새마을 유아원으로 흡수 · 통합하여 학령전 유아의 교육과 보호를 동시에 충족시키는 시설로서, 특히 저소득층 취업모의 자녀를 위한 탁아 기능을 담당한다는 목적으로 전국적으로 확대되었으며, 1987년에는 「남녀고용평등법」에 따라 직장탁아에 대한 법적 근거가 마련되었다.

이후 1991년 「영유아보육법」이 제정되면서 정부의 정책이 '탁아'에서 '보육'으로 전환되는 계기가 되었으며, 1998년에는 장애아 전담 보육시설의 강화, 민간 보육시설 교재 · 교구비 지원 등을 강화하고 보육료 특별 소득공제를 신설하였으며, 1999년에는 「영유아보육법」을 개정하여 보육시설 설치 절차를 간소화하여 신고제로 전환하였다. 특히 2001년 말부터 '보육'은 사회적인 이슈로 부각되어 단순한 양육의 문제로서 뿐만 아니라 가족복지의 증진을 도모하고 여성 인력의 활용을 극대화하여 국가 경쟁력을 강화시킬 수 있는 중요한 국가 정책으로서 인식되기 시작하였다.

2004년 이후 보육업무는 여성가족부로 이관되었다. 2005년 「영유아보육법」과 그 시행규칙이 일부 개정되면서 어린이집 원장의 국가자격증제가 도입되었고 보육시설운영위원회의 설치가 의무화되었으며, 2006년에는 표준교육과정이 만들어지게 되었으며, '새싹플랜'과 '새로마지플랜'이 구체화되었다.

여성가족부에서 주관하던 보육 업무는 2008년 보건복지가족부로 이관되었으며, 보육시설 설치 주체를 국가, 지방자치단체, 법인, 개인까지 확대하였다. 2008년 이후 양적으로 크게 팽창한 보육의 질적 수준을 향상시키고 수요자의 욕구를 고려한 수요자 중심의 정책으로 보육 정책을 전환하려는 노력의 일환으로 '새싹플랜'을 수정 · 보완한 '아이사랑플랜'을 수립하고 「영유아보육법」을 개정하여 양육수당의 지급 근거를 마련하였다. 「아이사랑플랜 2009~2012」는 아이와 부모가 행복한 세상을 위한 부모, 어린이집, 정부가 함께 하는 미래투자전략으로 참여정부의 공보육 강화라는 틀 위에서 보육에 대한 국가의 책임을 강화하는 방향으로 추진되었다(보건복지부, 2009). 다음 |표 6-4|는 보육 정책의 연혁을 표로 설명하고 있다.

2009년 하반기부터 저소득층 0세와 1세를 대상으로 한 양육수당제도가 도입되었으며, 2011년 법 개정으로 양육수당 지원 대상자가 만 2세 미만에서 만 3세 미만으로 확대 변경되었다. 그리고 보육시설, 보육시설 종사자, 시설장이란 명칭이 어린이집, 보육교직원, 원장으로 변경되었으며, 보육교사 자격 취득을 위한 보육 관련 교과목 및 학점 기준이 대폭 강화되었다.

2012년에는 5세 아동을 대상으로 누리과정이 시작되었으며, 2013년부터는 3~4세에게도 누리과정이 제공된다. 또한 부모의 소득 수준에 상관없이 만 0~5세 영유아 모두에게 연령대별로 동일 수준의 보육료와 교육비가 제공될 계획이다.

이처럼 보육사업에 대한 정책은 많은 변화와 수정을 거쳐서 꾸준한 발전이 있었으나 부모와 영유아, 사회 모두가 만족하는 보육사업이 이루어지기 위해서는 여전히 해결해야 할 과제를 안고 있다.

표 6-4 보육 정책의 연혁

기간	구분	주요 내용
1921~1991년	구빈적, 직장여성 지원을 위한 탁아사업	• 1921년 태화기독사회관에서 저득층 자녀 위주의 탁아사업 시작 • 1962~1981년 「아동복리법」에 의해 보건복지부가 탁아관리 • 1982년 「유아교육진흥법」 제정으로 어린이집, 새마을협동유아원 및 농번기탁아소를 새마을유아원으로 흡수 · 통합 • 1987년 노동부에서 「남녀고용평등법」에 따라 직장탁아제 도입
1991~2004년	'탁아'에서 '보육'으로 발전	• 「영유아보육법」 제정(1991): 보육시설의 조속한 확대, 아동의 건전한 보호 · 교육 및 보육자의 경제적 사회적 활동 지원 • 주관부처 일원화: 보육사업 주관부처를 보건복지부로 일원화 • 설치 기준의 변천: 법제정 당시(1991. 1.)에는 인가제(가정 보육시설만은 신고제)였으나 1998년 7월 신고제로 완화, 2004년 1월 인가제로 다시 강화
2004년 6월	보육업무 여성가족부 이관	• 보건복지부 보육과(1과)에서 1국(보육정책국), 3과(보육정책 · 재정 · 지원팀)로 개편
2004년 6월 ~2008년 2월	참여정부의 육아 지원 정책	• 제1차 육아 지원 정책(2004. 6.): 고령화 및 미래사회위원회에서 '보육 및 육아 교육 지원의 공공성 확대(공약사항)'에 대한 대책 발표 • 제2차 육아 지원 정책(2005. 5.): 고령화 및 미래사회위원회에서 '출산율 제고 및 여성경제 활동 참가'에 대한 대책 발표, 표준보육료, 교육비 산정, 영아기본보조금 시범 도입 • 새싹플랜(2006. 7.): 여성가족부에서 공보육 강화를 위한 제1차 중장기보육계획안 발표–국 · 공립시설을 2010년까지 2배, 이용아동 30% 수준까지 확충, 기본보조금 확대 지원, 차등보육료 평균소득 130% 이하까지 확대(2009). • 새로마지 플랜(2006. 8.): 저출산고령사회위원회에서 세계 최저의 저출산문제 해결을 위해 '새로마지 플랜 2010'을 발표–국 · 공립시설을 30% 확충, 영아기본보조금 도입, 차등보육료 확대, 만 5세 무상보육 확대, 아동수당 도입 검토
2008년 3월	보건복지가족부로 이관	• 여성가족부의 보육정책국이 보건복지가족부의 보육정책관실로 이관
2008년 3월~	새정부의 육아 지원 정책	• 아이사랑 플랜(2008. 12.): 보육에 대한 국가의 책임을 강화하는 방향으로 추진

| 출처 | 이원영 외(2005). 한국유아교육 · 보육 관련법과 제도의 역사와 미래. p. 55. 재정리.

(2) 보육 정책 환경

급속한 출산율 하락과 세계적으로 유례가 없는 빠른 속도의 고령화가 동시에 진행되는 상황 속에서 여성경제 활동의 중요성 및 필요성이 증가하여 보육에 대한 수요는 비례적으로 증가 추세에 있다. 그럼에도 불구하고 우리의 보육사업은 지나치게 민간에 의존하고 있으며 동시에 지역적으로 편중되어 보육의 기회가 공평하게 제공되지 못한다는 구조적 문제를 안고 있다. 어린이집 수는 양적으로 증가하였으나 설립 주체에 따른 구성비를 보면 우리의 보육사업은 민간 어린이집에 의존하고 있는 실정이다.

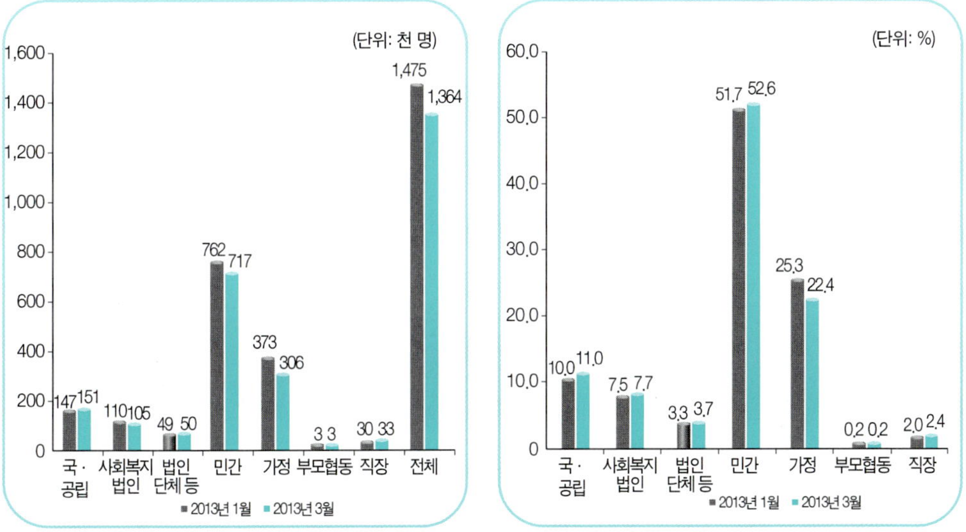

그림 6-2 어린이집 유형별 현황

| 출처 | 보건복지부(2013. 3. 25.). 2013년 3월 영유아 보육·양육 지원 현황. p. 3.

보건복지부(2013)의 영유아 보육·양육 지원 현황에 의하면, 어린이집 유형별, 전체 어린이집 이용아동 중 민간 및 가정형 어린이집을 이용하는 아동이 75%로 높은 비중을 차지하고 있고, 국·공립 어린이집을 이용하는 아동의 비중은 11%이다. 전체 어린이집의 10% 정도만이 공공성을 띠고 있으며 약 90%는 민간에 의존하고 있는 실정이다(| 그림 6-2 | 참고). 그 중 가정 어린이집의 이용률은 약 25% 정도로서 상당한 비중을 차지하고 있다. 가정 어린이집은 영유아의 가정과 가장 흡사한 환경에서 안정적인 양육과 보호 차원에서는 이점이 있을 수 있으나 영세성과 관리 감독에 어려움이 있을 수 있

다는 구조적 문제를 가지고 있다.

한편, 2008년 국민 1인당 GDP가 2만 달러를 넘어서 양질의 보육, 다양한 형태의 보육에 대한 부모들의 욕구가 증가함에 따라 전문적이고 질 높은 보육 서비스 욕구와 조기 교육 과열 현상 등의 양육부담이 증대되고 있는 것이 사실이다. | 그림 6-3 | 에 의하면, 육아부담은 여성취업을 중단하는 이유 중의 하나로서 가장 많은 비중을 차지하고 있는 것으로 나타났다. 즉, 1998년 29.3%에서 2009년 47.6%로 증가할 정도로 양육에 대한 부담이 여성의 취업을 중단할 만큼 중요한 요인으로 작용하고 있다.

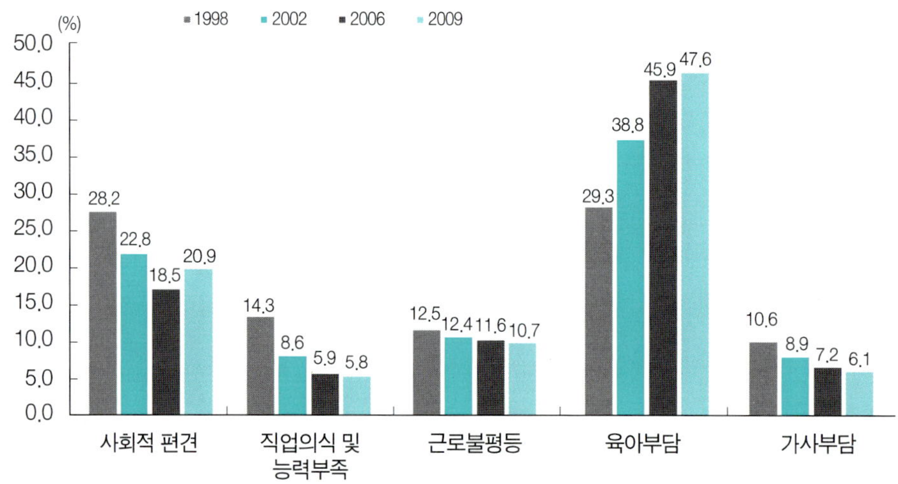

그림 6-3 .•.. 연도별 여성의 취업중단 이유 (단위: %)

| 출처 | 통계청(2010). 한국의 사회동향 2010. p. 2.

보육사업에 많은 예산을 투입하고 있어도 여전히 보육 재정이 부족하다는 것이 보육의 현주소이다. 보육과 유아교육을 포함한 육아 지원 예산은 매년 증액되고 있어 2011년에 복지 분야를 최우선적으로 배려하여 2010년 소득 하위 50% 이하가 보육료 전액 지원 혜택을 받던 것이 소득 하위 70%가 그 혜택을 받았다. 또한 2010년도에 어린이집을 이용하지 않는 차상위 이하 가구의 만 24개월 미만의 아동에게 지급한 양육 수당을 2011년에는 지원 연령과 지원 금액을 확대 실시하기 위하여 예산을 증액하였으며, 평가인증 우수기관을 공공형 어린이집으로 지정하여 운영비를 지원하고 있다.

2009년 보육 실태 조사에서는 어린이집이 불충분하다고 생각하고 있으며, 자녀를 보낼 만한 곳이 없다고 응답하고 있는 것을 볼 때 어린이집에 대한 확충과 질적 향상은 여전히 해결해야 할 과제이다(보건복지부, 2009). 어린이집의 설치 및 미설치 지역을 보면 전국적으로 433개 읍 · 면 지역에 어린이집이 없는 것으로 조사되었는데, 어린이집의 정원 대비 현원 비율은 78.2%에 불과한 반면 아동을 보낼 곳이 충분하지 않다는 응답 비율은 도시보다 높았다(농림수산부 · 육아정책연구소, 2011).

2012년 5세 누리과정이 시작되었으며 2013년 만 3~4세로 누리과정이 확대되며 부모의 소득에 관계없이 어린이집을 이용하지 않는 영아에게는 양육 수당을 지원하고 어린이집이나 유치원을 이용하는 만 0~5세 영유아들에게는 연령별로 동일 수준의 보육료와 교육비를 지원할 예정에 있다. 지금까지 보육 재정이 큰 폭으로 증액되었으며, 앞으로도 영유아보육 및 유아교육사업 예산은 꾸준히 증가할 것으로 전망된다(국회예산정책처, 2012).

보육사업은 여성취업 증가로 일과 가정생활 양립이 보편화되면서 바람직한 사회적 육아를 위해서는 자녀 양육을 국가 · 사회가 지원해야 한다는 국민의식이 증대되어 사회적인 이슈로 부각되어 있다. 보육사업은 단순한 양육의 문제로서 뿐만 아니라 가족복지의 증진을 도모하고 여성 인력 활용을 극대화하여 국가 경쟁력을 강화시킬 수 있는 중요한 국가 정책으로서 인식되어야 한다.

2) 보육 정책의 추진사업

지난 몇 년간 보육 정책은 예산 및 보육시설 확충 등 양적 측면에서 큰 진전이 있었다. 그러나 보육시설 및 저소득층 위주의 지원으로 인해 수요자의 체감도는 낮은 상황이었다. 실용정부 출범 후 공보육 강화와 수요자 중심 체계를 수립하고 구체적 실행방안으로 우선 부모에 대한 비용 지원 확대를 통해 양육부담을 완화해 나가고 있다.

(1) 영유아보육료 지원사업

정부는 부모의 양육부담 완화를 위해 보육료 지원 대상을 매년 확대함으로써 보육시설 이용에 따른 보육료 부담을 덜어 주기 위한 정책을 지속적으로 추진하고 있다.

2012년까지는 영유아 가구 소득분위에 따라 보육료 지원이 있었지만 2013년부터는 0세부터 5세까지 재산 및 소득 수준에 관계없이 100% 지원하는 것으로 발표되었다. 다음 | 그림 6-4 |는 보육료 지원 내용 및 가정 양육시 양육수당에 대한 내용을 다루고 있다.

아이사랑카드

보육료 시설 이용시

	만 0~2세	만 3~4세	만 5세
2012년	全 계층 지원 만 0세 : 39.4만 원 만 1세 : 34.7만 원 만 2세 : 28.6만 원	소득하위 70% 만 3세 : 19.7만 원 만 4세 : 17.7만 원	全 계층 지원 만 5세 : 20만 원
2013년	全 계층 지원 만 0세 : 39.4만 원 만 1세 : 34.7만 원 만 2세 : 28.6만 원	全 계층 지원 만 3세 : 22만 원 만 4세 : 22만 원	全 계층 지원 만 5세 : 22만 원

※ 만 0~2세의 경우, 시설로 직접 지원되는 기본보육료는 현재와 같이 별도로 어린이집에 지속 지원 (만 0세 36.1만 원, 만 1세 17.4만 원, 만 2세 11.5만 원)

※ **2013년 기준 연령별 출생일**
- 만 0세 : 2012. 1. 1. 이후 출생
- 만 1세 : 2011. 1. 1. ~ 2011. 12. 31. 출생
- 만 2세 : 2010. 1. 1. ~ 2010. 12. 31. 출생
- 만 3세 : 2009. 1. 1. ~ 2009. 12. 31. 출생
- 만 4세 : 2008. 1. 1. ~ 2008. 12. 31. 출생
- 만 5세 : 2007. 1. 1. ~ 2007. 12. 31. 출생

양육수당 가정 이용시

	만 0~2세	만 3~4세	만 5세
2012년	차상위 계층 이하 12개월 미만 : 20만 원 24개월 미만 : 15만 원 36개월 미만 : 10만 원	지원 없음	지원 없음
2013년	全 계층 지원 12개월 미만 : 20만 원 24개월 미만 : 15만 원 36개월 미만 : 10만 원	全 계층 지원 만 3세 : 10만 원 만 4세 : 10만 원	全 계층 지원 만 5세 : 10만 원

그림 6-4 2013년 보육료, 양육수당 전계층 지원(2013. 3. 시행)

| 출처 | 보건복지부(2013). 영유아 보육료 지원사업 소개 및 어린이집 미이용 아동에 대한 지원사업 소개. p. 2.

(2) 수요자 욕구에 맞는 보육 서비스 제공

보육 수혜자 중심의 서비스는 다문화가정 영유아 보육 서비스, 장애 아동에 대한 보육 환경 개선 및 법적 · 제도적 지원 강화, 저소득층 아동 대상 포괄적 보육 서비스 제공, 다양한 시간 유형의 보육 서비스 제공 등의 지원이 있다.

보육시설을 이용하는 만 12세 이하의 장애 아동에 대해 무상보육료를 가구의 소득 수준과 무관하게 정부 지원 기준 단가의 100%를 지원하고 있다. 그리고 보육료 지원 대상에서 탈락하거나 지원 단가의 100%를 받지 못하는 가구 중 맞벌이 가구를 대상으로 완화된 소득 인정액 산정방식으로 지원 여부 및 지원 수준을 재선정하여 보육료를 지원하고 있다.

또한 다문화가족 지원법에 따른 다문화가족 자녀 중 초등학교 취학 전 만 5세 이하의 아동에게 가구의 소득, 재산 수준과 관계없이 보육료를 지원한다. 다문화가정 영유아 보육 서비스로는 다문화 특성화 보육시설을 지정하고, 한국어 교육 프로그램을 지원하며, 보육교사 대상 다문화 관련 교육을 강화하고, 장애 아동을 위해 지역별로 균형 있는 장애아 보육시설을 확충하고 편의시설이나 장비를 구비할 수 있도록 지원하며 장애아 보육시설의 특수교사 자격을 특수학교 교사 수준으로 강화하였다.

(3) 평가인증 활성화

보육시설 평가인증이란 보육 서비스의 질적 수준 향상을 위하여 국가가 제시하는 평가 지표(7개 영역, 80항목)를 기준으로 보육시설의 현재 운영상황 및 보육 서비스의 수준을 점검하고 진단하는 질적 수준의 관리 시스템을 말한다. 보육시설 평가인증의 궁극적인 목적으로는 첫째, 보육시설의 서비스 수준 향상, 둘째, 보육시설장과 보육교사의 전문성 향상, 셋째, 영유아들이 안전한 보육 환경에서 건강하게 성장하는 것을 지원, 넷째, 부모들에게 보육시설의 질적 수준에 대한 정보를 제공하여 합리적으로 보육시설을 선택하도록 하는 데 있다.

① 평가인증과정

평가인증과정은 총 4단계로 진행되며, 기간은 6~7개월이 소요되는데 다음 | 그림 6-5 | 와 같다.

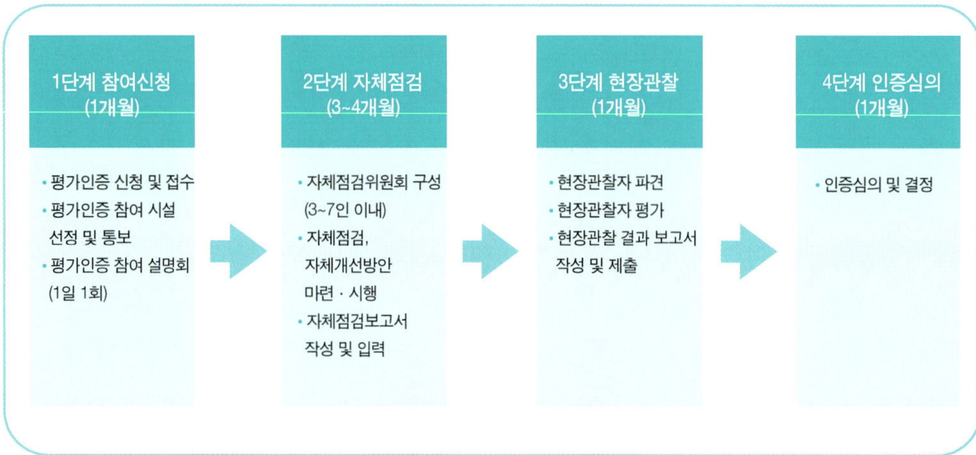

그림 6-5 평가인증과정

| 출처 | 한국보육진흥원(2012). 2012 어린이집 평가인증 참여 설명서. p. 6. 재정리.

② 평가인증 지표

평가인증 지표는 40인 이상과 39인 이하의 보육시설과 장애아 전문 보육시설 평가인증 지표로 분류된다. 40인 이상 보육시설 평가인증지표의 경우에는 6영역 70항목, 39인 이하 보육시설 평가인증지표의 경우에는 5영역 55항목이며, 장애아 전문 보육시설 평가인증지표는 6영역 75항목 등으로 구성되어 있다.

③ 영역별 표준보육과정

표준보육과정은 「영유아보육법」 제29조 제2항 및 제4항에 의거 「영유아보육법」 시행규칙 제30조에 규정되어 있는 것으로 보육시설 영유아의 보육목적과 보육목표를 달성하기 위한 국가 수준의 보육과정이다. 보육시설에서 운영해야 할 보편적 보육 내용에 의하면, 신체운동, 기본생활, 사회관계, 의사소통, 자아탐구, 예술경험으로 구성되어 있다.

(4) 누리과정

누리과정은 기존의 유치원 교육과정과 표준보육과정을 통합한 공통과정으로서 3~5세 유아를 대상으로 심신과 조화로운 발달을 도모하여 민주 시민의 기초를 형성하는 것을 목표로 운영된다. 2013년 3월부터 시행되는 3~5세 누리과정은 유치원과 어린이집에 다니는 모든 3~5세 유아에게 교육의 기회를 공정하게 제공하기 위한 일환으로 국가가 제공하는 최적의 교육과정에 대한 지침이다.

① 누리과정의 기본 방향

첫째, 질서, 배려, 협력 등 기본생활 습관과 바른 인성을 기르는 데 중점을 두어 구성한다.

둘째, 자율성과 창의성을 기르는 데 중점을 두고 전인발달을 이루도록 구성한다.

셋째, 사람과 자연을 존중하고 우리 문화를 이해하는 데 중점을 두어 구성한다.

넷째, 만 3~5세아의 발달 특성을 고려하여 연령별로 구성한다.

다섯째, 신체 운동 · 건강, 의사소통, 사회관계, 예술경험, 자연탐구의 5개 영역을 중심으로 구성한다.

여섯째, 초등학교 교육과정과 0~2세 표준보육과정과의 연계성을 고려하여 구성한다.

② 누리과정의 목표

누리과정의 목표로는 첫째, 기본 운동능력과 건강하고 안전한 생활 습관을 기른다. 둘째, 일상생활에 필요한 의사소통 능력과 바른 언어 사용 습관을 기른다. 셋째, 자신을 존중하고 다른 사람과 더불어 생활하는 능력과 태도를 기른다. 넷째, 아름다움에 관심을 가지고 예술경험을 즐기며, 창의적으로 표현하는 능력을 기른다. 마지막으로 호기심을 가지고 주변세계를 탐구하며, 일상생활에서 수학적 · 과학적으로 생각하는 능력과 태도를 기른다.

③ 누리과정의 영역별 목표 및 내용

누리과정은 5개 영역으로 구성되어 있다. 첫째, 신체 운동 · 건강으로 기본운동 능력과 건강하고 안전한 생활습관을 기른다. 둘째, 의사소통으로 일상생활에 필요한 의사소통 능력과 바른 언어 사용 습관을 기른다. 셋째, 사회관계로 자신을 존중하고 다른 사람과 더불어 생활하는 능력과 태도를 기른다. 넷째, 예술경험으로 아름다움에 관심을 가지고 예술 경험을 즐기며, 창의적으로 표현하는 능력을 기른다. 다섯째, 자연탐구로 호기심을 가지고 주변세계를 탐구하며, 일상생활에서 수학적 · 과학적으로 생각하는 능력과 태도를 기른다.

4 보육 서비스의 성과 및 향후 과제

우리나라의 보육사업은 1921년에 개설된 서울의 태화사회관의 탁아 프로그램으로 시작하여 지금까지 많은 변화가 있어 왔으며, 앞으로도 계속해서 성장하고 발전할 것으로 기대된다. 그러나 보육사업을 하면서 당면하는 과제들을 해결하지 않고서는 영유아와 부모, 사회 모두가 만족하는 보육현실을 만들어 가는 데에는 상당한 어려움이 예상될 수 있다. 여기에서는 지금까지의 보육 서비스의 성과를 바탕으로 향후 과제에 대해 기술하고 있다.

1) 보육 서비스의 성과

지난 몇 년간 보육 정책 예산 및 보육시설 확충 등 양적 측면에서 큰 진전이 있었으나 국 · 공립 부분의 비중이 여전히 취약하고 지역 간 불균형이 있기 때문에 균형 있는 배치 및 국 · 공립 부분의 증대를 위해서는 신축 등 보육시설의 확충에 대한 중앙정부의 관여가 강화되어야 한다.

그리하여 새 정부 출범 후 아동을 주체로 보고 사회적 계층이나 부모의 특성 및 환경에 관계없이 아동에게 보육 서비스가 제공되어야 하고, 보육사업에 대한 정부 재정 부담 확대와 보육 서비스의 수준이 향상되도록 공보육 정책이 추진되어야 한다는 배경하에 공보육 강화와 수요자 중심 체계로 개편을 추진하고 있다. 구체적 실행 방안으로 우선 부모에 대한 비용 지원 확대를 통해 양육부담을 완화해 나가고 있다. 보육료 지원대상을 차상위 계층에서 소득하위 50%까지 확대하고 보육시설을 이용하지 않는 차상위 계층 0~1세 아동에 대해서는 양육수당을 도입하였으며, 단계적으로 확대해 나갈 예정에 있다.

보육 서비스는 보호자 중심의 대리보육 관점보다는 영유아의 건강한 발달을 도모하는 보편적 관점으로 접근되어야 함에도 보육시설 및 저소득층 위주의 지원으로 인해 수요자의 체감도는 낮은 상황이었다. 따라서 부모의 정책체감도를 높이고 보육시설과 지방자치단체의 행정업무를 줄이기 위해 정부가 지원하는 보육료를 시설에 지급하는 대신, 보육 전자바우처인 아이사랑 카드를 도입하여 부모에게 직접 지원하는 방식을 개편하였다. 그 결과 2008년 12월 「영유아보육법」을 개정하여 양육수당과 전자바우처를 도입할 수 있는 근거를 마련하였으며, 보육전자 바우처인 아이사랑카드는 2009년 2차례의 시범사업을 거쳐 2009년 9월에 드디어 전국적으로 시행하였다.

보육의 기본은 안전으로 믿고 맡길 수 있는 보육시설 확충을 위해 서비스 질 제고를 위한 여러 가지 시책을 실시하고 있다. 보육시설의 안전 기준을 개선하고, 평가인증시설을 늘리기 위해 절차를 간소하고, 안전공제회 설립 등을 통해 어린이집 안전사고에 대한 신속 적정한 피해보상 체계를 마련하였으며, 또한 보육교사 처우 개선을 위해 불가피한 공백을 최소화하기 위하여 대체교사 지원과 농 · 어촌 근무자의 처우개선을 위한 특별 근무수당도 신설하였다.

2012년 기준 보건복지부, 교육과학기술부, 고용노동부, 여성가족부 등 4개 부처의 영유아 보육 및 유아교육 관련 사업 예산은 약 5조 원이 지원되었으며, 앞으로도 영유아 보육 및 유아교육 사업 예산은 꾸준히 증가할 것으로 전망된다.

2) 보육 서비스의 향후 과제

지금까지의 보육 서비스의 성과를 바탕으로 지속적인 보육사업에 대한 정부 재정 부담 확대와 보육 서비스의 수준 향상이 실현되도록 공보육 정책이 추진되어야 하겠다. 부모의 보육비 부담을 줄이려면 어린이집에 대한 지원도 필요한데 정부의 인건비 지원을 받는 어린이집은 국 · 공립 어린이집과 법인 어린이집에 편중되어 있다. 이는 민간 어린이집의 보육료 인상 요인으로 작용하여 국 · 공립 어린이집에 다니는 영유아의 부모보다 더 많은 보육비를 부담하여야 한다는 문제를 야기하였다. 따라서 모든 영유아에게 동일한 혜택이 돌아가야 한다는 의미에서 민간 어린이집이나 가정 어린이집에도 정부 지원의 공적 보육 재정이 투입되어야겠다.

핵가족뿐 아니라 한부모가족, 여성가장가족, 조손가족, 미혼모가족 등 다양한 가족 형태의 등장은 보육 정책을 가족 정책적 차원에서 조망할 필요성을 가지고 있다. 인구, 가족, 경제 사회변화에 따른 수요자의 요구를 고려한 다양한 보육 서비스가 제공되어야 한다. 즉 맞벌이 가구에 대한 소득산정 기준을 완화하고, 다자녀 가구에 대한 지원을 강화하고, 가구 구성 및 근로 형태 다양화로 인한 시간 연장형 보육 서비스를 확충하고, 직장 보육시설 활성화, 가정 내 양육 지원 등 맞춤형 보육 서비스를 확대해 나가야 할 것이다.

또한 보육시설의 질을 담보하고 안전관리를 강화하여 영유아들이 건강하게 성장 · 발달할 수 있는 정책 환경을 조성해 나가야 할 것이다. 즉, 보육의 양적 팽창을 통해 이제는 보육의 질에 관심을 가져야 하며 보육의 질이 확보되지 못하면 보육 정책은 부모에게 외면을 받을 것이다.

보육의 질을 확보하기 위해서는 부모의 욕구를 파악하여 이에 따른 서비스를 제공해야 함은 물론 어린이집의 질 확보와 보육교사의 전문성 확보가 우선시되어야 한다. 일차적으로 보육의 질을 결정하는 보육교사의 처우가 낮다면 우수한 인력의 유입이 이루어지지 않을 것이며, 과중한 업무는 교사의 이직을 증가시키는 요인이 될 것이다. 보육교사의 근무여건 및 처우 개선을 위해 교사의 전반적인 급여 수준의 인상, 보육교사의 일일 근무시간 준수, 대체 교사의 확보, 휴가 사용의 보장, 직무 관련 교육 프로그램 참여를 위한 지원 확대 등의 문제가 우선적으로 해결되어야 한다.

빈곤 아동을 위한 아동복지실천

Chapter 7

1 빈곤 아동

2 빈곤 아동을 위한 복지 서비스 현황

3 빈곤 아동복지 정책 및 실천 방향

본 장에서는 빈곤 아동을 위한 아동복지실천에 대해 살펴보고자 한다. 최근 우리 사회는 빈곤 격차의 심화와 함께 가족 해체 및 경제위기에 따라 빈곤 아동의 수가 급증하고 있다. 이에 비해 빈곤 아동을 지원하고 이들의 가족이 빈곤상황에서 벗어날 수 있도록 총체적으로 원조할 수 있는 사회복지 지원은 매우 부족한 실정이다. 실제 빈곤 아동들은 일반적으로 빈곤하지 않은 가정의 아동들보다 심리 · 사회적 발달 단계와 관련된 문제뿐만 아니라 환경의 취약성에 따른 다양한 위험요소에 노출되어 있기 때문에 빈곤 아동은 사회복지실천의 주요 개입 대상이다. 이에 본 장에서는 빈곤 아동의 개념과 아동빈곤의 원인과 문제 및 현황을 살펴보고, 이에 대한 우리나라의 아동복지실천 서비스의 내용과 현황을 알아보고 이에 따른 빈곤아동복지 실천 방향에 대해 논의하고자 한다.

1 빈곤 아동

1) 빈곤 아동의 개념

빈곤에 대한 개념은 국가와 시대 및 학자에 따라 매우 다양하게 정의하고 있다. 일반적으로 빈곤이란 인간이 살아가는 데 절대적으로 필요한 최소한의 자원을 충족시키지 못하는 절대적 빈곤과 그 사회의 일반적인 생활수준이나 평균과 비교해 보았을 때에 상대적으로 적게 가지고 있는 상태인 상대적 빈곤이 있다. 일반적으로 빈곤에 대한 사회적 개념은 절대적 빈곤보다는 상대적 빈곤의 개념을 주로 사용하고 있는데, 이는 절대적 빈곤에 대한 추계를 실제 측정하기가 어렵기 때문이다. 또한 빈곤에 대해 정의할 때에 경제적 특성인 소득의 차이뿐 아니라 주거조건이나 직업의 안정성, 교육기회 등을 포함하는 사회적 불평등이나 문화적 개념의 도입이 필요하다(이성휘, 2009).

우리나라는 사회복지 측면에서 현재 빈곤에 대한 개념을 최저생계비 이하의 가구와 최저생계비 120% 이하에 속하는 차상위 계층 정도를 절대빈곤층으로 적용하여 절대빈곤의 개념을 정의하고 있다(도미향 외 2009; 이재연 외, 2008). 이러한 빈곤의 개념적 정의에 따라 빈곤 아동은 국민기초생활보장 제도 수급 가정의 아동으로 18세 미만의 절대적 빈곤층 아동을 의미한다. 즉, 빈곤 아동은 절대적 빈곤의 개념에 따라 빈곤선 이하 또는 최저생계비 이하의 소득을 가진 「국민기초생활보장법」 수급가정의 아동을 의미하며, 극빈가정 아동, 소년소녀가정 및 빈곤한 한부모가정의 아동들이 대부분 여기에 포함된다. 또한 법적 지원 체계에서 벗어나 차상위 계층에 속하는 결손 · 결식가정의 아동들이 빈곤 아동에 포함될 수 있다(박순자, 2007).

2) 빈곤 아동의 특성과 문제

아동이 빈곤한 상태에 놓여 있다는 것은 가족들이 겪게 되는 경제적 어려움 이외에도 아동의 신체 · 정신적 발달 측면에서 심각한 영향을 미치고 있기 때문에 아동의 정상적인 발달에 매우 위험한 요인으로 작용하고 있다. 즉, 빈곤은 아동의 발달적 측면에서 발육부진과 같은 신체발달을 비롯하여 인지발달, 심리 · 정서적 발달 등에 영향을 미치게 되며, 이러한 영향은 학업부진, 우울과 불안, 학교생활부적응, 공격성, 주의력결핍과잉행동장애 및 반사회적 행동 등과 같은 문제로 나타나는 것으로 보고되고 있다(김성경 외, 2005; 이경림, 2002). 이러한 점에서 빈곤가정의 아동은 빈곤 환경에서 오는 영향으로 일반가정의 아동과는 구별되는 특성을 가지고 있는데 구체적으로 살펴보면 다음과 같다.

첫째, 신체적 및 지적 · 언어적 측면이다. 먼저, 신체적 측면에서 빈곤 아동의 경우는 아동의 부모가 경제적 상황으로 인해 아동의 건강상태를 돌볼 겨를이 없거나 건강에 대해 부적절한 양육태도를 보임으로써 결국 아동에게 만성적 건강문제가 발생하게 된다(강희경, 2003). 빈곤 아동은 비빈곤 아동에 비해 평균 키, 체중 등에 차이가 있으며 발육상태도 좋지 않은 것으로 나타나고 있다(통계청, 2010). 또한 지적 · 언어적 측면에서도 낮은 IQ와 어려운 말사용, 상식, 글씨에 대한 흥미 등 언어적 측면의 발달이 매우 낮게 나타나는 것으로 보고되고 있다(박소영, 2012).

둘째, 심리 · 정서적 측면이다. 빈곤가정 아동들은 일반가정의 아동들보다 낮은 자존감, 정서적 불안, 자기표현 및 사회기술능력 부족 등과 같은 문제로 학교생활에 잘 적응하지 못하고 친구들로부터 집단따돌림의 표적 집단이 되고 있다. 즉, 빈곤가정의 아동들은 대체로 자신의 감정을 잘 표현하지 못하고 열등의식과 부정적이고 회의적인 사고를 가지고 있으며, 우울과 불안을 느끼는 등 심리 · 정서적 측면에 어려움을 가지고 있다(강명순, 2000).

셋째, 인지 · 학업적 측면이다. 빈곤가정 아동들은 교육과 관련된 사회적 · 경제적 · 물질적 자원들이 부족하기 때문에 인지적으로 자극을 받으면서 성장하기 어려운 환경에 놓여있다. 그러므로 학습상황에 필요한 논리적 측면의 인지적 능력 부족은 학업성적 부진, 소극적 성향, 열등감 등으로 나타나게 된다. 또한 이러한 현상은 학교생활부적응 및 대인 관계에서 문제로 나타나게 되므로 건강한 청소년으로의 성장을 저해하게 된다.

넷째, 가족적 측면의 특성이 반영된다. 빈곤가족은 경제적 결핍으로 인한 심리적 박탈감, 문화적 소외, 물질적 결핍 등을 경험하고 있기 때문에 가족 구성원들이 심리 · 정서적으로 긴장이나 억압 및 박탈된 상태에 처해 있어 이러한 특성이 아동에게 반영되게 된다. 또한 빈곤가정은 대부분 결손가정이 상당수를 차지하고 있어서 이에 따른 아동들의 부성상실 및 모성상실에 따른 정서, 태도, 사회성 등의 발달에 영향을 미치게 된다. 또한 빈곤층 가정이 지니고 있는 경제적 어려움은 부모의 정서 상태에 부정적인 영향을 미치며, 이러한 부모의 정서적 불안은 자녀 양육 태도 및 기술에 있어서도 바람직하지 못한 영향을 끼치게 된다(강명순, 2000).

이상과 같이 빈곤가정 아동의 특성은 아동의 발달과업 성취에 있어 여러 가지 문제가 발생될 수 있으며 청소년기를 거쳐 성인이 되어서까지 부정적인 영향을 미치게 된다. 즉, 빈곤과 같은 취약한 환경에 노출되어 있는 아동들은 환경의 취약성에서 비롯된 위험에 노출될 수 있고 이로 인해 발달과업을 성취하기 어렵고 학습부진, 가출, 등교거부, 집단따돌림, ADHD(Attention Defict Hyperactivity Disorder), 학교중도탈락, 인터넷 과다사용 등과 같은 다양한 형태의 부적응 문제를 겪게 된다.

3) 빈곤 아동의 현황

우리나라 총인구에서 아동인구가 차지하는 비율은 지속적으로 감소하고 있다. 통계청(2008)의 아동종합 실태 조사에 의하면 아동인구 대비 빈곤 아동의 비율은 2005년까지 꾸준히 증가하고 있는 추세였으나 2006년부터 다소 감소추세를 보이고 있다. 이를 18세 미만의 절대 아동빈곤율과 상대 아동빈곤율로 살펴보면 다음의 |표 7-1|과 같다.

표 7-1 아동빈곤율 (단위: 년, %)

연도	절대 아동빈곤율	상대 아동빈곤율
2004	8.79	14.57
2005	9.0	12.4
2006	8.5	11.0

|출처| 통계청(2008). 아동종합 실태 조사. pp. 2-3.

우리나라 빈곤 아동의 현황은 사회 양극화 심화에 따른 빈곤층의 증가 및 가정 해체 등으로 아동의 절대빈곤율과 상대빈곤율이 모두 인구증가 대비 증가하는 것으로 나타났다(보건복지부, 2006). 보건복지부(2008)의 전국 아동 · 청소년 가구를 대상으로 한 종합 실태 조사에서 우리나라 아동 · 청소년의 87% 이상이 양부모 가정, 70% 이상이 정상적인 주거 형태에서 생활하고 있으나 최저생계비 이하의 가정 52.7% 중 한부모가정은 지하나 옥탑 등의 주거공간에서 열악한 생활을 하는 것으로 나타났다. 이는 우리 사회에서 빈곤 탈출이 용이하지 않게 되고 개천에서 용이 나던 과거와는 달리 가난이 대물림되는 현상에서 비롯되는 것이라 할 수 있다.

한편, 가구특성에 따른 아동빈곤율에 대한 보고에 의하면 노인 가구의 빈곤율이 가장 높았으며, 모자 가구, 일반 가구, 맞벌이 가구 순서로 높은 것으로 나타났다. 가구주의 성별 아동빈곤율은 여성 가구주 가구의 아동빈곤율이 남성 가구주 가구의 아동빈곤율에 비해 3~5배 정도 더 높은 것으로 나타나 여성이 가구주인 경우에는 대부분 모자 가구일 것으로 추정되어 모자 가구의 아동빈곤에 대한 대책마련이 시급하다는 것을 알 수 있다. 또한 가구주의 교육 수준에 따른 아동빈곤율을 살펴보면 저학력일수록 그 비율이 높은 것으로 나타나고 있어 이에 빈곤이 세습되지 않도록 하기 위해서는 공교육 체계에서의 적극적인 지원 체계가 마련되어야 함을 알 수 있다. 가구의 아동 수에 따른 아동빈곤율은 자녀가 많을수록 빈곤율이 증가하는 것으로 나타났으며, 가구주의 직업에서는 임시 및 일용노무직, 자영업 순으로 아동빈곤율이 높은 것으로 나타났다. 이처럼 가구특성에 따라 아동빈곤율은 차이가 있는 것으로 나타나 가구의 특성에 따른 차별화된 지원이 필요함을 시사한다.

2 빈곤 아동을 위한 복지 서비스 현황

최근 지역사회 내 빈곤 아동에 대한 관심이 높아지면서 보호 체계 구축을 위해 정부를 비롯한 민간기관들의 다양한 지원이 확대되고 있다. 이에 빈곤 아동을 위한 복지 서비스는 소년소녀가정 지원사업과 한부모가족 지원사업 , 아동급식 지원사업, 드림 스타트, 아동발달 지원계좌(디딤씨앗통장), 교육복지우선 지원사업, 지역아동센터, 방과후 아카데미, 교육혁신사업, 지역사회복지관의 아동복지사업, 위 스타트(We Start), 한국복지재단 결연사업 등이 있다.

1) 소년소녀가정 지원

소년소녀가정 지원사업은 1984년 '소년소녀가장세대보호대책' 에 의해 1985년부터 실시되었다. 그러나 가장이라는 명칭을 아동에게 부여한 소년소녀가장이라는 표현은 가장의 책임을 아동에게 맡긴다는 의미가 된다. 그러므로 이 명칭은 아동복지의 가치에 위배된다는 차원에서 '소년소녀가정' 으로 그 명칭을 변경하였다. 또한 UN 아동권리협약의 권고사항에 의해 2007년부터는 소년소녀가정을 제한하고 가정위탁보호를 추진하고 있다. 소년소녀가정 지원사업은 실질적으로 가정을 이끌어 가는 18세 미만의 아동에 대하여 생활보장을 실시함으로써 자립능력을 배양하고 건전한 사회인으로 성장하도록 지원하는 것에 그 목적이 있다(도미향 외, 2009; 이재연 외, 2008).

소년소녀가정 지원사업의 대상은 「국민기초생활보장법」에 의해 수급자 중 18세 미만의 아동이 실질적으로 가정을 이끌어 가고 있는 세대이다. 즉, 18세 미만의 아동으로만 구성된 세대와 18세 미만의 아동이 부양능력이 없는 부모와 동거하는 세대이다. 이때 대상 아동이 「국민기초생활보장법」 상 부양의무자(부모 제외)와 동거하는 경우에는 「아동복지법」에 의해 대리양육가정으로 선정하고, 부양의무자가 아닌 친 · 인척과 동거하는 경우에는 「아동복지법」에 의해 가정위탁으로 선정하여 보호를 제공한다. 또한 15세 미만의 아동으로만 세대를 구성할 경우에 소년소녀가정 지정을 제한하고 가정위탁이나 시설입소를 강구한다. 다만 형제 · 자매 등 2인 이상으로 구성된 소년소녀가정의 경우에 아동이 지역사회 내에서 독립적으로 오랫동안 생활해 왔고, 동거를 하지는 않으나 주변에 친 · 인척 등이 거주하여 수시로 보호를 받고 있어 가정위탁이나 시설입소가 적절하지 않다고 판단될 시에는 예외적으로 지정한다. 그 외 대상 아동이 만 18세 이상이나 중 · 고등학교에 재학 중인 경우에는 졸업 시까지 지원을 해준다.

소년소녀가정에 대한 지원 내용은 국민기초생활보장에 의한 생계 및 교육보호로 구성되어 있다. 생계보호는 주 · 부식비, 연료비, 피복비, 장제비 등이 지급되며, 교육보호로는 학용품비와 중고생의 교통비, 교복비, 영양급식비, 부교재비 및 교양도서비가 지급된다. 또한, 「의료급여법」에 의해 1종 보호 대상자로 선정되어 외래 및 입원진료비 전액을 국가가 부담하고 있다. 부가 급여로는 보조비(아동 1인 월 12만 원, 지방이양사업으로 지역에 따라 차이가 있음)가 지급된다. 국토교통부(국토해양부)에서는 가구당 월평균소득이 전년도 도시근로자 가구당 월평균 이하로서 무주택인 소년소녀가정을 대상으로 일반주택 전세자금 및 공공임대주택 임대보증금을 지원하고 있다. 그리고 가까운 이웃에 거주하는 아동위원, 종교인, 지역여성지도자, 공무원, 대학생 멘토 등을 후원자로 지정하여 고충이나 애로사항을 의논하고 해결할 수 있도록 정서적 지지 체계를 구축하고 있으며, 결연기관(초록우산 어린이재단)과 협조 체계를 구축하여 소년소녀가정을 위한 프로그램이나 그 외 후원 등을 지원 받을 수 있도록 연계하고 있다(정무성, 2009).

2) 아동급식 지원사업

아동급식 지원사업은 결식하거나 결식의 우려가 있는 빈곤가정의 아동이나 기능결손가정의 아동들에게 건강한 성장을 위하여 식사를 제공하거나 식사를 할 수 있도록 관련 식품 등을 지원하는 사업이다. 즉, 아동이 가정의 빈곤이나 가족 해체, 가정위탁, 소년소녀가정, 부모의 실직이나 질병 및 가출, 아동 학대, 방임, 유기 등 여러 가지 가정 사정으로 보살핌을 제대로 받고 있지 못해 끼니를 거르거나 충분한 영양을 공급받지 못하는 경우에 아동의 건강한 성장과 발달을 위해 식사 및 관련 식품 등을 지원하는 것이다.

이 사업은 2000년에 저녁식사만을 제공하는 사업으로 시작되었으나, 2001년부터는 아침식사도 추가로 지원하였으며, 2004년부터는 취학 아동의 중식 지원과 방학을 비롯한 토요일과 공휴일에도 식사를 제공하고 있다. 대상 아동은 「아동복지법」에 의해 18세 미만의 취학 및 미취학 아동에 해당되며, 18세 이상인 경우에도 고등학교에 재학 중인 아동을 포함한다. 또한 국민기초생활보장 수급 대상 아동과 차상위 계층 중 가정사정 등으로 급식 지원이 필요한 아동이며, 이 외 교사와 사회복지사 및 시장, 군수, 구청장을 비롯하여 아동 관련 관계자가 추천하는 아동도 포함된다.

3) 드림 스타트

빈곤가정 아동의 전인적 발달을 지원하기 위해 사회적 투자사업의 일환으로 드림 스타트를 시행하고 있다. 드림 스타트는 민간 지원 아동복지 프로그램인 '위 스타트'를 벤치마킹하여 '희망 스타트'라는 이름으로 시행되다가 2008년 '드림 스타트'로 그 명칭을 변경하였다.

드림 스타트는 지방자치제 중심의 지역사회 보건복지 파트너십을 구축하여 빈곤 아동의 실제 욕구에 부응하는 맞춤형 통합 서비스를 제공하고 있다. 즉, 빈곤의 대물림을 차단하고 모든 아동에게 공평한 출발기회를 보장하고 수요자 중심의 사전 예방적 통합 서비스 지원 체계 도입을 통하여 빈곤 아동의 교육, 복지 서비스를 공정하게 제공하고 함께 출발할 수 있는 기회를 마련해 줌으로써 신체적 · 정서적 · 사회적 능력 등 전인적 발달을 지원하고자 하는 것이다.

드림 스타트의 대상자는 기초생활수급 가정 및 차상위 계층 아동으로 0세에서 12세까지의 아동과 임산부이다. 구체적인 사업의 내용은 보건사업으로 가정방문 보건 서비스, 정신건강 및 발달 스크리닝, 임산부 및 영유아 보충영양 프로그램이 있으며, 복지 사업으로 학교 내 교육복지 프로그램 실시, 방과후 프로그램 지원 등이 있다. 또한 보육사업으로 영유아 교육중재, 가정방문, 시설 내 부가적 서비스 제공 등이 있으며, 통합 서비스 제공 및 가족 지원사업으로는 학대예방, 안전 등에 대한 통합 서비스 제공, 부모의 자녀 양육 능력 강화, 문화체험, 보건복지 자원 발굴 및 연계, 부모 참여 등이 있다(도미향 외, 2009).

4) 아동발달지원계좌사업

아동발달지원계좌사업은 아동을 미래성장동력으로 육성하는 것에 목적을 두고 있으며 아동에게 보다 나은 사회출발 여건을 제공하기 위해 '아동의 희망과 꿈을 실현하는 데 디딤돌이 되는 종자돈(Seed Money)' 이라는 의미로 디딤씨앗 통장으로 불리고 있다. 이 사업은 2007년부터 시행되었으며, 시설보호, 가정위탁, 소년소녀가정, 공동생활가정 등 요보호 아동을 비롯하여 장애인생활시설 아동을 대상으로 정부가 매월 3만 원 한도에서 같은 금액만큼을 저축해 주는 일 대 일 매칭 펀드 형식으로 저소득 아동 자산형성을 지원한다. 저축된 금액은 만 18세 이후에 학자금이나 기술자격 및 직업훈련 등 자립에 필요한 용도로 사용된다(오정수 · 정익중, 2008).

5) We Start 사업

위 스타트(We Start) 사업은 2004년도에 100만 명으로 추산되는 빈곤 아동들의 절박한 삶을 비춘 '탐사기획-가난에 갇힌 아이들' 이라는 중앙일보 기사에 대한 독자들의 관심으로 중앙일보가 주체가 되어 2004년도 50여개의 민간 단체들이 '가난의 대물림을 끊자' 는 공동목표를 가지고 위 스타트 운동본부를 결성하면서 시작되었다. 위 스타트는 우리(We) 모두가 나서서 빈곤층 가정의 아동들에게 복지(Welfare)와 교육(Education), 건강을 지원해 공정하고 새로운 삶의 출발(Start)을 도와주자라는 의미의 시민운동에서 시작되었다. 이에 맞춤형 서비스를 통한 복지, 교육, 건강이 균등한 기회를 지원함으로써 모든 아동들이 그들의 꿈을 키워가며 행복한 삶을 영위할 수 있도록 아동과 청소년의 인권과 권리를 보장한다. 또한 지역주민이 주체가 되어 더불어 살아가는 지역사회 공동체를 만들기 위하여 지역사회의 네트워크를 구축하고, 주민 참여를 촉진하기 위한 다양한 지역사회 조직 활동을 지원한다. 또한 아동과 가족이 자신의 삶을 스스로 개척하고 지역사회의 책임감 있는 성원으로 성장할 수 있도록, 아동과 가족 스스로의 강점을 발견하고 이를 키워나갈 수 있는 다양한 역량 강화 활동을 지원한다. 구체적인 프로그램은 연령별, 욕구별 강점기반 맞춤형 프로그램 및 발달 단계에 맞는 복지, 교육, 건강 프로그램을 제공하고 부모교육, 부모자조 모임, 가족역량 강화 지원 및 지역사회 네트워크 구축, 지역 자원 개발, 자원봉사 활성화 및 지역 주민 참여, 마을 공동체 만들기 등을 실시하고 있다. 현재 전국 4개 시 · 도 23개에 위 스타트 마을이 형성되어 있으며 캄보디아, 베트남, 몽골에도 위 스타트 운동을 펼치고 있다.

6) 지역아동센터

지역아동센터는 1980년대 빈곤지역 아동에 대한 교육을 위해 실시된 공부방으로부터 출발하였다. 공부방은 민간이 중심이 되어 저소득 계층 밀집지역에서 아동과 청소년들을 대상으로 교육뿐만 아니라 문화 사업을 비롯하여 가정의 문제, 지역사회의 문제를 해결하는 역할과 함께 아동보육 서비스를 제공하는 역할을 담당해 왔다(이태수, 2005). 이후 2004년 1월 「아동복지법」 개정을 통해 빈곤 아동의 근본적인 문제를 해결하기 위한 방안으로 지역아동센터 설립의 법적 근거를 마련하였다.

지역아동센터는 「아동복지법」 제16조 1항에 의해 '아동 복지시설의 한 유형으로 보고 지역사회 아동의 보호, 교육, 건전한 놀이와 오락의 제공, 보호자와 지역사회의 연계 등 아동의 건전육성을 위하여 종합적인 아동 서비스를 제공하는 시설' 로 규정하고 있다. 즉, 지역아동센터는 지역사회 내에서 아동의 건강한 성장뿐 아니라 가족의 기능을 강화하는 등 아동에게 통합적 복지 서비스를 제공하는 역할과 기능을 담당하고 있다(강명순 외, 2010).

지역아동센터의 대상 아동은 「아동복지법」에 의거하여 18세 미만의 모든 아동이 해당되지만 주로 사회 · 경제적으로 불리하고 열악한 입장에 있는 빈곤 아동들이 실제 대상이 된다. 실제로, 보건복지부(2012)의 지역아동센터 실태보고서에 의하면 국민기초생활수급권 아동이 전체의 25%에 해당되고 차상위층 아동이 약 38%, 이 외 취약 계층이나 신빈곤층 아동으로 기타 승인된 아동이 약 23%를 차지하고 있다. 이 외 일반 아동도 약 15%에 해당된다.

지역아동센터는 빈곤지역에서 한 부모 가정의 아동이나 맞벌이 아동, 방임 혹은 방치된 아동을 신체적, 정서적, 문화적으로 보호하고 올바른 성장을 도와주는 곳이다. 이에 아동의 생활 교육을 비롯하여 가족에 대한 지원 외 빈곤퇴치, 생존교육 등과 같은 빈곤지역의 문제해결을 해결할 수 있는 다양한 지원을 한다. 즉, 지역아동센터는 아동이 처한 지역사회의 생태 체계적인 환경 안에서 아동 개인을 중심으로 학교와 가정, 지역사회와의 연계망을 통해 통합적인 사례방법론을 활용하여 아동복지 서비스를 실행하는 곳이다(보건복지부, 2012).

지역아동센터는 생활 지원, 학습 지원, 놀이 및 특별 활동 지원, 사례관리, 지역사회 연계 프로그램 등의 통합적인 복지 서비스 프로그램을 제공하고 있다. 이를 구체적으로 살펴보면 다음의 |표 7-2|와 같다.

표 7-2 지역아동센터의 프로그램 내용

구분	프로그램 내용
생활 지원(보호) 프로그램	• 지역사회 내 방임 아동보호, 일시생활 지원, 건강생활지도, 위생지도, 안전지도, 급식 제공
학습 지원 프로그램	• 학교생활 준비 지원, 학년별 학습지도, 학습부진 지도, 학습 지원 성과 평가, 숙제지도, 예 · 체능 교육 등
놀이 및 특별 활동 지원	• 문화체험, 견학, 캠프, 공동체 활동, 놀이 활동, 특기적성 등
사례관리	• 상담, 부모교육, 가족상담, 결연후원, 아동 사례관리, 가족 지원 등
지역 지원 연계 프로그램	• 지역 내 인적 자원 확보 및 관리, 물적 자원 확보 및 관리, 유관기관 연계 프로그램, 홍보 등

|출처| 보건복지부(2012). 지역아동센터운영 매뉴얼. p. 327.

7) 교육복지우선지원사업

교육복지우선지원사업은 2003년부터 시범사업을 거쳐 2005년부터 15개 지역 82개 학교에서 본격적으로 운영되었다. 이 사업은 교육복지투자우선지역지원사업에서 그 명칭을 바꾸어 학교가 중심이 되어 지역교육공동체를 구축하기 위해 시행되었으며, 저소득 밀집의 취약 집단 학생들을 대상으로 학습, 심리 · 정서, 복지 등을 지원하고 있다. 2008년에는 전국 100개 지역으로 사업이 확대되었으며, 2012년 기준으로 현재 1,490개 학교에서 지역사회교육전문가(교육복지사)가 배치되어 취약 계층 학생들에게 복지 서비스를 제공하고 있다. 이는 학교사회복지의 한 형태로 운영되고 있다.

8) 방과후 아카데미

방과후 아카데미 사업은 여성가족부가 주관하는 사업으로 2005년 46개소에서 시범사업 형태로 운영이 시작되었으며, 2007년 100개소로 확대되었고 지자체 매칭 펀드 방식을 도입하여 지자체 보조사업으로 전환되었다. 2009년에는 부설운영 사업소를 폐쇄하면서 축소 운영되기도 하였으나 2012년 현재 200개의 사업소에서 7,371명의 아동과 청소년이 이용하고 있다(한국청소년정책연구원, 2012).

방과후 아카데미는 학교교육 기능 보완, 사교육비 경감, 교육복지 실현, 학교의 지역사회화라는 비전을 목적으로 두고 지역의 다양한 인적 · 물적 자원이 활용될 수 있도록 지원하고 있다. 또한 창의적이고 수준 높은 프로그램을 발굴하고 확산하기 위해 현장 교원과 전문가들을 대상으로 프로그램을 홍보하고 홈페이지를 구축하고 운영함으로써 우수 사례를 발간하는 등 다양한 활동을 펼치고 있다. 이에 방과후 아카데미는 빈곤가정 아동의 다양한 교육욕구를 해소함으로써 지역과 계층 간의 교육격차 해소에 도움을 주고 있다.

위에서 제시된 빈곤 아동 지원사업 현황을 주무부서별로 간략히 살펴보면 | 표 7-3 | 과 같다.

표 7-3 빈곤 아동 지원사업의 현황

주체		보건복지부	교육부	여성가족부
사업명		• 지역아동센터	• 교육복지우선지원	• 사업방과후아카데미
사업의 목적		• 지역사회 아동의 보호, 교육, 건전한 놀이와 오락의 제공, 보호자와 지역사회의 연계 등 아동의 건전육성을 위하여 종합적인 아동복지 서비스 제공(「아동복지법」 제16조 1항)	• 교육취약 아동 · 청소년의 교육기회, 과정, 결과에서의 취약성 보완을 위한 교육, 문화, 복지 등의 통합 지원 체제 구축	• 아동 · 청소년의 방과후 삶의 질 향상과 지역사회 공적 서비스 확대
지역사회 연계		• 각 지역협의체 연계사업, 복지단체 연계사업, 자원봉사 활동, 인적 · 물적 자원연계	• 지역교육공동체 구축(학교–가정–지역사회)	• 지역협의회 구성(청소년 활동, 복지, 보호 체계 구축)
운영	대상	• 지역사회 내 보호가 필요한 모든 아동	• 교육취약 계층	• 맞벌이, 한부모, 부모의 실직 등 경제적 어려움으로 나홀로 있는 청소년
	연령	• 18세 미만	• 초 · 중등학교	• 만 9~13세(초 4~중 2)
	프로그램	• 보호, 교육, 문화, 복지, 지역사회연계	• 학습, 문화 · 체험, 심리 · 정서, 복지	• 전문체험, 자율체험, 학습지원, 특별 지원(부모교육, 캠프 등), 생활 지원

| 출처 | 김현숙(2012). 빈곤 아동 · 청소년 지원기관의 통합 서비스 영향 요인 연구. p. 11. 재인용.

3 빈곤 아동복지 정책 및 실천 방향

우리나라는 최근 심화되는 빈부 간의 격차로 빈곤가정 아동 및 가족에 대한 국가차원의 대책과 관심이 증가하고 있다. 그러나 우리나라의 빈곤가정 아동을 위한 복지 정책은 주로 사후 대책으로 빈곤 아동이 처한 현실에 대해 실제적인 지원들이 매우 미흡한 실정이다. 즉, 빈곤 아동의 빈곤 예방과 탈출을 지원하기 위한 정책들은 주로 거시적인 방향으로 추진되어 왔으며, 빈곤가정의 가족 전체를 포괄하는 일관성 있는 정책들이 부재하다. 뿐만 아니라 서비스 전달 체계의 분산화와 파편화에 따른 많은 문제점들이 나타나고 있다.

정부의 빈곤 아동 관련 정책들은 저소득층 빈곤 가정의 아동들을 대상으로 보육, 결식, 시설보호에 집중되어 있으며 주로 현금이나 현물과 같은 것에 국한되어 있다. 즉, 실제 빈곤가정 아동들이 겪고 있는 심리 · 정서적 어려움에 대한 실제적인 지원은 매우 제한적이다. 빈곤과 같은 취약한 환경에 노출되어 있는 아동들은 대부분 국민기초생활수급 대상 가정이거나 차상위 계층으로서 국가의 복지 서비스 영역에 포함되어 있으나, 사각지대에 놓여 있는 또 다른 빈곤가정 학생들에 대한 대책은 미흡하다.

이에 아동이 빈곤으로 인한 영향을 최소화하기 위한 복지실천 방향을 제시하면 다음과 같다.

첫째, 빈곤가정 아동들에 대한 교육과 보호 서비스를 통합적으로 제공할 수 있는 체계를 구축해야 한다. 즉, 빈곤가정 아동들에 대한 교육과 보호 서비스를 제공할 수 있는 아동보호 전문가, 사회복지사, 발달심리전문가, 간호사 등의 협력 체계 구축을 통하여 빈곤가정의 아동 및 부모에게 필요한 서비스들이 체계적이고도 포괄적으로 제공될 수 있어야 한다. 이를 통해 보건, 복지, 보육 및 교육의 맞춤형 통합 서비스를 제공하고, 아동 및 가족에 대한 종합적 지원 체계 구축과 더불어 물질적 지원 외 심리 · 정서적 지원을 병행해야 한다.

둘째, 아동기의 특성에 따른 차별적 접근이 필요하다. 빈곤가정이 처한 상황들과 대상 아동들이 갖고 있는 특성은 모두 다르다. 즉, 아동기 빈곤에 대해 아동의 발달 단계에 적합한 서비스가 제공되어야 하며 특히, 인지적 발달 및 사회적, 정서적 발달을 지원해 줄 수 있는 프로그램 제공이 필요하다.

셋째, 빈곤 아동에 대한 조기개입과 지원이 필요하다. 아동발달 단계의 특성상 아동은 인지적, 사회적, 정서적 발달에 민감하게 반응한다. 그러므로 빈곤 아동에 대해 보다 조기개입을 통해 빈곤으로 인한 부정적 영향을 최소화될 수 있도록 지원해야 한다.

넷째, 빈곤 아동의 부모에 대한 심리 · 정서적 지원 및 교육이 필요하다. 빈곤가정의 부모들은 경제적 궁핍으로 인해 우울이나 불안, 스트레스 등으로 자녀에 대해 부적절한 양육태도를 보이는 경향이 있다. 그러므로 빈곤가정 부모에 대한 정신건강 서비스를 강화하여 심리 · 정서적인 안정과 자녀의 올바른 성장을 위한 양육태도 및 기술에 대해 부모교육을 실시할 필요성이 있다.

아동 학대와 아동보호사업

Chapter 8

1 아동 권리에 대한 이해

2 아동 학대의 개념 및 유형

3 아동 학대의 원인

4 아동 학대의 실태

5 아동 학대 복지대책

아동의 권리보장은 아동복지 실현의 전제가 되는 핵심과제이며, 인권으로서 아동 권리의 인식과 아동복지의 실현은 밀접한 상호 관계를 갖고 있다. 전통적으로 아동은 부모의 소유물 내지는 전적으로 보호와 감독 아래 놓여 있는 연약한 존재로 간주되었다. 그러나 근대 교육사상가들에 의해 아동의 인간으로서의 고유의 가치와 권리가 주장되기 시작되면서, 오늘날 아동은 독립된 인격을 가진 권리의 주체로 인식되고 있다. 본 장에서는 아동의 권리를 아동 권리의 개념, 아동 권리의 내용, UN 아동권리위원회의 권고사항 등을 통해 살펴보고자 한다.

1 아동 권리에 대한 이해

1) 아동 권리의 개념

아동 권리는 인간의 보편적 권리로서 인권의 개념에 기반을 두고 있다. 인권(人權)은 사람이 사람답게 살기 위해 필요한 것으로서 당연히 인정된 기본적 권리를 말한다. 1948년 12월 10일 UN이 채택한 세계인권 선언이 추구하는 가치는 생명, 자유, 평등, 정의, 연대책임, 사회적 책임, 점증적 변화와 평화, 인류와 자연의 관계를 포함한다(이혜원, 2006). 성인에게 주어지는 인권은 아동에게도 그대로 적용되고 그에 덧붙여 아동은 생존을 스스로 보호할 수 없는 특별한 존재이기에 보호권과 양육보장권이 첨가된다(이순형 외, 2013). 즉, 아동에게 인권은 사람으로서 이 세상에서 성장하고 발달하고 차별 없이 살아갈 권리를 말한다. 구체적으로는 아동의 생존권, 성장 · 발달권, 시민권과 자유권, 양육보장권(가정 환경 및 대리보호에 대한 권리), 복지권(기초보건 및 복리권), 교육권 및 문화향유권(교육, 여가 및 문화적 생활을 위한 권리), 특별보호권으로 분류할 수 있다.

(1) 생존권

인간은 스스로의 생명이 존중되어야 하고 그 생명 활동이 유지되어야 한다. 누구나 세상에 태어날 때부터 생존권을 가지고 태어난다. 아동을 포함한 모든 사람이 그러하다. 장애와 발달이 지체된 아동도 예외가 아니다.

(2) 성장 · 발달권

아동은 성인과 달리 신체적으로 성장하고 정신적으로 발달해야 할 과업이자 권리를 가지고 있다. 식품을 통해서 영양을 섭취하여 신체를 발달하도록 하고, 지적 자극을 받아들여서 정신적 발달을 도모해야만 한다. 아동에게 성장 · 발달은 자연스러운 생명 활동이자 발달과업이다. 따라서 아동에게 성장 · 발달을 금지시키는 것은 생명에 손상을 입히는 것이나 다를 바가 없는 가해행위가 된다.

(3) 시민권과 자유권

성인이 사회의 시민으로서 자유롭게 의사결정을 할 권리가 있는 것처럼 아동도 사회의 시민으로서 자유롭게 자신의 의견을 제시하고 자기 미래를 결정할 권리가 있다. 아동은 때로는 부모의 부당한 친권 행사에 대해서도 자신의 성장과 행복을 추구할 권리를 가진다. 따라서 아동과 관련된 사항은 아동 자신의 행복을 최우선 조건으로 하여 결정되어야 한다.

(4) 양육보장권(가정 환경 및 대리보호에 대한 권리)

성인과 달리 스스로를 보호할 수 없는 아동은 성장할 때까지 안전하게 양육될 권리를 가진다. 양육보장권은 아동의 발달에 적합한 가정 환경을 보장받아야 할 권리를 말한다. 가정 환경이 아동의 발달에 적합한 경우에 아동은 대리보호자에 의해서 보호될 권리가 있다. 아동의 양육의 보장권은 부모로부터 방임되고 학대받는 아동들이 건강한 대리 환경에서 보호받도록 보장하는 것이다.

(5) 복지권(기초보건 및 복리권)

아동이 신체와 정신을 건강하게 발달시키고 타고난 신체와 지적 능력을 개발하고 행복하게 살기 위해서는 타고난 능력이나 상태와 상관없이 기초보건을 유지하고 자신의 복리를 보장받을 복지권이 필요하다. 특히 정상아가 아닌 경우에는 그 장애를 극복하도록, 그리고 박탈가정에서 태어난 경우에는 그 환경의 문제를 극복하도록 사회가 지원해 주어야 한다.

(6) 교육권 및 문화향유권

아동은 잠재되어 있는 능력을 개발하기 위해서 교육받을 권리가 있다. 특히 사회에 나가서 직업을 가지고 생활을 영위할 수 있는 기본 능력을 준비하는 교육과정이 제공되어야 한다. 아동들에게는 초 · 중 · 고등학교 과정의 정기교육이 의무적으로 제공되는데, 이는 어디까지나 국가의 경제 사정에 의존해 있다. 우리나라는 초등학교 6년을 의무교육으로 하고 있다. 2013년 3월부터는 영유아(0~5세)에 대한 무상보육도 실시하고 있다. 또한 아동은 각자의 연령에 적합한 오락 활동이나 놀이에 참여하여 문화생활이나 예술 활동에 자유롭게 참여할 수 있어야 한다.

(7) 특별보호권

어떤 상황에서든 아동은 특별히 안전하게 보호받아야 하는 권리를 말한다. 천재지변과 같은 재난, 전쟁, 위기 상황에서 아동은 최우선으로 보호되어야 한다. 특별보호권은 정상 아동이나 특수 아동에 관계없이 주어지는 동일한 권리로 생각해야 한다.

2) 아동 권리의 내용

(1) 대한민국 어린이헌장

우리나라 아동의 권리는 대한민국 어린이헌장과 청소년헌장에 나타나 있으며, 1924년 제네바 선언과 UN 아동권리선언, 미국의 백악관 회의 등을 참조해 우리나라도 어린이 헌장을 제정하게 되었다.

어린이헌장에 명시된 아동 권리에는 건강가정에서 양육 받을 권리, 교육권, 문화 및 오락 향유권, 유해 환경과 학대 및 노동으로부터 보호받을 권리 등이 있고, 아동의 책임으로는 민주시민으로서의 책임, 자연 · 문화 · 과학탐구, 세계시민으로서 성장 등이 있다.

Tip

대한민국 어린이헌장

대한민국 어린이헌장은 어린이날의 참뜻을 바탕으로 하여, 모든 어린이가 차별 없이 인간으로서의 존엄성을 지니고, 나라의 앞날을 이어나갈 새 사람으로 존중되며, 바르고 아름답고 씩씩하게 자라도록 함을 길잡이라 삼는다.

1. 어린이는 건전하게 태어나 따뜻한 가정에서 사랑 속에 자라야 한다.

- 중략 -

9. 어린이는 학대를 받거나 버림을 당해서는 안 되고, 나쁜 일과 힘겨운 노동에 이용되지 말아야 한다.

- 중략 -

11. 어린이는 우리의 내일이며 소망이다. 나라의 앞날을 짊어질 한국인으로, 인류의 평화에 이바지할 수 있는 세계인으로 자라야 한다.

※ 배경: 제네바 선언, UN 아동권리선언, 미국 백악관 회의 영향

(2) 아동 권리에 관한 국제협약에 서명

- 1990년 9월 25일: 아동 권리에 관한 국제협약에 서명
- 1991년 11월 20일: 협약당사국이 됨
- 1994년 11월 8일: 제1차 국가보고서를 UN 아동권리위원회에 제출(한국정부의 아동권리협약의 이행 노력)
- UN 아동권리위원회는 3, 4차 보고서를 2008년까지 제출, 그 후 매 5년마다 제출하기를 제안

(3) UN 아동권리협약의 아동 권리 내용

1 UN 아동권리협약의 구성

UN 아동권리협약은 아동의 정의, 일반원칙, 자유권적 권리, 사회권적 권리, 협약의 이행방법 등의 내용으로 구성되어 있다.

표 8-1 UN 아동권리협약의 구성

구분	내용	해당 조항
아동의 정의	• 18세 미만	• 제1조
협약이행방법	• 당사국, 위원회의 의무	• 제4조, 제42조, 제44~46조
일반원칙	• 차별금지, 아동이익최우선, 아동생명, 생존과 발전보장, 아동의사존중	• 제2조, 제3조, 제6조, 제12조
자유권적 권리	• 생명권, 국적, 신분보존, 표현, 사상, 양심, 종교의 자유, 정보접근권	• 제7조, 제8조, 제13~17조, 제37조
사회권적 권리	• 가정생활과 대안양육	• 제5조, 제9조, 제11조, 제18~21조, 제25조, 제27조, 제29조
	• 기초보건과 복지	• 제16조, 제18조, 제23~24조, 제26~27조
	• 교육, 여가, 문화	• 제28~29조, 제31조
	• 특별보호조치	• 제22조, 제32조, 제34~40조

| 출처 | Horwath(2001). The Child's world. p. 201; 오정수 · 정익중(2013). 아동복지론. p. 47. 재인용.

2 각 아동 권리 유형별 상호의존성

아동권리협약은 기본적 권리로서 모든 아동의 생명권과 생존, 발달의 권리를 구체화하고 있으며 또 이를 토대로 아동의 정체성을 명시하고 있다.

① 생존권

적절한 생활수준을 누릴 권리, 안전한 주거지에서 살아갈 권리, 충분한 영양을 섭취하고 기본적 보건 서비스를 받을 권리 등 기본적 삶을 누리는 데 필요한 권리

- 생활 수준보장의 권리(제27조) 등

② 보호권

모든 형태의 학대와 방임, 차별, 폭력, 고문, 징집, 부당한 형사차별, 과도한 노동, 약물과 성폭력 등 아동에 유해한 것으로부터 보호받을 권리

- 부모의 학대 · 방임 · 착취로부터 보호(제19조)
- 희생된 어린이의 심신회복 · 복귀(제39조) 등

③ 발달권

잠재능력을 최대한 발휘하는 데 필요한 권리로 교육받을 권리, 권리를 즐길 권리, 문화생활을 하고 정보를 얻을 권리, 생각과 양심 · 종교의 자유를 누릴 권리

- 휴식 · 놀이 · 문화 · 예술생활 참가(제31조) 등

④ 참여권

나라와 지역사회 활동에 적극적으로 참가할 수 있는 권리로 자신의 의견을 표현하고, 자신의 삶에 영향을 주는 문제들에 대해 발언권을 지니며 단체에 가입하거나 평화적 집회에 참여할 수 있는 권리

- 프라이버시 · 통신 · 명예보호(제16조)
- 사상 · 양심 · 종교의 자유(제14조)

3 UN 아동권리협약의 원칙

UN 아동권리협약에 반영되어 있는 일반원칙은 무차별의 원칙, 아동이익 최우선의 원칙, 아동생명, 생존과 발전보장의 원칙, 아동 의사존중의 원칙이며, 이러한 원칙을 다음과 같이 규정하였다.

① 무차별의 원칙(국제협약 제2조)

부모나 후견인의 인종, 피부색, 성별, 언어, 종교, 정치적 견해, 기타의 의견, 민족적 · 인종적 · 사회적 출신, 재산, 능력유무, 출생이나 기타 신분에 관계없이 아동의 권리를 존중하고 보장하는 것을 말한다.

② 아동이익 최우선 원칙(국제협약 제3조)

공공기관이나 민간사회복지기관, 법원, 행정당국이나 입법기관 등에 의해서 실시되는 아동에 관한 모든 활동에서 아동의 이익이 최우선적으로 고려되는 것을 말한다.

③ 아동생명, 생존과 발전보장의 원칙(국제협약 제6조)

당사국은 아동의 부모, 법정후견인 또는 여타 아동에 대하여 법적 책임이 있는 자의 권리와 의무를 고려하여 아동복지에 필요한 보호와 배려를 아동에게 보장하고, 이를 위하여 모든 적절한 입법적 · 행정적 조치를 취하여야 한다.

④ 아동의 의사존중과 참여의 원칙(국제협약 제12조)

참여의 권리를 인정해주는 원칙으로서, 아동이 자신의 의사를 표시할 자유와 자기 생활에 영향을 주는 일에 대해서 말할 수 있는 권리, 책임감 있는 성인이 되기 위해 아동의 능력에 부흥해 적절한 사회 활동에 참여할 기회를 가질 권리를 인정하는 것을 말한다.

3) UN 아동권리위원회의 권고사항(2011년)

UN 아동권리위원회가 한국정부가 제출한 제 3, 4차 국가보고서에 대하여 채택한 권고사항(2011년)의 주요 내용은 다음과 같다(보건복지부, 2011). 위원회의 권고안은 대한

민국의 법적, 제도적 조치를 평가하면서 「입양특례법」과 「민법」의 개정, 「초 · 중등교육법」 시행령 개정, 「자살예방 및 생명존중문화 조성을 위한 법률」 제정, 「가사소송법」 개정, 「장애아동복지지원법」 제정, 「아동복지법」 개정, 「다문화가족지원법」 개정 등의 조치를 환영하였다. 동시에 권고안은 한국의 발전 수준과 국제적 지위의 향상에 따라 과거에 비하여 광범위하고 높은 수준의 아동 권리 실현을 촉구하고 있다(오정수 외, 2013).

(1) 일반이행 조치

대한민국이 이행하지 않은 이전의 권고사항, 특히 국가인권위원회 내 아동 권리 분과위원회의 설립, 체벌의 전면적인 금지, 아동이 겪는 스트레스를 줄이기 위한 교육 정책의 검토와 관련된 사항을 처리하기 위한 조치를 취할 것을 촉구하였다.

- 입양이 주무당국의 소관이며 아동이익 최우선의 원칙을 최대한 고려하도록 보장한다는 협약 제21조(a) 항에 대한 유보의 철회, 즉 국가에 의한 입양 허가제의 시행을 권고하였다.
- 정부부처 간 정책조정의 개성을 위하여 아동정책조정위원회를 강화하거나, 필요한 권한과 충분한 인적 · 기술적 · 재정적 자원을 확보한 적절한 관련기구를 수립할 것을 권고하였다.
- 협약의 전 부분을 다루는 아동 관련 국가행동계획을 채택하고 이를 위해 충분한 인적 · 기술적 · 재정적 자원 및 감시 체계를 제공할 것을 권고하였다.
- 대한민국의 높은 경제발전 정도 및 OECD 수준에 걸맞도록 협약이행을 위해 배정된 재원 수준을 증가하고, 아동을 위한 재원의 배분 및 사용을 추적하는 체제를 도입하여 아동을 위한 투자의 가시성을 제공하도록 권고하였다.

(2) 일반원칙

아동 권리에 관한 일반원칙의 준수를 다음 | 표 8-2 |와 같이 권고하였다.

표 8-2 아동 권리에 관한 일반원칙 준수 권고사항

일반원칙	내용
무차별의 원칙	• 「차별금지법」을 신속히 제정하고, 취약 계층 및 소수 집단 아동에 대한 차별적 태도의 근절과 예방, 청소년 미혼모에 대한 충분한 지원을 제공해야 한다.
아동이익 최우선의 원칙	• 아동에게 영향을 미치는 법률, 행정, 사법절차 및 모든 정책, 프로그램 및 사업에 있어 아동이익 최우선의 원칙이 적절히 통합되도록 노력을 강화해야 한다.
아동생명, 생존과 발달보장의 원칙	• 아동의 가정 내에서 그리고 교육 제도 하에서 아동의 자살 위험 요인에 관한 연구를 실시하고, 연구결과는 구체적인 정책 및 제도적 · 행정적 방안 이행을 이끌어가는 것이어야 한다.
아동 의사존중의 원칙	• 아동이 자신의 견해를 표출할 권리를 보장하고 아동에게 영향을 주는 모든 결정과정에 그들의 의견이 고려되도록 법 개정을 고려해야 한다.

| 출처 | 오정수 · 정익중(2013). 아동복지론. pp. 56–57. 재구성.

(3) 시민권과 자유

- 부모의 법적 지위나 출신에 관계없이 모든 아동의 출생이 신고되도록 조치할 것을 촉구하고, 출생신고에 아동의 생물학적 부모가 정확히 명시되도록 보장할 것을 촉구하였다.
- 가정, 학교 및 모든 기관에서 체벌을 명백히 금지하도록 관련 법률과 규정을 개정하라는 국가인권위원회의 권고를 이행하라고 촉구하였다.

(4) 가정 환경과 대안양육

- 대안양육시설 내 아동 학대 관련 진정접수, 조사 및 기소 제도의 보장, 학대피해자의 진정절차, 상담, 진료, 회복 지원 서비스를 이용할 수 있도록 하고, 아동이 부모를 찾거나 연락을 유지할 수 있도록 충분히 지원할 것을 권고하였다.
- 해외입양 제도가 협약 제21조를 포함한 협약의 원칙과 조항에 완전히 합치될 수 있도록 법안을 개정하고, 해외입양 제도를 포함한 모든 입양이 사법적 감독과 규제를 담당할 중앙기구의 허가에 따라 이루어지도록 촉구하였다.

입양과정에서 나이와 성숙도를 고려하여 아동의 견해에 적절한 중요성을 부과하며 아동이익 최우선의 원칙이 중요한 고려사항이 되도록 하라고 권고하였다. 청소년 미혼모의 동의가 있어야만 그들의 자녀를 입양 보낼 수 있도록 할 것을 권고하였다.

(5) 장애, 기초보건과 복지

- 모든 장애 아동에 대한 적절한 지원, 장애 아동의 교육욕구를 충분히 충족시킬 수 있도록 교육여건을 개선하고 통합교육을 받을 수 있도록 하라고 권고하였다.
- 저소득가정이 무상으로 의료 체계에 접근할 수 있도록 공공 의료시설 체계를 구축하라고 권고하였다.
- 아동 우울증 및 자살의 근본원인에 대한 철저한 조사에 기반하여 아동정신 건강관리 정책을 개발하도록 권고하였다.
- 담배, 알코올, 인터넷 중독이 야기할 수 있는 건강상의 위험에 대한 인식을 제기하기 위하여 언론 등을 통해 정보 및 교육캠페인을 늘릴 것을 권고하였다.

(6) 교육, 여가, 문화 활동

- 현 교육 및 관련 시험 제도에 대한 평가, 사교육에 대한 의존과 불평등을 해결할 수 있도록 공교육의 강화, 여가, 문화 및 오락 활동에 대한 아동 권리와 보장을 권고하였다.
- 망명, 난민희망자를 포함하여 대한민국에서 태어난 모든 아동의 등록과 아동에 대한 사회적 지원, 교육에 대한 접근을 보장할 것을 촉구하였다.
- 불법체류자 자녀를 포함하여 이주 아동의 교육에 대한 접근, 실질적 교육을 보장하는 정책과 전략을 개발하고 채택할 것을 권고하였다.
- 아동성폭력 예방을 위한 조치, 여성과 아동에 대한 인신매매의 예방 억제 및 처벌을 위한 의정서의 비준을 촉구하였다.

(7) 국제인권조약의 비준

대한민국이 아동 권리의 실현을 더욱 강화하도록, 모든 이주노동자와 그 가족의 권리 보호에 관한 국제협약과 강제실종으로부터 모든 사람을 보호하기 위한 국제협약 등 주요 인권조약에 가입할 것을 권고하였다.

2 아동 학대의 개념 및 유형

1) 아동 학대의 개념

아동 학대라고 하면 흔히 아이들을 심하게 패는 부모의 모습을 떠올리곤 하는데, 아동 학대는 단순히 아이들을 때리는 것만이 아니다. 아동 학대를 하는 가해자는 부모뿐 아니라 모든 성인이 그 대상이 된다. 또 신체적인 폭력뿐 아니라 정신적으로 아이를 괴롭히는 것, 하물며 아이를 잘 돌보지 않아서 아이들의 생활에 심각한 문제가 발생한다면 그것도 아동 학대라고 할 수 있다. 아이들이 기본적으로 누려야 하고 보호 받아야 하는 권리를 짓밟는 행위는 모두 아동 학대라고 간주할 수 있다.

아동 학대는 연구자에 따라 다양하게 정의되고 있으며, 시대와 문화적 배경에 따라 서로 다른 기준과 범위를 가지고 사용되어 왔으므로 한마디로 정의를 내리기는 쉽지 않다. 그러나 오늘날은 그동안 축적된 연구성과를 바탕으로 학대행동의 의도성 유무, 학대로 인한 가시적인 발달적 손상 유무 및 손상 부위, 학대의 빈도와 지속성 여부 등의 몇 가지 기준에 따라 크게 협의의 의미와 광의의 의미로 구분하여 정의하고 있다.

아동 학대의 협의적 개념은 주로 신체적 학대를 의미한다. 켐페(Kempe)는 피학대아동증후군이라는 용어를 최초로 사용했는데, 그는 아동 학대를 '부모나 양육자의 행위나 태만으로 인하여 초래되는 비우발적인 신체적 상처' 라고 정의하였다(Kempe et al., 1962). 이는 아동의 신체에 의도적으로 상처를 입히는 행위로 학대 유형으로는 신체 학대와 성학대가 해당된다. 이 정의는 신체상에 드러나는 손상 부위 및 정도에 따라 학대의 유무를 판정할 수 있으므로 비교적 기준이 명확하다. 그러나 아동을 잘 돌보지 않거나, 심리적 · 정신적 상처를 주는 행위들도 아동의 건강한 성장 발달에 심각한 손상을 줄 수 있다는 점을 간과하고 있다.

아동 학대의 광의적 개념은 아동의 발달과 욕구를 충족시켜 주지 못하는 모든 환경을 포함한다. 질(Gil, 1970)은 '아동의 평등한 권리와 자유를 박탈하거나 아동의 적절한 발달을 저해하는 행위나 방임상태, 그리고 개인이나 제도, 사회의 행위나 태만' 을 모두 아동 학대라고 정의하였다. 이는 신체적 학대는 물론 심리적 학대, 방임, 아동의 발달을 저해하는 가정 내 · 외적인 사회 환경을 모두 포함하는 매우 포괄적인 정의이다. 우리나라 아동복지법에서도 광의의 관점에서 아동 학대를 '보호자를 포함한 성인에 의하여 아동의 건강, 복지를 해치거나 정상적인 발달을 저해할 수 있는 신체적 · 정신적 · 성적 폭력 또는 가혹 행위 및 아동의 보호자에 의하여 이루어지는 유기와 방임' 으로 정의내리고 있다.

1999년 제네바에서 열린 아동학대예방에 관한 회의에서 세계보건기구(WHO)는 아동 학대를 '아동의 양육에 책임을 지고 있거나, 신뢰 관계에 있거나 권위를 가진 사람에 의한 모든 형태의 신체적 · 정서적 가혹한 처사, 성학대, 방임이나 보호의 태만 및 상업적이거나 다른 형태의 착취 결과 아동의 건강, 생존, 발달 및 존엄성에 실제적인 해를 끼치거나 그러한 가능성을 초래한 것' 으로 정의하였다. 이는 아동에게 가해진 실제적인 해 이외에 잠재적인 해까지 포함하는 보다 포괄적인 정의로 볼 수 있다(안재진, 2002). 이처럼 오늘날 아동 학대의 정의는 광의의 개념으로 받아들여지고 있다.

이러한 제 정의를 종합해 볼 때, 아동 학대란 보호자를 포함한 성인에 의하여 아동의 권리 또는 건강과 복지를 해치거나 정상적인 성장 발달을 저해할 수 있는 모든 형태의 신체적 · 정서적 가혹 행위, 성희롱, 성폭력, 방임, 유기 등의 행위를 포함하는 광의의 개념으로 정의할 수 있다.

2) 아동 학대의 유형

(1) 신체 학대

신체 학대는 부모나 양육자가 아동에게 손바닥, 주먹, 발 등의 신체 일부를 사용하거나 여러 가지 도구를 사용하여 신체적 손상을 입히고 고통을 주는 것을 말한다. 신체 학대는 훈육을 위한 체벌과의 명확한 구분이 어려워 논쟁의 여지가 있지만, 비록 훈육을 목적으로 한 행위라 하더라도 심한 체벌은 신체적 학대로 간주된다. 다음 예들은 신체 학대에 해당되는 행위이다.

- 물건(재떨이, 책, 그릇) 등을 던지는 행위
- 신체 부위를 가리지 않고 두들겨 패는 행위
- 얼굴, 뺨을 때리는 행위
- 빗자루, 옷걸이, 몽둥이, 허리띠 등 도구를 가지고 때리는 행위
- 뜨거운 물이나 불로 화상을 입히는 행위 등

(2) 정서 학대

정서 학대는 직접적인 신체 손상을 초래하지는 않으나 아동에게 정서적으로 고통을 느끼게 하는 행위를 말한다. 여기에는 아동에게 협박, 경멸, 모독감, 수치심을 주거나 감금하는 등 적대적이며 거부적인 처우 형태가 포함된다. 정서 학대는 아동의 심리적 · 정신적 · 사회적 기능에 손상을 가져오고, 정서적으로 소외감, 불안감을 느끼게 하면서도, 겉으로 잘 드러나지 않은 형태의 학대라는 특징을 지닌다. 다음 예들은 정서 학대에 해당되는 행위이다.

- 아동의 인격, 감정이나 기분을 심하게 무시하고 모욕하는 행위
- 비난하거나 위협하고, 감금하는 행위
- 좁은 공간에 장시간 혼자 가두어 놓은 행위
- 경멸, 모독감, 수치심을 주거나 적대적이며 거부적인 태도를 취하는 행위
- 아동발달 수준에 맞지 않는 비현실적 기대로 아동을 괴롭히는 행위 등

(3) 성학대

성학대는 성인의 성적 충족을 위해 아동을 성적으로 이용하거나 아동과 함께 하는 모든 성적인 행위를 말한다. 성학대의 가해자는 아동에게 공포와 힘을 행사함과 동시에 아동이 좋아할 만한 선물을 제공하여 유혹하는 등의 심리적 조종을 병행하기도 한다.

다음 예들은 성학대에 해당되는 행위이다.

- 성인이 아동에게 자신의 성기나 신체를 접촉하게 하거나 아동의 성기를 만지는 행위
- 아동 앞에서 옷을 벗으며 자기의 성기를 만지는 행위
- 포르노 비디오를 아동에게 보여주거나 포르노물을 판매하는 행위
- 아동 매춘이나 성매매를 하는 행위 등

(4) 방임

방임은 부모나 보호자가 아동양육과 보호를 장기간 소홀히 하여 아동의 건강과 복지를 해치거나 정상적 발달을 저해할 수 있는 모든 행위를 포함한다. 방임의 유형로는 신체적 방임, 교육적 방임, 의료적 방임, 정서적 방임 등이 있다. 유기란 아동을 고의적으로 버리는 것으로 방임의 극단적인 형태이다. 다음 예들은 방임에 해당되는 행위이다.

- 고의적, 반복적으로 아동에게 의 · 식 · 주를 제공하지 않거나 장시간 아동을 위험한 상태에 방치하는 등의 신체적 방임
- 아동의 무단결석, 만성적 태만을 허용하는 등의 교육적 방임
- 필요한 의료적 치료를 소홀히 하는 의료적 방임
- 아동과의 약속에 무신경하거나 아동의 마음에 상처를 입히는 등의 정서적 방임 등

3 아동 학대의 원인

아동 학대의 원인은 크게 아동 자신과 부모, 가족 사회적 요인에서 찾는 것이 일반적이다. 그러나 학대를 유발하는 하나의 원인이 또 다른 원인에 영향을 주게 되고 또한 원인들 간의 상호 관계를 갖기 때문에 아동 학대의 원인을 분명하고 명확하게 규정짓기는 매우 힘들다. 아동 학대의 잠재적 원인 중 하나는 학대의 대물림이다. 학대는 피학대 아동이 경험할 당시의 직접적 피해에서 끝나는 것이 아니라, 폭력의 순환 개념이나 폭력의 세대 간 전이 가설에서 볼 수 있듯이, 피학대 아동이 또 다른 학대의 가해자로 등장하는 2차 피해를 가져오기도 한다(정익중 · 박현선 · 구인회, 2006). 과거의 피해자가 새로운 가해자가 되어 자신이 당한 것과 비슷한 유형으로 또 다른 아동 학대를 저지른다. 이런 방식으로 아동 학대가 대물림되어 악순환이 계속되는 것은 피해 당사자 본인은 물론이고 사회적으로도 커다란 문제가 될 수 있다. 신세대 부모의 아동양육에 대한 지식 부족도 아동 학대의 큰 원인으로 작용한다. 건전한 가족 관계가 무엇인지 잘 모르고 있거나, 아이들로부터 지나치게 어른스러운 행동을 기대하는 것이 아동 학대의 가능성을 높인다. 또한 우리나라의 경우에는 훈육을 위한 체벌에 대해 사회 · 문화적 허용도가 높은 것이 아동 학대의 원인 중 하나로 작용하고 있다. 훈육을 위한 체벌은 우리나라에서 흔하게 이루어지고 있기 때문이다. 이렇게 아동 학대의 원인은 개인적인 이유에서부터 사회 · 문화적 환경 요인에 이르기까지 매우 다양하게 제시되고 있다.

아동 학대 발생의 이러한 원인을 설명하는 대표적인 관점으로는 아동 자신의 발달적 특성에 초점을 두는 발달론적 관점, 가해자의 정신적 결함이나 이상심리적 특성 등의 개인적 요인에 기초한 정신병리학적 관점, 가족배경, 부모의 양육태도나 경제 수준과 같은 가정의 환경적 특성에 기인하여 학대가 발생한다고 보는 사회 · 심리학적 관점, 그리고 여러 가지 관점을 통합하여 학대가 일어나는 아동과 가족을 둘러싼 체계들 간의 관계에서 원인을 찾는 생태학적 관점 등을 들 수 있다. 이러한 주요 이론적 관점들을 토대로 아동 학대를 발생시킬 수 있는 요인들을 종합해보면, | 표 8-3 | 과 같이 정리될 수 있다(한미현, 2006).

표 8-3 아동 학대의 발생 원인

이론적 관점	관련 요인
발달론적 관점	• 아동 자신의 특성: 까다로운 기질, 어린 나이, 신체적 혹은 정신적 장애 등 • 부모의 특성: 자녀에 대한 부정적 편견, 자녀 양육에 관한 부족한 문제해결능력, 자녀관리 능력의 결함, 부모역할 스트레스 등
정신병리학적 관점	• 가해자의 병리적 특성: 정신과적 문제, 분노, 우울증, 통제력 부족, 낮은 자존감, 완고성, 감정이입 능력의 결함, 약물에의 의존 또는 남용, 신체 및 건강상의 문제 등
사회 · 심리적 관점	• 가정의 특징: 세대 간의 아동 학대 행위, 부부 간의 불화, 가족 간 긍정적 상호작용 부족, 가정의 경제적 스트레스 등
사회 · 문화적 관점	• 상황적 요인: 낮은 사회 · 경제적 지위, 한부모가구, 실직 혹은 불안정한 직업, 사회적 스트레스, 사회적 고립, 사회적 박탈감 등 • 사회 · 문화적 요인: 사회 전반의 폭력 묵인 분위기, 사회의 체벌 허용 분위기, 사회 내 권력 또는 계층의 차이 등
생태학적 관점	• 다른 모든 관점의 관련 요인들 통합

| 출처 | 한미현(2006). 아동보호 서비스의 실제: 아동 학대의 사정 및 사례판정. p. 44; 오정수 · 정익중(2013). 아동복지론. p. 290. 재인용.

아동 학대는 부모와 아동, 가족, 지역사회, 사회 · 문화적 차원에서 발생하는 다양한 위험 요인들의 복합적인 산물이라 할 수 있다. 생태학적 관점에서 아동 학대의 요인들에 관해 살펴보면 다음과 같다.

1) 부모 요인

아동 학대를 유발시키는 부모 요인으로는 연령 및 학력, 어린 시절 학대 경험, 만성적인 신체질환, 정신장애, 알코올 및 약물남용, 성격특성, 양육태도 및 신념 등이다.

부모의 연령이나 학력 수준이 낮으면 자녀 양육 기술이 미숙하고 아동발달에 대한 이해나 인내심이 부족하여 아동 학대가 발생될 가능성이 높다(Miller, Fox, & Garcia-Beckwith, 1999; Wolfe & Wekerle, 1993). 학대하는 부모는 어린 시절 학대를 경험하여 이를 학습하였고 성인이 되어 자신의 자녀를 학대할 위험성이 높은 것으로 보고되고 있다(Belsky, 1993). 아동기에 부모로부터 학대를 받은 아동의 약 30%는 성인기에 자신의 자녀를 학대하는 것으로 나타났다(Kaufman & Zigler, 1987).

아동을 학대하는 부모는 낮은 자긍심, 분노조절 능력 결여, 사회성 기술 및 스트레스 관리 능력 부족 등의 성격적 특징을 갖는다. 양육태도는 경직되고 유연성이 부족하여 아동의 다양한 요구에 적절히 대응하지 못하고, 부모 자신의 경직된 신념을 자녀에게 강요함으로써 부모-자녀의 갈등이 증가된다. 자녀의 순종적이지 못한 태도를 반항 혹은 문제행동으로 여겨 체벌로 다스리려 하고, 이러한 훈육과정이 학대로 이어질 가능성이 매우 크다(Doe, 2000; 노충래, 2002 재인용).

2) 가족 요인

아동 학대를 유발시키는 가족 요인으로는 실직이나 빈곤과 같은 사회·경제적 특성과 가족역동, 가족 구조 등을 들 수 있다.

사회·경제적 계층이 낮은 경우에는 더 큰 환경적 스트레스와 좌절을 경험하여 아동 학대를 유발시킬 가능성이 높다. 고소득층에 비해 저소득층의 아동 학대 발생률이 무려 7배나 높았고, 발생하는 학대의 정도도 저소득층에서 더욱 심각한 것으로 나타났다(Downs, Costin, & McFadden, 1996).

다음으로 부모와 아동의 관계, 부부 관계를 포함한 가족 관계의 역동성이 아동 학대와 관련되어 있다. 예를 들어, 기질이 까다로운 아동이 스트레스를 많이 받거나, 인내심이 부족한 부모와의 교류과정에서 학대가 유발될 가능성이 높다.

또한 부모와 아동의 관계는 부부 관계와 같은 다른 가족원의 관계에 의해서도 영향을 받을 수 있다(Belsky, 1980; 1993).

3) 지역사회 요인

지역사회 요인은 가족 체계에 영향을 미치는 공식적·비공식적 사회 구조를 의미하는 것으로, 여기에는 부모의 직장, 이웃, 사회적 지지망 등이 포함된다. 예컨대 가정이 지리적으로 외딴 곳에 위치하여 사회적 교류가 거의 없는 경우에 아동 학대가 발생하더라도 발견하기 어렵기 때문에 문제가 보다 심각해질 수 있다. 그리고 지역사회 내에 아동학대예방 활동을 하는 아동보호전문기관이 없거나, 만일 있더라도 그 지원 체계가 미비한 경우에는 아동 학대 발생 가능성이 높다.

4 아동 학대의 실태

아동 학대는 은폐성, 지속성, 반복성의 특성을 지니고 있기 때문에(배화옥, 2004) 아동들은 외부로 노출되지 않은 채 계속되는 위험에 처해지는 경향이 있다. 그러므로 아동 학대를 예방하는 한편 학대받는 유아를 발견, 치료하기 위해서는 무엇보다도 무엇이 학대인가를 알고 그 위해성을 인식하는 것이 선행되어야 한다.

또한 학대를 경험한 아동은 이후 청소년 비행으로 이어지기 쉬우며, 범죄나 반사회적 행동을 하기 쉽고, 다음 세대인 자식들에게 똑같은 학대행위를 되풀이할 가능성이 매우 높아지게 된다(안동현 외, 2003).

2008년 한 해 동안 전국 44개 아동보호전문기관에 접수된 신고 건수는 9,570건으로 2001년 대비 2.3배 증가하였으며, 이 가운데 학대피해아동보호 건수는 2001년 2,105건에서 2008년 5,578건으로 2.6배 증가하였다.

아동 학대 신고 건수 및 학대아동보호 건수는 학대아동보호사업이 국가적 차원에서 시작된 이후 지속적으로 증가하는 추세이며, 이를 우리나라의 특수한 사회 · 문화적 상황에 비추어 보건대 아동 학대에 대한 각종 교육과 홍보 및 학대아동보호망 확대(2001년 17개소 → 2008년 44개소)에 따라 아동 학대 신고율과 보호율이 증가한 것으로 해석할 수 있다.

1) 법정규정

현재 우리나라 아동보호 서비스는 2000년 전면 개정된 「아동복지법」에 근거해 시행되고 있다. 개정 「아동복지법」은 아동 학대의 개념을 정의하고 금지행위를 구체적으로 명시하고 있다.

「아동복지법」 제40조에 의하면 아동 학대 행위자는 「아동복지법」 상 징역형 혹은 벌금형에 처하도록 되어 있다. 「아동복지법」 제26조 제1항에 의해 누구든지 아동 학대를 알게 된 때에는 아동보호전문기관(아동학대예방센터) 또는 수사기관에 신고할 수 있다. 그러나 제26조에는 교사, 보건의료인, 상담소나 사회복지기관의 종사자, 관련 공무원 등은 직무상 아동 학대를 알게 된 경우에는 이를 즉시 아동보호전문기관(아동학대예방센터)에 신고해야 하는 '신고의무자'로 규정하고 있다.

2) 아동 학대 사례

(1) 아동 학대 사례유형

아동 학대의 사례유형을 살펴보면, 2001년부터 2012년까지 아동 학대 신고 건수 중 30% 이상이 방임에 대한 신고로 가장 높은 비율을 보였다. 또한 2001년부터 2012년까지 중복 학대를 받은 아동이 매년 1/3인 이상인 것으로 드러나 상당수의 아동이 한 가지 이상의 학대로부터 고통 받고 있음을 알 수 있다.

표 8-4 연도별 아동 학대 사례 유형 I(중복 학대 유형 별도 분류) (단위: 년, 건, %)

구분	계	신체 학대	정서 학대	성학대	방임	유기	중복 학대
2005	4,633	423(9.1)	512(11.1)	206(4.4)	1,635(35.3)	147(3.2)	1,710(36.9)
2006	5,202	439(8.4)	604(11.6)	249(4.8)	2,035(39.1)	76(1.5)	1,799(34.6)
2007	5,581	473(8.5)	589(10.6)	266(4.8)	2,107(37.7)	59(1.0)	2,087(37.4)
2008	5,578	422(7.6)	683(12.2)	284(5.1)	2,237(40.1)	57(1.0)	1,895(34.0)
2009	5,685	338(5.9)	778(13.7)	274(4.8)	2,025(35.6)	32(0.6)	2,238(39.4)
2010	5,657	348(6.1)	773(13.7)	258(4.6)	1,870(33.1)	14(0.2)	2,394(42.3)
2011	6,058	466(7.7)	909(15.0)	226(3.7)	1,783(29.4)	53(0.9)	2,621(43.3)
2012	6,403	461(7.2)	936(14.6)	278(4.3)	1,713(26.8)	–	3,015(47.1)

| 출처 | 보건복지부(2013). 2012년 전국아동학대 현황보고서. p. 199.

Tip

복지부, 아동학대 방지 특례법 제정 추진

아동 학대의 대부분은 가정 내 부모에 의해 이뤄지며 특히 한부모가족에서 많이 발생하고 있는 것으로 나타났다.

3일 보건복지부에 따르면 2011년도 전국 아동보호전문기관에 접수된 아동 학대 신고 건수는 총 100,146건으로 전년도에 비해 약 10% 늘었으며 그 중 아동 학대 의심 사례는 8,325건, 아동 학대 판정 사례는 6,058건이었다.

아동 학대 판정 사례 가운데 가정 내 발생이 86.6%를, 부모에 의한 사례는 83.1%를 차지했으며 한부모가정에서 발생한 사례가 전체의 44%나 되는 것으로 조사됐다.

어린이집 등 아동 관련 시설 내 아동 학대는 19% 늘었는데 신체 학대가 가장 많았다.

3세 미만 영아 학대는 2009년 455건에서 2010년 530건, 2011년 708건으로 증가했는데, 부모에 의한 학대가 86.5%를 차지하는 등 중장년층보다 20~30대 젊은 층에서 학대자가 많았다.

아동 학대는 중복 학대가 43.3%로 가장 많았고, 이어 방임 29.4%, 정서 학대 15%, 신체 학대 7.7%, 성학대 3.7%, 유기 0.9% 등의 순이었다.

아동보호전문기관의 개입 이후 다시 신고되어 아동 학대로 판정받은 사례는 563건으로 전체의 9.3%나 됐다.

이에 따라 복지부는 아동 학대 예방을 위해 아동 학대 범죄의 정의, 학대 행위자 보호처분, 피해아동 임시조치 등을 규정한 '아동 학대 사건처리의 절차 특례법(가칭)' 제정을 추진키로 했다.

또 아동 학대 범죄로 법적 처분을 받을 경우 10년 동안 아동 관련 기관의 운영이나 취업을 제한하고 위반 시 1년 이하의 징역 또는 1천만 원 이하의 벌금을 부과하는 것으로 아동복지법을 개정하기로 했다.

복지부는 이 밖에 임신 · 출산 및 보육료 지원 시 부모교육 이수 권장, '찾아가는 권역별 양육 · 교육법 순회 교육' 강화, 전국 보육교직원을 대상으로 하는 아동 학대 예방교육 등을 하고 부모 모니터링단을 운영해 어린이집 아동 학대를 근절키로 했다.

| 출처 | 김지수 기자(2012. 6. 3.). 복지부, 아동 학대 방지 특례법 제정 추진. 연합뉴스.

(2) 학대 행위자와 피해 아동과의 관계

2012년 학대 행위자 중 부모는 83.9%, 친 · 인척이 6.8%로 학대 행위자와 피해 아동과의 관계는 부모가 가장 높은 비율을 차지하였다. 친부모의 학대가 최근 점점 높은 증가추세를 보이고 있다. 그리고 사회가 다양화되면서 가족의 구성원도 다양해지고 재혼가정의 증가로 인한 계부모에 의한 아동 학대의 비율도 높게 나타나고 있다. 이밖에도 조부모가정의 아동들의 경우는 조부모에 의한 아동 학대도 증가하고 있는 것으로 나타났다.

아동 학대 행위자의 아동 학대 사례유형을 보면 양육태도 및 방법 부족이 가장 큰 이유로 나타났다. 이는 피해 아동의 연령이 주로 6~14세로 부모의 양육이 많이 이루어지는 시기와 관계가 있다. 부모가 양육을 하다 부모가 의도하는 방법대로 양육이 되지 않을 경우에 신체적 학대를 하는 경우가 많다. 부모 및 가정의 경제적 문제가 아동에게까지 미쳐 부모의 스트레스의 아동 학대가 이루어지는 경우도 25%를 차지하는 등 큰 이유가 되고 있다.

표 8-5 연도별 학대 행위자와 피해 아동과의 관계 (단위: 년, 건, %)

관계 \ 년도	2001	2002	2003	2004	2005	2006	2007	2008	2009	2010	2011	2012
부모	1,840 (87.4)	2,103 (84.9)	2,434 (83.3)	3,167 (81.4)	3,862 (83.4)	4,326 (83.2)	4,524 (81.1)	4,719 (84.5)	4,734 (83.3)	4,709 (83.2)	5,039 (83.1)	5,370 (83.9)
친 · 인척	105 (5.0)	142 (5.7)	211 (7.3)	239 (6.1)	271 (5.8)	343 (6.6)	354 (6.3)	361 (6.5)	387 (6.8)	337 (6.0)	349 (5.8)	435 (6.8)
타인	103 (4.9)	121 (4.9)	21 (7.4)	368 (9.5)	372 (8.0)	423 (8.1)	529 (9.5)	394 (7.2)	465 (8.2)	534 (9.4)	574 (9.5)	505 (7.9)

※ 부모(친부, 친모, 계부, 계모, 양부, 양모 포함)

※ 친 · 인척(친조부, 친조모, 외조부, 외조모, 형제 자매 포함)

※ 타인(부모의 동거인, 유치원 종사자, 교원, 학원 및 교습소 종사자, 보육교직원, 시설 종사자, 아동 복지시설 종사자, 낯선 사람, 위탁부, 위탁모, 베이비시터)

| 출처 | 보건복지부(2013). 2012년 전국아동학대 현황보고서. p. 202.

구분	아동 학대 신고	학대피해 판정	재학대
2007	7,083	5,581	646(11.6%)
2008	7,219	5,578	494(8.9%)
2009	7,354	5,685	581(10.2%)
2010	7,406	5,657	503(8.9%)
2011	8,325	6,058	563(9.3%)

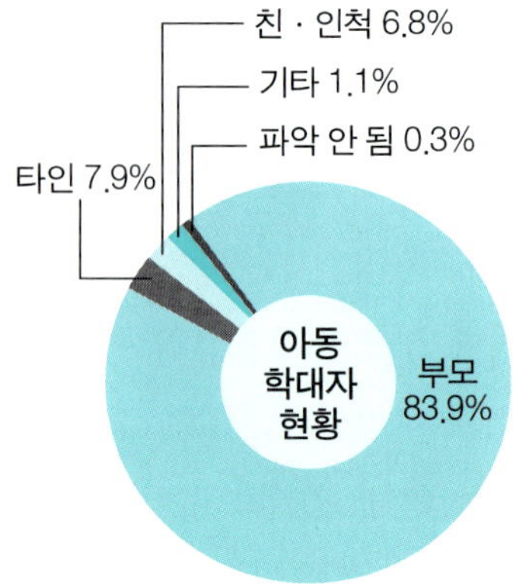

그림 8-1 아동 학대 신고 현황 (단위: 년, 건, %)

| 출처 | 보건복지부(2013). 2012년 전국아동학대 현황보고서. pp. 187-193(표). p. 84(그래프).

3) 신고된 아동 학대에 대한 우리나라 서비스 전달과정

현재 아동 학대 신고를 위하여 '국번없이 1391'의 전화가 전국 핫라인으로 24시간 운영되고 있다.

Tip

아동 학대 행위를 목격하거나 의심되는 학대 아동 발견 → 아동학대예방센터(1391), 경찰서 및 파출소 신고(112) → 사례 접수 → 현장조사 및 위기사정 → 아동 학대 판별 → 사례 개입계획 작성 → 사례개입(상담 및 치료를 포함한 아동보호 서비스 제공) → 사례평가 → 종결 및 사후관리의 단계

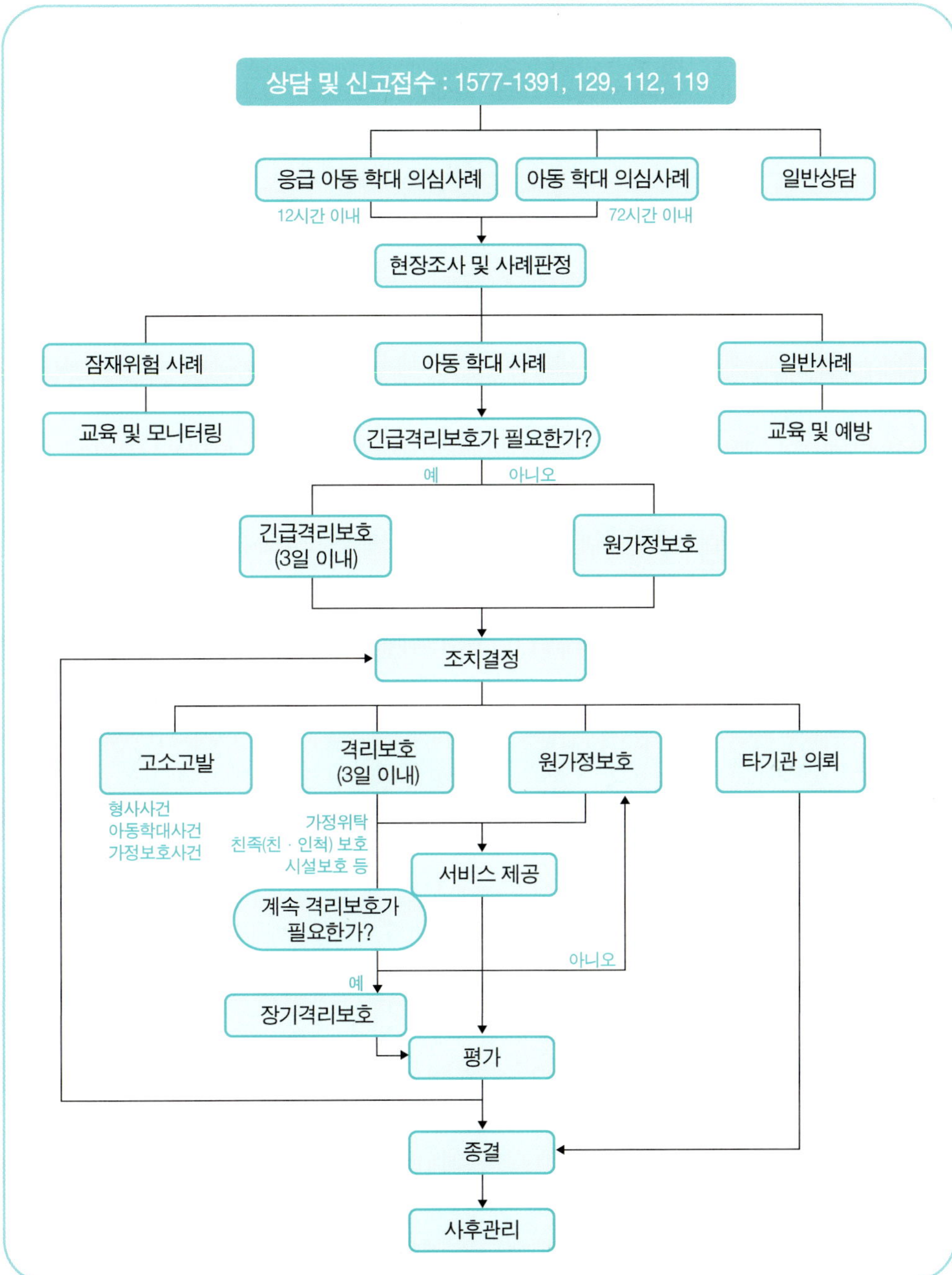

그림 8-2 아동보호전문기관의 업무진행 체계

| 출처 | 중앙아동보호전문기관(www.korea1391.org)

(1) 1단계: 긴급전화에 신고 및 접수

누구든지 아동 학대를 알게 되거나 아동 학대가 의심되는 경우에는 아동 학대 예방 및 상담기관이나 경찰에 신고할 수 있다. 신고전화는 전국적으로 1391이며 24시간 운영된다.

(2) 2단계: 현장조사 및 위기사정

아동 학대 신고를 받은 아동보호전문기관의 직원, 사업경찰관은 지체 없이 현장을 조사하여 조사 내용을 서면으로 작성하여야 한다. 현장조사 및 위기사정의 목적은 조사자가 충분한 자료와 정보를 수집, 분석하여 학대 사실 및 위급성 여부를 확인하고 사례 개입 및 프로그램 제공의 계획을 세운다. 현장조사 및 위기사정의 결과로 아동 학대가 긴급하다고 판단될 경우에 상담원은 가족에 대한 종합사정이나 아동보호 서비스 전단 체계의 다음 단계로 넘어가기에 앞서 아동안전을 위한 비상조치 및 응급 서비스를 우선적으로 제공해야 한다.

(3) 3단계: 개입(학대 부모 및 가정에 대한 서비스, 학대 아동에 대한 서비스)

학대 행위자가 아동의 보호자로서 아동을 장기 격리시킬 필요가 있다면 일선 공무원은 「아동복지법」 제11조, 제12조에 의하여 가정위탁보호를 의뢰하거나 사회 복지시설에 입소시킬 수 있다. 아동 학대 예상센터는 접수된 사례가 아동 학대로 결정되면 아동과 그 가족의 욕구를 확인하고 학대를 유발하는 원인을 제거하기 위하여 가장 적절한 개입 전략과 서비스를 제공한다.

(4) 4단계: 사례평가 종결 및 사후관리

사례종결은 개입목표가 이루어져 아동 학대 재발 가능성이 희박하다고 평가될 때나 제공된 개입이 적절한 변화 수준으로 이끌지 못하는 경우이다. 후자의 경우에는 다른 기관으로 의뢰가 이루어진다. 사후관리는 가족의 안정유지와 학대 재발의 예방을 목적으로 한다. 종결된 사례는 6개월 동안 매월 1회 이상 유선통화나 방문 등의 방법으로 가족이나 아동과 접촉하여 문제 재발생 여부를 확인한다.

4) 피해 아동 조치 결과

피해 아동 조치는 크게 가정방문상담, 격리조치, 치료조치로 나눌 수 있다. 2001년 2,105건이던 가정방문상담은 지속적으로 늘어나서 최근에는 6,000가정 이상이 가정방문상담을 받았다.

아동을 학대한 부모를 비롯한 학대 행위자들은 지속관찰과 교육 및 상담 등을 통해 추후에 아동 학대가 일어나지 않도록 예방하고 있다. 아동에게 심각한 피해를 입혀 고소 · 고발의 법적 조치를 받을 학대 행위자들은 점점 줄어들고 있다. 아동을 학대하는 학대 행위자에 대한 정신적 치료 및 자활에 대한 교육을 통하여 아동 학대를 근본적으로 예방할 수 있는 프로그램의 마련이 필요하다.

표 8-6 학대피해 아동 보호 현황 (단위: 년, 명, 건, ‰)

구분 \ 연도	2001	2012
추계 아동 인구(만 0~17세)	11,872,394	9,578,186
아동 학대 사례 건수	2,105	6,403
학대피해 아동 보호율	0.18	0.67

※ 통계청(www.kosis.kr). 2001-2012년 추계인구 자료 참조

| 출처 | 보건복지부(2013). 2012년 전국아동학대 현황보고서. pp. 185-192. 참고, 재구성.

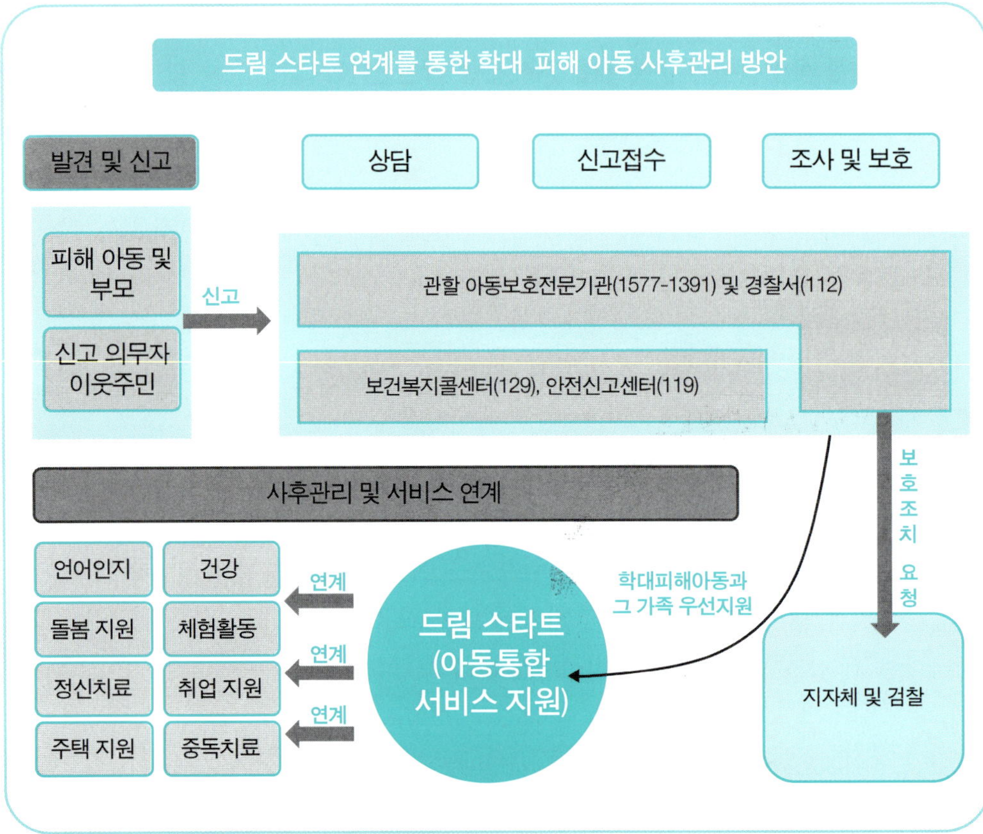

그림 8-3 드림 스타트 연계를 통한 학대피해 아동 사후관리 방안

| 출처 | 보건복지부(2013. 7. 3.). 보건복지부 보도참고자료. p. 6.

5) 아동보호전문기관

전국에 현재 아동보호전문기관은 약 45개가 있다. 주로 굿네이버스와 한국복지재단, 세이브 더 칠드런 등의 기관에서 설치하여 운영하고 있다. 아동학대예방센터에서는 학대로 인해 신체적 · 정신적으로 고통 받고 있는 아동들을 보호하고, 상담 및 치료를 통해 건강하게 성장할 수 있도록 지원하며, 올바른 아동양육을 위한 부모교육 등 아동학대예방을 위한 프로그램을 운영하고 있다.

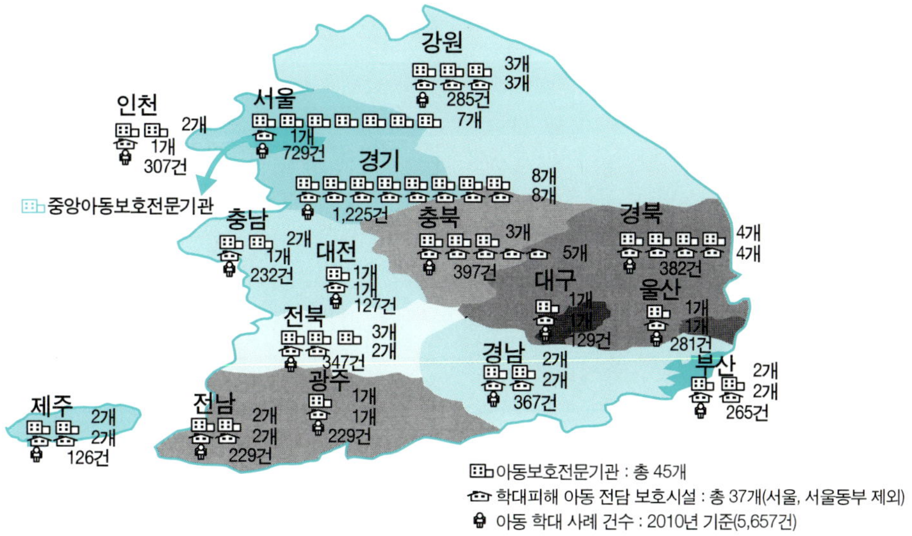

그림 8-4 아동보호전문기관 · 학대피해 아동 보호시설 · 아동 학대 건수 현황

| 출처 | 보건복지부(2011. 5. 12.). 보건복지부 보도자료. p. 7.

5 아동 학대 복지대책

아동 학대는 단순한 가정 내 문제가 아닌 사회적인 문제로 학대받은 아동들은 장 · 단기적으로 심각한 신체적 · 정신적 후유증을 겪을 가능성이 높다. 이와 같은 관점에서 아동 학대에 대해서는 예방도 중요하고 그 사후관리도 매우 중요하다고 볼 수 있다.

보건복지부와 중앙아동보호전문기관은 아동 학대 예방사업과 학대피해 아동보호 체계의 발전 방안 모색을 위해 2001년부터 매년 '전국아동학대 현황보고서'를 발간하여, 아동 학대 현황과 학대 사례의 연도별 추이를 분석 발표하고 있다.

2010년 전국아동학대 현황보고서 자료 및 한국의 아동보호 제도를 기초로 하여 아동보호 서비스의 문제점을 분석하여 향후 과제를 제시해 본다.

Tip

2010년 전국 아동학대 현황보고서 주요 내용

1 | 학대피해 아동 10명 중 4명 거의 매일 학대 받아

- 아동 학대 발생 빈도는 거의 매일 41%, 2~3일에 한 번 19.1%, 일주일에 한 번 12.2%
- 거의 매일 혹은 2~3일에 한 번 꼴로 빈번한 학대를 받는 아동이 60.1%로 지속적이고 반복적인 학대 경험

2 | 아동 학대 사례 5,657건 발생, 잠재 위험 사례 14% 증가

- 아동 학대 사례 5,657건(76.4%), 잠재 위험 사례 506건(6.8%), 일반 사례 1,243건(16.8%)

※ 잠재 위험 사례: 444건(2009년) → 506건(2010년)

3 | 3세 미만의 영아 대상 아동 학대 16% 증가

- 영아 대상 학대 사례 530건으로 2009년(455건)보다 16% 증가
- 학대 행위자는 여성(62.8%)이 남성(36%)보다 약 1.8배 높아

4 | 아동 학대 가정 내 발생 87.9%, 부모에 의한 학대 83.2%

- 부자가정 · 모자가정, 미혼부 · 미혼모가정 등 한부모가정이 48%
- 어린이집, 유치원, 학교 등에서 2009년도에 비해 발생 건수 증가

※ 어린이집(67건→100건), 유치원(2건→19건), 학교(17건→37건)

1) 아동 학대 예방교육

(1) 아동을 대상으로 한 아동 학대 예방교육

아동 학대 예방교육은 아동 학대 1차 예방 프로그램 중 교육훈련사업인 초 · 중 · 고 교육과정에 폭력에 관한 교육과정 추가와 보육시설과 유치원, 초 · 중 · 고등학교 부모

교육 실시에 속한다. 교육과정은 초등학교, 중학교, 고등학교로 구분되는데, 초등학교 과정에 유아교육과정이 포함되어 있다. 아동 학대 예방교육은 일반적으로 교육과정에서 대상은 아동, 청소년이 대상이 되는데, 예로 유아교육기관의 예방교육은 건강생활 영역의 안전 부분의 위험한 상황에 대해 알고, 예방하는 방법을 찾아보고 위험한 상황에서 도움을 요청하는 법과 자신을 보호하는 법, 다른 사람이 함부로 몸을 만지지 않게 하는 것을 학습하는 것이다.

(2) 아동 학대자를 대상으로 한 아동 학대 예방교육

아동을 학대하는 사례에 친부모가 많이 개입되어 있다. 언뜻 생각하기에 자식을 학대하는 부모들은 정신병이 있거나 이상한 사람들이기 때문으로 생각하기 쉬우나 실제로 정신에 이상이 있는 사람은 극소수에 불과하다.

주로 아동의 보호자에 의해서 야기되는 아동 학대의 재발을 방지하고, 아동이 친권자의 보호를 받으면서 성장하기 위해서는 학대 행위자의 아동양육태도나 의식의 변화를 위한 교육과 질병의 치료가 우선되어야 한다. 그러나 현행 「아동복지법」에서는 금지행위 조항을 위반했을 때의 처벌조항만 담고 있어서 학대 행위자의 교육의 참여를 강제화할 수 없다. 이에 대한 강제조항의 신설이 필요하다.

즉, 부모가 아동을 학대하게 되는 상황에 대한 연구를 통해 부모들이 아동을 구타하지 않고 효과적으로 양육하는 방법을 배울 수 있도록 '부모교육 프로그램'을 마련해야 한다. 미국 등 선진국에서 실시하고 있는 부모교육에는 학대의 원인이 아동의 특성인 경우에는 부모역할에 대한 교육, 아동발달에 대한 부모의 기초지식이 부족한 경우에는 아동성장 · 발달에 대한 교육 등이 있다.

아동 학대의 주요 요인으로 검증된 부모의 스트레스를 완화시키는 작용을 하는 가족적응력을 강화시키기 위해 학대 부모와 아동을 포함한 가족 전체를 단위로 하는 가족치료의 접근법도 매우 중요하다.

2) 아동 학대 사례관리의 질적 향상

2011년 현재 중앙아동보호전문기관 1개소를 포함하여 전국적으로 아동보호전문기관이 45개소로 아동보호 체계가 출범할 당시인 2000년에 비해 수적으로 매우 증대되었다. 그러나 학대가정으로 판정받아 아동보호전문기관의 서비스를 받고 종결된 사례 중에서도 학대 재발로 재신고되는 경우가 있다.

최근 3년 간 재학대 사례 건수는 2008년 494건에서 2009년 581건으로 87건 증가하였으나 2010년 발생된 재학대 건수는 503건으로 전년 대비 78건 감소하였다. 재학대 사례 아동수는 2008년에 482명에서 2009년에는 581명으로 99명 증가하였으나, 다시 2010년에 494명으로 감소되었다.

2008년도는 사례종결 후 1년 이상~2년 미만 사이 다시 재학대가 발생되는 비율이 26.9%, 29.6%로 가장 높게 나타났다. 이는 아동보호전문기관 서비스 제공이 강화되어 재학대 발생에 영향을 미치는 것이라고 볼 수 있다.

최근 3개년 재학대 사례의 학대피해 아동 초기조치 결과를 살펴본 결과 2008년 원가정보호 66.8% 비율을 보이나 2010년 72.0%로 증가한 반면, 격리보호의 경우는 2008년 33.2%에서 해가 지날수록 그 비율이 감소하여 2010년 27.2%로 감소하였다. 이는 아동보호전문기관의 개입 방향이 학대피해 아동을 둘러싼 가족의 문제를 해결하고, 가족의 기능을 강화하는 것에 초점을 맞추는 것을 반영한 것으로 보여진다.

학대피해 아동에게 제공된 서비스를 항목별로 살펴보면, 2010년 이전과 당해 연도 사례에서 상담 서비스가 각각 54,831건(34.0%), 59,469건(41.5%)으로 가장 높게 나타났고, 그 다음으로는 일시보호 서비스가 각각 49,415건(30.5%), 45,178건(31.6%)으로 높게 나타났다. 이처럼 학대피해 아동에게 일시보호 서비스가 많이 제공된 것은 학대피해 아동의 안전이 심각하게 위협받아 긴급 분리하여 장기보호 조치하기 이전에 일시보호시설에 보호하는 경우가 많기 때문으로 보인다.

한편 학대피해 아동의 신체적 · 심리적 외상을 치유하기 위해 제공되는 의료 서비스와 심리치료 서비스, 학대피해 아동의 생활 환경 요인을 변화시켜줄 수 있는 가족 기능 강화 서비스는 2010년 이전과 당해 연도에 모두 낮은 비중을 차지하였다. 특별히 학대피해 아동에게 가장 바람직한 양육 환경이 가정이라는 점을 고려해 볼 때에 학대피해 아동이 원가정에서 안전하게 보호되며 성장 · 발달할 수 있도록 가족 기능 강화 서비스를 강화할 필요가 있을 것으로 보인다.

따라서 아동학대가정을 위한 서비스가 개입되는 동안 사례에 적합한 방식의 문제 해결과 지속적인 사후 관리 및 모니터링은 필연적이며, 사례관리의 질적 수준을 향상시키기 위해 수퍼비전 프로그램 강화, 사례에 맞는 차별화된 서비스 프로그램 개발 등이 지속적으로 이루어져야 아동 학대가 안정적으로 감소될 것이다.

3) 아동 학대에 대한 홍보의 활성화

학대로 고통 받는 아동에 대한 서비스를 제공하기 위해서는 무엇보다도 신고율이 증가되어야 한다. 대중매체 및 각종 홍보물을 적극적으로 활용하여 전 국민을 대상으로 아동 학대 문제에 대한 인식을 고취하고, 신고전화에 대한 홍보를 강화시켜 나가야 할 것이다. 또한 신고 의무자에 대한 교육 시 아동 학대에 관한 지식, 신고절차 및 방법, 학대 의심 사례에 대한 기본적인 면담 기술 등의 교육을 통해 아동 학대를 조기 발견하고 예방할 수 있는 자질을 함양시켜 나가야 한다(김성경 외, 2011).

4) 지역사회 내 서비스 연계 강화를 위한 통합적 모형 개발

아동 학대가 발생하는 가정에서 가정폭력이 동시에 발생하는 비율이 매우 높고, 약물남용, 정신건강의 문제 등이 복합적으로 있는 경우가 많아 아동 학대 사례는 관계기관 간의 유기적 협조가 있어야만 효율적으로 대처해 나갈 수 있다. 아동 학대를 발견하고 예방하는 데 중요한 역할을 하는 전문 분야는 사회복지계, 의료계, 검 · 경찰 및 법원, 교육계 등이지만, 관련 기관 간의 원활한 협력이 미흡한 실정이다.

아동 학대 사례를 발견하여 아동보호전문기관에 신고하면, 가벼운 학대 사례는 사회복지사가 치료 및 예방을 위한 사례관리를 해나간다. 그러나 심각한 신체적 · 정신적 손상이 있는 경우와 성학대는 의료계, 검 · 경찰 및 법원의 개입이 필수적이다. 따라서 아동 학대 사례를 사정하는 단계에서부터 사회복지사는 아동보호에 필요한 전문가 집단 및 관련 기관과의 상호 연계 및 협조를 구하기 위해 통합적인 연계 모형을 수립할 필요가 있다. 이를 위해 협력기관 간 협력절차 및 내용에 관한 매뉴얼도 개발해야 한다.

5) 아동보호 관련법 조항의 개선

2000년 개정된 「아동복지법」에서 아동 학대 관련 조항이 대폭 강화되었으나, 여전히 법 조항상의 문제점들이 남아 있다. 이로 인하여 아동보호 서비스를 효율적으로 수행하는 데 지장을 주고 있는 실정이다. 법 조항상의 문제점과 개선점을 살펴보면, 첫째, 학대 행위자가 아동학대예방센터에서 제공하는 교육 및 상담 서비스를 거부할 경우는 이에 대한 법적 대응책이 미비하다. 따라서 학대 행위자는 의무적인 상담, 수강, 교육 및 치료를 받도록 하고, 그렇지 않을 경우 처벌 규정을 명확히 해야 한다.

둘째, 「아동복지법」 제26조 1항의 절차에 있어서 '누구든지 아동 학대를 알게 된 때에는 아동보호전문기관 또는 수사기관에 신고해야 한다'로 개정한다.

셋째, 아동 학대 사례 신고 의무자에 관한 규정은 있으나, 학대 아동을 발견하고도 신고하지 않았을 경우에 대한 명확한 처벌 조항이 없다. 따라서 신고에 대한 책임을 강화하기 위해서 신고 의무자들의 의무 불이행 시 제재 조치와 구체적인 처벌 규정을 제시하는 방향으로 개정한다.

넷째, 아동 학대 사례 신고 의무자에 관한 규정은 있으나, 학대 아동을 발견하고도 신고하지 않았을 경우에 대한 명확한 처벌 조항이 없다. 따라서 신고에 대한 책임을 강화하기 위해서 신고 의무자들의 의무 불이행 시 제재 조치와 구체적인 처벌 규정을 제시하는 방향으로 개정한다.

마지막으로 모든 신고자의 신변 안전 및 비밀보장, 신고자에 대한 보복 시 가중 처벌에 관한 규정이 마련되어 있지 않다. 따라서 이에 대한 규정을 신설하여 신고자에 대한 보호 조치를 강화해 나간다.

6) 전문 인력의 확충 및 처우 개선

아동보호전문기관은 각 기관별로 5~8명의 상담원이 8시간 3교대로 24시간 근무하면서 아동 학대 예방교육, 아동 학대 신고에 따른 현장 조사 및 사후 관리 등의 업무를 수행하고 있다. 따라서 상담원 업무의 과중이 매우 심각한 상태이다. 실제로 상담원 1인이 연간 담당하는 학대 사례 건수는 지역에 따라 적게는 대략 11건에서 많게는 85건으로 지역 간에 편차가 심할 뿐 아니라, 평균 사례의 수가 절대적으로 많은 실정이다. 이러한 점들은 사례개입에 있어 질적 차이를 유발하는 주요한 원인으로 작용할 수 있다. 또한 상담원들의 장시간 근무시간에 비해 임금이 열악하고 신변 위험에 대한 안전보장이 제대로 되어 있지 않는 점 등은 그들의 전문적 활동에 상당한 지장을 초래한다. 미국 뉴욕 주의 경우에는 상담원 1인이 연간 12사례를 초과하지 못하도록 하고, 지역 간의 편차를 고려하여 상담원 수를 조정함으로써 적정한 업무할당을 하고 있다.

우리나라에서도 각 기관별로 상담원의 수를 확충하여 1인당 담당하는 사례 수가 일정 한도를 넘지 않도록 제한해야 함은 물론 신분 및 안전보장과 같은 처우 문제도 조속히 개선되어야 할 것이다.

7) 가족 지원 서비스의 강화 및 다양화

현재 아동보호 서비스는 피해 아동이나 부모에 대한 개별상담 및 교육에 편중되어 있다. 학대부모 및 아동의 상담 및 치료뿐 아니라, 가정 환경의 개선과 가족 기능을 강화하는 가족 지원 서비스를 적극적으로 제공함으로써, 학대를 예방하고, 아동이 원가정에서 보호될 수 있도록 최대한의 노력을 기울여야 한다. 이를 위해서는 가정의 스트레스 대처를 위한 상담 서비스, 소득 지원 서비스, 직업훈련과 취업연계 서비스, 보육 및 방과후 보육 서비스 연계, 집안일을 돕기 위한 가정봉사원 서비스, 자조 집단 참여 등의 각종 다양한 서비스를 제공해 주어야 한다.

장애아동복지

Chapter 9

1 장애 아동의 정의 및 분류

2 장애 아동 재활 서비스

3 장애 아동과 가족 지원

4 장애 아동의 교육 실태

5 장애아동복지 서비스

우리의 성장과정 중에 '맞다'와 '틀리다'로 구분된 흑 · 백 논리식의 교육과 지도에 익숙함으로써 서로 다른 것에 대한 인식이 부족에 의해 서로 간의 이해와 타협점을 찾는 것이 어려운 시대에 살고 있다. 특히 핵가족 시대인 지금 소수 자녀에 대한 부모의 과한 보호와 가정 내의 교육이 오히려 편협된 사람으로 성장시키고 있다는 것이 하나의 사회 문제로 야기되어 왔다.

야외놀이를 위해 아이들 앞에 색깔별로 공이 담긴 바구니를 내놓았다. 대부분의 아이들은 자신이 좋아하는 색의 공을 가지려 한다. 결과로 아이들은 고르지 않은 공이 싫거나 나빠서가 아니라 자신이 선택한 공이 좋을 뿐이다. 색이 서로 다른 공은 색이 다른 것일 뿐 틀린 것이 아니라는 것이다. 유아기와 아동기를 거치며 생김새가 다른 아이와도 잘 어울린다 하지만 어느 순간 그 아이와 멀어지거나 탓하기 시작하고 분리하기 시작한다. 바로 부모와의 대화가 되기 시작하면서 부터이다.

이제껏 우리가 알아온 잘못된 인식을 이제는 끊어야 할 때이다. 그래야 교육이 될 것이고 서로 다른 이들에 대한 인식이 달라져야 할 것이다. 장애는 비장애와 서로 다를 뿐 틀린 것이 아님을 인지하고 인식의 개선을 해야 한다는 것이다.

1 장애 아동의 정의 및 분류

1) 장애 아동의 정의

18세 미만의 「장애인 복지법」 제32조에 따라 등록한 장애인(단, 6세 미만의 아동으로서 장애가 있다고 보건복지부장관이 별도로 인정하는 사람 포함) 장애 아동은 신체적, 정신적 장애로 인해 보호와 양육, 교육과 재활 및 사회적응에 있어 특별한 서비스를 필요로 하는 아동이라고 정의한다.

2) 장애 아동의 유형에 의한 분류

우리나라의 등록 장애 아동(18세 미만)은 2011년 12월 기준 총 7만 8천 명으로 전체 등록 장애인(251만 9천 명)의 3.1%를 차지하고 있다(2012, 보건복지부 등록 장애인 현황). 아동이 갖고 있는 장애는 그 아동 자신의 다양한 측면 중의 하나에 불과하다는 것을 인식하여야 한다.

우리나라 장애인 등에 대한 「특수교육법」(「특수교육진흥법」 제10조)에 의하면 다음과 같이 장애 아동의 유형을 분류하고 있다. ① 시각장애, ② 청각장애, ③ 정신지체, ④ 지체장애, ⑤ 정서 · 행동장애, ⑥ 자폐성 장애(이와 관련된 장애를 포함한다), ⑦ 의사소통장애, ⑧ 학습장애, ⑨ 생활장애

(1) 시각장애 아동

비장애 아동과 비교할 때 그 능력이나 성격에 큰 차이가 없으며, 시각장애의 기준은 나쁜 눈의 교정시력이 0.02 이하, 명료도가 50% 이하, 시야에 이상이 있는 경우이다.

- 발생 원인으로는 유전, 출산 시 산소에의 과다노출, 전염병, 사고, 독, 종양, 풍진, 원인불명의 경우

(2) 청각장애 아동

청각의 손상은 거의 언어장애를 수반하며, 두 귀의 청력손실이 60db 이상, 들리는 말소리의 명료도가 50% 이하인 경우이다. 또한 평형 기능에 상당한 장애가 있는 사람을 말한다.

- 발생 원인으로는 유전, 모성풍진, 미숙, 모자혈액부적합과 뇌막염, 중이염, 기타 아동기 질병, 외상, 큰 소리에 대한 반복적인 노출 등의 경우

(3) 지적 장애 아동

지능지수가 75 이하이며 비장애 아동과 차이는 학습 속도와 효율성에 있으며, 대부분이 신생아 때에 발견된다. 지적 장애 아동 중에 80~85%를 차지하는 경도(교육가능급 정신지체 아동)는 분명한 원인을 알지 못하나 문화나 가족의 환경적인 요인과 많은 관련이 있다고 보고 있다. 중등도(훈련가능급), 중도, 최중도(요보호)-주된 원인이 생리적인 것으로 밝혀지고 있다.

- 발생 원인으로는 원인은 250개가 넘는다고 한다. 생물학적, 사회적, 교육적, 행동적 원인으로 크게 대별된다.

(4) 지체부자유 아동

팔, 다리, 몸통 중에 장애가 있는 아동을 말한다. 이들 중에는 지능과 학습능력이 평균 이상이어서 교육받을 수 있는 기회와 환경이 제공되면 아무런 문제가 없는 아동이 있기도 하지만 학습을 어렵게 하는 감각 기능의 장애나 정신지체를 갖고 있는 아동도 있다.

- 발생 원인으로는 뇌성마비의 주된 원인은 출산 전 임신부의 감염, 만성질환, 독성물질이나 엑스선에의 노출, 출산 중 뇌압박이나 산소결핍, 출산 후 낙상, 두개골 파열, 아동 학대 등의 경우, 근육발육 이상증은 유전이 원인인 경우, 소아마비와 같이 감염이 원인이며, 다발성 경화증, 이분척추나 관절염 같이 원인이 분명치 않은 경우도 많다.

(5) 발달장애 아동

소아기 자폐증, 비전형적 자폐증에 의한 언어 · 신체표현 · 자기조절 · 사회적응 기능 및 능력의 장애로 인하여 일상생활 또는 사회생활을 하는 데 있어서 상당한 어려움을 겪고 있는 아동을 의미한다. 이들은 거부적 행동, 폭언이나 폭행을 일삼거나 반응을 전혀 보이지 않는 행동을 한다. 신체적인 장애는 없으나 거칠거나 움츠러든 행동은 그들의 발달과 학습에 심각한 장애가 될 수 있기 때문에 특수한 도움을 필요로 한다. 유형으로는 문제를 외면화하는 아동과 문제를 내면화하는 아동으로 분류하고 있다.

- 발생 원인으로는 뇌염색체 이상 등에 의한 선천성 대뇌발달 이상이나 미숙아, 주산기 이상, 출생 후의 각종 대사 이상, 감염, 출혈, 저산소증 등의 생물학적 요인 등이 발달 장애의 원인이 될 수 있다. 또 산모의 음주, 약물중독, 부모의 관심 부족이나 격리 등 부모와 관련된 여러 가지 환경과도 연관이 있다.

(6) 자폐장애 아동의 특징

① 감각상의 결함(사람이 앞에 가서 말을 건네도 마치 아무도 없는 것처럼 행동한다.)

② 심각한 감정상의 소외(대인 관계나 애정표현에 관심이 없다.)

③ 자기 자극적 행동(몸을 앉아서 흔드는 것과 같은 의미 없는 상투적인 행동을 반복한다.)

④ 심한 투정과 자기상해적 행동(부모나 선생을 물거나 때리는 심한 공격적 행동을 하거나 자신의 얼굴에 혹이 나거나 시퍼렇게 멍들 정도로 벽에 박는다.)

⑤ 반향어적이고 정신병적 언어, 대부분의 자폐 아동은 말을 잘 하지 않는 경향이 있으나 말을 할 때는 다른 사람이 한 말을 그 자리에서 또는 나중에 메아리처럼 반복하기도 한다.

⑥ 행동상(5살짜리 아동이 1살짜리 아동이 보이는 행동을 하는 것)의 결함

자폐 아동 부모들의 비정상적인 성격(어머니가 냉담하며, 자녀를 배격하거나 과잉보호)으로 아동이 심리적 억압에서 벗어나지 못하는 경향이 있으며, 정서장애 아동의 삶은 늘 혼란한 상태이다. 그들은 타인 그리고 자신과의 갈등 속에서 분투하거나 너무 수줍어하거나 움츠러들어서 자신만의 세계 속에 빠져 있다.

표 9-1 자폐장애 아동의 발생 원인

구분	내용
생리적 원인	• 자폐아: 출산 전 · 후의 감염, 염색체 이상, 중추신경계의 이상 • 정신분열증: 유전
심리적 요인	• 중요한 영향을 미치는 환경은 가정과 학교로서 부모, 자녀 관계와 학교에서의 생활이 정서장애의 발생과 상관관계가 있다.

(7) 언어장애 아동

음성 기능이나 언어 기능을 상실한 자, 영속적인 현저한 장애가 있는 자로 한정하고 있으며, 학습능력의 저하를 가져오기 때문에 지능발달의 지체를 가지고 올 수 있고, 청각장애나 뇌성마비의 동반장애로 흔히 발생한다.

- 발생 원인으로는 기능상의 장애로서 원인이 불분명한 경우가 많다.

(8) 학습장애 아동

행동, 언어, 지각, 사회, 정서적 적응, 인지, 기억, 주의집중 등의 문제 영역 중 하나 혹은 그 이상의 문제가 특정 학업 영역에서 심각한 학업문제를 갖고 있다.

- 발생 원인은 분명히 밝혀지지 않고 있으나 뇌손상, 생화학적 불균형과 서투른 교수법과 같은 환경적 요인이 주로 거론되고 있다.

(9) 생활장애

그 밖에 건강장애와 발달지체, 학습장애, 발달장애, 자폐성 대인기피 등의 복합적 장애의 형태를 보이는 새로운 증후군형 장애가 있다. 특별한 명칭이 아직 만들어 있지 않았기에 본 서에서 생활장애로 명명하는 장애는 일시적이거나 한시적일 수도 있지만 치료와 대처방법에 따라 평생의 성격으로 고정화될 수도 있다는 점을 인지해야 한다.

표 9-2 생활장애 발생 원인

구분	내용
선천성	• 발생 원인은 각 장애의 유형에 따라 다르며, 그 원인이 불분명한 경우가 많다. 최근 다양한 가족의 유형에 따른 유전자 변화와 여성들의 사회 활동이 증가함에 따라 부모의 연령이 고령화되면서 나타나는 생물학적 원인도 최근 선천성 장애를 안고 태어나게 하는 원인 중에 하나다.
후천성	• 정확한 원인을 규명하기 위해서는 좀 더 심도 있는 조사와 연구를 필요로 한다. 하지만 최근에 나타난 현상들을 기초로 하여 분석한다면 다문화가정의 어머니로서의 역할자들의 언어문제, 문화적 이해, 자녀 교육 환경 등에 대한 인식 부족으로 인한 가정 내의 교육부재와 부 · 모 모두 지적 장애 및 언어장애에 따른 조기교육의 부재 등을 꼽을 수 있으며 특히 다자녀가정 문화에서 소(1인) 자녀 중심으로 바뀐 사회적 현상으로 인한 내 자녀 위주의 과잉보호 및 부 · 모의 생계형 맞벌이로 인한 관심에서 벗어난 아동들에게 이런 증상이 나타나는 것을 볼 수 있다.

3) 장애아동복지 서비스의 개념

장애아동복지 서비스란 장애 아동이 가지고 있는 잠재적 능력을 최대한 발휘하게 하여 발달의 신장을 원조 지원하여 일반 생활 및 제반적 사회 활동을 원활하게 하는 사회적 활동을 말한다. 그러므로 장애 아동은 복지 서비스의 대상이며, 치료와 재활과 교육 등의 문제를 제공할 수 있도록 가정과 사회와 국가가 함께 노력하고 연구하여야 한다. 뿐만 아니라 장애 아동들과 그 가족을 포함한 관계자들이 참여, 보호와 재활 및 치료를 효과적으로 이용, 제공 받을 수 있도록 하는 것이다.

4) 장애아동복지 서비스의 중요성

장애인복지사업 중 장애아동복지 서비스가 중요한 것은 인간발달과정에서 유아 및 아동기에 가장 빠른 성장이 이루어지기 때문에 아동의 잠재능력을 최대한 개발하고 장애로 인한 심리 · 사회 및 발달적 손상을 최소화하기 위해서 장애 아동의 예방 및 재활을 위한 개입이 가능하면 빨리 시작되어야 한다.

2 장애 아동 재활 서비스

1) 의료적 재활

이것은 흔히들 얘기하는 예방의학, 치료의학 다음의 제3단계 의학이라 불리기도 하는 분야로서, 동작훈련, 물리요법, 언어요법, 보조구에 의한 처지와 훈련, 의료사회사업에 의한 원조 등을 포함하고 있다.

2) 직업적 재활

장애자의 직업적 생활능력의 회복과 직업적 신분보장을 위한 분야로서, 직업훈련, 직업보도 등을 행하는 서비스이다. 이 경우에는 취업의 가능성이 고려하여야 한다.

3) 교육적 재활

교육적 대책에 준하는 것으로서, 다만 여기서는 제도적 측면에서가 아닌 구체적인 서비스 측면에서 다른 재활 분야 외에 상관성을 고려하여 운영된다.

4) 사회적 재활

인간이 사회생활을 영위하는 데에 따르는 욕구 전반에 관심을 가지고, 장애아가 일반사회의 한 성원이 될 수 있도록 장애자와 사회와의 관계를 개선하려는 데 목표를 두고 있는 서비스이다. 따라서 이것은 장애아를 둘러싸고 있는 사회 제도나 조직에까지 관여하는 보다 거시적인 측면까지 포함하는 것이 된다.

5) 심리적 재활

장애라는 사실에서 비롯되는 정서나 심리 면에서의 문제와 부적응현상 등에 초점을 두고 이들을 극복할 수 있도록 원조한 서비스이다. 이것은 사회적 재활과 함께 다른 어떠한 기술적 측면의 서비스에 못지 않게 중요한 의미를 가지는 분야이다.

3 장애 아동과 가족 지원

1) 가족 지원의 정의 및 중요성

장애 아동의 가족 지원(Family Support)은 장애 아동의 발달적 요구에 부합하기 위해 장애 아동과 그 가족에게 제공되는 총체적인 서비스로서 의료, 복지, 심리 · 사회, 치료, 교육 등을 포함하고 있다. 아동을 바라보는 견해에 있어 부모와 자녀를 넘어서는 더 넓은 구조의 이웃과 지역사회 안에서의 영향력을 강조하고 있으며 가족 구성원들은 서로에게 지속적으로 영향을 미치고 있다.

가족들과 지역사회에서의 장애 아동에 대한 관심도는 장애 아동이 지금보다 더 성장할 수 있는 계기를 마련하며, 때로는 지역사회주민이나 가족들이 전문가로 성장하여 장애 아동 형제, 자매 및 타인도 돌볼 수 있는 전문가로 성장하기도 한다. 하지만 가족들이 장애 아동을 교육함에 있어서 스스로 전문가로 인식하기도 한다. 일반적으로 가족들은 장애 아동의 출생으로부터 시작하여 현재에 이르는 모든 생육사와 발달 및 학습의 양상 등을 가장 잘 아는 스스로 전문가라고 생각하며 장애 아동 교육에 결정적 영향력을 미치게 된다. 이러한 장애 아동 가족의 비전문적 특성은 장애 아동을 양육함에 있어 오류를 범하여 오히려 장애 아동들을 퇴행시키거나 더 이상 성장하지 못하게 하는 걸림돌이 될 수도 있다.

2) 장애 아동 가족의 어려움

(1) 정서적 어려움

장애 아동의 출생으로 가족은 손실감, 충격, 부인, 슬픔, 분노 등을 경험한다. 이런 감정은 가족이 적응하기까지 계속되는데, 성원들이 아동의 장애를 수용하고 적응하는 데는 상당한 시간이 필요하다. 더욱이 적응 이후에도 장애 아동의 욕구를 수용하기 위해 성원들이 변화하거나 희생해야 하는 상황이 발생하며, 위기상황이 발생하는 경우에 가족은 이를 다시 스트레스 요인으로 경험한다. 또한 장애 아동을 양육하는 과정에서 부모는 무력감, 부모로서의 부적절감 등을 경험하며, 이로 인해 낮은 자기 효능감이나 자존감을 나타내기도 한다. 장애인의 사회적 통합이 요원한 우리나라의 실정을 감안해 볼 때에 장애 아동의 양육과 장래에 관한 부모의 스트레스 수준이 상당히 높은 것으로 이해할 수 있다.

(2) 가족 갈등

장애 아동의 부모가 일반 아동의 부모보다 결혼만족도에서 떨어지는 것은 아니지만, 취약한 관계를 가진 부부에게는 장애 아동의 양육이 추가적인 스트레스 요인이 된다. 특히 부부 가운데 한 사람이 장애 아동을 과잉보호하면서 배우자와 갈등적인 삼각관계를 형성하거나 장애 아동과 조모가 세대 간 연합하면서 어머니를 무능력한 사람으로 낙인을 찍는 등의 가족 갈등을 나타내기도 한다.

장애 아동 가족에서 형제 간의 갈등은 흔히 나타나는데, 장애 아동이 가족 자원을 독점하는 경향과 관련이 있다. 또한 형제들은 때로 장애 형제를 돌보는 어머니의 역할을 수행하도록 기대되는 경우가 많은데, 이는 특히 여자 형제에게 해당한다. 부모들은 형제들이 장애 형제에 대한 부정적 감정을 표현하지 못하도록 하는 경향이 있으며, 이로 인해 형제들은 내적 갈등을 경험하거나 문제행동을 일으킬 가능성이 높아진다.

(3) 경제적 부담

장애 아동을 위한 의료비, 보육비, 교육비 등은 가족에게 추가적인 경제적 부담을 의미한다.

(4) 사회적 고립

장애 아동 가족은 장애인에 대한 사회적 편견과 낙인 등으로 사회적으로 위축되기 쉬우며, 더욱이 장애 아동을 양육하는 데에 현실적으로 투여하는 시간과 노력으로 인해 대인 관계에 상대적으로 소홀하게 되는 경우가 발생한다. 이들은 사회적으로 고립되면서 장애 아동 양육을 위한 정보와 사회적 지지로부터 소외되거나 장애 아동 부모역할 모델의 부재로 인해 상황이 더욱 악화되기도 한다.

(5) 사회 서비스의 부족으로 인한 어려움

장애 아동과 가족은 조기교육 프로그램, 방과후 프로그램, 재가복지 서비스, 단기보호 서비스, 보육 서비스, 법률 서비스, 재정적 지원, 교통수단 제공 등의 다양한 경성 서비스뿐 아니라 사례관리, 개별상담, 부모교육, 집단상담, 가족상담 서비스 등의 연성 서비스가 절대 필요하지만, 우리 사회에서 사회 서비스의 부족으로 장애 아동 가족의 적응 및 성장을 더욱 어렵게 하고 있다.

3) 장애 아동의 부모

(1) 장애 자녀에 대한 정서적 반응

최근까지도 많은 전문가들은 장애 아동의 부모들은 자신의 자녀가 장애를 지녔음을 알고 난 후에 일련의 정해진 순서의 반응을 나타낸다고 하였다. 이를 정리해보면 아래의 내용과 같다. 하지만 최근에는 모든 부모들이 동일하게 정해진 반응의 단계를 보이는 것은 아닌 것으로 나타나고 있다.

표 9-3 장애에 대한 아동과 가족의 반응

구분	내용
부인의 단계	• 장애 아동이나 가족은 "이런 일은 있을 수 없어.", "뭔가 잘못됐을 거야."라는 반응을 한다. 장애 아동이나 가족은 자신이 죄가 많거나 약하거나 무책임했기 때문에 장애가 발생했다고 잘못 인식할 수 있기 때문에 자신이나 자녀에게 장애가 있는 것을 인정하기가 더더욱 힘들다. 부정은 종종 장애의 발생에 따른 큰 생활의 변화를 수용할 준비가 안 되어 있는 아동과 가족에게 어느 정도의 완충 역할을 해 준다.
분노의 단계	• 장애 아동이나 가족은 다른 사람에게는 변화가 없고 자신들만이 장애로 인해 고통을 받아야 한다는 사실이 '불공평'하다고 생각하여 분개하게 된다. 그들은 또한 그들의 친척, 친구나 다른 사람이 그들 자신이 더 이상 할 수 없는 일을 할 수 있다는 사실을 원망스러워 할 수 있다. 분노의 표적은 누구나 될 수 있다.
협상의 단계	• 장애 아동이나 가족은 장애를 인정하기 시작하나 다양한 협상을 하고자 한다. 그들은 생활에서의 몇 가지 변화를 시도하면서 장애가 기적적으로 제거되거나 장애를 치유할 수 있는 과학적 발견이 이루어질 것을 희망하게 된다. 예를 들어, 정신지체 아동의 부모는 몇 년 동안 집중적인 훈련과 교육이 그들의 아동으로 하여금 정상적인 지능을 갖게 할 것이라고 바랄 수 있다.
우울의 단계	• 장애 아동이나 가족은 더 이상 장애가 있다는 것을 부인하지 않는다. 그들의 분노는 가라앉고 더 이상 협상도 시도하지 않는다. 그들은 장애의 성질이 어떤 것인지를 이해하고 그들 생활에 변화가 필요하다는 사실을 인식한다. 그러나 상황개선을 위한 노력을 시작할 준비는 아직 안된 상태이다. 그들은 장애를 생각하면서 마음을 앓고 스스로를 한탄하는 태도를 보인다. 그들은 종종 아동이 장애를 갖게 된 것이 스스로의 탓이라고 생각한다. 많은 경우 그들은 장애가 그들의 인생에 미칠 영향과 변화해야만 하는 자신의 인생에 대해 애도한다.
수용의 단계	• 장애 아동이나 가족은 처음으로 장애가 그들에게 미치는 영향을 최소화하고 자신의 인생을 다시 추스르고자 하는 노력을 시작한다. 그들은 자신들도 할 수 있다는 희망을 갖게 된다. 이전 단계에서 재활에 대한 계획이 없었거나 무시되었다면 이 단계에서 제시되어야 한다. 두려움과 불안은 여전히 있으나 많이 감소된 상태이다. 이들은 이제 자신의 인생을 제자리로 되돌리기 위한 노력을 할 동기를 갖고 있다. 이 단계에서야 비로소 장애 아동과 가족은 재활 프로그램에 참여할 준비를 갖는다.

특히 많은 부모들이 거부의 단계를 거치지 않았으며, 처음에는 충격보다는 오히려 의심하는 반응을 보인다. 또한 부모들에게는 주어지는 자원과 압력, 즉각적인 환경의 변화 특성 등에 의해서 많은 차이가 나타난다.

그러므로 이러한 정해진 단계 이론은 그 적용에 있어서 많은 주의를 요한다. 즉, 각 부모들의 정서적 반응을 이해하기 위해 가장 중요한 것은 부모들이나 가족 구성원들이 장애에 대해서 반응할 때 각각 자신만의 독특한 방법으로 반응한다는 사실을 이해해야 한다.

장애 아동 부모들이 가장 빈번하게 경험하는 정서적 반응 중의 하나는 죄책감인 것으로 알려져 있다. 이들은 장애 자녀가 출산된 배경에 자신의 잘못이 있었던 것이 아닌가 하는 책임감을 느끼면서 죄의식을 경험하곤 한다. 이러한 죄의식은 장애의 원인이 밝혀지지 않고 있는 것에 기인하는 경우가 많은 것으로 추측되고 있으며, 특히 자녀의 출산과 직접적인 관계가 있는 어머니의 경우에는 더 심각하게 죄의식을 경험하는 것으로 나타나고 있다.

(2) 장애 자녀로 인한 스트레스

장애 자녀의 출현이 가족에게 미치는 영향은 긍정적일 수도 있고 부정적일 수도 있으며 또한 중립적일 수도 있지만, 일반적으로 장애 자녀를 둔 부모들은 일반 부모들에 비해서 훨씬 더 큰 스트레스를 경험한다.

이들이 겪는 스트레스는 단순히 장애 자녀의 출현으로 인한 것이 아니며 자녀의 양육과 관련된 일과로 인해서 가중된다(이명희, 2011 재인용).

장애의 정도에 따라서도 스트레스의 양상의 다르게 나타날 수 있는데, 장애의 정도가 심한 경우에는 양육의 일과가 과중해질 수 있으므로 이에 따른 스트레스가 생기는 반면, 장애가 경한 경우에는 일반 부모들이 경험하는 스트레스(예 학업성취, 친구 관계 등)를 추가적으로 경험할 수도 있다.

장애 아동 부모들이 장애 자녀의 출현으로 인한 스트레스를 얼마나 잘 극복할 수 있는지는 다음과 같은 세 가지 요소에 의해서 어느 정도 추측이 가능하다.

① 장애 자녀가 태어나기 이전의 심리적 상태 및 결혼생활의 행복한 정도

② 다른 사람들에게서 받는 정보 지원의 정도 및 질
③ 스트레스 대처를 위해서 사용하는 전략

물론 예외가 없는 것은 아니지만, 장애 자녀가 출현하기 전에 행복하게 생활하고 잘 적응했던 부모들은 이미 결혼생활이나 심리적인 면에서 문제를 지니고 있던 부모들보다 더 잘 적응한다고 말할 수 있다. 부모들이 장애를 지닌 자녀를 양육함에 있어서 서로 간에 주고받는 지원이나 친척, 친구들로부터 받은 사회적 지원은 스트레스에 대처하고 잘 적응하게 해주는 결정적인 역할을 한다. 이때 부모들이 받는 지원은 직접 양육의 일과를 도와주는 물리적 지원일 수도 있고 심리적 지원일 수도 있다.

부모들에 따라서는 장애 자녀의 출현이 예상하지 못했던 긍정적인 결과(예 가족 구성원들 간에 좀 더 가까운 관계를 유지하게 되거나 사회문제에 관심을 가지게 됨으로써 전체적인 삶의 모습이 변화하기도 한다.)를 가져다주기도 한다. 장애 자녀의 부모들은 장애가 없는 자녀를 둔 부모들에 비해서 스트레스를 더 많이 경험하는 것이 사실이지만 실제적인 가족의 기능에 있어서는 큰 차이를 보이지 않는 것으로 보고되고 있다. 그러나 이러한 긍정적인 측면이 장애 자녀로 인한 스트레스를 자동적으로 해결해 주는 것은 아니며, 가족들의 생활에 장애 자녀가 미치는 영향은 그대로 남아 있게 된다. 그러므로 이러한 긍정적인 변화를 보이는 부모들이라고 할지라도 장애 자녀로 인한 스트레스 대처를 위한 적절한 지원이 제공되어야 한다.

이러한 지원을 위해, 장애아 가족의 삶의 질을 향상시키는 관련 요인을 알아본 연구에 의하면(이창미, 2005 재인용) 장애 아동의 가족들이 중요하다고 인지한 가족 삶의 질 요인은 '가족의 상호작용(Family interaction)', '양육(Parenting)', '일상생활(Daily life)', '경제적 안녕감(Family well being)' 등 4가지이다.

4) 장애 아동의 형제 · 자매

(1) 형제 · 자매의 사회적-정서적 상황

① 장애 아동의 장애 정도에 의해 크게 영향을 받는다.

② 중도(重度)장애 아동의 자매: 부모 사망 후 돌보아야 한다는 책임의식

(2) 나타나는 문제

부모의 방임, 정서적 문제(과중한 부담, 장애 아동에 대해 우선적 욕구 부응 등), 육체적 고통(장애 아동을 돌보는 일을 부모와 분담), 부모의 교육방법의 차이(장애 아동과 일반 형제 · 자매에 대해 교육방법이나 정도를 차등 적용), 놀이 시 장애 형제 · 자매를 돌봄

(3) 형제 · 자매의 스트레스 경감요소

① 가족 간의 원활한 상호작용

② 평상시 가족 간의 원활한 의사소통 체계

③ 그들만의 자유시간과 자유공간 허용

④ 가족의 주변 환경들(예 이웃, 친구)이 있고, 몇 시간만이라도 다른 가족들에게 자유 공간이 허락될 때

4 장애 아동의 교육 실태

2008년 장애인 실태 조사에 따르면, 장애 아동의 74.5%가 보육시설과 교육기관을 이용하지 않는 것으로 나타났으며, 아동 보육시설 형태는 '일반 보육시설' 14.0%, '장애 전담 보육시설' 9.6%, '일반 보육시설 내 특수학급' 1.9% 등으로 나타났다. 안면장애, 장루 · 요루장애 등의 경우는 일반 보육시설 이용률이 가장 높았고, 뇌병변장애, 지적장애, 자폐성 장애 아동은 장애 전담 보육시설 이용률이 가장 높은 것으로 나타났다.

장애 아동 74.5%가 보육시설 및 교육기관을 이용하지 않는다는 것은 우리나라의 장애 아동을 제대로 관리할 수 있는 시설이 갖추어져 있지 않을 뿐 아니라 장애 아동에 맞는 교육을 할 수 없는 형태로 이루어져 있기 때문이다. 그래서 대부분의 장애 아동 부모는 보육시설 및 교육기관에서 차별과 인권침해를 받는 것보다는 본인이 보육하는 것이 오히려 낫다고 생각하고 있다. 하지만 이로 인하여 부모는 다양한 장애 아동에 죄책감과 수치심 같은 여러 가지 복잡한 감정으로 스트레스가 쌓이게 된다.

표 9-4 2008년 장애인 실태(현재 다니고 있는 보육시설 형태) (단위: 명, %)

구분	전국 추정수	일반 보육시설	일반 보육시설 내 특수학급	장애 전담 보육시설	다니지 않음
전체	31,955	14.0	1.9	9.6	74.5
지체	6,334	7.8	0.0	0.0	92.2
뇌병변	3,921	29.9	0.0	12.0	58.1
시각	1,723	0.0	0.0	0.0	100.0
청각	2,324	14.0	3.9	4.8	77.3
언어	779	30.0	13.5	0.0	56.5
지적	11,911	13.7	0.0	16.9	69.4
자폐성	4,022	9.3	10.6	11.8	68.4
정신	–	–	–	–	–
신장	–	–	–	–	–
심장	641	24.8	0.0	0.0	75.2
호흡기	–	–	–	–	–
간	137	16.1	0.0	0.0	83.9
안면	55	63.6	0.0	0.0	36.4
장루 · 요루	48	50.0	0.0	0.0	50.0
간질	60	0.0	0.0	0.0	100.0

※ 만 9세 이하 장애 아동을 대상

| 출처 | 한국보건사회연구원(2009). 2008 장애인 실태 조사. p. 236.

1) 특수 보육시설 및 장애 아동

2009년 12월말 특수 보육시설 현황을 살펴보면, 장애아 전담시설 수는 총 168개소이며 6,206명의 장애 아동을 담당하고 있으며, 장애아 통합시설은 총 806개소로 3,469명의 아동을 보육하고 있다. 설립 주체로 보면 시설 수는 '국 · 공립 보육시설' 431개소, '민간 개인 보육시설' 290개소, '법인 보육시설' 144개소 등의 순으로 나타났으며, 장애 아동 수는 '법인 보육시설' 4,254명, '국 · 공립 보육시설' 2,767명, '민간 개인 보육시설' 1,921명 등의 순으로 나타났다.

(1) 장애아 전담 보육시설

장애아만을 20명 이상 보육하기 위하여 「영유아보육법시행규칙」에 의한 시설 및 설비를 갖추고 상시 18명 이상의 장애아를 보육하는 시설 중 시 · 군 · 구청장이 장애아 전담 보육시설로 지정한 시설을 말한다.

(2) 장애아 통합 보육시설

정원의 20% 내에서 장애아반을 편성 · 운영하거나 장애아반을 별도로 편성하지 않은 체 장애아를 3명 이상 통합 보육하고 있는 시설을 말한다.

(3) 국 · 공립 보육시설

국가나 지방자치단체가 설치 · 운영하는 보육시설을 말한다.

(4) 법인 보육시설

「사회복지법사업법」에 의한 사회복지법인이 설치 · 운영하는 보육시설을 말한다.

(5) 부모협동 보육시설

보호자들이 조합을 결성하여 설치 · 운영하는 보육시설을 말한다.

(6) 가정 보육시설

개인이 가정이나 그에 준하는 곳에 설치 · 운영하는 보육시설을 말한다.

(7) 직장 보육시설

사업주가 사업장의 근로자를 위하여 설치 · 운영하는 보육시설을 말한다.

(8) 민간 보육시설

(1)~(7)에 해당하지 않는 보육시설로서 사회복지법인 외 법인 또는 개인이 설치 · 운영하는 보육시설(법인의 보육시설, 민간 개인 보육시설)

(9) 장애 아동 수

아동자격이 영유아(장애아무상보육)인 아동 수를 말한다.

Tip

장애 아동 "우리도 유치원 가고 싶어"

무상교육 포함되면 뭐하나… 97.5%가 안 다녀

"집 근처 유치원을 찾았는 데 아예 대놓고 특수 유치원을 알아보라고 하더라고요. 일반 유치원은 아이도 힘들고 비(非)장애 아동 엄마들도 싫어한다면서…"

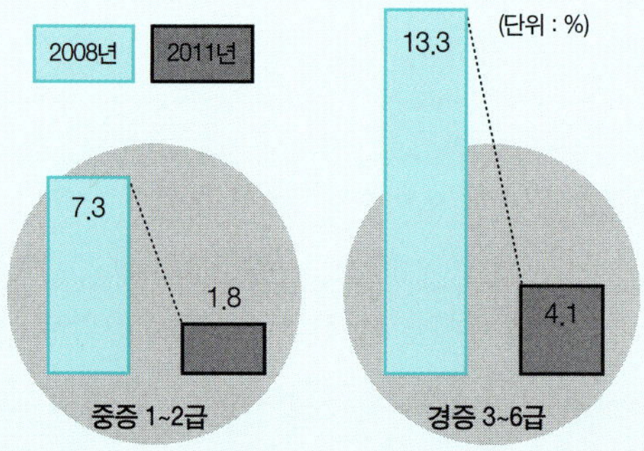

서울 관악구에서 지적장애 3급 아들(5)을 키우는 한모(39 · 여) 씨는 최근 직장을 그만뒀다. 아들이 입학한 유치원에서 더 이상 아이를 돌볼 수 없다고 통보해 왔기 때문이다. 원장은 "다른 아동 학부모들이 폐쇄회로(CC) TV를 확인하고서는 장애 아동과 자신의 아이를 함께 교육시킬 수 없다는 입장을 전해 와 어쩔 수가 없었다."고 말했다. 근처 다른 유치원을 찾았지만 아이의 장애를 밝히자 교사들은 한결같이 곤란한 표정을 지었다. 결국 한 씨는 직접 아이를 돌보기로 했다.

지난해 장애 아동을 위한 무상 교육이 유치원 과정으로 확대됐지만 대다수 장애 아동에게 유치원 입학은 여전히 먼 나라 얘기다. 특수 학급이 설치된 유치원이나 특수학교가 턱없이 부족하기 때문이다. 아예 유치원 입학을 포기하는 장애 아동과 학부모가 적지 않다. 인천 연수구에서 4세 지적장애 2급 딸을 키우는 신모(32 · 여) 씨는 아침마다 남동구를 찾는다. 집 근처에는 특수 학급이 있는 유치원이 없어서다. 오전 7시 40분쯤 출발하는 유치원 버스를 타려면 새벽 6시에 일어나 준비해야 한다. 잠에서 덜 깬 아이가 울음을 터뜨리기라도 하면 신 씨는 속상한 마음에 가슴을 친다고 했다.

「장애인 등에 대한 특수교육법」 제3조에 따르면 '특수교육 대상자에 대하여는 유치원, 초등학교, 중학교 및 고등학교 과정의 교육을 의무 교육으로 한다'고 명시하고 있지만 실제 장애 아동의 97.5%는 유치원을 다니지 않고 있는 것으로 나타났다. 보건복지부의 장애인 실태 조사에 따르면 전체 장애 아동의 유치원 이용률은 2008년 9.3%에서 2011년 2.5%로 6.8% 포인트 감소했다. 이 가운데 1~2급 중증 장애 아동은 7.3%에서 1.8%로, 3~6급 경증 장애 아동은 13.3%에서 4.1%로 줄었다.

유치원 관계자는 6일 "특수 아동을 돌볼 교사가 턱없이 부족한 데다 비장애 아동 부모들이 특수 학급 설치를 꺼린다."고 밝혔다. 서울시의 한 유치원 원장은 "장애 아동이 유치원에 오면 교사들도 힘들어하고 비장애 학부모들이 불만을 제기하는 등 불편한 점이 많아지는 게 사실"이라면서 "기분이 상하지 않게 특수학교를 찾아보라고 한다."고 말했다.

사정이 이렇다 보니 대부분의 장애 아동 부모들은 아이를 "보낼 곳이 없다."고 호소한다. 지난해 기준으로 장애아 대상 특수학급을 마련한 유치원은 3.6%에 불과했다. 김치훈 전국장애인부모연대 정책실장은 "장애, 비장애 통합교육을 강조하고 있지만 일선 현장에는 인식 부족으로 거부하는 일이 많고, 이는 단순히 특수교육법을 위반하는 것이 아니라 장애인차별법을 위반하는 것"이라면서 "특수교사를 적극 배치하고 필요하다면 특수보조원 등을 두어야 한다."고 주장했다. 또 "특수학급 설치를 요구할 수 있는 권리가 있는 데도 학부모들이 잘 모르는 경우가 많다."면서 "정부가 정책 홍보에도 힘써야 할 것"이라고 덧붙였다.

| 출처 | 명희진 기자(2013. 6. 7.). 장애 아동 "우리도 유치원 가고 싶어". 서울신문.

2) 장애인구의 교육 수준

2008년 장애인의 교육 정도를 보면, '초등학교' 33.0%, '고등학교' 24.4%, '중학교' 15.9%, '무학' 16.5%, '대학 이상' 10.2% 등의 순으로 나타났으며, 무학을 포함한 중학교 이하의 학력이 65.4%로 과반수 이상을 차지하였다. 청각장애의 무학의 비율이 23.6%로 가장 높고, 간장애는 대학 이상의 비율이 28.3%로 가장 높아 장애유형이 약간의 차이가 있는 것으로 나타났다.

표 9-5 장애인구의 교육 수준 (단위: %)

구분	전체	무학	초등학교	중학교	고등학교	대학 이상
전체	100.0	16.5	33.0	15.9	24.4	10.2
지체	100.0	16.5	33.9	14.3	25.2	10.1
뇌병변	100.0	14.7	35.8	19.9	19.6	10.0
시각	100.0	18.0	31.9	16.5	22.4	11.1
청각	100.0	23.6	36.5	15.3	16.0	8.6
언어	100.0	17.7	28.6	15.4	25.2	13.2
지적	100.0	20.4	29.8	17.9	29.0	2.9
자폐성	100.0	14.3	48.0	14.8	20.3	2.6
정신	100.0	5.4	16.2	19.9	38.5	20.1
신장	100.0	6.7	27.0	16.6	34.8	14.9
심장	100.0	10.7	34.0	22.5	21.2	11.7
호흡기	100.0	10.0	42.2	17.0	19.3	11.6
간	100.0	3.7	17.7	19.2	31.1	28.3
안면	100.0	6.1	20.4	16.8	37.3	19.4
장루 · 요루	100.0	14.4	32.3	20.6	22.5	10.1
간질	100.0	3.8	21.1	20.0	40.3	14.9

| 출처 | 한국보건사회연구원(2009). 2008 장애인 실태 조사. p. 120.

3) 장애인시설 종사자 실태

장애인시설의 종사자는 장애인시설 종사자 규정에 따라 4.7명당 2명이다. 하지만 이는 24시간을 근무 체계라고 할 경우에 실제로는 4.7명당 1인이 12시간을 근무하는 것을 원칙으로 하며, 연중무휴 근무 체계를 전제로 하고 있기 때문이다. 「근로기준법」에 따른 주 5일 40시간 근무 체계를 기준으로 하면 이는 준수할 수 없는 것이 현실이다. 중증장애인시설의 경우에는 생활재활교사 1인이 장애인 4.7명을 12시간 돌본다는 것은 매우 불가능하다는 것이다. 장애인시설 종사자의 기준은 다음 |표 9-6|과 같다.

표 9-6 장애인시설 종사자 기준

구분	내용
원장	• 시설 당 1명
사무국장	• 시설 당 1명, 다만 정원 30인 이상인 시설
사무원	• 시설 당 1명, 다만 정원 30인 이상인 시설
생활지도원 (생활재활교사)	• 중증 및 영유아장애인 4.7명 당 2명, 아동장애인 4명 당 1명, 지적 장애 및 시각장애인 5명 당 1명, 지체 및 청각 · 언어장애인 10명 당 1명
언어치료사	• 중증 · 청각, 언어 · 지적 · 영유아장애인 30인 이상 시설 당 1명
물리치료사	• 중증 · 지적 장애 · 지체 · 영유아장애인 30인 이상 시설 당 1명
작업치료사	• 중증 · 지적 장애 · 지체 · 영유아장애인 30인 이상 시설 당 1명
사회재활교사	• 시설 당 1명, 다만 정원 30인 이상인 시설

5 장애아동복지 서비스

우리나라의 장애인 관련법이 새롭게 제정하거나 개정됨에 따라 장애인복지 서비스가 확대 실시되어지고 있다. 장애인의 유형도 다양하게 분류함으로써 장애인복지를 좀 더 체계화하려는 노력을 하고 있다.

1) 장애예방사업의 필요

장애원인은 전반적으로 후천적 원인이 90.0%로 높게 나타났다. 이러한 사실은 비장애인으로 생활하다가 질병이나 사고로 인해 장애인이 되는 현상을 보여주는 것이며, 장애예방의 중요성을 보여주고 있는 것이다.

이러한 장애예방사업을 위하여 정부에서는 생애 단계별에 따른 장애인복지 발전 계획을 세웠다.

첫째, 출생 전 지원 내용으로는 모자보건 사업 강화로 선천적 장애 발생 예방을 한다. 임산부 건강진단 내실화와 유전 상담 강화를 하며, 선천성 대사 이상 검사를 확대 실시한다.

두 번째는 출생 후 미숙아 및 선천성 이상아 등록 관리를 한다. 심신장애 발생률이 높은 저체중 출생아 등 미숙아와 선천성 이상아 보건소 등록 체계 확립을 한다. 저소득가정 미숙아 및 선천성 이상아 의료비를 지원한다. 장애인 등록관리 체계 구축을 하여 장애 개념 정립 및 범주의 지속적 확대 및 등록 장애인 DB 구축을 한다.

세 번째는 유아기로서 저소득 계층 영유아 건강진단 및 보건소 영유아 성장 · 발달 스크리닝 기능강화를 한다. 또한 유아특수교육 지원 확대를 위하여 유아특수교육기관 증설 및 교육비 지원 확대를 한다. 중증장애를 가진 영유아 생활 복지시설 확충을 한다. 그리고 중증장애를 가진 영유아 생활 복지시설을 확충한다.

네 번째는 아동 · 소년기를 위하여 장애학생의 특수교육 진단 체계를 확립한다. 그리고 재택 장애 아동 학교교육 지원 및 특수학급, 특수학교를 증설하고자 노력하고 있다. 특수교육 대상 학생 통합교육기회 확대 및 장애 아동 부양수당 지급 수준 현실화를 하고자 노력하고 있다. 뿐만 아니라 자녀교육비 지원 확대와 장애 아동 보육 지원을 확대 실시하고 있다.

2) 경제적 지원의 필요

장애인 가구의 월평균 소득은 최근 많이 향상되고 있으나, 비장애인 가구에 비해 절반 수준을 조금 상회하는 수준이다. 이는 장애 아동 가족의 소득의 절반 이상이 장애 아동에게 들어가고 있기 때문이다. 특히 장애인의 68.5%가 현재 장애로 인하여 월평균 15만 9천 원을 추가로 지출하고 있는 것으로 나타났다. 장애인의 추가비용 보전을 위하여 장애연금 도입 시 이러한 추가비용의 보전이 반드시 이루어져야 한다고 사료되어진다. 이러한 추가비용의 보전은 장애유형별 추가비용의 차이가 반영되어야 하며, 이러한 점은 장애연금 제도도 장애유형별로 차등을 둘 필요가 있다고 본다. 현실적으로 보장되어지는 의료비는 중증장애 아동들에게는 정말 소중하게 잘 쓰여지고 있다. 하지만 경증 장애 아동 즉, 지적 장애 및 발달장애 아동의 경우는 심리치료 및 음악치료, 미술치료와 같은 프로그램을 지원 받음으로써 장애 아동의 감수성 성장과 지능적인 어느 정도는 발달시킬 수 있는데 우리나라의 경우는 현실적으로 이러한 프로그램에 대하여서는 의료비로 지원이 되지 않고 있다. 최근 바우처 사업으로 진행되고 있기는 하지만 이러한 혜택을 받기 위해서는 지적 장애와 발달장애 아동은 대기를 하고 있어야 한다. 앞으로 현실적인 경제적 지원이 필요하다고 본다.

3) 의료재활 서비스의 필요

장애에 대하여 장애인의 50.5%가 현재 치료를 받고 있는 것으로 나타났고, 49.5%는 현재 치료를 받고 있지 않은 것으로 나타났다. 현재 치료받고 있지 않는 주된 이유로는 '치료해도 효과가 없다고 해서' 가 50.8%로 가장 높았고, 그 다음으로 '치료해도 나을 것 같지 않아서' (33.5%), '그대로 두어도 괜찮을 것 같아서' (7.4%), '경제적으로 어려워서' (4.9%) 등의 순으로 나타났다.

거의 50% 정도가 치료를 받지 않는 것은 장애인에 대한 맞춤형 의료 서비스가 현실적으로 이루어지고 있으며, 특히 장애 아동의 경우 아동 성장 · 발달을 감안한 의료재활 서비스가 거의 이루어지지 못하고 있는 실정이다. 장애인의 의료재활은 현재 주로 병원을 중심으로 이루어져 있으며 이나마도 전국적인 분포가 적절하게 분포되어 있지 않다. 장애 아동의 경우 성장하면서 나와 다른 아이들이 다르다는 것을 느끼면서 심리적으로 혼란을 경험하기도 하는데, 이러한 경우 장애 아동들이 심리치료를 받게 하여 심리적 안정감을 가질 수 있도록 하여야 함에도 불구하고 이러한 심리치료센터는 꿈도 꾸지 못하고 있는 실정이다. 따라서 장애 아동들을 치료할 수 있는 의료시설 및 재활시설을 확대 설치하여야 하며, 지역사회 내에서 다양한 재활 프로그램을 마련하여 장애 아동들이 퇴보하거나 퇴행하지 않도록 지원 체계를 구축, 강화해나가야 필요가 있다고 본다.

4) 장애 아동 가족 지원 필요

우리나라에서 장애 아동의 가족은 다양한 스트레스와 경제적 어려움과 차별과 주변의 따가운 시선을 경험하게 되는데, 이 모든 문제를 장애 아동 가족의 문제로 치부하고 있다. 장애 아동의 부모는 아이의 양육, 교육, 치료, 비장애 형제에 대한 미안함을 모두 떠안아야 하는 정신적 · 신체적인 부담으로 작용한다. 현실적으로 우리나라의 경우는 장애 아동에 대하여 그나마 지원폭이 점점 확대되어지고 있는 것은 사실이지만, 장애 아동 가족을 위한 부모교육, 가족상담, 비장애 형제를 프로그램은 아직 미흡한 실정이다. 이에 장애 아동 가족에 대한 부담감을 좀 덜어 줄 수 있도록 가족의 기능 및 능력을 강화하고, 특히 장애 아동 어머니의 부담을 감소시켜 주어서 스스로도 행복을 찾을 수 있도록 하여야 한다고 사료된다. 이를 위해서는 정부 및 사회적 인식 차원에서도 사회통합적 관점에서 장애 아동과 그 가족에 대한 가족 중심 지원 프로그램을 개발하고 보급하고 제공하여야 하며, 장애 아동 가족에 대한 종합적인 서비스가 지원될 수 있도록 하여야 한다.

5) 장애 아동에 대한 사회적 인식 변화 필요

장애인의 36.2%가 집밖 활동시 불편함을 느끼고 있는 것으로 나타났다. 특히, 자폐성장애(72.9%)와 뇌병변장애(68.0%)가 다른 장애유형에 비해 집밖 활동시 불편 정도가 심한 것으로 나타났다.

장애인의 집밖 활동시 불편한 이유는 '장애인 관련 편의시설이 부족해서' 가 47.5%로 가장 높았고, 그 다음으로 '외출시 동반자가 없어서' (38.2%), '주위 사람들의 시선 때문에' (13.7%)의 순으로 나타났다.

특히, 지체장애는 장애인 관련 편의시설 부족(65.7%), 자폐성 장애는 외출시 동반자가 없어서(71.7%), 안면장애는 주위 사람들의 시선 때문에(93.7%)가 높은 비율을 차지하고 있다. 또한 장애인들의 문화 및 여가 활동에 대한 만족도는 '만족한다(19.2%)', '보통이다(39.3%)', '불만족한다(42.1%)' 로 2005년 조사결과에 비하여 불만족의 비율이 줄고, 만족과 보통의 비율이 증가하여 문화 및 여가 활동에 대하여서는 만족도가 향상된 것으로 보인다(보건복지부, 2009).

우리나라는 이렇게 사회적으로 장애 아동을 위한 편의 시설이 부족할 뿐만 아니라 사회적 편견이 산재하고 있다. 예를 들면, 장애 아동들이 취학 및 학교생활을 함에 있어서 많은 어려움에 부딪힌다. 학교에 장애 아동을 받아 줄 수 있는 시설이 부족하다는 이유로 아직도 학교진학을 거절당하는 일이 있기도 하며, 장애 아동 특수학교가 부족하여 몇 시간을 차를 태워서 학교를 보내야 하는 일을 감수하여야 한다.

장애 아동을 위하여서는 장애 아동 특수학교가 더 증설되어져야 하며, 일반 아동과 함께 어울려 성장하면서 발달할 수 있다.

입양 아동복지

Chapter 10

입양은 생물학적 부모자녀 관계가 아닌 가슴으로 부모-자녀 관계를 맺는 것이다. 최근 입양에 대한 관심도가 높아지고 있으나, 선별하여 아동을 입양하거나, 목적성을 가지고 아동을 입양하여 사회적 물의를 일으키는 경우가 종종 있다. 그리고 연령, 아동이 가지고 있는 심리적 특성, 연계기관, 가족의 적응 정도에 따라 입양 아동의 경우는 성장 환경이 달라질 수도 있다. 그래서 본 장에서는 입양의 개념, 입양유형, 입양절차, 입양 현황, 입양 아동을 위한 복지실천으로 살펴보고자 한다.

1 입양의 개념

입양은 생물학적 과정을 통해서가 아니라 법적 · 사회적 관계에 의해서 친자 관계를 맺는 것으로서 친부모로부터 아동의 현재와 미래에 대한 모든 권리와 의무가 소멸되고 행정적 · 법적 권한에 의해 혈연관계가 없는 타인에게 양육의 권리와 의무가 이양되는 것을 말한다(이소희 외, 2004). 즉, 입양이란 친부모가 아동을 키울 능력이 없거나 키우려고 하지 않을 때 그 아동에게 대체 가정을 제공하는 것으로서 출산에 의한 관계가 아닌 법적 · 사회적 과정 안에서 부모-자녀 관계를 형성하고 입양된 아동이 친자녀와 동등한 자격과 권리를 갖고 혜택을 누리게 하는 것이다(이순형 외, 2006).

입양의 개념에 대해 카두신(Kadushin)은 아동과 그의 친부모가 아닌 사람 사이에 친자 관계를 맺게 하는 법적 · 사회적 과정이라고 하였고, 미잔(Meezan)은 아동과 친부모 간의 관계를 단절하고 혈연관계가 없는 사람들 사이에 새로운 부모-자녀 관계를 법적으로 설정함으로써 하나의 가정을 창출해내는 법적인 과정이라고 정의하였다. 프레드릭슨(H. Fredericksen)은 입양을 아동의 복지권으로 보고 아동은 건전하게 키워질 권리가 있고 정상적인 가정생활을 누릴 수 있는 권리와 부모의 보호를 받을 권리가 있으며, 아동들에게도 이들 권리를 누리게 하여야 한다고 주장했다(정순란, 2004).

우리나라에서 현대적 의미의 입양문제가 대두된 것은 한국전쟁이다. 전쟁이라는 특수한 상황에 의해 발생한 수많은 요보호 아동들의 해외입양을 중심으로 입양이 시작되어, 현대 사회로 넘어와 성 윤리 및 가치관의 변화, 실업과 질병, 빚 등으로 인한 빈곤을 겪으면서 가정을 가질 권리를 박탈당한 아이들에게 가정을 대리할 수 있는 다양한 정책과 서비스 등의 원조가 필요한 경우, 자신의 인종 집단, 국가, 문화 집단과 종교 집단에서 가정을 찾는 노력이 우선시 되어야 하며, 아동이 속한 지역사회 밖에서 입양가정을 찾으려는 노력은 그것이 불가능하다는 것이 명백해졌을 때에만 시도되어야 한다. 이러한 원칙은 UN의 아동권리협약에도 나타나 있는데, 아동권리협약에는 아동의 출생국가에서 아동이 양육될 수 없는 경우에만 해외입양을 아동양육의 대체수단으로 고려해야 한다고 명시하고 있다(홍순혜 · 박미정, 2007).

우리나라의 「아동복지법」 제2조(기본 이념)에서 아동은 자신이나 부모의 성별, 연령, 종교, 사회적 신분, 재산, 장애유무, 출생지역 등에 따른 어떠한 종류의 차별도 받지 아니하고 자라야 한다. 또한 아동은 완전하고 조화로운 인격발달을 위하여 안정된 가정환경에서 행복하게 자라나야 하며 아동에 관한 모든 활동에 있어서 아동의 이익이 최우선적으로 고려되어야 한다고 하였다. 또한 「아동복지법」 제4조는 국가와 지방자치단체는 아동의 안전 · 건강 및 복지증진을 위하여 아동과 그 보호자 및 가정을 지원하기 위한 정책을 수립 · 시행하여야 한다.

2 입양의 유형

입양의 유형은 입양 사실에 대한 공개성의 정도에 따라 비공개입양, 공개입양, 완전공개입양, 제한공개입양으로 나눌 수 있고, 입양을 하는 주체에 따라 독립입양과 기관입양으로 나눌 수 있다.

1) 독립입양

독립입양은 단독입양 혹은 개인입양이라고도 하는데, 이는 입양기관을 통하지 않고 이루어지는 입양을 말한다. 즉, 친부모가 가족이나 친구, 이웃에 직접 아동을 입양시키거나 아는 사람을 통해서이거나 의사나 변호사 등 제3자의 소개로 입양시키는 경우들이 있다. 우리나라에서는 전통적으로 대를 잇기 위하여 자식이 없는 형제에게 입양했던 형태가 여기에 속한다. 이는 전문적인 지원을 받을 수 없고 적절한 의료혜택, 필요한 경제적 · 사회적 도움을 받지 못하고 입양 아동이 문제 가정에 배치될 수 있고 입양에 관한 일정한 기록보관이 어렵다. 그래서 입양에 대한 부정적인 편견을 심어주는 원인이 되고 있다(윤연옥, 2008 재인용).

2) 기관입양

보건복지부의 인가를 받은 아동복지기관에서 이루어지는 입양을 말하는 것으로, 입양기관에서 전문가에 의해 친생부모로 하여금 친권을 포기하게 하고 기관이 모든 법적대리인이 되어서 입양절차를 밟게 되는 경우를 말한다. 기관입양은 양쪽 부모 및 가정을 조사하여 가정 적절한 가정과 연결시켜 준다(윤연옥, 2008 재인용). 우리나라의 경우는 입양기관을 통해서만 입양이 가능하도록 법에 규정되어 있다. 기관입양은 서류상의 절차가 약간 복잡하며 입양을 기다리는 기간이 길다는 단점이 있다(서란숙, 2007). 하지만 기관에 도움을 받을 경우에 전문가의 도움으로 사후관리까지 받을 수 있으며, 신중하게 입양아동에 대한 모든 정보를 제공받음으로써 입양아를 양육함에 큰 도움이 된다.

3) 공개성 입양

공개의 범위와 입양 당사자 간에 이루어지는 접촉에 있어 미국이나 유럽 국가들과는 다소 차이가 있다. '공개' 에 대한 개념도 명료하게 정리되어 있지 않아 국내 학자에 따라 한국의 입양유형을 '공개입양' 으로, 미국이나 서구의 입양유형을 '개방입양' 으로 부르기도 하며, 입양실무에서도 '공개' 에 대한 개념이 획일적이지 못하다. 국내에서 의미하는 공개입양은 외국에서 이야기하는 공개입양과는 다소 다른 의미로 사용되고 있다. 미국이나 유럽에서의 공개입양은 아동과 친생부모, 입양부모가 입양기관을 중심으로 서로에 대한 정보를 공유하며 협의를 통해 정기적인 접촉을 갖는 것을 의미한다.

이러한 외국의 공개입양을 우리나라의 공개입양과 구분하기 위해 '개방입양'으로 분류하고 있다(배태순, 2000 재인용). 하지만 우리나라의 공개입양은 입양 사실을 입양된 아동이나 다른 사람에게 비밀로 하자고 하는 다소 소극적인 반응을 보이므로, 외국의 공개입양과는 차이가 있다. 뿐만 아니라 우리나라 현재 입양실무에서도 공개입양에 대한 명확한 개념이 세워져 있지 않다.

4) 비공개입양

생물학적 부모가 누구인지 양친 또는 양자에게 비밀로 하여 입양을 하는 것이다. 입양부모는 입양 아동뿐만 아니라 주위의 모든 사람들에게 입양 사실을 숨기고 마치 입양부모가 입양 아동을 출산한 것처럼 가장하여 꾸미고 비밀로 한다. 국내 비밀입양의 배경에는 혈연에 입각한 우리나라 가족 제도 안에서 입양은 입양 아동이 부정적인 오해와 편견으로 부당한 대우를 받을 수 있는 것을 우려하고, 불임사실을 알리지 않기 위해서 입양부모가 입양 사실을 감추고 비밀로 한다. 입양부모는 입양 사실을 비밀로 하였기에 입양 후에 부딪히는 양육과 관련된 문제들을 도움 받지 못하고 스스로 해결하기 위해 노력해야 하며 이에 따른 가중한 스트레스를 받게 된다. 이러한 스트레스 양상은 다른 가족 구성원들에게도 영향을 미칠 수 있어 위기의 상황에 처해지기도 한다(송희연, 2005 재인용).

5) 완전공개입양

최근 우리나라에서도 많은 연예인들이나 저명인사들이 사용하고 있는 입양 형태로 입양 아동과 주변인들이 모두 입양 사실을 알게 한다. 또한 친생부모와 입양부모가 편지나 사진과 같은 정보 교환을 입양기관을 통해 지속적으로 갖는 경우이다.

친생모의 출산과 산후조리를 입양부모가 함께하고 양육과정에 친생부모가 개입하는 사례가 있지만, 입양 아동의 연령이 2세 미만의 가족 사례이므로 입양 아동에게는 정체성의 혼란이 가중될지 어떨지는 아직 그 사례가 돌출된 바 없기에 입양 아동에게 긍정적인 제도인지 확인할 수 없는 실정이다(송희연, 2005).

6) 제한공개입양

입양부모가족이나 친 · 인척, 가까운 이웃 등 아주 가까운 지인들만 입양사실을 공유하고, 입양 아동에게는 입양사실을 알리지 않는 것을 말한다. 입양 아동은 자신이 입양된 사실을 알지 못하며 입양부모가족이나 친 · 인척, 가까운 이웃 등 극히 친밀하고 제한된 범위의 사람들에게만 입양 사실을 공유하는 것을 의미한다.

대부분의 입양 관련 전문가들은 입양부모와 친생부모에게 이득을 준다고 한다. 그러나 입양을 공개하는 것이 온전하게 입양 3자에게 이득만을 주는 것은 아니다. 비공개입양에 비해 공개입양 아동은 자신의 기원에 대한 진실을 알 권리를 부여받지만 정신적 상처를 최소화할 뿐이지 고통이 없는 건 아니기 때문이다. 입양을 공개하는 것은 입양부모와 친생부모에게 긴장을 주게 되며, 이것은 입양가족의 관계에 영향을 미치게 되며, 입양 아동에게는 두 부모 집단에서 정체성의 혼란을 겪게 할 수 있다. 양면성을 가진 공개입양을 만족스럽게 진행하기 위해서는 아동의 입양 전에 입양부모와 친생부모가 모두가 원하는 공개 정도를 선택할 수 있어야 한다. 또한 아동의 성장 단계에 맞는 입양 후 사후관리에 대한 프로그램과 교육이 입양가족을 대상으로 지속적으로 이루어져야 한다.

3 입양절차

요보호 아동이 발생하면 입양기관이나 보호시설의 장은 먼저 시 · 군 · 구청장에게 수용보호를 의뢰하며 입양 아동에 대한 후견인 지정을 신청하고 후견인으로 결정된 보호시설의 장은 보호시설의 소재지를 관할하는 시 · 군 · 구청장에게 부양의무자 확인공고를 의뢰한다. 이때 미혼모를 포함한 친권자나 후견인이 입양에 동의한 아동은 제외되며, 기아인 경우는 성과 본을 창설하고 입양 대상 아동확인서 발급을 의뢰한다. 입양대상자 아동확인서는 양자로 될 자의 거주지를 관할하는 시 · 군 · 구청장이 발급한다 (도미향 외, 2009).

이렇게 입양 대상으로 선정된 아동은 입양기관의 입양 알선에 따라 입양부모에게 인도된다. 입양을 진행하는 절차는 입양기관마다 약간의 차이가 있지만, 대개 다음과 같은 절차를 밟는다.

Tip

입양자격 및 절차

입양자격

- 25세 이상이며 아동과의 연령 차이가 60세 이내(독신자의 경우 35세 이상, 연령차이 50세 이하)여야 한다.
- 양자를 부양하기에 충분한 재산이 있어야 한다.
- 양자가 될 아동이 복리에 반하는 직업이나 그 밖에 인권침해의 우려가 있는 직업에 종사하지 아니해야 한다.
- 양자에 대하여 종교의 자유를 인정하고 사회의 구성원으로서 그에 상응하는 양육과 교육을 할 수 있어야 한다.
- 양친이 될 사람이 아동 학대 · 가정폭력 · 성폭력 · 마약 등의 범죄나 알코올 등 약물중독의 경력이 없어야 한다.
- 또한 양친이 되려는 사람은 입양의 성립 전에 입양기관 등으로부터 보건복지부령으로 정하는 소정의 교육을 마쳐야 한다.

초기상담 시 구비서류

- 원본, 6개월 이내의 서류, 단 건강진단서 3개월 이내

기혼가정

가족관계증명서, 혼인관계증명서
주민등록등본, 가족사진
건강진단서(부부 각각)

독신가정

가족관계증명서, 주민등록등본
건강진단서, 가족사진, 입양자격추천서
자녀양육계획서
소득 수준 관련 증명

※ 구비서류는 입양기관에 따라 차이가 있을 수 있음

입양자격

1 | 가족과의 충분한 합의

- 입양에 대한 가족구성원들 간의 의견 교류

2 | 입양상담 및 신청

- 입양기관에 입양상담 및 양친가정조사신청서 제출

〈구비서류〉

❶ 양친가정조사신청서(별지 제6호 서식)
❷ 가족관계증명서
❸ 혼인관계증명서
❹ 주민등록등본

3 | 입양부모의 가정조사 및 가정방문

❶ 입양기관 사회복지사의 가정방문(2회 이상)
❷ 양친가정조사서 작성(입양기관/별지 제6호 서식)
❸ 신청인에게 양친가정조사서 발급(입양기관)
❹ 양친될 자의 범죄경력조회(입양기관, 경찰관서)

4 | 입양부모교육

- 입양기관으로부터 소정의 입양관련 내용 교육 이수 후 양친교육 이수증명서(별지 제1호 서식) 발급

5 | 아이 선보기

- 입양기관의 아동 추천 후 아이 선보기

6 | 가정법원에 입양서류 제출

- 가정법원에 입양허가 신청

〈구비서류〉

❶ 입양허가신청서
❷ 신청관련 사항 목록
❸ 기본증명서, 가족관계증명서, 주민등록등본(사건 본인)
❹ 혼인관계증명서, 가족관계증명서, 주민등록등본(청구인들)
❺ 입양대상아동확인서

⑥ 양친될 사람의 범죄경력조회 확보
⑦ 양친가정조사서
⑧ 양친될 사람의 교육이수증명서
⑨ 입양동의서

7 | 입양의 허가

- 가정법원의 인용심판 확정으로 입양허가

8 | 입양 & 아동의 인도

① 가정법원의 입양허가가 결정된 후 아동을 양부모에게 인도
② 인도 시 아동관련 기록 및 물품 전달

9 | 입양신고

- 가정법원의 허가서를 첨부하여 가족관계등록 등에 관한 법률에 정하는 바에 따라 신고(친양자 입양신고)

10 | 사후관리

- 입양 성립 이후 입양기관은 1년 동안 양친과 양자의 상호적응을 위하여 사후 서비스를 제공하여야 함

| 출처 | 중앙입양정보원(2013). www.kcare.or.kr

4 입양 현황

우리나라에서는 한국전쟁으로 발생한 혼혈 아동과 전쟁고아에 대한 국외입양이 먼저 시작되었다. 당시 입양은 전쟁고아와 혼혈아에 대한 해외입양을 위한 법적 근거를 마련하였고, 국내입양 활성화를 위한 정책과 위탁가정 사업을 추진하게 되었다.

1961년 국내입양을 전담하는 기관이 설립되면서부터 실제적인 입양사업이 진행되었다. 현재 전국 23개의 입양기관이 있으며 이중 4개 기관은 국내·외 입양을 함께 전담하고 있다. 2006년까지는 국외입양이 국내입양에 비해 높은 비율을 보였으나 국내입양

활성화를 위한 정부와 입양기관, 입양부모 자조 모임의 적극적인 노력으로 입양과 관련한 환경이 개선된 가운데 2007년부터는 국내입양이 국외입양의 비율을 앞서게 되었으며, 2009년에는 국내 1,314명, 국외 1,125명의 입양 아동 현황을 보이고 있다(조민혜 외, 2010).

표 10-1 국내 · 외 입양 현황 (단위: 년, 명)

구분	2003	2004	2005	2006	2007	2008	2009
국내	1,564	1,641	1,461	1,332	1,388	1,306	1,314
국외	2,287	2,258	2,101	1,899	1,264	1,250	1,125
계	3,851	3,899	3,562	3,231	2,652	2,556	2,439
장애아	669	764	764	725	540	153	133

| 출처 | 보건복지부(2009). 2009년 국내 · 외 입양 현황.

우리나라의 대표 입양기관에서는 국외와 협약을 맺고 아동을 입양하고 있다. 홀트의 경우는 미국, 덴마크, 노르웨이, 프랑스, 룩셈부르크와 협약을 맺었으며, 동방은 미국, 호주 그리고 대한은 미국, 스웨덴, 캐나다, 이탈리아이다. 그리고 한국아동복지회는 미국과 협약을 하였다. 이러한 입양기관의 성별, 발생유형별, 아동상태별 입양 현황은 다음과 같다.

표 10-2 입양기관의 성별, 발생유형별, 아동상태별 입양 현황 (이주허가 기준, 2012. 1. 1.~12. 31.) (단위: 명)

기관명	계	성별		발생유형별			아동상태별		연령별		
		남	여	미혼모 아동	기아 빈곤	결손 가정	비장애	장애	1세 미만	1~3세	3세 이상
계	755	590	165	696	1	58	398	59	33	713	9
홀트	298	224	74	258	1	39	209(3)	89(1)	–	298	–
동방	228	174	54	227	–	1	202	26	–	223	5
대한	229	192	37	211	–	18	196	33	33	192	4

| 출처 | 보건복지부(2012). 2012년도 국내 · 외 입양 통계.

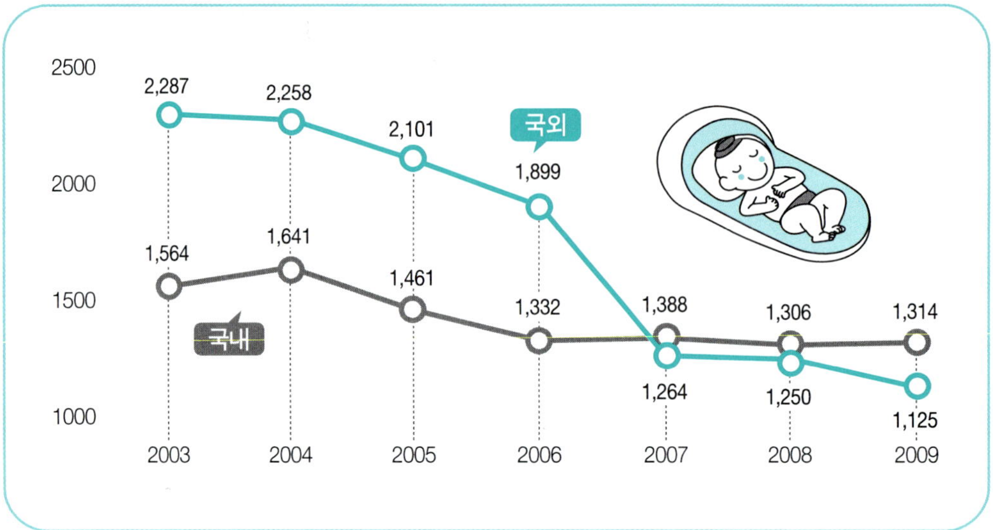

그림 10-1 국내 · 외 입양 현황 (단위: 명)

| 출처 | 보건복지부(2009). 2009년 국내 · 외 입양 현황.

2007년부터는 국내입양이 국외입양보다 증가하였다. 하지만 한국 입양부모들은 약 95%가 생후 5개월 미만의 신체적 · 정신적 이상이 없는 신생아들을 입양하고 있으며, 입양한 아동을 자신이 낳은 친자로서 호적에 입양하고 있다. 입양한 아동을 자신이 낳은 친자로서 호적에 입적시키고 있다(배태순, 1993). 아동을 입양한 후 입양부모들은 정당한 보호양육권을 가지는 유일한 부모라는 사실을 인정받고 입양을 철저히 비밀로 하여왔다. 우리나라의 입양은 입양부모들의 불임문제를 해결하고 사회문제로 간주되는 혼외출산의 사생아 문제를 해결하는 수단으로 가정이 없는 아동에게 가정을 제공해주는 아동 중심적인 것이 아니라 아동이 없는 가정에 아동을 제공해주는 입양부모 중심으로 추진되어 왔던 것이다.

특히, 우리나라의 입양문화는 철저하게 비밀입양으로, 이는 혈연 중심의 가족문화와 입양에 대한 부정적인 인식 때문이었다. 비밀입양은 아동의 입양된 이유와 생모에 대한 정보를 알 권리가 무시된 것이다. 또한 아동의 정체성과 친생부모에 대한 알 권리가 무시되고, 친생부모는 부모로서의 정체성을 인정받지 못하고, 입양부모도 불임으로 인한 슬픔을 억압해야 하는 비밀입양 체계에서는 입양가정에 대한 진정한 논의가 어려울 것이다. 특히 해외입양인의 심리 · 사회적 적응을 조사한 연구의 결과에서는 입양에 대해 개방적으로 의사소통을 하지 못해 친생부모에 대한 환상이 클수록 입양인의 적응 수준이 낮은 것으로 나타나(이미선, 2001 재인용) 비밀입양의 부정적인 면을 보여주고 있다. 친생부모와 접촉을 시도하거나 입양가정 내에서 입양에 대해 자유롭게 대화했던 입양인의 심리 · 사회적 적응 수준이 높은 것으로 나타난(O' Brien & Zamostny, 2003) 조사에서 공개입양의 긍정적인 면을 보여주고 있음은 공개입양의 필요성을 나타내고 있다. 2007년 국내의 경우에 공개입양율이 57.1%(홀트아동복지회, 2008)까지 이르렀는데, 이는 공개입양에 대한 우리 사회의 인식이 빠르게 전환됨을 시사는 결과라고 볼 수 있다.

최근에는 다양한 가족에 대한 인식 확산과 입양가족에 대한 사회적 편견 완화를 위한 홍보 사업 등으로 공개입양이 활성화되는 추세이다. 민법의 개정으로 2008년부터는 친양자 제도가 도입되는 등 입양 정책이 새로운 국면을 맞이하게 되었다. 친양자 제도는 양부모가 친양자 입양을 원할 경우에는 입양 자녀가 만 15세가 되기 이전에 가정법원에 친양자 입양재판을 청구해 법적으로 친생 관계를 인정받을 수 있는 제도로서 기존의 입양 제도와 달리 자녀의 성과 본을 변경할 수 있다(유계숙 외, 2008). 그러나 2000년도 국내입양률 41.6%에서 2009년 53.9%로 국내입양률이 증가하고 해외입양률이 감소되는 추세이지만 2000년 이후 매년 1,500~1,600여명으로 국내입양 수는 비슷할 뿐 크게 증가되지는 않고 있는 실정이다. 우리나라는 1960년 638명의 입양 아동이 모두 국외입양 되었고, 1962년부터 입양 아동이 1,000명을 넘어서면서 국내입양 아동의 비율이 70%를 차지하였다. 그러나 1970년부터는 다시 국외입양의 비율이 60%로 증가하였으며, 2007년 국내입양비율이 국외입양비율을 앞서게 되었다(보건복지부, 2010). 그럼에도 불구하고 여전히 국내입양은 제한적으로 이루어지고 있는데, 그 이유는 단지 경제적 문제에만 국한된 것이 아니며, 경제적 부담 이외의 아동의 적응문제, 혈연주의, 사회적 편견 등이 국내입양 저해 요인으로 작용하고 있는 것으로 보고되고 있다(김양임, 1995).

한편, 입양 아동의 발생은 여러 가지 원인이 있을 수 있다. 미혼모 아동, 시설 아동, 저소득층가정 아동, 결손가정 등이 있을 수 있는데 초기에 이루어진 대부분의 입양은 기아를 대상으로 하는 경우가 많았다. 1961년부터 1970년까지 10년 동안에 국내 및 국외의 가정으로 입양된 7,275명의 아동 중 기아가 차지하는 비율은 55.1%, 미혼모의 자녀가 차지하는 비율은 18.0%, 결손가정의 자녀는 26.9%를 차지하고 있다(보건복지부, 2010). 그러나 우리나라가 고도의 경제성장을 이룩한 1970년대에 접어들면서 산업화와 도시화의 영향으로 서구의 개방적인 성문화가 들어오고 성윤리의식이 변화되면서 미혼모의 아이가 약 80%를 차지하는 것으로 나타났다(최진희, 2003; 보건복지부, 2009). 미혼모 아동에 대한 입양이 2009년 현재 84.9%로 압도적으로 많아, 신생아 입양이 많은 비중을 차지하고 있고, 시설 아동은 압도적으로 많아, 신생아 입양이 많은 비중을 차지하고 있고 시설 아동은 2000년도 11.8%의 비율을 보이던 것이 2009년 현재 5.3%의 비율에 그치면서 시설 아동이 대체로 영아기를 벗어난 연장 아동이 많아 낮은 입양가족의 욕구에 의한 입양이 이루어지고 있음을 알 수 있다. 다르게 해석하자면 우리나라는 양육의 용이성과 강한 혈연주의의 전통으로 인해 입양부모가 최대한 비밀을 보장할 수 있는 미혼모의 자녀인 신생아 입양을 희망하고 있기 때문인 것으로 해석할 수 있다(윤연옥, 2008). 또한 괄목한만한 점은 2000년 7%의 비율을 보인 저소득 · 결손가정에 의해 발생되는 입양 아동의 비중이 2005년 13.3%로 증가하고, 2009년 현재 9.8%의 비율을 보이고 있어, 이는 경제적 어려움 등 사회양극화로 인해 가정이 붕괴됨에 따라 나타난 현상이라고 할 수 있다(박기석, 2009).

2009년까지 국내 · 외 총 235,755명 아동이 입양되었는데, 국내입양이 72,947명, 국외입양이 162,808명으로 국외입양이 전체의 약 69%를 차지하였다. 정부가 국외입양 증가를 억제하기 위해 조절하고 입양에 대한 국민들의 인식도 개선되어 국내입양의 비율은 증가추세에 있다. 그러나 장애 아동 입양에서 국외로 입양된 장애 아동의 입양이 국내 장애 아동 입양에 비해 약 35배 이상 높게 나왔다. 국내입양 아동들은 압도적으로 99% 이상이 건강한 아동임을 알 수 있다. 2000년도 국내입양 아동 1,686명 중 장애 아동은 18명이었으며, 2009년 1,314명의 국내입양 아동 중 장애 아동은 36명으로, 2000년도에 비해 2009년 장애 아동 입양 수는 증가하였으나 2.7%의 낮은 비율을 보이고 있다(보건복지부, 2010). 장애 아동의 국내입양이 저조한 이유로 양육상의 어려움 등을 꼽을 수 있는데, 이와 같은 결과는 우리나라가 아동복지적 차원에서의 입양이 이루어지지 않고 입양조건을 따지는 입양부모의 욕구에 따라 입양이 이루어지지 않고 입양조건을 따지는 입양부모의 욕구에 따라 입양이 이루어지고 있음을 보여준다. 또한 장애 아동 양육에 대한 정책과 제도가 아직 미비하여 장애 아동 입양 가정에 대한 경제적

Tip

'입양의 날' 장애아 입양 현황과 대책 해외입양, 국내의 25배… 양육 · 의료비 지원 절실

'201명 VS 5,095명'. 지난 9년 간 국내와 국외로 각각 입양된 장애 아동 숫자다. 보건복지부에 따르면 2001~2009년 국내에 입양된 장애 아동은 201명에 불과하다. 반면 같은 기간 해외 가정에 입양된 장애아는 5,095명으로 무려 25배의 차이를 보였다. 부족한 정부 지원책과 부정적인 사회 인식 때문이다. 실제 국내입양 가정은 양육보조금으로 월 55만여 원(중증 57만 원, 경증 55만 1,000원)과 연간 252만 원의 의료비를 받지만 양육비와 병원비로는 턱없이 부족한 실정이다. 또 언어 · 놀이 · 정신과 치료 등과 같은 전문적 치료는 비급여로 처리되어 지원받지 못한다. 그러나 정부는 선진국의 해외 입양 시스템 체계조차도 제대로 파악하지 못하고 있을 만큼 장애아 입양 문제에 대해 소극적인 자세를 취하고 있다.

주요 선진국들은 입양 관련 문턱을 낮추거나 정부가 직접 나서 입양 활성화를 지원하고 있다. 영국의 경우에는 정부와 민간단체, 입양 부모가 '삼위일체'를 이뤄 지원책을 만드는 등 입양을 독려하는 사회분위기를 조성하고 있다.

민경태 홀트아동복지회장은 "우리나라의 경우 불임 가정이 대를 잇겠다는 생각으로 입양을 하고 이를 주변에서 알까 쉬쉬하며 숨기는 경향이 강하다. 전반적으로 입양에 대한 인식이나 지원 시스템 자체가 선진국에 비해 많이 떨어진다."면서 "(장애 입양아에 대한)재활치료가 어렵고 지원이 부족한 것도 걸림돌"이라고 말했다. 또 장애 아동은 대개 복합 장애를 갖고 있는 경우가 많아 여러 치료를 병행해야 하는 데 치료센터가 각각 떨어져 있어 거리나 시간 제약이 많다.

선혜경 대한사회복지회 국외입양부장은 "주의력 결핍 과잉행동장애(ADHD) 아동과 같은 경우 입양 전 단계에서의 심리치료가 수반되어야 하는 등 체계적인 장애아 전문 진료 시스템과 정부 차원의 지원이 마련돼야 한다."고 말했다.

| 출처 | 백민경 · 안석 기자(2010. 5. 11.). '입양의 날' 장애아 입양 현황과 대책. 서울신문.

어려움이 있을 것으로 보여진다. 이에 따라 장애 아동에 대한 국내입양 활성화를 위해 장애 아동 입양가정에 대한 충분한 지원책이 제도 · 정책적으로 마련되어야 한다.

또한 국내입양 아동의 성별 분포를 보면, 1958년부터 1990년대까지 남아와 여아의 비율이 각각 53.8%, 46.2%로 남아의 비율이 여아보다 높다. 그러나 1991년도부터 여아의 비율이 남아보다 높아지면서 2002년에는 남아 37.3%와 여아 62.7%의 비율로 차이가 커지고, 2009년 남아 비율은 35%, 여아 65%의 비율을 보인다. 이러한 현상은 1990년대를 기점으로 해서 전통적인 사고나 가치관의 변화로 입양부모의 입양동기가 변화되고 있음을 보여준다.

표 10-3 연도별 국내입양 아동의 성별 분포 (단위: 년, 명, %)

성별	2001	2002	2003	2004	2005	2006	2007	2008	2009
계	1,770	1,694	1,564	1,641	1,461	1,332	1,388	1,306	1,314
남	42.0	37.3	34.7	30.1	33.0	36.4	39.0	35.9	34.9
여	58.0	62.7	65.3	69.9	67.0	63.6	61.0	64.1	65.1

| 출처 | 보건복지부(2009). 2009년 국내 · 외 입양 현황.

표 10-4 입양 아동의 건강상태 · 성 및 연령별 현황 (단위: 명)

구분	계	성		연령별			
		남	여	3월 미만	3월~1세 미만	1~3세 미만	3세 이상
계	1,492	509	983	1,063	287	57	55
비장애	1,415	462	953	1,044	269	52	52
장애	77	47	30	19	18	5	3

| 출처 | 보건복지부(2011). 2011년 입양 아동의 현황.

5 입양 아동의 특성

입양된 아이가 입양되어진 사실을 모르고 살아간다면, 입양 이전의 과거는 입양과 동시에 절단되어 한 개인으로서의 지속성과 지속감이 파열되고 말 것이다. 입양의 성공은 유전적인 근원과 혈통에 대한 존재의 지속성 욕구가 충족될 때에 가능하다. 입양아는 자신의 존재적 욕구를 충족시키기 위한 독특한 발달과업을 가지게 되고 이 과업은 에릭슨의 사회 · 심리적 발달 이론에 근거한다.

입양 개념의 이해는 입양 아동의 발달 단계에 따른 정체감 발달에 중요한 영향을 미친다. 입양된 아이들의 발달과업을 에릭슨의 발달 단계에 따라 요약하여 보면 다음과 같다.

1) 영아기(0~2세)

이 시기의 모착애착과 신뢰형성은 이후의 삶에 지대한 영향을 미치고 이후의 입양의 이해에도 영향을 미친다. 이에 따른 입양부모의 과업은 아동을 따뜻이 보살피며, 안전함과 안정감, 신뢰감을 가질 수 있도록 도와야 한다.

입양과 출산의 차이점을 인정하고 입양과 관련된 주위의 관심이나 질문 혹은 자신의 감정을 공개적으로 드러냄으로써 상실감이나 불안감, 부모로서의 부적절한 감정을 억압하거나 부인하지 않고 드러내 놓을 때 입양과 관련된 문제들을 입양 아동과 다룰 수 있게 되어 양육의 어려움을 덜 수 있게 된다.

2) 학령전기(3~5세)

자신이 양부모와 혈연적으로 아무 관계가 없다는 것을 알고, 양부모와 외모가 다르다는 것을 인식한다. 양부모는 입양 사실을 이 시기에 알려야 한다. 대부분의 부모들은

2~4세 사이에 시작한다. 입양 사실을 알리는 시기로서는 가장 적정한 시기라고 본다. 입양부모들은 아동의 충격을 염려하여 입양에 대한 이야기를 미루거나 아동의 탐색적 질문을 피하려고 한다. 특히 불임인 입양부모의 경우에 자신이 아이를 출산할 수 없는 것에 대한 사실을 입양아에게 밝히는 데 어려움을 가지고 이러한 어려움은 입양에 대해 이야기하는 과정에서 양가감정을 느끼게 된다.

3) 학령기(6~12세)

입양과 출산의 의미를 구별하고 입양의 의미 이해가 자아에 영향을 미치기 시작한다. 특히 6세가 되면 입양이 선택됨을 의미하기 전에 버림받음의 의미로 이해하고 처음으로 상실감을 경험하게 된다. 그 상실에 대하여 부모로서 특히 엄마가 그 역할을 잘 수행하여야 한다.

4) 청소년기(12~18세)

입양아는 비입양인보다 더 어려운 시기이다. 일반 아동과는 달리, 생물학적 자아의 근거인 생부모와 심리적 자아의 근거인 양부모 모두에게 동일시를 하면서 두 쌍의 부모로부터 독립을 시도해야 하기 때문이다. 이때 부모는 입양아와 터놓고 얘기할 수 있어야 한다. 또한 이 시기는 아동의 독립성이 입양부모에게는 상실감을 줄 수 있다는 점을 인식하여야 한다.

5) 성인기 초기(18~35세)

부모로부터 독립하여 사회에 진출하고 결혼을 하는 등 중요한 사건들을 통하여 정체감을 보다 건실하게 통합시키게 된다. 입양인은 정체감 통합에 입양인으로서의 자아도 통합시켜야 한다. 한 번 생부모와의 이별 경험 때문에 현재의 가족으로부터 또 일어날 것을 두려워하고 소속감을 느끼지 못한다. 생부모에 대한 추구욕구가 생기며 부모가 되는 경험을 통해 생부모와 양부모와의 관계를 재검토하게 된다.

6) 성인기(35~60세)

입양인은 자신의 삶을 재평가하고 생산적인 일을 시도한다. 자녀에게 자신의 입양 사실을 공개하고 입양의 의미를 설명해주어야 한다. 자신의 삶을 재평가하고 입양의 의미에 대해 다시금 직면하게 된다.

7) 노년기(60세 이상)

영아기에 입양된 아동들은 이 시기에 처음으로, 상실을 포함한 것으로 입양된 자신을 되돌아보고 평가하게 된다. 이러한 상실감은 상당히 미묘해서 다른 사람이 항상 알아챌 수 있는 것은 아니지만, 시간이 흐르면서 상당히 깊어진다. 이러한 상실에는 생물학적 부모와 형제 · 자매 및 확대가족의 상실, 입양인이라는 낙인과 관련되는 지위의 상실, 문화적, 민족적, 인종적 뿌리의 상실, 유전적 연계성의 상실, 입양가족 내에서 안정감의 상실, 정체성의 상실 등이 포함된다.

6 입양 아동을 위한 복지실천

입양 아동을 위하여 아동을 위한 진정한 복지가 실천되어져야 할 것이다.

① 입양 전후 성별에 따른 아동의 발달양상의 차이를 고려한 전문화된 개입전략을 계획하여야 할 것이다.

예를 들면, 입양후 남아의 문제행동이 여아보다 상대적으로 많이 발생할 수 있음을 예측하고 이에 대한 인식을 전제하에 대처 방안을 마련하여야 할 것이다. 그리고 남아와 여아의 의사소통방식의 차이를 고려한 가족적응 증진을 위한 프로그램 개발을 통해 개별화된 개입전략을 도모하여야 한다. 이렇게 구체적으로 아동의 성별과 연령에 맞게 개입을 한다고 하면 파양을 막는 효과가 있을 뿐 아니라 입양 아동들에게 두 번 버려지는 것과 같은 마음의 상처를 주지 않을 것이다.

② 입양 아동뿐만 입양을 하여 혈연으로 이어지지 않는 아동을 건강한 가족으로 받아들이기 위한 노력을 하여야 할 것이다.

이를 위하여 전문화되고 체계적인 입양 후 서비스 프로그램 개발을 하여야 할 것이다. 현재 개별 입양기관에서 입양 후 서비스의 필요성은 인식하고 있으나, 전담 인력이 부족하며, 형식적인 전화 상담 및 방문에 그치고 있기 때문에 그 효과성이 제한적인 실정이다. 많은 입양부모들이 자신이 직면한 난관을 극복하는 데 도움이 될 만한 정보적 · 정서적 지원의 출처로 사후관리 서비스와 입양가정 자조 집단을 필요로 하고 있다. 물론 최근에는 입양에 대한 사회복지실천적 관심도가 높아짐에 따라 정부의 관심도 높아지고 있다. 실제로 입양으로 인해 당면하게 되는 여러 가지 문제를 해결하고 정서적인 지원을 받을 수 있는 지원 체계를 갖는 것이 입양가족의 적응에 도움이 된다는 것이 현실적인 경험을 통해서도 입증되고 있다(윤현선, 2001; 권지성, 2003 재인용). 이제는 입양가정의 가족적응을 지원하기 위한 보다 실제적이고 현실적인 입양후 서비스를 개발할 필요가 있다고 본다. 예를 들자면, 입양 후 가족 관계 증진을 집단상담 프로그램, 자녀에게 입양 사실을 성공적으로 공개한 경험을 공유할 수 있는 프로그램을 계획할 수 있을 것이다. 또한 외국의 경우는 입양의 과정을 재미있고 친근한 이야기로 엮은 입양 동화나 입양에 관한 입양 아동의 반복적인 질문이나 정서적 변화에 민감하게 대처하는 방법을 소개하는 지침서들이 다양하게 출판되어 부모들에게 도움을 주고 있다. 하지만 우리나라의 경우는 자조 집단을 제외하고는 입양공개와 관련된 도움이 자료를 찾아보기 매우 어렵다. 실제적으로 입양 아동들이 입양후 행복해질 수 있도록 입양부모, 입양자녀의 감정, 욕구, 가치관을 계속적으로 개입하는 프로그램이 필요하다.

시설 아동

Chapter 11

최근 우리나라는 사회가 복잡 · 다양함에 따라 가족 해체가 일어남으로써 한부모가정이 증가하고 조손가정, 소년소녀가정이 증가하고 있는 추세이다. 우리나라에서 이제 시설아동사업은 매우 중요한 복지 서비스의 일부분이 되었다. 시설아동사업은 입양사업, 가정위탁사업, 부모가 아동을 양육 보호할 능력을 상실하였거나 그 역할을 회피 하였을 때 제공되는 대리보호사업의 하나이다. 아동 · 청소년의 가정이 붕괴되거나 양육능력이 없어졌을 경우에는 양가의 친 · 인척에게 양육되어지는 것이 가장 바람직하나, 부득이한 경우에는 시설보호 서비스를 받거나 가정위탁을 받는 것이 바람직하다고 본다.

1 아동시설보호 서비스의 개념 및 의의

아동의 부모가 그 자녀를 양육할 의사나 충분한 능력이 없을 때 혈연관계가 없는 타인이 부모역할을 대리하여 일정한 시설에서 일시적 또는 장기적으로 집단 보호하는 서비스를 말한다. 일시적인 면에서는 가정위탁사업과 동일하나 집단의 형태로 제공되어지고 있는 것이다. 우리나라의 아동복지법에서는 보호를 필요로 하는 아동을 입소시켜 보호 · 양육하는 것을 목적으로 하는 시설이라고 규정하고 있다. 아동양육시설이란 부모가 없거나 부모의 보호를 받을 수 없는 아동들에게 보호와 치료 및 재활 등의 서비스를 제공하는 시설이라고 정의할 수 있다.

아동은 자신이 태어난 가정 내에서 보호받으며 양육되어지는 것이 가장 바람직하다. 하지만 최근 이혼가정의 증가와 부모의 뜻하지 않은 사망, 이혼, 혼외출산, 학대, 유기, 아동 학대 등 다양한 방법에 의해서 아동의 필요한 욕구에 대하여 충분히 충족시켜 주지 못하는 경우가 있다. 우리나라의 경우 전통 사회에서는 가족의 문제를 모두 가족 내에서 해결될 수 있었다. 하지만 현대 사회의 가족은 핵가족화로 변화해 감에 따라 아동양육을 어떠한 위기 상황이 왔을 때에 적절한 보호 서비스를 할 수 있는 가족 내의 여건이 되지 않고 있다. 그래서 이제는 혈연관계가 아닌 타인에 의해서 양육되어지거나 보호시설로 보내져서 보호 서비스를 받게 하여야 한다는 것이다.

최근까지도 아동보호 서비스 전문가들은 가정 내에서 양육되어질 수 없는 아동들을 위탁가정보호나 입양과 같이 가능한 가정과 유사한 환경에서 양육될 필요가 있으나, 최후의 수단으로 양육 보호시설을 최후의 대안책으로 보았다. 하지만 최근에는 오히려 입양이나 안정된 내 집과 같은 가정위탁을 적극 권장하고 있는 추세로 변화하고 있다.

② 시설에 대한 우리나라의 실태

시설보호는 가정에서 욕구가 충족될 수 없는 아동 · 청소년들을 위해 선택되어지는 서비스로, 외국의 경우는 시설보호에 대한 불신감으로 인하여 입양과 위탁양육으로 전환하여 정착되어졌다. 하지만 우리나라는 2003년 이후부터 차츰 혈통주의 중심에서 조금씩 벗어나 연예인들의 입양과 가정위탁 등 건강한 양육을 보여주는 홍보가 되어지면서 차츰 자리를 잡아가고 있다.

우리나라에서 보호를 필요로 하는 아동 · 청소년은 부모의 이혼, 부모의 사망, 유기, 방임, 아동 · 청소년의 가출, 성매매, 미혼모, 성범죄 피해, 약물남용, 폭력, 자살, 아르바이트 등의 노동시장에 참여하고 있는 아동 · 청소년들을 언급할 수 있겠다. 이들이 가지고 있는 문제에 대해서 청소년문제의 특성에 대해 알아보면, 우리나라 전체 가출자 중에서 약 80%가 초기정보 미접근 상태에 있으며 시설 입소경위를 모르는 경우가 전체 가출자의 45.7%를 차지한다. 그래서 가출청소년들은 생계유지를 위해 탈선과 성범죄에 노출되게 되고 노동시장에서 일을 하더라도 저임금과 열악한 근무 환경과 처우, 인권유린을 당하고 있다. 이렇게 청소년들이 갖는 문제로 인해 이들을 보호하고 서비스를 제공할 청소년 보호시설이 아직도 부족한 것이 현실이다. 우리나라는 청소년의 보호업무와 관련된 중앙행정부서가 통일되어 있지 않고 다양한 루트가 존재하고 있기 때문에 그 지원 체제를 법으로 일원화하는 것이 무엇보다도 시급한 과제라 할 수 있다.

1) 아동 보호시설의 유형

시설보호에는 다양한 유형들 중 대표적인 몇 가지를 소개하면 다음과 같다. 먼저 카두신은 크게 5가지로 설명하고 있는데, ① 정상아동 · 청소년이지만 보호가 필요하거나 버려진 청소년을 위한 시설(예 육아원), ② 맹아, 농아, 신체장애아 등 신체장애 아동 · 청소년을 위한 시설, ③ 정신장애아나 정신적 결함이 있는 청소년을 보호하는 시설, ④ 비행 아동 · 청소년 및 아동 · 청소년의 감금과 재활을 위한 훈련원이나 소년원, ⑤ 정서적으로 상처받은 아동 · 청소년을 가정과 격리시켜 거주시키며 치료하는 거주 치료원 등이 이에 속한다.

우리나라는 「아동복지법」 제20조 동법 시행령 제2조에 의해 아동상담소, 영아시설, 아동일시 보호시설, 청소년 직업보도시설, 미혼모시설, 모자 보호시설, 아동 전용시설, 교호시설, 아동 입양 위탁시설, 정서 장애아시설, 자립 지원시설 등 12개의 유형으로 아동 복지시설을 분류하고 있다. 또한 「생활보호법」 제25조 동법시행령 제26조에 의한 신체부자유아 재활시설, 「사회복지 사업법」 제22조 동법 시행규칙 '시설 기준' 에 의한 부랑아 보호시설, 「장애인 복지법」에 의한 각종시설 등이 청소년 복지시설에 포함될 수 있다. 그러나 시설보호의 본질로 보기 곤란한 청소년 상담소, 통원치료소, 청소년 전용시설도 포함되어 있다.

2) 아동 · 청소년 보호시설의 종류

(1) 아동 · 청소년 양육시설

보호를 필요로 하는 아동 · 청소년을 입소시켜 보호, 양육하는 것을 목적으로 하는 시설로 보호자가 없거나 이에 준하는 18세 미만의 아동 · 청소년을 입소시켜 보호, 양육하는 시설이다.

(2) 아동 · 청소년일시 보호시설

보호를 필요로 하는 아동 · 청소년을 일시보호하고 아동 · 청소년에 대한 향후의 양육

대책수립 및 보호조치를 행하는 것을 목적으로 하는 시설로 가출아동 · 청소년, 부랑아동 · 청소년 기타 요보호 아동 · 청소년을 일시 입소시켜 보호하면서 조사 및 감별을 통해 그 아동 · 청소년에 대한 장애의 양호대책 기타 보호조치를 하는 시설이다.

(3) 아동 · 청소년보호치료시설

불량행위를 하거나 불량행위를 할 우려가 있는 아동 · 청소년으로서 종종 보호자가 없거나 친권자나 후견인이 입소를 신청한 아동 · 청소년 또는 가정법원, 지방법원소년부지원에서 보호 위탁된 아동 · 청소년을 입소시켜 그들을 선도하여 건전한 사회인으로 육성하는 것을 목적으로 하는 시설이다.

(4) 아동 · 청소년직업훈련시설

아동 · 청소년 복지시설에 입소되어 있는 만 15세 이상의 아동 · 청소년과 생활이 어려운 가정의 아동 · 청소년에 대하여 자활에 필요한 지식과 기능을 습득시키는 것을 목적으로 하는 시설이다.

(5) 자립 지원시설

아동 · 청소년 복지시설에서 퇴소한 자에게 취업준비 기간 또는 취업 후 일정 기간 보호함으로써 자립을 지원하는 것을 목적으로 하는 시설이다.

(6) 아동 · 청소년단기 보호시설

일반가정에 아동 · 청소년을 보호하기 곤란한 일시적 사정이 있는 경우에 아동 · 청소년을 단기간 보호하며 가정의 복지에 필요한 지원 조치를 하는 것을 목적으로 한다. 정서장애의 정도가 가벼운 단기간에 아동 · 청소년을 입소시켜 수용하거나 보호자로부터 위탁받아 통원 치료하는 시설이다.

(7) 아동 · 청소년상담소

아동 · 청소년과 그 가족의 문제에 관한 상담, 치료, 예방 및 연구 등을 목적으로 하는 시설로 아동 · 청소년 및 임산부의 복지에 관하여 아동 · 청소년복지지도원의 담당업무를 수행한다.

(8) 종합시설

아동 · 청소년 및 임산부의 복지에 관하여 아동 · 청소년복지지도원의 담당업무를 수행한다.

(9) 아동 · 청소년전용시설

어린이공원, 어린이놀이터, 아동 · 청소년회관, 체육, 연극, 영화, 과학실험전시시설, 아동 · 청소년휴게숙박시설, 야영장 등 아동 · 청소년에게 건전한 놀이/오락 기타 각종 편의를 제공하여 심신의 건강유지와 복지증진에 필요한 서비스를 제공하는 것을 목적으로 하는 시설이다.

표 11-1 아동 복지시설 정 · 현원 현황(2011. 12. 31. 현재) (단위: 개소, 명)

구분	계(현원)		양육시설		직업훈련 시설		보호치료 시설		자립 지원 시설		일시보호 시설		종합시설	
	정원	현원	정원	현원	정원	현원	정원	현원	정원	현원	정원	현원	정원	현원
계	23,283	16,523	21,254	15,313	80	32	650	455	389	249	735	361	175	113
서울	4,218	3,072	3,332	2,605	80	32	130	108	95	82	441	154	140	91
부산	2,625	1,930	2,475	1,859	0	0	90	35	30	28	30	8	0	0
대구	1,584	896	1,434	806	0	0	40	33	80	38	30	19	0	0
인천	851	693	792	658	0	0	0	0	0	0	59	35	0	0
광주	1,000	694	910	613	0	0	0	0	30	21	60	60	0	0
대전	985	618	801	489	0	0	150	113	34	16	0	0	0	0
울산	150	105	150	105	0	0	0	0	0	0	0	0	0	0
경기	2,240	1,886	2,085	1,766	0	0	40	35	0	0	115	85	0	0
강원	707	462	672	440	0	0	0	0	0	0	0	0	35	22
충북	1,031	731	971	686	0	0	30	29	30	16	0	0	0	0
충남	1,090	785	1,060	763	0	0	0	0	30	22	0	0	0	0
전북	1,189	875	1,089	806	0	0	70	56	30	13	0	0	0	0
전남	2,085	1,339	1,985	1,292	0	0	70	34	30	13	0	0	0	0
경북	1,349	941	1,349	941	0	0	0	0	0	0	0	0	0	0
경남	1,804	1,181	1,774	1,169	0	0	30	12	0	0	0	0	0	0
제주	375	315	375	315	0	0	0	0	0	0	0	0	0	0

| 출처 | 보건복지부(2012). 아동복지시설. p. 2.

표 11-2 아동 복지시설 보호아동 성별 · 취학 현황(2011. 12. 31. 현재) (단위: 개소, 명)

구분	시설수	종사자수	정원	입소 인원			취학 아동							
				계	남	여	계	미취학		초등재	중재	고재	대재	기타
								0~3세 미만	3~6세 미만					
계	280	5,369	23,283	16,523	9,548	6,975	16,523	1,146	1,593	5,390	3,885	3,196	731	582
서울	47	1,036	4,218	3,072	1,739	1,333	3,072	257	185	1,327	606	454	72	171
부산	22	551	2,625	1,930	1,085	845	1,930	116	207	476	513	479	96	43
대구	22	306	1,584	896	514	382	896	45	89	280	209	178	58	37
인천	11	281	851	693	379	314	693	2	154	226	170	133	8	0
광주	11	224	1,000	694	413	281	694	94	75	239	137	107	27	15
대전	14	209	985	618	383	235	618	32	42	166	106	100	32	140
울산	1	40	150	105	60	45	105	13	21	27	26	16	2	0
경기	30	606	2,240	1,886	1,101	785	1,886	172	230	623	457	323	36	45
강원	10	157	707	462	242	220	462	24	55	164	115	84	17	3
충북	13	260	1,031	731	420	311	731	71	75	229	189	121	23	23
충남	15	234	1,090	785	462	323	785	38	61	265	200	148	57	16
전북	16	288	1,189	875	536	339	875	59	88	249	225	221	26	7
전남	23	448	2,085	1,339	766	573	1,339	99	93	370	309	322	111	35
경북	15	253	1,349	941	563	378	941	39	76	281	257	211	54	23
경남	25	365	1,804	1,181	695	486	1,181	44	113	352	309	245	97	21
제주	5	111	375	315	190	125	315	41	29	116	57	54	15	3

| 출처 | 보건복지부(2012). 아동복지시설. p. 2.

3) 아동 보호시설의 운영 현황

(1) 아동 복지시설의 운영 현황

① 재정 현황

우리나라 대부분의 아동 복지시설들은 재정적인 어려움을 겪고 있다. 국가와 지방자치단체는 시설의 운영과 보호 아동의 양육, 보호관리 비용을 전액 보조하고 있으나, 보조금의 책정 기준이 현실적이지 못하다는 것이 가장 큰 문제다. 따라서 국가와 지방자치단체의 보조는 연간 소요 경비의 65% 정도에 그치는 것으로 나타나고 있다. 그래서 대부분의 시설에서는 나머지 35%를 자체수입금, 민간후원금으로 충당해야만 하는 어려움을 겪고 있으며, 시설장들의 개인적인 노력으로는 많은 한계를 가지고 있다.

② 종사자 현황

최근 시설보호 시설의 비윤리적인 도덕성을 가진 종사자들 때문에 가끔 사회적 이슈가 되어지거나 희생과 봉사로 충실하게 일하는 종사자들까지도 어렵게 만드는 경우가 종종 있다. 종사자들의 희생과 봉사는 시설 아동의 앞으로의 삶의 길을 열어주는 것이기 때문에 매우 중요할 수밖에 없는 상황이다. 하지만 대부분의 아동 보호시설의 종사자들은 매우 낮은 보수를 받으며 열악한 조건 속에서 근무하고 있다. 시설 종사자의 보수 수준은 동일 업종의 국 · 공립시설 종사자의 68%, 특수학교 교사의 57%에 그치고 있다. 2001년 4월부터 3세 미만의 영아시설에서는 2교대 근무제를 실시하고 있으나, 현재까지도 대부분의 아동 보호시설 종사자들은 하루 종일 과다한 업무에 시달리고 있으며, 이들의 직무 만족도는 매우 낮게 측정되어질 수밖에 없는 것이 현실이다.

표 11-3 아동 복지시설 종사자의 직종별 자격 기준

직종별	자격 기준
시설장	❶ 「사회복지사업법」에 의한 사회복지사 3급 이상의 자격을 가진 자로서 사회복지사업에 3년 이상 종사한 경력이 있는 자 ❷ 학대 아동 보호사업과 관련된 기관에서 3년 이상 근무한 경력

표 11-4 2009년 아동시설 종사자 법정배치 기준

직종별	법정 기준
시설장	• 시설당 1인
총무	• 30인 이상 시설당 1인
상담지도원	• 양육, 일시 보호시설은 필요인원, 자립 지원시설은 1인
임상심리상담원	• 양육, 일시 보호시설은 50인 이상 시설당 1인 • 보호치료, 직업훈련, 단기보호 시설은 시설당 1인
보육사	• 0~2세까지 아동 3인당 1인 • 3~6세까지 아동 7인당 1인 • 7세 이상 아동 10인당 1인 • 직업훈련, 보호치료 20인당 1인
생활복지사	• 아동 50인 이상 양육시설 및 일시 보호시설 1인 • 직업훈련, 보호치료시설당 1인 • 전용시설 필요인원
간호사	• 자립 지원시설을 제외한 아동 30인 이상 시설당 1인
직업훈련교사	• 직업훈련, 보호치료시설 필요인원
조리원	• 자립시설을 제외한 아동 30인 이상 시설 1인
위생원	• 30인 이상인 양육시설 및 일시 보호시설에 1인
보안요원	• 보호치료시설당 2인, 아동 40인 이상 보호치료시설은 4인
영양사	• 보호 아동 50인 이상 1인
사무원	• 30인 이상(양육, 일시 보호시설은 50인 이상) 시설당 1인
자립 지원 전담요원	• 10인 이상 아동양육시설, 보호치료시설, 직업훈련시설 당 1인

|출처| 임동호(2009). 아동복지론. p. 277.

아동 복지시설 종사자 현황과 관련하여 주목할 만한 또 다른 점은 개정된 「아동복지법」에 의한 종사자 배치 기준과 현행 종사자에 대한 국고 지원 기준이 서로 다르다는 것이다. 예를 들어, 보육사의 경우에는 3세 미만의 아동 3인당 1인의 보육사를 배치하도록 법으로 규정하고 있지만 실제로 국고를 지원하는 기준은 이와는 달리 3세 미만의 아동 5인당 1인의 보육사를 지원하고 있다. 또한 생활지도원의 경우에도 아동 50인 이상의 양육 시설에 1인을 배치하도록 법으로 규정하고 있지만 국고를 지원하는 기준은

3세 이상 아동 70인 이상의 양육시설에 1인의 생활지도원을 지원하고 이다. 이 밖에 사무원, 영양사, 임상심리상담원, 촉탁의사 등의 법정 기준은 마련되어 있지만, 실제로 국고 지원은 이루어지지 않고 있는 실정이다.

프로그램 및 서비스 현황 시설의 재정부족과 종사자의 열악한 근무조건은 시설 아동들에게 고스란히 전해질 수밖에 없는 것이 현실이다. 특히 현재 대부분의 시설 아동들은 양친부모 혹은 한부모가 생존해 있는 것으로 보고되고 있으며, 이런 시설의 아동들에게 있어서 가장 중요한 프로그램은 가족과 조속한 시간에 함께 하기 위한 프로그램이 절실하다. 하지만 대부분의 시설들은 이를 시행하기 위한 재정적, 인력적 여력을 갖추지 못하고 있다. 또한 입소 후 만기가 될 때까지 시설에서 생활하는 아동들이 전체 시설 아동들의 거의 절반(41.5%)에 이르며, 연장퇴소 아동들의 평균 생활 기간이 10년 이상이라는 사실에 비추어 볼 때 퇴소 아동들의 사회 적응을 전문적으로 지원하는 프로그램 및 서비스에 대한 욕구가 상당히 높다는 것을 알 수 있다. 뿐만 아니라 시설 아동을 퇴소를 시켜야 할 경우에는 퇴소 이후의 프로그램에 대한 체계적인 지원 프로그램과 서비스가 상당히 부족하여 결국은 사회 부적응 현상을 나타내는 것이 현실이다.

(2) 시설 아동의 특성

① 심리 · 정서적 문제

시설 아동발달상의 문제는 시설 아동이 가정과 다른 환경에서 자라나게 됨으로써 발생한다는 주장을 많이 해왔다. 존 보울비(John Bowlby)로 그에 의하면 시설 아동은 어머니와 오랫동안 분리된 상태로 자라기 때문에 '모성의 상실' 또는 '모성의 박탈' 을 경험하며, 이러한 상실의 경험으로 인하여 성장 후에 다른 사람들과의 정서적 관계를 맺기가 어렵게 되고 많은 정신병리학적 요인을 갖게 된다고 주장하고 있다. 따라서 기존의 시설병이라는 용어가 나타내는 증상의 원인은 유전이 아니며, 결손가정에 그 원인이 있는 것도 아니고, 부모로부터 박탈된 정서적 특성임을 나타내고 있다.

당연히 태어나게 한 부모에 의해서 양육되어져야 하는 것이 너무도 당연하지만, 여러 가지 사정으로 부모에 의해서 양육되어지지 않고 집단생활에 들어가게 되었을 때 아이들은 여러 가지 정서적 문제를 일으킬 수 있다. 먼저, 부모의 정서적 이탈로 인한 심리적 문제, 발달지체 문제 및 학습문제, 자립문제 등이 있다.

먼저 심리적 문제를 살펴보면, 집단 거주 환경으로 다수의 아동들이 동시에 보호를 받기 때문에 일반가정과는 다른 다양한 심리 · 정서적 문제를 초래할 수 있다. 시설 아동은 집단 내에서 보호를 받음으로써 통제된 집단 환경의 상호작용, 낮은 수준의 정서적 관계, 집단 내에서의 실제행동들은 폭력성, 도벽증, 자아존중감 상실 등과 같은 부적응적 특성을 나타낼 수 있다. 이와 같이 시설 아동은 서로 무관한 아동이나 성인과 함께 생활하고 적응해야 하기 때문에 여러 가지 부정적 특성을 나타내기도 하고 부모가 없다라는 기본적인 피해의식이 무의식 중에 잔존해 있음으로써 개성의 발달이나 정서적 · 신체적 · 창조적 능력의 발달에 대한 기회를 놓치기 쉽다.

시설 아동들은 대체적으로 욕구 불만을 참지 못하고 만족을 유예하는 능력이 제한되어 충동 통제의 발달이 부족하고, 자신에 대해 '나쁜', '바보 같은', '문제를 유발하는'과 같은 낮은 자아상을 가지고 있으며, 화, 공포, 사기, 슬픔과 같은 감정들을 효과적으로 적절하게 다루는 감정 조절 기술이 미숙하고, 타인과의 관계를 형성하는 데 어려움이 있으며, 학습장애를 경험하며, 혼자 또는 친구들과 함께 놀이를 하는 데 어려움을 겪는다.

이와 같이 시설 아동은 심리 · 사회 적응에 많은 어려움을 겪고 있는 것으로 나타났는데, 시설 입소 원인, 입소 전 부모-자녀 관계 등과 입소 후 부모 접촉, 형제 · 자매와 같은 시설에 배치되는 것 등이 시설 아동의 심리 · 사회 적응에 영향을 미치는 것으로 나타났다. 먼저 입소원인을 살펴보면 입소 전에 안정된 애착을 경험한 아동과 경제적 이유로 입소한 아동은 이혼, 별거 등과 같은 가족 해체로 입소한 아동, 부정적 가족 관계를 경험한 아동보다 정서적 · 행동적 문제를 적게 나타냈다.

두 번째로 입소 이전의 부모-자녀 관계가 지지적이라고 평가하였던 아동이 우울 성향이 낮고 학교 적응도 높은 것으로 나타났고 입소 전 부모-자녀 유대 관계도 사회적 위축 및 우울, 불안과 같은 심리 · 정서문제에 영향을 미치는 것으로 나타났다.

세 번째로 입소 후 부모와의 접촉은 단기보호 아동과 집으로 돌아갈 수 있다는 현실적 가능성이 있는 경우에만 시설 아동의 심리 · 사회 적응에 긍정적 영향을 미치는 것으로 나타났다. 반면에 장기보호의 경우에는 효 갈등을 일으키기 때문에 오히려 부정적 영향을 미치며, 부모와의 접촉이 간헐적이고, 지속적이지 않으며 스트레스와 관련되는 경우도 부정적 영향을 미치는 것으로 나타났다. 마지막으로 형제 · 자매가 같은 시설에 배치된 시설 아동이 그렇지 않은 아동보다 행동문제 특히 공격성이 낮은 것으로 나타났다.

② 발달지체 문제

시설 아동은 신체, 정서, 인지, 사회발달에 있어서 일반 아동에 비해 발달지체 현상을 보이고 있다. 초등학생의 경우에는 체위 측정 및 영양 섭취 상태를 조사한 결과로 대부분의 아동이 신장과 체중에서 한국 소아의 발육 표준치에 뒤떨어지고 있으며, 영양소 섭취량도 권장량에 미치지 못하는 것으로 조사되었다. 그리고 이러한 발달 특성은 인지발달에 영향을 미치는 것으로 나타났다. 그리고 정서발달적인 측면에서 살펴보면, 시설 아동은 일반 아동에 비하여 표면적으로는 규칙에 순종하지만 내면적으로는 반항적이라는 것이다. 또한 다른 사람들과 접촉하는 것에 대해 두려움을 느끼며, 정서적으로 불안정하며, 결단력도 약하다. 뿐만 아니라 제한된 경제생활로 물질적 욕구가 강한 편이다. 이러한 특성들로 인해 시설에서 양육 받고 있는 남자 아동의 경우에는 정신쇠약, 정신분열증 경조증 척도에서 일반 아동보다 높은 점수가 나타났으며, 여자 아동의 경우에는 정신병질 및 정신분열증에서 높은 점수가 나타났다고 보고된 바 있다. 또한 인지발달 측면에서 장기 집단 보호시설에서 자라는 9세 아동과 일반 가정 아동의 사회적 · 행동적 학교 적응을 면접, 관찰, 설문 조사 등을 통해 관찰한 연구에 의하면, 수업시간의 경우에 집단보호 아동들이 다른 학생들에 비해 더 부주의하고 수업 활동에 덜 참여하고 보다 수동적이며 비생산적인 활동에 참여하는 경향을 보였다. 국내의 연구에서도 집단생활로 인해 개별적인 지적 자극을 잘 받지 못하기 때문에 인지발달지체, 학습장애, 창의성 부족, 집중력 부족, 언어발달지체 등의 발달지체가 나타났다. 사회성 발달 측면에서는 시설 아동은 또래 관계에서도 어려움을 많이 겪고, 특별한 친구가 적고, 불안할 때 또래로부터의 정서적 지지의 의존하는 경향이 적었으며, 또래 관계 양상도 부적절하고, 부정적이며, 또래 관계의 질도 일반 아동에 비해 낮은 것으로 나타났다.

③ 자립 문제

퇴소 아동의 자립문제는 시설 아동으로서는 가장 중요한 부분이다. 대부분의 퇴소 아동들은 자립 계획을 혼자서 세우고, 직업교육의 미흡과 사회적 편견으로 인한 안정된 직장을 갖기가 어렵다. 요즘 주택의 전 · 월세는 웬만한 수입 구조를 가지고는 들어갈 수가 없는 상황이므로 이들은 대부분 아주 작은 원룸으로부터 시작하는 경우가 많다. 뿐만 아니라 신분보장의 어려움으로 인해 인간관계, 결혼에도 많은 어려움을 겪고 있는 것으로 나타났다. 자립을 위해서는 우선적으로 안정된 직장에 취업하여야 하는데, 퇴소 아동의 경우는 취업률은 높은 편이지만 소득과 근무 환경이 열악한 곳에 주로 취업하고 있어서 자립에 어려움을 주고 있다.

3 아동 보호시설의 과제

1) 종사자 처우개선

정부는 법정 기준의 종사자를 확보하도록 국고를 지원하여야 하며, 종사자의 근무시간을 「근로기준법」에 따라 개선하고, 종사자의 보수를 적어도 국 · 공립시설 종사자의 보수 수준에 준하도록 상향조정하여야 한다. 또한 전문 프로그램과 서비스를 제공할 뿐 아니라 지역사회 내 아동 · 가족복지의 중추적인 기능을 수행할 수 있도록 종사자의 배치 기준을 재검토하여야 할 것이다.

2) 종사자의 전문화

종사자들을 전문화하기 위해서는 신규직원을 위한 직무연수뿐 아니라 기존직원을 위한 체계적인 보수교육을 정기적으로 실시해야 한다. 특히 아동이 시설에 배치됨에 따라 경험하는 분리와 상실, 위기개입, 아동의 성 행동, 훈육의 행동관리, 아동 학대, 또래문화 영향, 가족에 대한 개입, 질적 보장, 종사자 소진과 같은 교육은 체계적으로 계획하여 수시로 이루어져야 한다.

3) 전문적 프로그램 및 서비스 개발

전문화된 프로그램 및 서비스는 시설 아동들을 대상으로 한 욕구조사를 통해 개발되어야 한다. 일반적으로 아동 복지시설에서 필요한 프로그램 및 서비스는 아동의 성장을 지원하는 프로그램, 청소년의 자립심을 키우는 프로그램, 가족과의 재결합을 지원하는 프로그램, 퇴소후 자립을 지원하는 프로그램과 지역사회 내에서 아동과 가족을 위한 전문 프로그램 및 서비스를 개발할 필요가 있다고 본다.

4) 가정 중심의 아동보호 서비스 강화

최근까지도 요보호 아동이 발생하게 되면, 주로 시설로 배치되었던 것이 현실이었다. 하지만 국내입양의 확대와 가정위탁사업의 활성화가 요구되어진다. 입양사업에 대한 홍보 활동을 전문화하고, 입양 아동 및 입양가정에 대한 정부의 지원을 확대하여 입양에 대한 가치관을 변화시키고 아동에게도 좀 더 심리적 안정감을 찾게 하는 것이 매우 중요하다. 그리고 가정위탁지원센터를 좀 더 활성화하여 위탁가정 발굴 및 위탁가정에 대한 아동양육수당의 지원을 현실화하여 위탁가정을 확대하여야 할 것이다. 그러므로 시설 아동의 수를 줄이고 입양과 가정위탁사업을 통해 시설보호 대상 아동의 수를 줄여 나가도록 하는 것이 바람직할 것이다.

현재 우리 사회에서 아동 복지시설은 부모가 가정에서 양육할 수 없는 아동들이 생활하는 곳으로 인식되고 있다. 대부분의 아동들은 자신의 의지나 욕구, 문제와는 상관없이 부모가 없거나 혹은 부모가 양육할 수 없기 때문에 시설에서 생활하게 되며, 이들 부모를 지원하지 못하는 우리 사회는 시설 아동들에 대한 분명한 사회적 책임을 져야 한다. 즉, 시설 아동들의 삶의 질을 보장하여야 하며, 부모가 살아있는 경우에는 부모와 재결합하도록 적극 지원해야 하고, 시설을 퇴소하는 아동들이 사회에 적응할 수 있도록 적극 지원해야 한다. 하지만 아직도 시설 아동들의 보호 수준은 미흡한 것이 우리의 현실이다.

한부모가족을 위한 아동복지실천

Chapter 12

1 한부모가족의 개념

2 한부모가족의 발생 원인

3 한부모가족의 현황

4 한부모가정 및 아동의 특성

5 한부모가족을 위한 복지 서비스

6 한부모가족 예방 및 복지대책

최근 우리 사회는 하루가 다르게 급변하고 있는 추세에 있다. 이러한 사회적 변화로 인하여 다양한 가족의 유형이 나타나고 있으며, 한부모가족은 현대 사회에서 다양한 가족의 전형적인 유형에 속한다. 서구 사회에서는 여러 가지 이유로 다양한 가족 형태를 유지해온 지 오래이지만 우리 사회에서는 이러한 변화가 급속한 속도로 진행되고 있다. 특히 이혼과 별거, 미혼모의 증가는 한부모가족을 등장하게 한 주요 요인이며, 이로 인하여 한부모가족에 대한 관심이 증가되고 있다.

1 한부모가족의 개념

'한부모가족' 이라는 용어는 과거에 사용되어 왔던 편부모가족에 대한 불완전한 가족 및 구조적 결손가족이라는 부정적 인식을 제거하기 위하여 1999년 한국여성민우회를 통해 사용하기 시작하여서 최근 한부모가족이라는 용어로 통일하여 사용하고 있다. 한부모가족에서 '한' 은 '하나' 라는 의미 외에 '크다', '가득하다', '온전하다' 의 뜻이 포함되어 있어 한부모가족의 긍정적 이미지를 심어준다. 한부모가족은 정상적인 가족의 한 형태로 이해하는 것을 전제로 하지만 가족경제나 자녀 양육에 있어 부나 모의 역할 부재로 인한 여러 가지 어려움과 문제점에 대해서 아동복지적 차원에서 접근이 이루어져야 한다. 따라서 결손이나 편부, 편모와 같은 부정적인 인식을 주는 용어보다는 한부모가정, 모자가정, 부자가정의 용어를 더욱 많이 사용하고 있다.

한부모가족의 아동이란 부모 중 어느 한쪽의 사망, 이혼, 별거 등으로 인해 한쪽의 아버지 내지 한쪽의 어머니로 이루어진 가정의 18세 미만의 자녀를 말하며, 단 취학 중일 경우에는 22세 미만까지를 포함하고 있다. 한부모가족은 자녀가 부모 중 누구와 동거하느냐에 따라 한부모가족을 부자가족 혹은 모자가족으로 분류하기도 한다. 따라서 모자가정은 어머니가 세대주인 가정을 말하고 부자가정은 아버지가 세대주인 가정을 말한다. 이러한 용어의 변화는 부득이한 상황으로 인해 한부모와 사는 아동에 대해 평등한 개념을 갖고 이들이 건강하고 행복한 삶을 영위할 수 있도록 긍정적인 인식을 갖도록 하자는 것이다.

사회적으로 증가하고 있는 다양한 가족의 출현은 더 이상 병리적인 현상으로 보아서는 안 되며, 변화하는 사회 속에서 기능하는 다양한 유형의 가족으로 보아야 한다는 인식으로 변화해 가야 한다. 즉, 한부모가족은 해체가족 혹은 구조적인 결손가족 등의 부정적 시각에서 벗어나 다양한 가족의 한 형태, 예를 들면, 대가족, 핵가족, 입양가족, 무자녀가족 등과 같은 하나의 가족의 범주에 포함시키고 정상적인 가족의 형태라고 받아들여야 한다.

2 한부모가족의 발생 원인

한부모가족은 흔히 배우자의 사망, 별거, 이혼, 유기, 미혼부모로부터 발생한다. 최근 들어서는 가정경제의 파탄을 야기한 가장의 실직이나 부부불화 및 갈등으로 인한 이혼, 별거, 유기 등을 경험한 가족이 증가하면서 우리나라에서 가장 빈번한 원인은 배우자의 사망과 이혼으로 인한 것으로 알려져 있다. 그 밖에도 미혼모의 출산이나 입양을 통해 한부모가족이 증가하고 있다. 또한 최근 배우자의 장기 해외 근무나 자녀교육을 위한 한쪽 부모와 자녀의 해외거주 사례가 증가함으로써 일정 기간 동안 일시적으로 한부모가족으로 지내는 경우에도 해당된다. 이혼에 의한 한부모가족의 형성이 증가함에 따라 사별에 의한 한부모가족 발생은 줄어들고 있는 추세이며 특히 부자가족의 형성이 이혼에 의해 크게 늘고 있다. 따라서 여기에서는 한부모가족의 형성 원인으로 이혼과 사별에 대해 살펴보고자 한다.

1) 이혼

우리나라의 이혼율은 1990년 이후 「가족법」 개정으로 여성의 자녀 양육권, 재산분할권이 법적으로 인정됨으로써 1990년 11.9%, 1995년 18.1%와 같이 해마다 급속도로 증가하고 있는 추세이다. 현대 사회에서 이혼이 증가하는 이유는 결혼에 대한 가치관 및 의미의 변화, 부부 간의 경제적 의존도의 약화, 법 제도의 변화, 남녀의 성역할 갈등,

결혼에 대한 비현실적인 높은 기대, 자녀수의 감소 등이라고 할 수 있다. 부모가 헤어지면 가장 고통을 받는 당사자는 아이들이다. 따라서 부모는 이혼 후 아이들이 겪게 될 심리적 · 물질적 문제를 이해하고 자녀들이 가능한 빠른 시일 내에 이혼 사실을 수용하여 적응할 수 있도록 도와주어야 한다.

한부모가족의 형성 사유를 보면 2000년대까지는 미혼과 이혼보다는 사별에 의한 경우가 가장 많은 것으로 나타났으나 2000년 이후부터는 이혼 및 미혼으로 인한 한부모가족의 가구수가 사별로 인한 경우보다 점차적으로 증가하고 있음을 알 수 있다.

표 12-1 한부모가족 형성 사유 (단위: 천 가구, %)

연도별	총 가구 수 (a)	한부모 가구 수					한부모 가구 비율(b/a)
		사별	이혼	미혼	유배우	계(b)	
1990	11,355	498(56)	79(8.9)	85(9.6)	227(25.5)	889(100.0)	7.8
1995	12,958	526(54.8)	124(12.9)	94(9.8)	216(22.5)	960(100.0)	7.4
2000	14,312	502(44.7)	245(21.9)	123(10.9)	252(22.5)	1,124(100.0)	7.9
2005	15,887	501(36.6)	399(29.1)	142(10.4)	328(23.9)	1,370(100.0)	8.6
2010	17,339	474(29.7)	523(32.8)	185(11.6)	413(25.9)	1,594(100.0)	9.2

출처 통계청(2011). 인구주택총조사. 2012년 e-나라지표 한부모가족 현황.

이혼한 한부모가정의 추이를 종합해 볼 때, 이혼을 경험하는 가정의 평균 이상이 미성년 자녀가 있는 가정으로, 이는 부모의 이혼을 경험하는 자녀들이 증가하고 있음을 시사한다. 더구나 아직까지는 남녀 모두 이혼한 연령이 30~40대인 경우가 절대수를 차지하고 있어, 자녀의 연령을 고려해 볼 때에 학령기 전부터 학령기에 이르기까지 부모의 이혼을 경험한 자녀들이 상당한 비율에 이르는 것을 의미한다(이무영, 2003; 통계청, 2005). 일반적으로 아동기의 부모역할의 중요성을 생각해 볼 때에 이혼으로 인한 상당수 한부모가정 아동에 대한 사회복지실천이 매우 시급함을 알 수 있다.

2) 사별

2006년 현재 전체 사망률의 살펴보면, 남성의 사망률은 여성의 사망률보다 1.22배 높은 것으로 나타났으며, 연령별로 보면 30~50대 남성의 사망률이 여성에 비해 2~2.9배 정도 높은 것으로 나타났다. 이는 30~50대 여성의 배우자와의 사별 건수가 더 높음을 시사 하는 결과이다. 배우자 사망으로 인한 한부모가정의 추이를 살펴보면, 남성은 배우자와의 '이혼, 별거, 가출'에 의한 한부모가정 형성이 배우자의 사망으로 인한 경우보다 높은 비율을 보인 반면, 여성은 배우자와의 사망으로 인한 한부모가정 형성이 배우자와의 '이혼, 별거, 가출'에 의한 경우보다 높은 것으로 나타났다(변화순 외, 2000).

이는 부 또는 모의 사망을 경험하는 미성년 자녀들을 고려해 볼 때에 사별한 한부모가정 아동에 대한 사회복지실천이 이루어져야 함을 알 수 있다. 뿐만 아니라 30~50대 시기의 배우자와의 사별은 여성과 남성에게 자녀부양의 의무와 그에 따른 경제적 어려움 등을 혼자서 전적으로 수행하는 데서 오는 어려움이 있음을 예상할 수 있다.

3 한부모가족의 현황

통계청의 인구주택 총조사(2012)에 의하면 한부모 가구의 수는 2006년 1,426천 가구에서 2010년 1,594천 가구, 2011년 1,639천 가구로 꾸준히 증가하고 있음을 알 수 있다. [표 12-2]에서 보는 바와 같이 전체 가구에서 한부모 가구가 차지하는 비율은 2006년 8.8%에서 2010년 9.2%, 2011년 9.3%로 증가하였다.

표 12-2 한부모 가구 비율 (단위: 년, 천 가구, %)

연도 / 전체 가구 대비 한부모 가구 현황	2006	2007	2008	2009	2010	2011	2012
전체 가구	16,289	16,543	16,791	17,052	17,339	17,687	17,950
한부모 가구	1,426	1,468	1,509	1,551	1,594	1,639	1,677
저소득 한부모가족	140	148	150	171	185	189	217
한부모가족(한부모가족지원법)	66	73	82	94	108	115	130
비율	8.8	8.9	9.0	9.1	9.2	9.3	9.3

| 출처 | 통계청(2012). 인구주택총조사 및 '2005~2030' 장래 가구 추계. 2012년 e-나라지표 한부모가족 현황.

표 12-3 한부모가족의 유형별 현황 (단위: 년, 가구)

연도별		2000	2005	2010	2011	2012
한부모 가구	부자 가구	219,997	286,923	347,448	360,503	372,938
	모자 가구	903,857	1,083,020	1,246,690	1,278,034	1,304,477
조손 가구		45,225	58,101	119,294	125,745	132,515

| 출처 | 통계청(2012). 인구주택총조사 및 '2005~2030' 장래 가구 추계. 2012년 e-나라지표 한부모가족 현황.

한부모가족의 유형별 현황에 의하면 2011년 기준 모자 가구의 수는 120만 가구로 부자 가구의 36만 가구에 비해 약 4배를 넘어서고 있다. 이러한 한부모가족의 실태를 종합해 보면, 우리나라의 전체 모자 가구 수 및 가구원 수는 점차 늘어나고 있는 추세이며 사별로 인한 여성 한부모가정은 감소하는 데 비해 이혼으로 인한 여성 한부모가정은 증가하고 있는 것이 특징이다. 모자 가구 중심의 한부모가정은 자녀 양육 및 교육문제로 인하여 자녀에 대한 빈곤 세습의 문제로 이어질 가능성이 높으며, 이는 곧 한부모가정의 기본적인 삶의 질을 저하시키는 데 일조한다. 따라서 아동들의 발달특성상 부모의 이혼과정에서 겪는 심리 · 정서적 문제, 이혼 후의 양육 관련 문제, 빈곤의 여성화 등 이혼가족과 아동에 대한 사회적 개입이 필요함을 시사한다.

4 한부모가정 및 아동의 특성

한부모가정은 다양한 어려움으로 인한 문제점이나 취약점은 크게 부각되기는 하지만 실제로 한부모가정의 문제는 다양하여 일반화할 수는 없는 특징이 있다. 한부모가정은 한부모가 된 원인과 배경이 다르고 한부모가 된 이후의 상황이 다르고, 한부모가 취할 수 있는 인적 · 물적 자원이 다양하기 때문에 문제도 매우 다양하게 나타난다(이경희 외, 1995).

1) 한부모가정의 문제

기존의 한부모가정에 대한 연구에서는 한부모의 경우에는 자녀에게 양쪽 부모의 역할을 해주어야 한다는 역할상의 부담감이 있으며, 모자가족에서 나타나기 쉬운 경제적인 어려움 등을 보고하였다. 또한 자녀에 대한 책임감, 모자녀 관계에 있어서의 정서적인 갈등 문제, 미래에 대한 불안이나 결혼과 재혼의 의사결정 문제 등의 부정적인 측면에 대한 접근이 많이 이루어져 왔었다.

그러나 최근 사회에서는 한부모가족이 양적으로 증가하고 있다는 것을 수용하며, 한부모가정에서 활용할 수 있는 자원의 변화가 이루어지고 있으며, 사회 제도적으로 지원하고자 하는 방안이 증대되는 등의 여러 가지 이유로 인하여 부정적인 측면의 접근보다는 대안적 측면의 접근이 이루어지고 있다. 모자가족이 지닌 강점이나 모자가족의 성공적인 적응 전략을 강조하는 연구가 증가하고 있다(박옥임 외, 2008). 따라서 한부모가정이 처한 어려움이나 경제적 부양 자원 감소, 역할과중, 지지세력 감소 등 가시적으로 나타나는 일반적인 장애 요인들을 파악하고 한부모가정의 특성상 나타나는 문제를 파악해 나가는 일은 중요한 사회적 과제가 되고 있다.

(1) 사회적 편견과 차별

이혼이 보편화되어 있는 서구에서조차 한부모가족을 비도덕적으로 보는 시각과 함께 이혼에 대한 편견과 차별이 존재해 왔다. 전통적 가족 형태를 계속 유지하는 것이 가치 있다고 생각하는 우리나라의 경우는 여성 한부모들은 남편이 없다는 이유만으로도 법적 · 제도적 불이익을 받아 왔다. 사회적 분위기나 제도적으로 혹은 전통적인 가치관을 가지고 있는 가족 차원에서 이혼이나 별거를 해온 여성들에 대한 차별과 편견은 계속해서 존재해 왔다. 따라서 여성 한부모는 여성으로서의 취약점뿐만 아니라 배우자가 없는 한부모로서 이중 혹은 삼중고를 겪게 된다. 이러한 사회적 편견과 차별은 한부모가족이 안정된 삶을 살아가는 것에 장애가 되고 있다.

(2) 경제적 문제

배우자의 사망이나 이혼으로 인해 형성된 한부모가족에게는 그 자체가 커다란 위기가 될 수 있는데 거기에 더해서 가족 소득의 상실이나 감소로 인한 경제적 문제는 한부모가족이 당면하는 가장 심각한 문제 중의 하나일 수 있다. 우리나라에서는 자녀로 인해 취업에 제한을 받는 경우가 빈번하기 때문에 이러한 한부모가족의 경제적 어려움이 더 클 것으로 예측된다. 특히 여성 한부모는 여성이라는 이유로 노동시장에서 취업 기회의 제한과 임금차별을 경험하게 될 가능성이 크고, 경제적 결핍은 결국 자녀의 양육 행동에도 부정적인 영향을 초래할 수 있다.

(3) 심리 · 정서적 문제

한부모가 된 배경 중에 이혼으로 인한 문제는 특히 당사자뿐 아니라 자녀에게도 매우 큰 영향을 미치기 쉽다. 즉 이혼은 한 개인에게 매우 큰 스트레스를 주는 사건이며, 자녀들에게는 충격으로 느껴져 기타 다른 문제들을 발생시킬 수도 있다. 심한 부부 갈등, 가족폭력 혹은 배우자의 알코올 중독 등의 상황 속에서 이혼을 선택하면 해방감과 안도감을 느낄 것이라고 생각하나 이혼 직후에는 보통 우울, 불안, 분노, 실패감, 상실감 등을 경험할 수 있으며 배우자 없이 혼자 자녀를 양육해야 하는 부담감, 좌절감, 사회적 편견 등을 감당하기 어렵게 된다.

또한 자녀 양육상의 역할 부재 및 혼란을 초래하면서 심리 · 정서적인 어려움이 더 심각할 수 있다. 특히 남성 한부모의 경우에는 직장을 다니면서 동시에 가사일과 자녀 양육 등의 역할을 수행하는 데 많은 고충이 따르며, 여성 한부모의 경우에는 가사일과 자녀 양육 외에 경제적 책임을 지기 위한 직장생활에 새로운 적응해야 하는 문제 등을 겪을 수 있다.

(4) 대인 관계에서의 어려움

이혼으로 인한 한부모가족은 부부였을 때는 원가족으로 함께 묶여 있던 관계에서 한쪽 가족이 떨어져 나가게 됨에 따라 가족 관계가 축소된다. 가족 간의 기능상의 역할의 변화도 자연스럽게 발생하게 된다. 배우자 및 배우자의 원가족과의 관계가 소멸되고 주변 사람들의 시선이 불편해지면서 대인 관계는 자녀와의 관계에 더욱 집중하게 된다. 한부모와 자녀가 서로에게 집중할수록 모든 대인 관계는 자동적으로 소원해지며 가족 관계망의 변화, 자녀 관계와 관련된 적응과 양육행동상에 부정적 영향을 줄 수 있다.

2) 한부모가정 아동의 문제

한부모가족은 발생 원인에 따라서 자녀가 받는 영향에 차이가 있을 수 있다(엄미연, 2004). 사별의 경우에는 한쪽 부모가 다른 한쪽 부모의 죽음에 대해 어떻게 반응하느냐에 따라 부모의 죽음에 대한 자녀의 반응이 결정된다. 생존한 부모가 본인의 슬픔에 집착한 나머지 자녀들을 돌보지 못하게 될 경우에는 지나치게 조숙해져 정상적인 발전이 이루어지지 못하는 결과를 초래하기도 한다. 또한 부모 사후에는 자녀에게 사회적 관계에서의 위축, 불면증, 우울 등이 나타나기도 한다.

이혼의 경우에는 사별보다 더 큰 충격이 되는데, 가정의 주된 기능을 맡고 있는 부부가 이혼에 이르기까지 그 자녀들은 부부 간의 갈등과 가정불화를 경험하면서 심리적으로 큰 타격을 입게 된다(송성자, 2002). 이혼 후 자녀들은 부모의 결별 이후 정서적 불안을 느끼며 고통을 받는 것으로 나타나고 있다. 그 반응은 연령에 따라 약간의 차이를 보이는데, 취학 전 아동의 경우에는 부모의 별거를 자신의 탓으로 돌리면서 혼란과 두려움에 쌓이게 된다.

반면에 취학 아동들은 부모의 이혼 사유를 보다 잘 이해하지만 자신의 장래에 미칠 영향을 걱정하며 심한 적개심을 표출하기도 한다(여성한국사회연구회, 2001). 부모의 이혼을 경험한 아동들은 일반가정 아동들에 비해 낮은 학업성취, 자아 존중감의 부족, 가족에 대한 부정적 태도를 보이기도 한다. 특히 모자가족의 경우에는 대부분이 경제적으로 낮은 계층에 분포하고 있어 경제적, 정서적, 정신적으로 불안정하고 결핍된 환경과 가족 관계에서 아동이 건강하지 못하게 성장하게 될 가능성이 높다(송성자, 2002).

(1) 심리 · 정서적 특성

한부모가족의 자녀에게 있어 이혼이나 부모의 가출, 사망 등의 부 또는 모의 부재로 인해 심리적 타격을 입게 되며 시간의 경과에 따라 다르게 영향을 미치는데, 초기 반응으로 공포, 생명의 위협, 슬픔, 상실감, 이혼에 대한 거부감, 부모에 대한 분노, 무력감, 강한 외로움, 자신 때문에 부모가 이혼하게 되었다는 강한 죄책감 등이 나타나기도 한다. 그 결과로 자아에 대한 부정적인 태도를 갖게 되며 낮은 자아 존중감을 갖게 될 가능성이 크다. 부자가족일 경우에는 모의 상실은 영아의 경우에 동일시 대상의 상실로 인한 역할 수행의 혼란은 물론 사회적 위축감 등의 정서적 문제를 야기시켜 건전한 성격형성을 저해하기 쉽다(신수자, 1995).

(2) 신체, 건강상의 특성

한부모가족의 아동들은 건강하고 정상적인 성장을 위해 부모의 따뜻한 보살핌과 돌봄을 절대적으로 필요로 한다. 이는 최저한의 생명유지를 위한 음식 및 잠자리 제공 이상의 것이어야 하며, 여기에는 안전하고 충분한 보건과 영양섭취가 포함되어 있다. 한국에서는 가족의 건강과 영양섭취는 거의 모가 신경을 쓴다고 말할 수 있다. 그러니 부자가족의 아동일 경우에는 최저한의 보건 및 영양섭취 조차 제공받지 못하는 경우가 많으며, 모가 없는 상황에서 아동들이 깨끗한 옷을 입고, 영양가가 있는 음식을 제공받으며 보살핌과 보호 속에서 건강하게 자라기를 기대하는 것은 어려운 일이므로 성장기에 있는 아동에게는 심각한 문제가 아닐 수 없다.

(3) 학교생활 적응

이혼으로 인한 한부모가정의 자녀는 학교생활에서도 어려움을 겪는다. 이들이 겪는 학교생활의 어려움은 교사가 갖고 있는 이혼가족에 대한 편견 때문이기도 하다. 교사는 이혼가족 자녀에 대해 부정적인 인식을 갖고 있으며 이혼가족 자녀를 잠재적인 문제아나 비행아로 보는 경우가 많다(서영숙 · 황은숙, 2004). 교사가 가지고 있는 이혼가족에 대한 편견은 양부모가족 아동에게 전달되어 양부모가족 아동들이 이혼을 잘못된 것으로 인식하여 이혼가족 아동과 교류하는 것을 막을 수 있다. 이로 인해 이혼가족 아동은 학급에서 동료들과 잘 교류하지 못하고 심한 경우에는 왕따를 당하는 등 학교생활에 어려움을 겪는다(Smilansky, 1992; 김주아 외, 2009 재인용).

(4) 사회적응적 특성

사회적응은 한부모가족의 자녀들이 겪는 어려움 중의 하나이다. 이혼, 별거, 부 또는 모의 사망 등으로 인한 부 또는 모의 부재 상황에 대한 사회의 부정적 시각 및 편견 때문에 한부모가족 자녀들은 부 또는 모의 부재를 숨기기를 원하므로, 다른 전문가나 지역사회의 도움을 받기가 어려운 실정이다. 또한 위축된 태도를 가짐으로써 교우 관계 및 이웃과의 관계에서도 영향을 미치게 된다(허남순, 1998).

5 한부모가족을 위한 복지 서비스

1) 한부모가족을 위한 관련법과 제도

우리나라에서 한부모가정에 대한 복지 지원은 크게 사회보험, 공공부조 및 사회복지서비스, 아동복지법, 건강가정기본법 부문으로 나누어 설명할 수 있다. 첫째, 사회보험의 경우, 배우자의 사망으로 인한 한부모가정일 경우, 「국민연금법」, 「공무원연금법」, 「사립학교연금법」, 「산업재해보상법」 등을 통해 경제적 지원을 받을 수 있으나, 이혼으로 인한 한부모가정이 경우는 한부모가 보험의 직접적 당사자가 아닌 경우에는 해당 사항이 없다(한국여성복지연구회, 2005). 따라서 배우자의 사망에 의한 한부모가 아닌 경우에는 사회보험으로부터 소득보장을 위한 지원은 매우 제한적이라 할 수 있다.

둘째, 한부모가정을 위한 국가의 공공부조는 저소득층일 경우에는 「국민기초생활보장법」에 의해 '생계 지원'과 '자활 및 고용 지원'이 해당된다. 공공부조의 대상은 그 대상이 전 국가의 극빈층에 국한되어 있으며 경제적으로 매우 어려운 한부모가정의 경제적 어려움을 해결하기에는 부족한 실정이라 할 수 있다. 생계 지원의 경우에는 이혼가족 중 많은 가구가 수급 기준에는 미치지 않으나 여전히 경제적 빈곤을 경험하는 것으로 나타났다.

셋째, 저소득 한부모가정 아동을 위한 지원 관련법은 기존의 「모 · 부자복지법」(2002. 12. 개정)에서 시대적 요구를 반영하여 개정된 「한부모가족지원법」(2007. 12.)에 근거하여 지원하고 있다. 한부모가족지원 법령에 의한 저소득 한부모가정의 지원 내용은 복지 급여, 복지자금 대여, 복지자금융자, 한부모가족복지 시설 지원, 고용촉진, 국민주택의 분양 및 임대, 보호시설 입소, 가족 지원 서비스, 자녀 양육비 이행확보 무료법률구조 등이 있다(|표 12-4| 참고).

표 12-4 「한부모가족지원법」에 의한 지원 종류 및 내용

지원의 종류	지원 내용
영구임대주택	• 도 지역에서 지방자치단체가 건설 관리하는 영구임대주택 중 한부모가정생활 등급 중 7등급 이하의 무주택 저소득 한부모가정을 대상으로 동사무소에 우선 지원
직업훈련과 취업알선	• 고용촉진 훈련기회가 제공되며, 이수자에 대한 관리를 철저히 하며, 고용촉진훈련 중에는 훈련 수당과 훈련에 소용되는 비용 지급 • 국가나 지방자치단체가 운영하는 공공시절의 장은 공공시설 안의 매점, 시설을 허가하는 경우 이를 한부모가정 또는 한부모 복지단체에 우선 허가할 수 있으며, 한부모가정 아동은 공공의 아동 편의시설과 기타 공공시설을 우선적으로 이용할 수 있도록 하여 아동 보육시설에 무료 위탁이 가능
자녀학비 지원	• 자녀학비 지원 대상 범위는 한부모가정생활 등급 7등급 이하이며, 자녀 중 중학교, 고등학교 또는 이에 준하는 각 호의 학교와 학력인정 사회교육시설에 입학 또는 재학 중인 자 • 장학금 수혜자나 감면자라 할지라도 저소득층이 생활안정과 자립 지원 차원에서 수업료와 입학금 전액을 지급
아동양육비 지원	• 지원 대상자는 7등급 이하 저소득 한부모가정의 8세 미만의 아동으로 양육비는 지원 대상 아동의 가구를 관할하는 시장, 군수, 구청장의 책임 하에 매월 20일 보호자의 계좌에 입금
복지자금 대여	• 융자 대상자는 한부모가정 생활등급 7등급 이하의 저소득 한부모가정으로서 근로능력과 자활자립 의지가 뚜렷하고 전망 있고 현실성 있는 사업계획을 제시하는 자에게 2,000만 원 한도 내에서 연리 3%(고정금리), 5년 거치 5년 분할 상환 조건으로 지원
경제 활동 지원	• 지방 재정 또는 지역 내의 독지가를 통한 자녀 장학금 지원 • 국·공립 교육시 성과 시범 어린이집 이용 적극 소개 • 교육훈련 기관 등 적극 안내
가사, 자녀 정서 지원	• 한부모가정에 대한 정기적 가사 지원 • 자원봉사자와 부자가족 자녀 결연 • 각 사회 복지시설을 통한 자녀학습과 방과후 생활 지원 안내
국고보조 지원	• 중·고등학교 학생, 수업료와 입학금 전액 지원 • 만 6세 미만 어린이에게 1인당 월 50,000원의 양육비 지원 • 복지자금 대여

| 출처 | 도미향 외(2009). 아동복지론. pp. 241-242.

한편, 18세 미만의 아동을 양육하는 무주택 저소득 한부모가정을 위해 가족 복지시설이 제공되고 있는데 시설보호의 경우에 모자 보호시설은 무주택 저소득 여성 한부모가정의 기본생계보장과 자립기반을 조성하기 위하여 설치·운영하는 것으로, 보호 기

간은 3년 이내이며 필요하다고 인정되는 경우는 1년 단위로 2년 범위 안에서 연장하고 있다. 지원 내용은 자녀교육비, 방과 후 아동지도, 난방연료비, 공공요금, 교통비, 아동급식비 지급(자립시설 제외), 복지자금융자 지원, 영구임대주책 입주 지원, 보육료 감면 및 시설퇴소 시 자립정착금 지원 등이 있다. 전국의 모 · 부자 보호시설은 |표 12-5|에서 보는 바와 같이 2013년 1월 현재 49개소로 대부분의 시설은 도시지역에 분포하고 있으며 부자가정을 위한 시설은 3곳에 불과하여 개선이 요구되고 있다.

표 12-5 한부모가정 복지시설 현황(2013. 1. 현재)*

시설 유형		시설수 (121개소)	입소 대상 및 기능	보호기간 (연장가능기간)	입소 정원
모자가족 복지시설 (46)	기본생활 지원	41	• 만 13세 미만의 자녀를 양육하는 무주택 저소득 모자가족	3년(2년)	1,057 세대
	공동생활 지원	2	• 독립적인 가정생활이 어렵고 일정 기간 공동으로 가정을 이루어 생활하면서 자립을 준비하고자 하는 모자가족	2년(1년)	40세대
	자립생활 지원	3	• 만 18세 미만의 자녀를 양육하는 무주택 저소득 모자가족, 모자 보호시설에서 퇴소한 모자 세대로서 자립준비가 미흡한 모자가족	3년(2년)	41세대
부자가족 복지시설 (3)	기본생활 지원	1	• 만 18세 미만의 자녀를 양육하는 무주택 저소득 부자가족	3년(2년)	20세대
	공동생활 지원	2	• 독립적인 가정생활이 어렵고 일정기간 공동으로 가정을 이루어 생활하면서 자립을 준비하고자 하는 부자가족	2년(1년)	15세대
	자립생활 지원	–	• 부자 보호시설에서 퇴소한 부자세대로서 자립준비가 미흡한 부자가족	–	–
미혼모자 가족 복지시설 (58)	기본생활 지원	33	• 미혼의 임신여성 및 출산 후(6월 미만) 보호를 요하는 여성	1년(6월)	784명
	공동생활 지원	25	• 2세 미만의 영유아를 양육하는 미혼모 또는 출산 후 해당 아동을 양육하지 아니하는 미혼모	2년(1년) 2년(6월)	217세대 10명
일시 지원 복지시설 (14)		14	• 배우자의 학대로 인하여 아동의 건전 양육과 모의 건강에 지장을 초래할 우려가 있는 모와 아동	6월(6월)	387명
한부모가족 복지상담소 (3)		3	• 한부모가족에 대한 위기, 자립상담 및 문제해결 지원	이용시설	

* 생활시설 121개소, 이용시설 3개소

|출처| 여성가족부(2013). 2013년 한부모가족지원사업 안내. p. 217.

넷째, 「아동복지법」에 근거하여 방과 후 아동보육 서비스의 한 일환으로 실시된 공부방 사업은 1997년 경제 위기 이후 가족 해체 및 기능의 약화로 정상적인 아동양육이 이루어지지 않는 실직 가정이나 저소득 가정 및 한부모가정의 아동들을 위한 사업이 실시되었다. 그 이후 2003년 12월 「아동복지법」이 재개정되면서 공부방은 「아동복지법」 제16조 11항 '지역아동센터' 라는 아동 복지시설로 확장되어 국고 지원이 시작되었다. 실질적으로 지역아동센터를 이용하는 아동들의 가정형태를 살펴보면, 모자가족(22.96%), 부자가족(13.65%), 조손가족(8.28%) 등 한부모가정 아동들의 지역아동센터 이용률이 매우 높음을 알 수 있다(도미향 외, 2009 재인용).

다섯째, 「건강가정기본법」의 제정을 계기로 한부모가정을 위한 지원이 확대될 전망이다. 이혼 숙려 제도를 통해 협의이혼 전 1개월에서 3개월 기간의 숙려 기간을 지난 후 이혼에 이를 수 있도록 제도화한 이유도 이혼으로 인한 한부모가정의 발생을 감소시켜 보겠다는 것이다. 또한 「건강가정기본법」에 따라 '제2차 건강가정 기본계획(2011-2015)' 을 수립하고 주요 정책 과제 중 하나로 다양한 가족의 역량 강화를 설정하여 한부모가족원 정책 확대 및 맞춤형 지원 서비스를 지원하고 있다.

2) 한부모가족을 위한 복지 서비스

한부모가정을 위한 복지시설은 모자가족 복지시설, 부자가족 복지시설, 미혼모자가족 복지시설, 일시 지원 복지시설, 한부모가족 복지상담소 등이 있으며, 각 입소 대상 및 기능은 | 표 12-5 | 와 같다.

최근 2013년 한부모가족 지원사업을 요약하면 | 표 12-6 | 과 같다.

표 12-6 2013년 한부모가족 지원사업

사업명	개요	사업 대상	수행기관
한부모가족자녀 양육비 등 지원	• 아동양육비: 만 12세 미만 자녀, 월 7만 원 • 추가아동양육비: – 조손 및 만 25세 이상 미혼한부모가족 – 5세 이하 자녀, 월 5만 원 • 학용품비: 중학생 · 고등학생 자녀, 연 5만 원 • 생활보조금: 시설입소가구, 월 5만 원	소득인정액 기준 최저생계비 130% 이하 한부모 및 조손가족 (기초 수급자 제외)	자치단체
청소년한부모 자립 지원	• 아동양육비, 검정고시학습비, 고등학생교육비, 자립촉진수당 등 지원	만 24세 이하 한부모가족	자치단체
	• 권역별 미혼모 · 부의 임신 · 출산 · 자녀 양육을 위한 초기 위기 지원, 상담 및 정보제공 등	미혼모 · 부자 가족	지방자치단체 17개 지원기관
한부모가족 복지시설 지원	• 시설 기능보강: 시설 신축, 증개축, 개보수, 장비 보강 지원 • 한부모가족복지단체 지원: 시설종사자 역량강화 등 • 한부모가족 복지시설 입소자 상담 · 치료 지원	각 시설 시설 종사자 등 시설입소자	자치단체 민간단체 한부모시설/단체

| 출처 | 여성가족부(2013). 2013년 한부모가족지원사업. p. 12.

최근 다양한 가족 형태에 관한 논의가 증가하고 더불어 다양한 가족 정책에 대한 필요성이 대두되면서 한부모가정을 위한 프로그램과 서비스를 제공하는 민간 복지기관 및 단체들이 증가하고 있다.

첫째, 지역사회복지관 및 모 · 부자시설의 서비스에서 제공되는 프로그램은 크게 경제적 지원과 심리 · 사회적 지원으로 구분할 수 있는데, 심리 · 사회적 지원은 교육, 상담, 지역사회 연계 서비스, 보육, 사례관리 등으로 분류할 수 있다(| 표 12-7 | 참조).

표 12-7 기관별 한부모가정과 아동을 위한 프로그램 및 서비스

내용 분류		사회복지관		모 · 부자 보호시설	
		부모	자녀	부모	자녀
경제적 지원		• 부업 및 취업상담 알선 • 의료비, 보험료 지급 • 자립금 적립 지원 • 자조협동조합	• 학비(장학금) 지급 • 학원비 보조 • 결식, 급식 지원	• 직업훈련 및 의뢰 • 취업알선 • 생계비 지급 • 보육비용 지급	• 학비 지원 • 급식비 지원
심리 · 사회적 지원	상담 서비스	• 개별상담 • 집단상담, 지도 • 자조 모임 • 가정방문	• 개별상담 • 집단상담 • 자녀자조 모임	• 개인상담 • 집단상담, 지도 • 종교생활지도	
	지역사회연계 및 의료 서비스	• 공공기관, 의료기관, 기업 대상 옹호 서비스 • 생활정보 제공 • 무료 진료	• 문화, 여가지도 • 학교, 교사 대상 옹호 서비스 • 자원봉사자와 1:1 결연	• 건강검진 • 예방접종 • 신체검사 • 의료비 보조	
	교육 프로그램	• 부모역할교육 • 자녀교육 프로그램 • 법률정보 등 특강		• 부모역할교육	• 방과후 지도 • 예능 활동 • 특강 • 공연 관람
	보육 서비스	• 야간보호 서비스			
	가족 행사	• 가족캠프 • 가족의 밤		• 어린이날, 어버이날, 추석, 성탄 • 수련회, 야유회, 체육대회, 가족캠프	
	사례관리 서비스	• 대상자의 사례분석을 통해 서비스 개입 계획을 수립하고 제공함		• 입 · 퇴소 상담 및 정기 상담을 통하여 각 가정에 맞는 대인 서비스 지원, 연결	

| 출처 | 도미향 외(2009). 아동복지론. p. 245. 재인용.

둘째, '한부모가족 희망센터'의 사례관리 사업은 빈곤 한부모 가구주에 대한 통합적인 개입 서비스로 한부모 가구주들의 다양한 문제를 해결하기 위해 강점 관점의 해결중심 접근의 전문적인 상담을 실시하고 지역사회 자원을 연계하여 지속적인 사례관리를 함으로써 한부모 가구주의 자활 및 자립을 지원하는 사업이다.

셋째, 건강가정지원센터의 한부모가정 지원 서비스로서, 2005년부터 「건강가정기본법」 제31조에 이혼예방 및 이혼가정 지원을 위한 '건강가정지원센터 설치' 규정에 의해 각 지역마다 건강가정지원센터가 설립되고 있다. 2011년 12월 현재 중앙센터 1개소와 전국 138개의 지역건강지원센터가 설립되었다(www.familynet.or.kr). 건강가정지원센터에서는 가족생활교육, 가족상담, 문화 프로그램 등 통합적 한부모가정 서비스 프로그램 '당당한 나, 행복한 우리가족' 을 실시하고 있다.

넷째, 한부모가정연구소의 한부모가정 지원 서비스로서, 한부모가정에 대한 부정적 인식을 개선하기 위한 각종 행사, 자조 모임, 부모교육, 한부모가정 이해교육, 장학금 및 후원금, 한부모가정 상담, 한가정 아동교육, 연구 활동, 한부모가정지도사 양성교육 등을 진행하고 있다(www.hanbumo.org).

6 한부모가족 예방 및 복지대책

현대 사회의 변화에 따라 한부모가족이 증가하면서 그들이 겪는 어려움과 문제점은 더 이상 개인 가족의 문제가 아니다. 한부모가족에 대한 실질적인 예방이나 대책에 대한 내용이 심도 있게 다루어져야 한다. 배우자의 사망으로 인한 한부모가족의 발생을 예방하는 것이 쉬운 일은 아니다. 다만 이혼이나 별거, 배우자의 유기, 미혼모 임신으로 인한 한부모가족은 다각도로 검토되고 지원되어서 사전에 예방할 수 있도록 해야 한다. 예방책으로는 첫째, 가족의 해체를 방지하기 위해서는 경제적 자립에 대한 지원이 우선되어야 한다. 현재 우리나라 한부모가정을 위한 경제적 지원은 주로 국민기초생활보장 수급조건을 만족시키는 절대 빈곤층 가정에 거의 제한되어 있다. 이는 국민기초생활보장 수급 조건을 충족시키지는 않지만 경제적으로 어려움을 겪고 있는 가정에 대한 지원이 확대되지 않을 경우는 빈곤가정으로 전락할 위험성이 매우 높으며, 이는 가족 해체나 한부모가정의 아동빈곤으로 이어지기 때문에 세제 지원, 주거 지원 등의 도입이 검토될 필요성이 있다(장혜경 외, 2001; 한국여성복지회, 2005). 차상위 계층에 대한 경제적 및 의료적 지원 확대가 필요하며, 공공부조를 포함한 사회보장 제도 대상자에 대한 양적 및 질적 확대는 결과적으로 한부모가족의 발생을 줄이고 가족을 유지하는 데 기여한다고 할 수 있다.

둘째, 가족문제를 해결하기 위한 전문기관이나 프로그램의 확대가 필요하다. 즉, 부부 간의 갈등 및 폭력 등은 별거나 이혼으로 이어질 가능성이 높다. 따라서 부부가 별거나 이혼을 결정하기 이전에 가족문제를 해결하도록 돕는 지원의 일환으로 가족문제에 전문적으로 접근할 수 있는 상담 전문가의 도움을 받을 수 있는 시스템을 구축할 필요성이 있다. 또한 효과적이며 전문적인 가족응집력 향상 프로그램, 자녀 양육 훈련 프로그램, 부부상담 프로그램 등을 개발하고 활용하여 가족치료나 상담을 전문적으로 실행할 필요가 있다.

현재 한부모가정 아동을 위한 정책은 별도로 마련되어 있지 않고, 주로 저소득 한부모가정에 국한된 지원이 이루어지고 있는 실정이므로 한부모가정에 대한 정책적 대안이 시급히 마련되어야 한다. 첫째, 법적 · 제도적 지원이 강화되어야 한다. 건강가정지원법은 가족의 해체를 예방하는 데 초점이 맞추어져 있는 반면, 한부모가족에 대한 실질적인 지원에 대해서는 취약하므로 다양한 형태로 지원될 수 있어야 한다.

셋째, 사회적 편견이나 차별을 감소시키고자 하는 노력이 이루어져야 한다. 호주제의 폐지는 여성 한부모의 불이익을 최소화하고 배우자의 유무에 관계없이 완전한 한 인격체로 인정받고 행동할 수 있도록 한 예는 매우 고무적이다. 이 외에도 이혼으로 인하여 여성이 불이익을 당하지 않고 차별받지 않는 근로 환경을 개선하는 작업들이 이루어져야 할 것이다.

넷째, 한부모가족의 자녀들을 지원할 수 있어야 한다. 한부모가족 중 가장 어려운 문제 중 하나가 자녀 양육이다. 한부모가정의 자녀 양육비 및 교육비의 지출은 매우 큰 부담이 될 수 있으므로 아동보육 및 방과 후 지도 시설 확충 등을 통해 지원할 필요성이 있다. 예를 들면, 다양한 보육 서비스로서 시간제, 야간제, 휴일 및 방과 후 보육 등의 프로그램이 확대되어 어디에서든 손쉽게 이용할 수 있도록 해야 한다.

마지막으로 한부모에 대한 심리 · 정서적 지원이 필요하다. 한부모가정은 가족 구조와 역할 변화 등으로 여러 가지 어려움에 직면할 수 있으므로 한부모가정의 부모와 아동이 각각 심리 · 사회적으로 적응할 수 있도록 다양한 프로그램의 개발 및 보급이 필요하다. 먼저 한부모가정의 부모를 대상으로 스트레스 관리, 부모역할의 재조정, 부모-자녀 관계 형성 및 효과적 부모역할 등의 교육 등을 실시하는 것이다. 그리고 한부모가정 아동의 경우에는 이혼이나 사별 후에 자녀의 심리적 충격과 새로운 가족 관계에 대한 적응에 있어 연령에 따른 반응이 다르며, 폭력, 약물, 가출 등의 비행이나 정신적 질환 등의 문제를 가진 아동이 있는 경우에는 이중의 어려움을 경험하게 될 수 있다. 따라서 이들 가정에는 한부모가정을 위한 기본적 지원 외에 각각의 특수한 욕구에 대한 가족 구성원 전체를 대상으로 가족치료 프로그램 개발 및 상담사업의 확대가 필요하다.

외국에서는 한부모 지원을 위한 민간단체 활동이 비교적 활발하게 이루어지고 있는데, 대표적 사례로는 독일의 마더 센터와 네덜란드의 파더 센터가 있으며, 그 구체적 내용은 | 표 12-8 |과 같다. 가족 지원을 위한 외국의 경우에는 한부모가족이나 다문화가족 등을 양부모가족보다 도움이 더 필요한 가족으로 인식하지 않고, 모든 가족이 필요로 하는 도움을 받을 수 있는 곳에서 함께 도움을 주고 받을 수 있는 포괄적 서비스를 제공하고 있다(송정애 외, 2013). 그러나 현재 우리나라는 한부모가정을 대상으로 한 특별한 실천 프로그램은 지역사회복지관, 건강가정지원센터, 인터넷 자조 모임, 종교기관 등 주로 민간 차원에서 부분적으로 시행되고 있는 실정이다. 그러므로 한부모가정 아동을 위한 복지실천은 한부모가정의 부모 당사자 및 아동에 대한 직접 개입을 통해 빈곤이나 어려움이 세대를 통해 되풀이되지 않도록 예방하고 한부모가정의 역량을 강화하는 것이 무엇보다 중요하며, 이를 위해 한부모가정 관련 전문가 양성 및 실천가들의 역량 강화가 계속되어야 한다.

표 12-8 외국 한부모가족 활동 사례(독일과 네덜란드)

구분	마더 센터	파더 센터
활동국가	• 독일	• 네덜란드
이용 대상	• 지역의 모든 주민	• 헤이그 전역의 남성
설립 개요	• 1973년 뉴욕의 한 사회복지사의 주도로 처음 설립된 후 현재 전세계 750여 곳으로 퍼져나간 마더 센터 • 평등하게 경험과 정보를 나누는 방식으로 운영 • 참여하는 만큼 권리가 부여되는 철학 • 안드레아 라욱스라는 여성이 사회복지센터에서 방을 빌리고 지역이 돌봄공동체를 함께 만듦	• 네덜란드 전국에 7개의 파더 센터가 있음(헤이그 시에만 2개의 마더 센터가 있음) • 파더 센터는 마더 센터를 만들어 성공적으로 활동하던 아니타에게 아랍계 남성들이 찾아와 제안해서 운영되기 시작함
지원 내용	• 마더 센터에서 운영되는 사무실과 바, 도서관, 재활용가게, 아동단기 보호시설, 찻집 겸 식당 등이 있음 • 비슷한 상황의 엄마들과 이야기를 나누면서 아이를 제대로 키울 수 없는 등의 많은 문제에 대하여 터놓고 토론하는 문화를 만드는 것임 • 문제가 있을 때 서로 간에 상담자가 되어주고 지지 체계가 되어 줌 • 자신이 할 수 있는 일을 제공하고 받고 싶은 서비스를 받을 수 있는 공동체 • 주민에 의한 운영방식으로 전문가의 도움이 아니라 공동체로서 서로에게 도움을 주고 받는 장소	• 파더 센터에서 일주일에 24종류의 프로그램을 진행 중이며 49개국에서 온 이민자 2,500명이 프로그램을 수강 중 – 쿠스쿠스 수다 커피숍(모로코 아버지 모임) – 여성의 입장에서 생각하는 다양한 프로그램 – 일주일에 두 번(월, 수요일), 혼자 사는 사람을 위해 요리를 만들어 파는 식당 운영 – 49개국에서 온 아랍계 이민자를 위한 성공적인 옷입기 가게 프로그램 – 취업훈련: 주 1회씩 12주 과정의 봉제 교육 – 기부물품으로 '무료로 나누어주는 가게' 운영 – 13개국에서 온 아버지들이 참여해 연극 순회교육

| 출처 | 박신연숙(2007. 7. 13~7. 20.). 우먼타임스 기획특집-연재유럽풀뿌리여성운동 현장을 가다(1), (2). 재구성.

다양한 가족의 아동복지실천

Chapter 13

1 다문화가정의 아동을 위한 복지실천

2 재혼가족 아동을 위한 복지실천

3 조손가정의 아동복지실천

오늘날 현대 사회에는 다양한 가족 형태가 존재한다. 서구 사회에서는 이혼과 재혼이 흔히 발생해서 다양한 가족 형태를 이루어온 지 이미 오래 전부터이다. 최근 우리 사회에서도 이러한 다양한 가족 형태의 변화가 급속하게 진행되고 있다는 것을 간과해서는 안 된다. 모든 사회와 국가는 가족이라는 기본 단위를 중심으로 움직이고 있기 때문에 이러한 시대적 경향을 인식하고 다양한 가족의 형태를 인정하며 가족 구성원들의 생존과 성장을 위해 가족 구성원들의 복지와 안녕에 관심을 가져야 할 때이다. 국가와 사회는 다양한 가족의 아동복지 차원에서 아동을 보호하고 양육하고 지원할 수 있도록 제도적 뒷받침을 제공해 할 의무가 있다. 이러한 의미에서 본 장에서는 다양한 가족을 중심으로 한 아동복지실천 방향에 대하여 설명하고 있다.

1 다문화가정의 아동을 위한 복지실천

현대 사회의 특징인 정보화, 세계화는 국가 간에 정보와 지식, 인적 자원의 교류를 활발하게 증가시키게 되면서 어느 하나의 국가 단위만으로는 정치 · 경제 · 사회 문화적 활동을 하기 어렵게 되었다. 이러한 의미에서 본다면 우리 사회도 이제 더는 단일민족인 '한민족'으로 구성된 단일국가라고 볼 수 없다. 또한 '한민족'만을 유일한 대한민국의 구성원이라고 하기도 어렵다. 우리나라에 거주하는 외국인과 혼혈인으로 구성된 다양성을 띠기 시작한 다문화 사회가 도래한 것이다(박주현 외, 2011).

1) 다문화가족의 개념

다문화가족이란 국제결혼 등을 통해서 서로 다른 인종의 상태를 만나 결합한 가정으로 다문화가족지원법이 제정 시행되기 이전까지 법률적으로 국제 결혼가정이라는 용어를 더 많이 사용하였다. 그러나 국제 결혼가정이라는 개념은 단순히 결혼 당사자만을 지칭하기에는 제한이 따르며, 결혼으로 인하여 형성된 가족 구성원을 포함하고 있지 않다는데에 적절하지 않다. 다문화가정 아동은 우리와 다른 문화적 배경을 가진 외국국적의 배우자와 한국인 사이에서 출생한 자녀를 말한다. 그 중 '국제결혼가정 자녀'는 한국인과 결혼한 외국인 배우자 사이에 태어난 아동을 말하는데 교육인적자원부에서는 2006년도에 기존 '혼혈아', '코시안'으로 불러짐에 따라 생길 수 있는 문제점을 해소하고자 가치중립적 용어인 '국제결혼가정 자녀' 또는 '결혼이민자 자녀'로 지칭함으로써 낙인 효과를 억제하려 하였다. 즉, 2세에는 혼혈이라는 용어 자체가 가지는 상징적 차별성과 특수성으로 말미암아 거부반응을 일으킬 수 있으므로 다문화가족이란 용어가 효과적으로 사용되고 있다. 다문화가정의 자녀들에게 부정적 느낌을 주지 않고, 한 가정 내 두 개 이상의 서로 다른 문화가 만난다는 특성을 포함하고 있어 더 적절하다.

2) 다문화가족의 유형 및 현황

글로벌 시대가 오면서 국제결혼과 외국인 취업자 등의 증가로 등록외국인이 사상 처음 90만 명을 넘어선 가운데 228개의 시·군·구에 외국인이 전국적으로 살고 있는 것으로 나타났다. 법무부 등록 외국인 현황자료(2011. 5. 19.)에 의하면, 2010년 현재 국내에 등록된 외국인 총 91만여 명으로 보고되었다.

「다문화가족지원법」에 따른 다문화가족 자녀는 크게 세 가지 유형으로 나눈다. 첫째, 결혼이민자(한국국적 취득자)가 한국인과 사이에서 낳은 자녀, 두 번째는 결혼이민자(또는 한국국적 취득자)가 한국인과 결혼 전에 본국 사람과의 사이에서 낳은 자녀, 세 번째, 한국인 결혼이민자(또는 한국국적 취득자)와 결혼 전에 한국 사람과의 사이에서 낳은 자녀로 구분하고 있다.

2010년 통계청의 외국인과의 혼인 현황을 살펴보면, 외국인과의 혼인은 3만 4천 2백 건으로 2009년보다 9백 건이 증가하였다. 이렇게 국제결혼은 농촌지역을 시작으로 도시지역으로 자연스럽게 보급되기 시작하였으며, 이제는 거리에서 국제결혼부부를 쉽게 만날 수 있게 되었다. 1990년에 가장 많이 한국 사회에서의 국제결혼 가족이 증가하기 시작하였는데, 이들이 한국 사회에 정착하기 시작하면서 자연스럽게 이들의 자녀가 탄생함에 따라, 이들의 자녀들에 대한 관심도도 높아지기 시작하였다.

다음 [그림 13-1]의 다문화가정의 자녀 연령별 현황 및 추이에서 보는 바와 같이 만

7~12세인 초등학교 연령대의 자녀(26.7%)보다 만 6세 이하 연령대의 자녀들(59.6%)이 다문화가족의 50% 이상을 차지하고 있는 것으로 나타났다. 다음 |그림 13-1| 오른쪽 그래프의 다문화가정 자녀의 추이에 의하면, 2006년의 2만 5천 명에서 2009년 10만 3천 명으로 급속히 증가하였다.

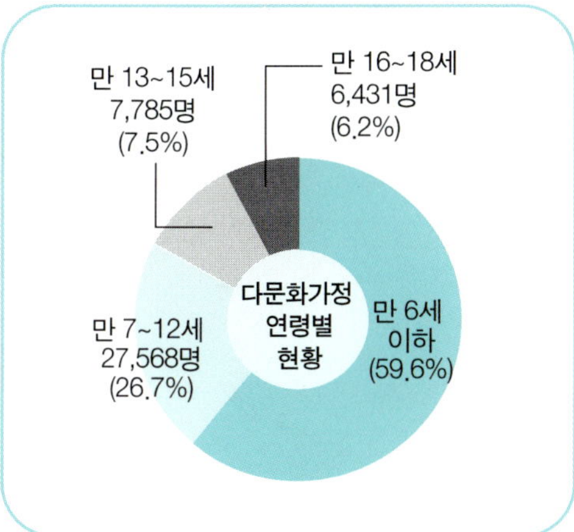

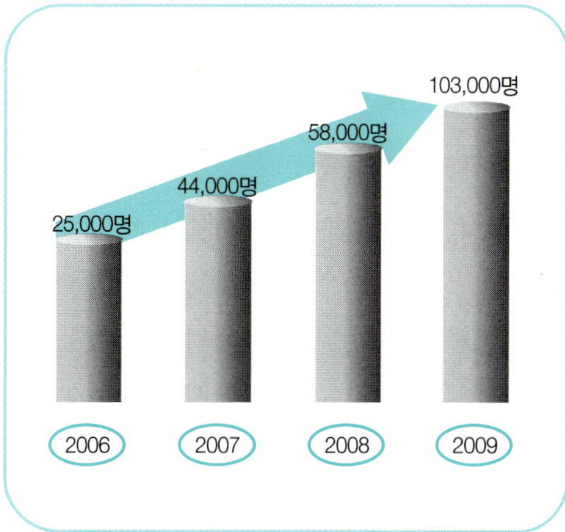

그림 13-1 다문화가정의 자녀 연령별 현황(좌) 및 추이(우)

|출처| 통계청(2009). 인구동태통계연보; 김혜경 외(2012). 가족복지론. p. 324. 재인용.

저출산 · 고령화, 세계화 및 결혼연령인구의 성비불균형으로 다문화가족의 증가 추세는 지속될 전망이다. 그러므로 그들 자녀의 수도 기하급수적으로 증가될 전망이다. 2009년 결혼이민인구를 기준으로 2050년에는 결혼이민자와 그 자녀를 포함한 인구는 총 인구의 5%를 상회할 것으로 예측하고 있다(한국보건사회연구원, 2009).

3) 다문화가정 자녀의 문제점

(1) 자녀의 학습부진

다문화가정의 자녀는 태어나면서부터 어머니에게서 많은 영향을 받게 되는데, 외국인 출신의 어머니는 한국어 능력의 부족으로 인해 자녀와의 대화에서 많은 어려움을 겪게 되고, 어린이집이나 유치원에 입학을 해서도 '알림장' 등을 잘 이해하지 못하기 때문에 매번 어려움을 겪게 된다. 이러한 어려운 점은 초등학교 입학 후에도 언어학습 능력의 미흡은 학습부진을 초래하게 된다. 다문화가정의 자녀들은 한국말이 서투른 어머니의 교육 때문에 언어발달의 지체를 겪게 되고, 의사소통에는 큰 제한을 받지 않는다고 하여도 독해, 어휘력, 작문 능력이 현저하게 떨어진다.

그리고 한국어가 어느 정도 능통하다고 생각하는 대다수의 결혼이주여성들도 자녀가 취학연령에 가까워지면 어려움을 겪는다고 말하고 있다. 한국인 남편은 출근을 하고 결혼이주여성이 자녀의 양육, 교육, 교우관계 전반을 책임지고 있는데, 자녀들에게 책을 읽어 주고 싶은데 초등학교 수준의 자녀의 경우에는 어렵고 뜻을 모르기 때문에 내용을 전해 주는데 한계가 있으며, 의사소통의 어려움을 겪고 있다(박주현 · 최덕경, 2011).

(2) 자녀의 정체성 혼란

다문화가정 아동은 정체성의 혼란으로 부정적 자아 개념 등 정서적인 측면에서 어려움을 겪고 있다. 다문화가정의 아동들은 약간의 차이가 있을 뿐 대부분 이중문화정체성을 지니거나 확실하지 않은 정체성을 보이며 혼돈을 겪게 된다.

다문화가정 아동이 지니고 있는 정체성의 혼돈과 부정적 자아 개념으로 인해 우울, 불안, 낮은 자아존중감과 같은 심리적 문제행동들이 나타나고 있다. 특히 초등학교 시기는 타인에 의해 형성되는 자기의 모습을 그대로 인식하는 경우가 많은데 불안 및 타인의 차별과 무시로 생긴 부정적인 자아상은 다문화가정 아동에게 근원적인 어려움이 된다. 특히 자녀가 사춘기에 접어들면서 사회 · 문화적인 차이가 잘 수용되지 않는 어머니와의 관계에서 어려움을 호소하는 경우가 많다(전봉자, 2009).

(3) 경제적 어려움

농 · 어촌과 도시지역의 저소득층 국제결혼가정 자녀의 교육문제이다. 전문직 종사자 등 고소득층에 속하면서 도시지역에 사는 가정의 경우에는 자녀교육에 큰 문제가 없다. 여성결혼이민자의 거주지는 도시와 농촌 비율이 3:1 정도로서 가구의 절반 이상이 최저생계비 이하의 소득으로 살아가고 있는 것으로 알려졌다. 여성결혼이민자의 경우는 본국에서는 대부분 중산층 생활수준의 여성들로서 본인과 가족들이 더 잘살기 위하여 한국에 시집온 것으로 분석된다. 그들의 학력은 고졸 이상이 2명 중 1명 꼴이며 전문대 이상도 22%나 되는 것으로 나타난다(보건복지부, 2010). 2009년 여성가족부 조사에 따르면 결혼이주민 가족의 월평균 가구소득은 100~200만 원 미만이 38.4%이고, 200~300만 원이 18.7%이다.

이러한 경제적 어려움은 자녀의 학습부진에 따른 보충수업을 시켜 주기 어려우며, 자녀들의 재능을 위하여 특별과외를 진행시키기 어렵다. 그러므로 자녀들의 학습부진은 상위 학교진학을 어렵게 하고 있고 '탈학교화' 를 가속화 시킬 가능성이 있다.

(4) 사회적 편견과 차별

사회적 편견과 차별로 인해 대인 관계의 어려움을 겪는다. 다른 외모와 말투, 미숙한 언어와 학습부진은 집단 따돌림의 원인이 될 수 있으며 한국 친구들과의 의사소통을 어렵게 해 친구를 사귀거나 교사와의 돈독한 관계를 맺는 데 어려움을 야기한다. 오성배(2005)에 의하면, 새로운 언어와 문화의 이중적인 형성은 어머니의 대인 관계의 소극적인 형성으로 다문화가정 아동의 성장과정에 영향을 미치는데 이러한 대인 관계 형성이 다문화가정 아동으로 하여금 자신감의 결여 및 대인 관계의 폐쇄적 형성과 학업성취도의 저하로 이어질 수 있다. 부모의 대인 관계 패턴 및 불안은 어린 자녀에게 전달되고 자신이 지닌 언어와 외모의 이질성 등으로 인해 발생하는 여러 문제들로 인하여 불안 증상을 보이는 경우가 많이 생겨나고 있는 것이다. 이와 같이 다문화가정 아동은 정체감 혼란 및 부정적 자아 개념 획득, 언어문제 및 학습부진, 대인 관계의 어려움을 겪는 특성을 보인다. 이러한 어려움은 학교부적응의 원인으로 나타난다.

4) 다문화가정 자녀를 위한 지원

다문화가정은 그 유형에 따라 상이한 문제를 가지며 개별 가정이 처한 상황에 따른 욕구도 다양하다. 그 중 가장 일반적인 요구사항은 자녀의 안정적인 교육과 성장에 대한 지원이 가장 크다. 다문화가정의 유형별 복지 욕구는 | 표 13-1 | 과 같다.

표 13-1 다문화가정의 유형별 복지 욕구

다문화가정 유형	다양한 복지 욕구
국제결혼가정	• 결혼이주여성을 대상으로 하는 한국어 교육(지역 내 학교 활용) • 결혼이주여성의 고유문화에 대한 가족과 주변 이웃의 관심과 이해 • 임신과 출산 및 의료과정에서의 통역 및 지정 의료 서비스 • 자녀를 위한 이중 언어교육 요원 투입 및 기초학력 증진을 위한 교육 지원 • 초혼, 재혼 등 다양한 결혼형태에 따른 가족 상담 및 지원 • 결혼이주여성 간의 지역 내 네트워크 형성 • 가족 내 폭력이나 성폭력 등의 문제에서 인권보호
이주노동자 가정	• 고용허가제도 변경을 통한 노동환경의 개선 및 고용안정 • 산재 및 의료보호, 외국인 노동자 대상 지정 의료시설 등 • 자녀동반 거주를 통한 양육과 학교 취학을 통한 양육과 교육권 보장 • 기초자치단체 등 공공기관에서의 다문화 지원 서비스 접근성 확보
북한이탈 주민 가정	• 안정적인 취업을 통한 자활요구 • 자활을 도울 수 있는 차별화된 지원정책 개선 • 지역과 민간차원의 지원 체계 및 자녀 교육 정보 등 제공 • 체제 변화에 따른 정신건강 문제에 대한 지원

| 출처 | 구정화 외(2010). 다문화 교육의 이해와 실천. p. 98.

다문화가정 자녀의 안정적 정착을 위해서는 그들의 문화 관점에서 그들을 이해하는 방법으로 이중 언어교육 등을 통한 정체성 교육과 다문화 관점에 기초한 상담 등의 복지 지원이 필요한데 구체적 내용은 다음과 같다.

첫째, 다문화가정 자녀를 위한 능력에 따른 단계별 한국어 교육이 지속적으로 실시되어야 한다. 다문화가정의 아이들을 대상으로 조사한 결과에 의하면 85% 이상의 아이들이 한국어 능력이 있다고 응답하였으나 교사를 대상으로 하는 조사에 의하면 의사소통에 문제가 있으며, 한국어 교육이 보강될 필요성이 있다고 보았다. 결과적으로 다문화가정의 학부모의 대부분이 학습지도와 숙제 도와주기가 자녀교육에서 가장 어려운 점이라고 보고하고 있으므로 교과목의 보충 교육이나 숙제나 준비물 챙기기 등 학습지도를 도울 수 있는 프로그램이 실시되어야 한다.

둘째, 대부분의 다문화가정의 자녀들의 사회적인 차별이나 학교 부적응 현상을 방지하기 위하여 전체 학생들을 대상으로 문화 간 이해 교육을 시행할 필요가 있다. 따라서 일반학생을 대상으로 하는 다문화 교육은 다문화가정의 학생들과 함께 활동하고 그들과 경험을 공유함으로써 단순히 문화의 차이를 이해하는 것에서 그치는 것이 아니라 사회적으로 새로운 의미를 부여하고 문화에 대한 공존적 시각을 갖도록 하여 더불어 문화적 차별이 일어나지 않도록 해야 한다.

셋째, 다문화가정의 자녀는 한국어를 잘 하지 못하기 때문에 학업상의 문제나 의사소통의 문제를 겪을 수도 있지만 자신에 대한 부정적 감정, "나는 누구인가?"라는 정체성 혼란에 빠질 수도 있다. 정체성 확립 지원을 위해서는 무엇보다 이중 언어교육이 절대적으로 필요하다고 할 수 있다. 다문화가정 자녀를 위한 이중 언어교육은 인지적 능력과 학업 능력뿐 아니라 정체감 형성 등에 긍정적이며, 사회적 적응력도 뛰어나다는 것을 보고하고 있다(원진숙, 2009). 따라서 다문화가정 자녀의 정체성 확립을 위한 교육내용의 구성과 교육방법에 대한 새로운 시도 등을 통해 고유한 문화에 대하여 긍정적인 인식을 할 수 있도록 교육 체계를 구성하는 노력도 매우 중요하다(박주현 외, 2011).

마지막으로, 다문화가정의 자녀는 가정이나 학교생활에서 상당한 스트레스를 경험하는데 이는 또 다른 새로운 문제에 직면하게 되는 요인이 된다. 이들을 위해서는 교육과정 운영 등을 통한 학업에 대한 지원도 필요하지만 궁극적으로 다문화적 관점에서 맞춤형 상담 지원이 필요하다. 한국 사회에 적응하지 못하는 부모의 어려움은 다문화가정의 자녀에게 더 많은 고통을 가져다 줄 수 있다. 따라서 이들을 심리적으로 이해하고 지원하면서 사회적 적응을 도와주고 정체성을 고취해 주는 상담프로그램을 운영하는 것이 좋은 방안이다.

2 재혼가족 아동을 위한 복지실천

1) 재혼가족의 개념과 유형

(1) 개념

재혼가족(remarried family)은 한쪽이나 양쪽 모두 다 재혼 이상의 결혼으로 자녀가 있거나 없으면서 하나의 가구를 유지하는 남편과 아내로 구성된 가정으로서 재결합가족, 혼합가족, 두 개의 핵가족, 계부모가족 등의 용어들을 혼용하여 사용한다(Clifford, 1983). 즉, 이미 한 번 또는 그 이상 결혼하여 가정을 이룬 남성이나 여성이 다른 배우자와 새롭게 가정을 재구성하는 것이다.

재혼가족은 가장 복잡한 가족 체계 중의 하나인데, 초혼가족에서는 볼 수 없는 계부모-계자녀 관계, 이복(부) 형제와 같은 재혼가족 내의 형제 관계, 전배우자와의 관계, 계조부모, 친족 관계 등 보다 다양한 친족 관계를 포함하고 있다(정계숙 외, 2007).

(2) 유형

재혼가족의 유형은 남녀의 초혼, 재혼 여부 즉 혼인상태를 기준으로 재혼부부의 결혼지위(미혼, 이혼, 사별), 자녀 유무, 자녀 양육유무 및 재혼자의 연령에 따라 매우 다양하게 구분된다. 국내의 공식적인 인구통계조사에 의하면 성별과 남녀의 혼인 상태에 따라 남녀재혼(재혼남+재혼녀), 남재여초(재혼남+초혼녀), 남초여재(초혼남+재혼녀)의 3가지 유형으로 범주화하고 있다. 또 이와는 별개로 재혼 당사자나 재혼가정의 자녀들이 인지적 · 주관적으로 내리는 가족 정의에 따라 재혼가족의 유형이 분류 · 구분되기도 한다(임춘희, 2006).

클리겜필 등(Clingempeel et al., 1987)에 의하면 재혼부부 각각의 전혼자녀 유무와 양육권 유무를 기준으로 재혼가족의 유형을 분류하고 있는데, 이것은 재혼가족 내 부모와 자녀의 관계를 파악해 볼 수 있다(이소희 외, 2004).

표 13-2 재혼가족의 9가지 유형

<table>
<tr><th colspan="3" rowspan="3">부인의 전혼자녀 유무와 양육권 유무*
남편의 전혼자녀 유무와 양육권 유무</th><th colspan="3">부인의 전혼자녀 유무</th></tr>
<tr><th rowspan="2">전혼자녀 무</th><th colspan="2">전혼자녀 유</th></tr>
<tr><th>양육권 무</th><th>양육권 유</th></tr>
<tr><td rowspan="3">남편의 전혼자녀 유무</td><td colspan="2">전혼자녀 무</td><td>무자녀
재혼가족**</td><td>비동거
계부가족</td><td>동거
계부가족</td></tr>
<tr><td rowspan="2">전혼자녀 유</td><td>양육권 무</td><td>비동거
계모가족</td><td>비동거
계부모가족</td><td>혼합계부형
재혼가족</td></tr>
<tr><td>양육권 유</td><td>동거
계모가족</td><td>혼합계모형
재혼가족</td><td>동거
계부모가족</td></tr>
</table>

* 양육권 지위는 모든 전혼자녀의 양육권을 갖는 경우 '동거형', 모든 전혼자녀의 양육권을 갖지 않는 경우 '비동거형', 한 배우자는 양육권을 가진 경우 '동거친부모', 다른 배우자는 양육권을 갖지 않는 친부모 경우 '혼합'으로 표시한다.

**이 유형은 초혼가족과 유사하므로 엄밀한 의미에서 재혼가족에서 제외된다.

| 출처 | Clingempeel, Brand, & Segal(1987); 김혜경 외(2012). 가족복지론. p. 253. 재인용.

이 외 재혼가족의 유형은 이전 관계들이나 현재의 결합으로부터의 자녀의 출생이나 동거하지 않는 자녀(성인이나 미성년), 그리고 전혼자녀들의 거주에 기초하여 9가지 유형으로 나누고 있다(장경아 외, 2002).

- 자녀 없음
- 재혼 후 출생한 미성년자들
- 재혼 전 양육권을 가진 미성년자들
- 재혼 전 양육권을 갖지 못한 미성년 자녀들
- 성인자녀들
- 재혼 전 양육권을 가진 미성년 자녀와 재혼 후의 자녀들
- 재혼 전 양육권을 갖지 못한 미성년 자녀와 재혼 후의 자녀들
- 재혼 전 양육권을 못 가진 자녀와 가진 자녀들
- 재혼 전 양육권을 가진 자녀와 못 가진 자녀, 그리고 재혼 후 자녀들

2) 재혼가족의 현황

우리나라의 재혼율은 최근 몇 해 동안 급격히 증가하였으며, 재혼유형의 변화와 재혼율의 여성 우위현상 등이 나타나고 있다. 1990년에 8%를 차지하던 재혼율이 1995년에도 10.3%, 2000년도에는 18%로 빠르게 증가하였다. 또한 2002년에는 전체 혼인에서의 재혼비율이 21%를 차지하여 결혼하는 5쌍 중 1쌍이 재혼부부임을 알 수 있다(김연옥, 2004).

| 표 13-3 | 을 살펴보면, 통계청(2010)의 인구통계연보의 연도별 초혼 · 재혼 현황에 의하면, 지난 2000년 이후부터 2009년에 이르기까지 재혼(남 · 여) 비율은 꾸준히 증가추세를 보이고 있어 예전보다 더 활발하게 이루어지고 있음을 알 수 있다. 이러한 결과로 보면, 남녀 모두 초혼 구성비는 낮아지고 있는 반면에 재혼 구성비는 꾸준히 높아지고 있는 가운데 새로운 가족 관계를 형성하고 있다.

표 13-3 연도별 초혼 · 재혼 현황 (단위: %)

구분	2000	2001	2002	2003	2004	2005	2006	2007	2008	2009
초혼(남)	86.9	85.3	84.5	83.4	81.6	80.9	83.1	83.3	82.5	82.6
재혼(남)	13.1	14.7	15.5	16.6	18.4	19.1	16.9	16.7	17.5	17.4
초혼(여)	85.4	83.5	82.8	81.6	79.3	78.6	81.6	81.9	80.8	81.0
재혼(여)	14.5	16.5	17.2	18.4	20.7	21.4	18.1	18.1	19.2	19.0

| 출처 | 통계청(2010). 인구통계연보; 김혜경 외(2012). 가족복지론. p. 256. 재인용.

또한 | 표 13-4 | 의 평균 초혼 및 재혼 연령에 의하면, 평균적으로 남녀 초혼연령은 2000년에 비교하여 2009년도에는 평균 2년 정도가 늦어지고 있음을 알 수 있으며, 2009년 평균 재혼연령은 남성 45.7세, 여성 41.1세로 높아졌고 10년 전에 비해 남녀 모두 3세 이상이 높아졌음을 알 수 있다.

표 13-4 남 · 여 초혼 및 재혼의 평균 연령 현황 (단위: 세)

구분	성별	2000	2001	2002	2003	2004	2005	2006	2007	2008	2009
초혼 연령	남자	29.3	29.5	29.8	30.1	30.5	30.9	31.0	31.1	31.4	31.6
	여자	26.5	26.8	27.0	27.3	27.5	27.7	27.8	28.1	28.3	28.7
재혼 연령	남자	42.0	42.1	42.1	42.8	43.8	44.1	44.4	44.8	45.0	45.7
	여자	37.4	37.5	37.9	38.3	39.2	39.6	39.7	40.1	40.3	41.1

| 출처 | 통계청(2010). 인구통계연보; 김혜경 외(2012). 가족복지론. p. 256. 재인용.

3) 재혼가족의 특성 및 문제점

(1) 구조적 특성

재혼가족은 초혼과 그 성격이 다르며 구조적으로 매우 복잡하고 다양한 특징을 갖는다. 초혼과 달리 재혼으로 형성된 가족은 대부분 전혼자녀가 있는 계부모가족으로 초혼 핵가족과 비교할 때, 구조적으로 복잡하고 체계가 다를 수밖에 없다. 재혼가족이 갖는 복잡한 구조는 특별한 과제들을 안겨 주며, 초혼가족과는 전혀 다른 삶의 주기를 갖게 하며 다음과 같은 구조적 특성을 갖는다.

첫째, 많은 상실과 변화 후 새 가족이 탄생한다. 대부분의 재혼가족은 수많은 상실과 변화에 직면한다. 사별이든, 이혼이든 상실과 그로 인한 변화 후 생겨난 가족 구조로 재혼가족을 형성하는 순간 그 동안 익숙해진 생활 패턴 대신 새로운 규칙과 새로운 일, 새로운 가족을 만나게 된다(Visher & Visher, 1996; 김유나, 2009).

둘째, 어른과 자녀들 모두 조화롭지 못한 개인, 결혼, 가족생활 주기를 시작하게 된다. 서로 다른 결혼 생활을 한두 가족이 만나 합쳐지기 때문에 서로 다른 경험과 다른 역사들이 한 곳에 얽혀 조화되지 못한 상태로 새로운 가족생활을 시작하게 된다.

셋째, 자녀와 어른 모두 이전 가족에서 얻은 기대를 가지고 온다. 재혼으로 한 가족이 된 구성원들은 이전 가족을 통해 서로가 나누었던 삶과 경험을 그대로 새로운 가족에게 적용하게 되고, 이전보다 더 나은 삶을 위해 서로에 대한 기대감을 가지고 시작하게 된다.

넷째, 부모 자식 관계가 새로운 부부 관계보다 먼저 형성된다. 자녀의 입장에서는 부부와의 관계보다 이미 부모 자식 간의 관계가 먼저 형성되어 있는 상태에서 갑자기 낯선 사람과 함께 살게 된다는 것이다. 그러므로 자녀가 있는 경우 더 복잡한 문제가 많이 일어나게 된다.

다섯째, 다른 가족 또는 기억 속에 생물학적 부모가 존재한다. 자녀들은 대개 부모 중 한 명이 사망한 경우일지라도 생물학적 부모와 강한 감정적 유대를 맺고 있다. 그렇기 때문에 재혼가족에서 새로운 부모를 만나게 된다 할지라도 자녀의 마음에는 여전히 생물학적 부모와의 결속이 강하게 남아있기 때문에 새로운 가족에 적응하는 데 어려움이 지속되는 원인이 된다.

여섯째, 아이들은 종종 두 가족의 구성원이 된다. 사별이 아닌 이혼의 경우 자녀들에게는 생물학적 부모뿐만 아니라, 자신의 부모와 함께 결혼한 낯선 사람에게도 자녀로서의 역할을 새롭게 감당해야 하는 두 가족의 구성원이 된다.

일곱째, 계부모와 계자녀 간 법적인 관계는 전혀 또는 거의 없다. 가족법은 가족생활의 급격한 변화를 따라오지 못했다. '호주제'와 불필요했던 '재혼금지 기간' 가족법은 폐지되었지만, 재혼가족은 여전히 재혼가족 내 호칭에 대한 적절한 용어가 부족한 상태이며, 법적 규제(자녀의 성 · 본 변경제도, 친양자 제도)가 마련되었지만 제한적이다. 분명한 근친상간의 금기가 없고, 계부모의 권리와 책임이 분명하지 않은 문제점을 지니고 있다. 재혼가족에 대한 취약하고 불분명한 법적인 지지는 계부모-계자녀 관계를 더욱 더 모호하게 만들고, 사회 · 문화적 편견과 더불어 재혼가족 자녀들에게 다시 한 번 관계의 상실을 겪게 한다.

(2) 기능적 특성

재혼가족의 기능적 특징은 재혼가족의 구성원이 서로 다른 가족의 역사를 갖는다는 것이다. 핵가족에서 성장한 자녀들은 가족의 문화의 역사를 공유하고 미래에 대해 공동의 기대를 갖게 되어 가족 구성원들이 가족 정체성을 확립하고 가족 유대감을 갖도록 하는 데 기여한다. 그러나 재혼가족은 가족이 공유한 역사가 결핍되어 있기 때문에 서로 간의 낯선 생활패턴을 이해해야 할 뿐만 아니라 가족이라는 공동의 정체성 확립을 위해 노력해야 한다(이소희 외, 2004).

재혼가족은 구조적으로 다수의 인간관계를 지니고 있기 때문에, 일반적으로 경계의 모호성을 안고 시작하게 된다. 이는 누가 가족 안에, 또는 밖에 있으며, 가족 체계 내에 누가 어떤 역할과 일을 하는가 등, 가족의 기능에 대해 가족 구성원들의 지각이 불확실하다는 것이다. 재혼가족이라는 새로운 구조에 적응하고 그에 따른 역할을 부여받기 위해서는 전 배우자가족과 재혼가족 간의 경계가 설정되고 유지되는 것이 중요하다. 특히 자녀들은 현재의 재혼가족과 함께 살지 않는 친부모가족, 즉 두 가족의 구성원으로서 기능하게 된다. 이처럼 자녀가 두 가족의 구성원이 된다는 것은 각 가족의 서로 다른 역할과 규칙 및 기대에 적응해야 하며 그에 따른 어려움이 있다(윤주애, 2002).

(3) 문제점

재혼가족은 재혼가족의 구조적 · 기능적 특성으로 인해 매우 다양한 어려움을 가지게 된다. 재혼가족의 적응에 영향을 미치는 여러 위험요소로 부부 간의 잠재적 갈등, 부모 간의 갈등, 부모-자녀 간의 갈등, 형제 · 자매 간의 갈등, 부모-조부모 간의 갈등, 가족 불일치의 갈등, 계부모와 친부모의 갈등, 계부모-계자녀의 갈등, 전 배우자와의 갈등 등이 있다. 재혼가족이 직면하게 되는 문제점을 아동입장에서 살펴보면 다음과 같다.

첫째, 상실감과 비현실적인 믿음에서 비롯된 적응의 어려움을 가진다. 현실적으로 재혼가족이 서로에게 연대감과 사랑을 느끼며, 생활이 안정적으로 적응될 때까지 상당한 시간과 노력이 필요하다. 그러나 자녀들은 재혼가족이 되면서 전 가족을 상실하고, 새로운 가족을 만날 준비가 제대로 되어 있지 않고 계부모에게 자신의 친부모를 빼앗겨

버린 상실감과 기대와는 다른 계부모를 맞이하면서 생기는 비현실적인 믿음으로부터 적응에 대해 매우 큰 어려움을 가진다.

둘째, 충성심에 대한 갈등을 가진다. 자녀들은 계부모와 친부모 사이에서 느끼게 되는 정서적 갈등으로서 계부모에게 애정과 사랑의 감정을 지니거나, 좋은 관계를 유지하는 것은 곧 친부모에 대한 배신이라고 여긴다. 이러한 충성심 갈등은 재혼가족 자녀들이 새 가족의 구성원으로서 관계를 만들어 가는 데 방해하는 요소로 작용하며, 새로운 적응에 오랜 시간을 소요하게 만들고 관계의 어려움을 심화시킨다.

셋째, 경계의 모호성이다. 누가 가족 안에 포함되고 누가 가족 이외의 사람인가를 결정하는 경계가 불명확한 것으로 이는 가족 구성원 스스로 어떤 역할과 일을 감당해야 하는지 분명히 지각하지 못하게 된다. 이러한 모호한 가족 경계는 계부모-계자녀 사이의 성적 경계의 느슨함 혹은 계형제 · 자매들 사이의 성적인 문제로 연결되기도 하며, 가족 응집력을 저하시키고, 의사소통과 자녀 양육의 부실 및 자녀에 대한 통제와 점검의 약화를 초래한다.

넷째, 새로운 관계 속의 영역 문제를 가져온다. 모든 재혼가족에게는 지위의 변화가 뒤따른다. 외동이었던 자녀가 갑자기 둘째가 될 수 있고, 막내가 되는 상황에 처할 수 있다. 일반적인 가족 안에서 친형제 · 자매 간에 있게 되는 싸움은 연령 순위에 입각하여 해결된다. 그러나 재혼가족 내에서 이런 위계는 불명확하며, 해결되지 않은 채 남아 있을 수 있다. 계형제 · 자매 관계가 좋을수록 가족 전체의 유대감과 통합은 향상되고 성공적인 재혼가족 결합이 될 수 있지만 자녀들에게는 이런 관계성에 적응하는 데 더 많은 어려움을 겪고 있다.

이 외에도 재혼가족의 아동들은 공유되지 않은 규칙들에 대한 불안감, 죄의식, 상실감과 애도, 원치 않는 감정변화에 적응하기, 정체감의 혼동, 공포, 반항, 경쟁, 빈약한 의사소통, 질투, 성씨 등 다양한 스트레스와 갈등을 겪게 된다.

4) 재혼가족 아동을 위한 복지 정책 및 방향

(1) 주요 정책

재혼가족 아동을 위한 관련 주요 제도는 성 · 본 변경 제도 및 친 양자 제도이다. 첫째, 자녀의 성 · 본 변경 제도로서 자녀의 성 · 본을 변경해야 할 때에 부모나 자녀의 청구에 의해 법원의 허가를 받아 변경하도록 하는 제도이다. 이 제도는 2005년 3월 민법 개정에 따라 만들어졌으나 오랜 준비과정을 거쳐 2008년부터 호적제 폐지와 국민 개인별로 만들어지는 가족관계등록부 제도의 도입에 따라 시행하게 되었다. 가족관계등록부 제도에서는 결혼 때 부부가 협의하면 자녀가 어머니의 성과 본을 따르거나 재혼가족 자녀가 계부의 성과 본으로 바꿀 수 있도록 하는 것이다. 이에 따라 재혼가족의 자녀가 계부와 성이 달라 겪는 정체성 혼란과 불편이 줄어들게 되었다.

둘째, 친양자 제도이다. 이는 만 15세 미만 아동에 대해 가정법원의 친양자 재판을 받아 종전의 친족 관계를 종료시키고 양친과의 친족 관계만 인정해 양친의 성 · 본을 따르도록 하는 제도이다. 이 제도는 2005년 3월 민법 개정시 만들어져서 2008년부터 시행되는 제도이다. 재혼가족의 경우에는 자녀가 친양자로 인정되면 친부와의 법률적인 관계가 완전히 끊어지고 계부와 법률적 관계가 맺어지게 된다. 즉, 재혼부부가 혼인 중에 낳은 출생자로 간주되어 자녀의 성과 본이 계부의 것으로 바뀌고, 계부의 친자녀와 똑같은 법률적 권리를 행사할 수 있게 된다(곽형식 외, 2008 재인용).

(2) 방향

최근 우리나라는 이혼과 재혼에 따른 급격한 가족변화를 경험하고 있다. 부모의 이혼과 재혼의 경험 속에서 아동들은 자신의 의사를 적절하게 개진할 수 있는 기회를 가지기 힘들 뿐만 아니라, 생애 초기에 발생한 갈등 구조 속에서 자주 소외되고 부모와 애착 관계를 잃을 불안감에 시달리게 된다. 또한 부부 간 갈등 문제로 발생하는 스트레스가 아동에게 학대와 방임으로 이어지게 되며 이같은 경험은 아동에게 정서적 불안감을 가중시켜 자기존중감을 상실하게 하는 원인으로 작용하며, 또래에 대한 자신감 결여 등 심각한 심리 · 행동문제들을 유발할 수 있다(손병덕, 2010). 이러한 아동에 대한 여러 부정적 요인들에 대한 개선점과 지향점은 다음과 같다.

첫째, 다양한 가족 형태에 대한 사회의 인식을 제고하는 아동복지 정책으로의 전환이 필요하다. 재혼가족에 대해 결손가족으로 보는 사회의 부정적 시각과 편견이 재혼가족의 적응과 발전을 가로막는 요인으로 작용한다. 최근 재혼율이 증가하고 있기 때문에 재혼가족을 또 다른 가족의 형태로 여기는 사회적 인식이 필요하다. 이를 위해서는 우선 부모의 숫자는 두 명이 아닌 세 명 이상이 될 수 있고 혈연으로 연결되지 않아도 부모-자녀, 형제 관계가 가능하다는 새로운 가족의 경계가 마련되어야 한다. 보육 및 교육과정에서도 가족의 다양성을 강조하는 내용이 포함되어 영유아에서부터 청소년까지 재혼가족에 대한 수용적이고 지지적인 태도를 갖도록 해야 한다(곽형식 외, 2008). 또한 재혼가족이 가지고 있는 장점과 성공적인 재혼가족의 특성을 고려하여 재혼가족을 하나의 가족 유형으로 수용하고 부정적인 관념에서 벗어나는 사회적 인식의 전환이 이루어져야 할 것이다(현은민, 2003).

둘째, 재혼가족에 대한 다양한 교육 · 상담 프로그램을 제공하는 아동복지 정책이 마련되어야 한다. 재혼생활과 재혼가족의 역할에 대해 이해하고 갈등 상황을 해결하기 위한 다양한 교육과 상담 프로그램을 개발하고 실시하여야 한다. 이를 통해 재혼가족들에게 재혼가족의 다양한 가족 관계와 변화된 가족 내 역할에 적응하기 위한 새로운 부부와 자녀, 친족의 역할 모델을 제시하고, 재혼생활을 시작하려는 사람들에게는 재혼에 대해 충분한 준비를 갖출 수 있도록 해야 한다(정계숙 외, 2012). 이를 위해 사회복지관, 문화강좌센터, 종교기관, 지방자치단체 등에서 재혼가족들이 쉽게 접할 수 있는 다양한 교육 · 상담 프로그램을 재혼가족의 유형, 재혼가족의 발달 단계에 따라 마련하여 제공해야 할 것이다. 특히 재혼가족 자녀들을 대상으로 그들이 겪는 심리적 어려움을 해결해 줄 수 있는 다양한 프로그램 제공과 상담을 할 수 있는 전문가가 필요하며, 또한 이에 대한 홍보와 정보 제공으로 언제든지 편안하게 도움을 요청할 수 있어야 할 것이다.

셋째, 재혼가족의 지지 집단을 형성해주는 프로그램 내용이 마련되어야 한다. 재혼가족 스스로 재혼가족이라는 강박 관념을 떨쳐버리고 주위의 편견으로부터 자유로워지도록 노력해야 한다. 이를 위해 친척이나 친지, 이웃들과 관계를 유지하고 이들이 재혼가족의 지지 집단이 되도록 하는 것이 필요하다. 또한 재혼부모들 간에 지지 집단을 형성하여 재혼가족에서 발생할 수 있는 공통된 문제에 대해 서로 정보를 교환하거나 감정을 공유하고 도움을 주고받는 만남을 가지는 것도 바람직하다. 이에 국가와 지방자치단체, 민간기관에서는 아동복지 프로그램에 지지 집단 형성을 위한 내용이 마련되어야 할 것이다.

넷째, 여성 한부모가족에 대한 경제적 자립을 지원하는 정책 방향이 필요하다. 이혼이나 사별을 경험한 여성 한부모들은 단순히 경제적인 이유로 재혼을 선택하는 경우가 적지 않다. 이같은 유형의 재혼은 재혼가족 구성원들 간의 적응에 부정적인 요인이 될 수 있다. 따라서 여성 한부모가족의 경제적 자립을 지원해 주는 정책이 필요하다(곽형식 외, 2008).

다섯째, 재혼가족에 대한 사회복지적 개입의 필요성을 인지하고 이에 따른 구체적인 정책을 지원하는 방안이 모색되어야 할 것이다. 이에 재혼의 특성과 재혼가족의 특성, 재혼가족 관계 등에 대한 분석을 토대로 재혼가족의 기능을 향상시키기 위한 사회복지적 개입 방안과 지원책이 마련되어 정책에 반영되고 실행되어야 한다.

3 조손가정의 아동복지실천

현대 사회의 급속한 변화에 따라 최근 전통적인 가족 유형이 다양해지고 있다. 한국사회는 최근 경제적 붕괴로 인하여 부모들이 실직을 경험하게 되고, 이러한 현상은 빈곤과 가족 해체로 이어졌다. 특히 이혼, 별거 등으로 가족 해체가 급증하여 가족 안정성이 약화되었으며, 가족의 기능과 구조도 변화를 겪고 있다. 이로 인하여 다양한 가족 형태가 증가하고 있으며 이중에서 할아버지 · 할머니가 손자녀를 양육하는 조손가정이 새로운 가족의 형태로 증가하고 있다.

1) 조손가정의 개념

조손가정은 부모의 이혼, 가출, 파산 및 죽음 등 다양한 이유로 부모가 아이들을 양육하지 못하고 조부모가 손자, 손녀를 양육하는 가족의 형태를 의미한다. 2000년 미국의 인구조사에서는 조손가정을 조부모가 18세 이하의 손자녀들과 한 건물 안에서 동거하며, 손자녀의 기본적 생활에 우선적 책임을 지는 형태라고 정의하고 있다. 이러한 기준으로 본다고 한다면 조손가정의 조부모들은 손자녀의 의료적 보호, 교육, 훈육과 관련하여 의사결정을 할 수 있는 법적 보호권한 아동의 일상보호를 제공하는 책임을 포함하는 신체적 보호권한을 가지게 된다.

우리나라는 2007년 여성가족부에서는 손자녀에 대한 부양과 양육의 책임을 지고 있는 가구가 정책의 대상이 된다는 점에서 18세 이하의 손자녀를 양육하는 조부모 가구만을 의미한다고 하였다. 즉, 자녀의 맞벌이로 인해 조부모가 자녀에게 도움을 주고자 하는 경우는 제외하고 자녀의 가족 해체로 인해 조손가정이 형성된 경우로 한정하였다.

조손가족은 대부분 개인이나 가구의 소득이 최저생활을 하는 데 필요한 최저생계비 이하인 저소득 가정으로 빈곤가정에 속한다. 실제로 빈곤가정은 인간이 생물학적 생존을 유지하는 데 필요한 최소한의 물적 자원의 부족뿐 아니라 교육 및 문화적 측면에 대한 기본적 욕구가 결핍되어 있는 상태로 우리나라의 공공부조 제도인 국민기초생활보장 제도의 수급 대상이 일반적이다.

2) 조손가정의 실태 및 아동의 특성

(1) 조손가정의 실태

조손가정은 조부모가 부모를 대신하여 손자녀를 양육하는 가정의 형태로 점차적으로 증가추세에 있다. 이는 부모 사망과 이혼, 가출, 맞벌이 부부의 증가 등으로 인한 가족 해체 현상이 가속화되어 나타난 현상으로 볼 수 있다. 조손가정이 발생하는 이유로는 부모의 이혼(43%), 부모의 경제난(16.8%), 실직(6%) 순이며, 빈곤은 조손가정이 형성되는 원인이자 결과로 볼 수 있다(이하나, 2009).

조손가정의 비율의 경우에 수도권은 인구가 많기 때문에 상대적으로 조손가정의 비중이 작고, 지방은 인구가 줄어드는 상태에서 조손가정의 수는 증가하고 있는데 이러한 결과는 부모가 도시생활 속에서 가정해체 및 경제적인 어려움으로 인해 자녀를 시골에 맡기게 되면서 발생한 현상으로 볼 수 있다.

2007년 여성가족부 조손가정 실태 조사 자료에 의하면, 첫째, 조손가정의 경제적인 측면의 경우, 조손가정 중 정부의 지원금을 받고 있는 가정은 77.5%로 보고되고 있다. 고정적 수입이 있는 일을 하기 힘든 노인과 아동으로 구성된 조손가정은 대부분 정부의 지원을 받고 있는 것으로 나타났다.

둘째, 인구학적 특성으로 보면, 손자녀를 양육하고 있는 조부모의 연령은 70세 이상이 47.6%로 가장 많았으며, 60대가 42.3%, 50대 이하가 9.2%로서, 대부분 70대 이상의 고령으로 경제적 능력이 없는 조부모가 대부분이며, 건강상의 악화도 문제시되므로 복합적 문제를 안고 있음을 예상할 수 있다.

셋째, 조손가정 손자녀의 학령은 초등학생이 39.8%, 중학생이 26.9%, 고등학생이 20.0%였으며, 미취학 아동은 12.3%로 나타나 초등학생의 비중이 가장 높게 나타났다. 한편, 외조부모와 살고 있는 경우보다 친조부모와 함께 살고 있는 경우가 80.3%로 압도적이었고, 외조부모와 사는 경우는 19.7%에 불과했다.

넷째, 조손가정의 양육기간에 대하여 살펴보면, 대부분 손자녀의 양육기간은 평균 7.4년으로 나타났다. 그 중 6년 이하의 양육기간이 46.9%로 가장 많았고, 7~12년이 38.9%, 13~18년이 14.2%였다. 즉, 조부모에게 손자녀가 한 번 맡겨지면 조부모가 사망하지 않는 한 안정적으로 계속 함께 살고 있는 것을 알 수 있다.

(2) 조손가정 내 아동의 특성

조손가정 아동들은 부모와 함께 살지 않기 때문에 가족해체 과정에서 보통 아이들이 경험할 수 없는 극도의 위기상황을 경험하게 되고 그러한 문제들을 해결하지 못한 채 생활하는 경우가 대부분이다. 또한 부모로부터 버림받았다는 배신감과 원망 등으로 부모에 대한 그리움을 왜곡되게 나타내는 경향이 있다.

조손가정의 아동들은 가족해체로 인한 두려움, 당혹감, 상실감, 스트레스 등을 경험하며, 심리 · 정서적인 외상으로 인하여 자아존중감이 낮았고, 공격성과 우울 및 불안 수준이 높았다. 조부모들의 50% 이상은 손자녀가 감정의 동요, 강한 분노, 긴장, 산만함, 충동적 행동을 보이고 있으며, 관심을 필요로 하고 집에서 순종적이지 않다고 보고하였다.

따라서 아동은 생리적 욕구의 충족뿐만 아니라 인격적 욕구의 충족을 갈망하는 존재로 보기 때문에 가족해체로 인해 경제적 궁핍과 영향 및 보건의 결핍, 교육의 결여는 정서적으로나 사회적 불안정으로 여러 가지 사회문제를 야기할 수 있다(송정애 외, 2007). 조부모가 부모로서 역할을 감당할 수 있는 신뢰감과 권위를 가지고 있다면 아동들에게 긍정적인 영향을 미치고 안정감을 줄 수 있지만 신체 · 정신 · 경제적인 약화는 손자녀를 양육하고 교육하는데 많은 제한이 따르며 결과적으로 악순환의 고리를 단절하지 못한다.

3) 조손가정에 대한 지원 방안

조손가족은 기초생활 수급 대상자가 될 수 있으면서도 복잡하고 어려운 수급자 선정 때문에 법적 지원을 받지 못하는 경우가 많다. 그러나 최근에는 다양한 매체를 통해 조손가정에 대한 관심이 부각되어 정부 및 지역사회의 지원이 증가하고 있다. 조손가정 아동의 경우에는 의료서비스, 아동급식 지원, 학자금 지원 등을 받고 있으며, 한편으로 학교나 사회복지관, 지역아동센터 등에서 방과 후 교육 활동이나 프로그램 등이 지원되고 있다. 그러나 아직도 이에 대한 예산이 부족하기 때문에 기간이 한시적이며 전문가보다 비전문가에 의해 운영되는 경우가 많다. 그리고 조손가정에 대한 물질적 · 교육적 지원은 어느 정도 이루어지고 있지만 손자녀의 정서적인 부분을 구체적으로 다루거나 예방하는 상담 및 지원은 매우 부족한 실정이며, 조손가족을 위한 지원 방안은 다음과 같다.

(1) 사각지대에 있는 조손가족 지원

현재 조손가족을 위한 생활 지원은 기초수급권자를 우선순위로 하고 있으며, 기본적으로 보호자가 생존하지 않은 조손가족이 국가 지원을 받도록 되어 있다. 보호자의 생존 시 보호자가 그 책임을 못하더라도 국가의 지원을 받기 어렵게 되어 있다. 그러나 현실적으로 조손가족 중에는 서류상으로 보호자가 생존해 있으나 보호자의 도움을 받을 수 없는 가정이 많다. 건강가정지원센터에서는 대상자의 선정과정에서 서비스가 중복되지 않도록 정부나 유관기관의 지원을 받지 못하는 가정을 대상으로 선정하여 서비스를 지원할 수 있도록 해야 한다.

(2) 조손가족의 심리 · 정서적 지원

최근 건강가정지원센터에서 양육의 부담으로 조부모와 부모의 상실로 인해 상처받는 손자녀들을 위해 개별, 집단, 가족 상담을 진행하고 상담의 효과를 높이기 위하여 미술치료, 음악치료, 놀이치료 등 치료기법을 활용한 활동을 진행하고 있다. 특히 아동을 위한 멘토링 사업을 연계하여 아동으로 하여금 안정적 정서함양에도 도움을 줄 수 있다고 한다면 재가 서비스가 함께 이루어지는 사회복지관 조손가족 사례관리와 차별화를 꾀하고 조손가족의 형태에 맞는 맞춤형 서비스를 중심적으로 제공하는 것이 바람직하다.

(3) 가족의 응집성 및 기능 강화

가족이 함께 하는 캠프 및 문화체험은 가족이 함께 하는 시간을 제공하여 서로에게 좋은 추억을 갖고 가족의 친밀감을 증진시키고 조부모와 손자녀 간의 관계를 돈독히 한다고 알려져 있다. 또한 부모교육 및 자조 모임을 통한 교육, 상담을 통하여 가족과 어떻게 대화해야 하는지, 갈등을 어떻게 해결해야 하는지 배우고 실습하여 가족 기능이 강화하는 데 도움이 될 수 있다. 조손가족을 지원하기 위한 다양한 서비스와 프로그램이 개발되어 가족 간의 응집성을 갖도록 해야 한다.

(4) 아동의 사회성 향상 지원

조손가족을 위한 지원은 생활의 안정이 아닌 가족 구성원 모두의 가족 기능 향상을 통한 정서적 지원을 목표로 설정할 필요가 있다. 그 일환으로 학습도우미 파견, 경제교육, 인터넷 윤리 교육, 예절교육 등의 실시로 아동이 사회를 살아가는 데 필요한 기본지식 및 예절을 익히게 함으로써 아동의 사회성 향상에 도움을 제공할 수 있는 방안을 모색해야 한다. 특히 학령기 아동의 경우는 또래와의 관계에서 소속감을 느끼고 지지받는 것은 그들의 정서적인 안정에 매우 중요하므로 또래와 친밀하며 신뢰감 있는 관계를 형성하고 원활한 상호작용을 하도록 돕는 의사소통 기술이나 사회성 증진을 위한 프로그램이 제공되어야 할 것이다. 또한 조손가정아동을 위한 심리적 자원의 강화에 초점을 둔 상담 · 치료 프로그램들을 개발하여 적용할 필요가 있다.

아동복지의 과제와 전망

Chapter 14

1 아동복지의 과제

2 아동복지의 전망

최근 우리나라는 선별적인 아동복지에서 보편적인 아동복지로 변화해가고 있는 추세이다. 현대 사회로 급격하게 변화하는 속에서 특히 아동복지 서비스는 단순한 물질적 원조보다도 정신적 · 심리적 안녕과 복지가 중요해져 가고 있다. 그러므로 아동복지의 과업을 실천하기 위해서는 아동복지 전달 체계가 먼저 체계적으로 구축되어져야 할 것이다. 그러므로 마지막 장에서는 아동복지의 과제, 아동복지 관련법, 아동복지 서비스, 아동복지행정에 대하여 살펴보고, 아동복지의 전망을 살펴보기 위하여 가족의 변화에 따른 대책, 국제협약의 기준을 통한 아동인권옹호, 새로운 전달 체계의 전문화, 서비스의 다양성과 전문화, 지역사회 차원의 아동복지 접근에 대하여 살펴보기로 한다.

1 아동복지의 과제

1) 아동복지 이념과 정책

현행의 아동복지 정책의 방향은 선별적인 아동복지에서 보편적인 아동복지로 변화하는 과정을 추구하고 있다. 그러나 실제의 아동복지 정책을 보면 선별적인 아동복지로서 보호가 필요한 아동을 초점을 두고 있으며 빈곤아동을 위한 소득보장 정책도 국민기초생활보장이 유일하다. 보편주의 아동복지를 위한 아동수당이 재정여건상 단기간 내에 집행하기 어려운 실정을 감안하여 가구별 소득 수준과 아동 수의 비례하여 아동수당 제도를 도입하여야 한다. 그리고 이혼이나 사별 등으로 발생하는 한부모가정의 자녀 양육비와 교육비 지원을 현실화하여야 하며, 의무교육인 초등학교나 중학교의 경우는 부대경비의 지원도 필요한 실정이며, 경제적 자립능력을 강화하기 위하여 국민기초생활보장 수급자 결정에도 유연한 기준을 적용할 필요가 있으며, 특히 여성에게 생계 책임이 있을 때에 차등적인 기준을 적용하여 소득보장이 어려운 미혼모가정에도 필요하다. 또한 현대의 다양한 아동복지욕구의 확대에 따라 욕구를 지닌 대상자와 전달 체계 간의 초기접촉이 다양한 경로를 통하여 효과적으로 이루어지도록 사정(assessment)과 의뢰 체계가 원활하지 못하다. 아동복지 전달 체계에 대한 중심이 되는 구심축이 형성되어야 한다.

2) 아동복지 관련법

「아동복지법」 내용을 보면 법의 대상에 대한 규정 중에 특히 요보호 아동에 대한 정확하고 구체적인 규정이 필요하다. 현재 규정은 '보호자가 없거나 보호자로부터 이탈된 아동 또는 보호자가 아동을 학대하는 경우 등 그 보호자가 아동을 양육하기에 부적당하거나 양육할 능력이 없는 경우의 아동' 이라고 규정하고 있는데, 이런 규정만으로 아동을 요보호 아동으로 규정하여 원가정에서 분리하기에는 무리가 있다. 또한 보호자에 대한 규정도 필요한데, 보호자가 양육하기 부적당하거나 양육할 능력이 없는 경우에 그들의 친권이나 양육권을 어디까지 어떻게 제한할지의 규정도 필요하다(이재연 외, 2010). 또한 현행 「아동복지법」에서 장애 아동이나 비행 아동에 대한 보호에 법적 근거가 없으며, 「장애인복지법」이나 「청소년보호법」 등에 규정되어 있지만 아동복지 차원에서 통합적 접근이 필요하며 아동은 미성숙하고 계속 발달과정에 있기에 「장애인복지법」과 차별화된 역할규정이 필요하다.

3) 아동복지 서비스

아동복지 서비스는 단순한 물질적 원조도 중요하지만 정신적 · 심리적 안녕과 복지를 위한 대비가 더욱 중요하기 때문에 강화될 필요가 있다.

아동복지 서비스는 구체적인 아동복지의 대상 및 성격에 따라 그 내용과 방법을 달리한다. 예전에는 아동복지 서비스의 활동 분야가 요보호 아동, 비행 아동, 심신장애 아동에 국한되어 왔으나 근래에는 특수한 도움을 필요로 하는 아동은 물론, 일반 전체 아동 및 그 가정의 행복과 안녕까지 대상이 되어 아동복지 서비스와 활동 분야가 넓어지고 다양화되었다.

취약한 아동에게 우선 물질적 지원을 해야 함은 물론 정신적 고통과 상처를 어루만져 줄 수 있는 복지 정책으로 나아가야 하는데 이에 대한 과제를 살펴보면 다음과 같다.

- 부모교육 및 통합적 종합복지 강화
- 학교사회사업의 제도화
- 영유아보육 서비스의 정비 및 다양화

- 아동 가족상담 지원사업 강화
- 아동문화 · 전용시설의 정비 및 지역복지 강화
- 보건소 및 건강가정지원센터 연계사업 활성화
- 보호가 필요한 아동을 위한 서비스의 개발

4) 아동복지행정

(1) 아동복지 전달 체계 및 재정

아동복지의 과업을 실천하기 위해서는 현재의 아동복지 전달 체계가 재정비되어야 한다. 아동복지의 공적 전달 체계, 민간 전달 체계, 중간 체계 성격인 연합회와 협회, 아동복지 관련학회 등의 조직과 기능이 적절하게 개선되어야 할 것이며, 또한 이 조직체들의 일선에서 일하고 있는 아동복지 종사자들의 자질 향상에 대한 노력이 강구되어야 한다. 다시 말해 우리나라의 아동복지 서비스 전달 체계는 공적인 아동복지를 담당하는 중앙부서인 보건복지부, 여성가족부, 교육과학기술부, 노동부, 법무부 등으로 산재되어 있으므로 부처 간에 정책의 일관성을 유지하도록 하여야 할 것이다. 또한 사적인 전달 체계와 연결하여 민 · 관이 합동하는 전달 체계가 수립되면 서비스의 중복성이나 낭비적 요소를 줄일 수 있을 뿐 아니라 민간기관의 전문성을 적극 활용하여 보다 효율적인 복지서비스를 제공할 수 있을 것이다.

또한 복지에 대한 사명의식을 가진 사람이 운영할 수 있도록 법인의 자유로운 인수인계, 항목 구별 없이 통괄 예산으로 지원하는 등 사회복지법인의 시설 운영에 있어서 자율성을 보장해야 하며, 이를 통해 시설의 특성화도 촉진할 수 있도록 해야 한다.

(2) 아동 복지시설과 종사자

아동 복지시설에 대한 새로운 체제, 개념 및 기능의 적용이 필요한데 이를 위해서는 지금까지의 시설에 대한 수용보호적인 개념에서 정상화, 재활사회통합 등의 시설의 의의를 강조하는 경향으로 나아가야 된다. 그리고 전문적인 예방, 치료, 재활, 교육, 상담 등의 기능을 강화하는 방향으로 발전시킴과 동시에 이를 뒷받침할 수 있는 전문 인력의 확보와 활용이 이루어져야 한다. 또한 이용형, 통원형, 상담형, 수용형 등 시설의 체계적 분류, 통합 및 세분화 과업이 요청되며, 시설 종별에 따른 위치, 구조, 설비기구 등을 확보해야 한다. 그리하여 시설에서도 아동의 보호와 교육을 일반 가정 이상으로 보장하여 아동이 건전한 집단생활 환경을 통해서 성장할 수 있도록 그 기능을 수행해야 할 것이다. 따라서 앞으로의 아동시설은 아동의 생활공동체로서 그들의 개성을 발전시켜 건전한 성장, 발달을 보장할 수 있는 환경으로 변모시켜야 할 것이다.

5) 다문화가정 아동복지

세계가 빠르게 움직임에 따라 우리나라에도 다양한 문화적 배경을 가진 가족들이 증가하고 결혼이민자나 이주노동자가 증가하고 있다. 이들 가족들은 우리 사회 구성원으로써 받아들이고 차별받지 않고 건강하게 성장할 권리가 있다. 이들 다문화가족들은 이제 소수민족이 아니라 그 수가 증가하여 주류를 이루고 있고 이들의 복지욕구도 시급한 과제가 되고 있다.

다문화가족이나 이주노동자가족의 증가는 일시적인 것이 아니라 지속될 것으로 볼 때 우리 사회 구성원으로 통합하도록 다양한 정책이나 서비스가 필요하다. 다문화가족이나 이주노동자가족을 서비스할 때 원활한 서비스계획과 정책을 세우기 위하여 가족의 문화, 인종, 종교, 체류자격 등 이들의 다양성을 인정하고 접근하여야 한다.

2 아동복지의 전망

1) 가족의 변화에 따른 대책

핵가족의 영향은 산업화에 의해 인구가 도시로 유입됨에 따라 농업 중심의 대가족 생활양식에서 벗어나 핵가족 중심으로 변화하였다. 핵가족은 가족 기능을 약화시키고 육아 기능의 문제도 자녀수를 감소시키는 데 한몫을 하였다. 대가족의 기능에서 볼 수 있는 조부모나 형제 · 자매의 역할과 다양한 경험을 핵가족에서는 경험할 수 없다. 이러한 문제는 자녀들에 정서문제와 육아 기능의 약화를 초래할 수 있다.

핵가족의 육아 기능의 약화를 예방하기 위해 양질의 보육 서비스와 보편적인 아동복지 서비스가 이루어지도록 국가는 아동 정책의 공급 주체가 되어야 한다.

또한 이혼으로 인한 가족 해체는 아동발달에 많은 영향을 미친다. 이혼의 당사자들의 정신건강이나 안전문제뿐만 아니라 자녀들에게 불안, 갈등, 분노, 상실감 등 정신적인 고통이나 생활상의 어려움을 겪게 된다(오정수 외, 2008).

가족 해체는 또 다른 가족 구조의 다양한 가족 형태를 출현시킨다. 혼혈가족, 조손가족, 동거가족, 한부모가족 등 다양한 가족 형태가 출현함을 건강하지 못한 가족이라 부정적으로 볼 것만 아니라 새로운 가족 형태로 받아들이고 가족의 개념을 확대할 필요가 있다. 새로운 형태의 가족의 아동을 위한 보호를 체계적으로 관리하며 아동양육의 적극적인 지원이 필요하다.

2) 국제협약의 기준을 통한 아동인권옹호

UN 아동권리협약은 1989년 11월 20일 UN총회에서 만장일치로 채택되었다. 아동 권리를 보장하기 위한 목적으로 최초의 국제협약인 UN 아동권리협약은 아동의 생존, 보호, 발달, 참여의 권리 등 아동의 권리와 관련된 모든 권리를 규정해 놓고 있다. 이 협약은 아동과 관련된 모든 결정에서 아동의 최선의 이익을 일차적인 기준이 되어야 함을 강조하였다(이재연 외, 2010). UN 권리 협약을 비준한 국가는 193개국이며 현재 미국과 소말리아는 비준하지 않았다.

또한 아동권리협약 비준 당시(1991. 11.), 우리나라 정부는 국내법과 모순되는 다음 3개 조항을 유보하였다. 이후 3개 조항 중 1개 조항의 유보는 철회되었다

첫째, 우리나라는 협약 비준 당시 아동과 부모가 분리되었을 때 부모면접교섭권을 유보하였다. 「민법」 제837조 2항에 부모의 면접교섭권만이 보장되었고 아동의 부모면접권은 보장되지 않았다. 그러나 2007년 12월 「민법」 개정으로 아동의 부모면접교섭권도

보장되었다.

둘째, 입양허가제 조항을 유보하였다. 협약에는 관계당국의 허가를 통한 입양만을 인정하고 있다.

셋째, 상소권보장을 유보하였다. 우리나라에서는 비상계엄하의 군사재판에서는 단심제만 허용되어 아동재판에서 상소권이 보장되고 있지 않다.

우리나라는 1991년 11월에 비준하여 당사국이 된 후 협약과 관련하여 이룩한 진전 상황에 대하여 두 차례 걸쳐 국가보고서를 제출하였다. 이러한 정부보고서 외에도 UN은 비정부보고서도 받고 있다. 또한 아동 권리 모니터링은 아동의 권리를 제대로 보장되고 부여되고 있는지를 조사하여 감시하고 그 결과를 반영하여 궁극적으로 아동의 권리신장에 영향을 미치고 있다. 우리나라도 2006년에 한국보건사회연구원에 아동 권리 모니터링센터를 설치하여 아동모니터링 홍보 강화를 위해 교육, 법, 의료 등 각 분야에서 아동 옴부즈퍼슨 16명을 위촉하여 아동 참여와 아동친화적 정책개발을 위해 아동 옴부즈키드 9명을 위촉하여 활동을 하고 있다(오정수 외, 2008).

3) 새로운 전달 체계의 전문화

아동복지 서비스 전달 체계 중심축을 구축하는 기준으로 서비스의 통합성(45.1%), 접근성(22.2%), 전문성(18.8%) 등의 순서로 응답하였다. 이러한 결과는 전달 체계의 통합성을 가져오는 중심축의 형성이 매우 중요한 과제가 되고 있다(오정수 외, 2008).

아동복지의 전달 체계는 공공 서비스 체계와 민간 서비스 체계로 나눌 수 있는데 공공 서비스 체계는 중앙 정부로부터 지방자치단체까지 아동복지 서비스 체계가 효과적으로 전달되어야 하고 민간 서비스 체계는 자율성을 부여하여 효과를 높여야 한다.

아동복지사업 중에서 민간이 운영하기 어려운 사업은 국가가 주도적으로 운영하고 민간 수준에서 가능한 사업은 적극 민간 주체로 이양하고 그 소요되는 재정은 대부분 국가가 책임져야 한다. 재정이 부족하거나 전문 인력이 부족하여 자원봉사자가 비전문

인력으로 아동들의 욕구, 사고 및 행동문제에 관한 올바른 문제해결을 하기 어렵기 때문에 아동복지 전문 인력이 실천 분야까지 확립되어야 한다. 또한 행정 경로를 통한 상의하달의 아동복지사업을 지양하고 지역주민들의 직접적 참여운동을 통해서 보다 효과성과 효율성을 높은 사업을 추진해야 한다.

4) 서비스의 다양성과 전문화

20세기에 들어서면서 아동복지 서비스 분야는 상당히 복잡해졌다. 예전에는 요보호아동만 서비스가 필요한 치료적인 차원의 서비스 분야라면 지금은 보편적인 아동복지 서비스로 확대되고 있고 사회적인 변화에 따라 특별한 영역의 아동복지 서비스가 필요하게 되었다.

미국의 아동 정책 서비스를 보면, 아동격리가 필요한 가족, 위기가족, 특별한 원조가 필요한 가족, 보충적인 지지가 필요한 가족, 모든 가족(적절한 수입, 주거, 보육, 교육, 문화) 등 서비스를 세분화하고 아동 정책을 가족에 기초를 두고 있다.

영국의 아동 정책 서비스를 보면, 아동의 건강, 안전, 학업성취와 문화 및 여가 활동, 사회공헌을 위한 준비, 경제적 자립이다. 물론 영국도 미국과 마찬가지로 가족을 중심으로 가족의 중요한 역할을 강조하여 아동 정책 서비스의 초점을 두고 있다. 선진국의 아동 정책 서비스를 볼 때 가족은 아동과 분리될 수 없음을 볼 수 있고 특히 영국은 아동 정책 서비스에서 사회공헌을 위한 준비로서 아동이 학교 안팎에서 법률과 규칙을 지키기, 긍정적인 관계형성하고 따돌림이나 차별하지 않기, 자신감을 발달시키고 주요한 삶의 변화에 성공적으로 적응하기, 경제 활동 발달시키기 등을 볼 때 어릴 때부터 아동과 국가와의 관계를 알 수 있도록 하였다. 우리나라도 아동복지를 미래지향적인 복지 서비스가 이루어질 수 있도록 하여야 한다.

5) 지역사회 차원의 아동복지 접근

아동이 거주하는 지역사회는 문제를 가진 아동이나 가족을 중심으로 통합적이고 포괄적인 서비스가 제공되어야 한다. 이들은 사회복지기관을 방문하기 보다는 사회복지사가 직접 방문하여 찾아가는 서비스가 제공되어야 하며 이러한 서비스가 제공되려면 사례관리와 멘토가 필요하다. 사례관리자와 멘토는 아동과 그 가족이 겪는 문제를 해결하기 위한 방법을 찾아 욕구에 맞는 서비스를 제공할 필요가 있고 필요에 따라 의료기관, 학교, 상담소, 지역사회복지관, 종교단체 등과도 연계하여 다양한 서비스를 제공받도록 하여야 한다.

참고문헌

강경미 · 구광현 · 백경숙(2005). 아동발달. 서울: 대왕사.

강명순(2000). 빈곤해체가정 아동의 변화 및 사회복지통합적인 접근 연구. 강남대학교대학원 석사학위논문.

강명순 · 이경림 · 김성경 · 정익중 · 박영숙 · 최은정 · 배견종 · 김부야(2010). 지역아동센터의 이해와 실제. 서울: 학지사.

강란혜(2010). 아동복지론. 서울: 대왕사.

강희경(2003). 빈곤가족에서의 학령기 아동의 자존감. 아동간호학회지, 9권 3호. 301-308.

공계순 · 박현선 · 오승환 · 이상균 · 이현주(2003). 아동복지론. 서울: 학지사.

공계순 · 박현선 · 오승환 · 이상균 · 이현주(2008). 아동복지론. 서울: 학지사.

교육과학기술부(2010). 다문화가정 학생 현황.

곽형식 · 백경숙 · 김민정 · 김혜금 · 김혜영 · 박희현(2008). 아동복지론. 경기: 공동체.

구자헌(1972). 사회복지. 서울: 한국사회복지연구소.

구정화 · 박윤정 · 설규주(2010). 다문화 교육의 이해와 실천. 서울: 동문사.

국회예산정책처(2012). 영유아보육 및 유아교육 사업 실태 조사.

권석만(2004). 현대이상심리학. 서울: 학지사.

권지성(2003). 공개입양가족의 적응 과정에 대한 연구. 서울대학교 대학원 박사학위논문.

김규수(2002). 의료사회사업실천론. 서울: 형설출판사.

김미영(2010). 아동발달. 경기: 정민사.

김미영(2013). 영아발달. 경기: 정민사.

김성경 · 김혜영 · 최현미(2005). 아동복지론. 경기: 양서원.

김성경 · 김혜영 · 최현미(2011). 아동복지론. 경기: 양서원.

김양임(1995). 한국 국내입양활성화 방안을 위한 국민의식에 관한 연구. 숭실대학교 석사학위논문.

김연옥(2004). 재혼가정의 가족기능향상 프로그램 개발을 위한 시론적 연구. 한국복지학, 56(2). 215-235.

김연진 · 이경화 · 송주미 · 장미경(2005). 유아 · 아동발달. 서울: 동문사.

김연진 · 이상희(2009). 아동복지의 이해. 서울: 태영출판사.

김영모(1997). 사회복지학. 서울: 고헌
김영모(2001). 사회복지학. 서울: 고헌
김영종(2001). 사회복지행정. 서울: 학지사.
김유나(2009). 한국재혼 가족 자녀들이 겪고 있는 주요문제에 대한 연구. 감리교신학대학교 신학대학원 석사학위청구논문.
김제한(2001). 발달심리학. 서울: 양서원.
김주아(2009). 아동복지. 서울: 동문사.
김지수(2012. 6. 3.). 복지부, 아동 학대 방지 특례법 제정 추진. 연합뉴스.
김청송(2002). 정신장애사례연구 DSM-IV를 중심으로. 서울: 학지사.
김현숙(2012). 빈곤아동 · 청소년 지원기관의 통합서비스 영향요인 연구. 원광대학교대학원 박사학위논문.
김현택 · 김교현 · 김미리혜 · 권준모 · 박동건 · 성한기 · 이건효 · 이봉건 · 이순묵 · 이영호 · 이주일 · 이재호 · 유태용 · 진영선 · 채규만 · 한광희 · 황상민 · 현성용(2003). 현대심리학의이해. 서울: 학지사.
김혜경 · 도미향 · 문혜숙 · 박충선 · 손홍숙 · 오정옥 · 홍달아기(2012). 가족복지론. 경기: 공동체.
김혜란 · 홍선미 · 공계순(2001). 사회복지실천기술론. 서울: 나남출판사.
남기민(2007). 사회복지정책론. 서울: 학지사.
노충래(2002). 아동 및 가해자 특성에 따른 아동 학대의 심각성 예측 요인에 관한 연구. 아동연구, 13. 123-152. 한국아동복지학회.
노충래 역(2003). 아동성학대의 치료. 서울: 학지사
농림수산부 · 육아정책연구소(2011). 농 · 어촌 보육여건 개선 방향. 서울: 농림수산식품부 · 육아정책 연구소.
도미향 · 남연희 · 이무영 · 변미희(2009). 아동복지론. 경기: 공동체.
메디칼 헤럴드(2012. 1. 12.). 필수예방접종 부담, 날아갈 듯 가벼워졌어요. 어린이 필수예방접종 지원 확대.
명희진(2013. 6. 7.). 장애 아동 "우리도 유치원 가고 싶어". 서울신문.
문선화 · 구차순 · 박미정 · 김현옥(2005). 한국사회와 아동복지. 경기: 양서원.
문인숙(1983). 집단사회사업방법론. 서울: 이화여자대학교 출판부.
민경환(2002). 성격심리학. 서울: 법문사.
민성길(2003). 최신 정신의학(제4개정판). 서울: 일조각
박기석(2009). 한국입양정책에 관한 실태 분석. 서울: 한양대학교 행정 · 자치대학원.

박소영(2012). 빈곤가정 아동의 학교생활적응에 관한 연구. 가톨릭대학교대학원 석사학위논문.

박선희 · 조홍식(2006). 아동복지. 서울: 한국방송통신대학교 출판부.

박순자(2007). 빈곤아동복지정책 개선 방안에 관한 연구. 경희대학교대학원 석사학위논문.

박신연숙(2007. 7. 13~7. 20.). 우먼타임스 기획특집-연재유럽풀뿌리여성운동 현장을 가다 (1), (2). 재구성.

박옥임 · 서선희 · 김경신 · 옥경희 · 박준섭 · 최은정(2008). 가족복지론. 서울: 청목.

박인선(1994). 미혼모 복지사업의 문제점과 해결 방안. 서울: 한국보건사회연구원.

박정란 · 서홍란(2009). 아동복지론. 경기: 양서원.

박주현 · 최덕경(2011). 다문화사회의 이해와 실천. 서울: 창지사.

배태순(1993.). 국내입양문제와 관련한 입양법 개정 제안. 한국아동복지학, 창간호. 한국아동복지학회. pp. 1-22.

배태순(2000). 현대 사회에서의 입양의 이해와 입양의 성공. 서울: 경남대학교 출판부.

배화옥(2004). 아동 학대 재발생의 유형과 요인에 대한 다변량 생존분석: 미국 플로리다 주자료를 바탕으로. 한국아동복지학, Vol. 18. 63-83.

배화옥(2010). 아동과 복지. 서울: 신정.

백민경 · 안석(2010. 5. 11.). '입양의 날' 장애아 입양 현황과 대책. 서울신문.

변화순 · 원영애 · 김성경 · 김영란 · 김민정(2000). 최근 가족해체 실태 및 복지대책. 한국여성개발원.

보건복지가족부(2008). 보건복지가족부 사업안내.

보건복지가족부(2008). 2008년도 아동복지사업안내.

보건복지가족부(2009). 2009년 아동 · 청소년백서.

보건복지부(2006). 아동 · 청소년백서.

보건복지부(2007). 아동복지사업안내보고서.

보건복지부(2009). 보건복지백서.

보건복지부(2009). 2008년 보건복지백서.

보건복지부(2009). 2009년 국내 · 외 입양 현황.

보건복지부(2009). 2009년 전국보육 실태 조사-가구조사 보고서.

보건복지부(2010). 보육통계 일반사항.

보건복지부(2010). 아동복지사업안내 보고서.

보건복지부(2010). 주요업무참고자료.

보건복지부(2010). 2009년 보건복지백서.
보건복지부(2011. 5. 12.). 보건복지부 보도자료.
보건복지부(2011). 주요업무참고자료.
보건복지부(2011). 2010년 전국아동학대현황보고서.
보건복지부(2011). 2011년 입양 아동의 현황.
보건복지부(2012). 등록 장애인 현황.
보건복지부(2012). 아동복지시설.
보건복지부(2012). 지역아동센터 운영매뉴얼.
보건복지부(2012). 2011 보건복지백서.
보건복지부(2012). 2011년 전국아동학대현황보고서.
보건복지부(2012). 2012년도 국내 · 외입양통계.
보건복지부(2013. 7. 3.). 보건복지부 보도참고자료.
보건복지부(2013). 영유아 보육료 지원사업 소개 및 어린이집 미이용 아동에 대한 지원사업 소개.
보건복지부(2013). 제3차 어린이집 표준보육과정 개정 고시문(2013. 1. 21.).
보건복지부(2013). 2012년 전국아동학대현황 보고서.
서울신문(2013. 6.). 장애 아동 유치원 이용률 추이.
서란숙(2007). 국내입양에 대한 대학생의 의식조사 연구. 서울시립대학교 도시과학대학원 석사학위논문.
서문희 · 김은설 · 최진 · 안재진 · 최혜선 · 김유경 · 조애저(2009). 2009년 전국보육실태 조사-가구 조사 보고서. 보건복지가족부, 육아정책개발센터.
서영숙 · 김경혜(2002). 부모교육. 경기: 동현출판사.
서영숙 · 이남정 · 안소영(1996). 프로젝트 중심 방과 후 아동지도. 서울: 양서원.
서영숙 · 황은숙(2004). 한부모가정과 이혼 이해교육. 경기: 양서원.
성영혜 · 김연진(2002). 아동복지. 서울: 동문사.
성현란 · 이현진 · 김혜리 · 박영신 · 박선미 · 유연옥 · 손영숙(2003). 언어심리학. 서울: 학지사.
손병덕(2010). 이혼 · 재혼가정 아동의 공격 · 위축행동에 영향을 미치는 요인의 경로분석. 한국가족복지학, 14(4). 113-136.
송성자(2002). 한국문화와 가족치료: 해결중심접근. 서울: 법문사.
송정애 · 정은해(2007). 가족복지론. 경기: 양서원.
송정애 · 정해은(2013). 가족복지론. 경기: 양서원.

송희연(2005). 입양가족의 적응과 공개입양활성화에 관한 연구. 명지대학교 사회복지대학원 석사학위논문.

신수자(1995). 부자가정의 특성과 대책. 대구효성 카톨릭대학교 대학원 석사학위논문.

아동정책실무위원회(2006). 2006 아동정책 추진상황 및 향후계획.

안동현 · 장화정 · 이영애 · 홍강의 · 이재연 · 이양희 · 조홍식 · 곽영숙(2003). 신고된 사례의 아동 학대 실태와 후유증 연구. 아동권리연구, 제7권.

안영진(2006). 아동복지학. 서울: 교문사.

안재진(2002). 누가 진짜 부모인가. 서울: 학지사.

안재진(2002). 아동 학대 신고 의도에 영향을 미치는 요인: 서울시 학부모를 중심으로. 서울대학교 대학원 석사학위논문.

안향림 · 박정은(2004). 정신의료사회사업. 서울: 홍익재.

엄명용 · 김성천 · 오혜경 · 윤혜미(2007). 사회복지실천의 이해. 서울: 학지사.

엄미연(2004). 집단놀이치료가 한부모가정 아동의 사회적 능력증진에 미치는 효과. 서울여자대학교 대학원 석사학위논문.

여성가족부(2006). 한부모가족을 위한 통합서비스 프로그램 '당당한 나, 행복 우리가족.

여성가족부(2007). 조손가정 실태 조사 자료.

여성가족부(2013). 2013년 한부모가족지원사업 안내.

여성한국사회연구회(2001). 가족과 한국사회. 여성한국사회연구회.

오성배(2005). 코시안 아동의 성장과 환경에 관한 사례연구. 한국교육개발원.

오정수 · 이혜원 · 정익중(2006). 세계의 아동복지서비스. 서울: 나눔의집.

오정수 · 정익중(2008). 아동복지론. 서울: 학지사.

오정수 · 정익중(2010). 아동복지론. 서울: 학지사.

오정수 · 정익중(2013). 아동복지론. 서울: 학지사.

원진숙(2009). 다문화가정 자녀교육 지원을 위한 초등학교 방과 후 수업 전담 이중 언어교수요원 선발 · 교육 및 배치 방안. 다문화가정 학생 교육 지원을 위한 2009년 시 · 도교육청 관계자워크숍. 교육과학기술부.

원호택(1997). 이상심리학. 서울: 법문사.

월드비전(2010). 아동 및 모성보건 개선을 위한 월드비전의 글로벌 전략. 아동보건 국제포럼.

유계숙 · 장혜경 · 전혜정 · 김윤정 · 민성혜 · 박은미 · 안재희 · 장보현 · 한지숙(2008). 가족정책론. 서울: 시그마프레스.

유안진 · 김혜선(1998). 인간발달. 서울: 한국방송대학교 출판부.

유효순(1997). 아동발달. 서울: 창지사.

윤연옥(2008). 비밀입양의 문제 해결을 위한 국내입양 발전 방안. 숙명여자대학교 교육대학원 석사학위논문.
윤주애(2002). 재혼가족 청소년 자녀의 스트레스와 대처에 관한 연구. 대구가톨릭대학교 석사학위 논문.
윤찬영(1998). 사회복지법제론 I. 서울: 나남출판사.
윤현선(2001). 국내입양부모의 사회적 지지와 부모역할 수행 자신감, 가족적응력 간의 관계. 가톨릭대학교 대학원 석사학위논문.
윤혜미(2005). 아동 · 청소년 복지. 충청북도사회복지5개년종합계획. 충청북도사회복지협의회.
이경림(2002). 한국의 지역사회운동과 지역아동센터공부방 이해. 부스러기사랑나눔회.
이경희 · 이소희 · 방은령(1995). 가족복지론. 서울: 형설출판사.
이기숙(1999). 유아교육과정. 서울: 교문사.
이명희(2011). 부모-자녀 간 의사소통, 또래지지 및 내외통제성이 초등학생의 주관적 안녕에 미치는 영향. 경북대학교 교육대학원 석사학위논문.
이무석(2003). 정신분석에로의 초대. 서울: 이유.
이무영(2003). 이혼결정과정에 영향을 미치는 요인 분석. 숙명여자대학교 대학원 박사학위논문.
이미선(2001). 유아특수교육유치부 학급의 지원(특수교육연수교재). 국립특수연구원.
이배근(1997). 아동 권리 증진을 위한 국제사회의 노력. 아동권리연구, Vol. 1. 35-46.
이성휘(2009). 빈곤가정 아동이 지각한 가족건강성 및 자아탄력성이 학교적응에 미치는 영향. 중앙대학교 대학원 석사학위논문.
이소희(2005). 아동보육론. 서울: 대왕사.
이소희 · 최덕경 · 강기정 · 김훈(2004). 가족문제와 가족복지. 서울: 대왕사.
이순형 · 민하영 · 이소은 · 이완정 · 황혜신 · 이강이 · 이영미 · 이혜승 · 한유진 · 이옥경 · 권혜진 · 성미영(2006). 아동복지 이론과 실천. 서울: 학지사.
이순형 · 민하영 · 이소은 · 이완정 · 황혜신 · 이강이 · 이영미 · 이혜승 · 한유진 · 이옥경 · 권혜진 · 성미영(2009). 아동복지 이론과 실천. 서울: 학지사.
이순형 · 민하영 · 이소은 · 이완정 · 황혜신 · 이강이 · 이영미 · 이혜승 · 한유진 · 이옥경 · 권혜진 · 성미영(2011). 아동복지 이론과 실천. 서울: 학지사.
이순형 · 민하영 · 이소은 · 이완정 · 황혜신 · 이강이 · 이영미 · 이혜승 · 한유진 · 이옥경 · 권혜진 · 성미영(2013). 아동복지 이론과 실천. 서울: 학지사.
이영실 · 윤대중 · 강윤정 · 임정문 · 김성철 · 김지철(2012). 가족복지론. 경기: 양서원.

이원영 · 임재택 · 김종해 · 이미정 · 백선희(2005). 한국유아교육 · 보육 관련법과 제도의 역사와 미래. 한국 유아교육과 보육의 자리매김. 한국유아교육학회 2005년 학술대회 자료집.

이윤로(2000). 정신보건사회복지론. 서울: 학지사.

이재연 · 안동현 · 황옥경 · 구정화 · 설동훈 · 우남희 · 이부미 · 이양희 · 정채옥 · 정현숙 · 조홍식(2007). 아동과 권리. 서울: 창지사.

이재연 · 박은미 · 황옥경 · 김형모 · 이은주 · 강현아(2008). 아동복지론. 서울: 학지사.

이재연 · 박은미 · 황옥경 · 김형모 · 이은주 · 강현아(2010). 아동복지론. 서울: 학지사.

이재완 · 최영선(2006). 세계아동수당제도. 경기: 양서원.

이창미(2005). 보육시설 실태 조사보고서. 여성부 수탁 연구보고서.

이태수(2005). 지역아동센터의 역할과 활성화 방안. 한국아동복지학 춘계학술대회 발표논문.

이하나(2009). 조손가정 아동의 적응유연성과 사회적 지지 및 스트레스 대처행동과의 관계. 명지대학교 대학원 석사학위논문.

이혜원(2006). 아동복지이론과 실천. 서울: 학지사.

이혜원(2006). 아동 권리와 아동복지. 서울: 집문당.

임동호(2009). 아동복지론. 경기: 신광문화사.

임종운(2002). 아동복지론. 서울: 홍익재.

임춘희(2006). 재혼가족의 계부모-자녀 관계에 대한 소고. 인제대학교 아동 가족복지연구소. 아동 · 가족복지연구, Vol. 1., 121-138.

임춘희(2006). 재혼가족 청소년의 친부모관계와 새부모관계에 대한 연구. 한국인간발달학회, 13(3). 79-102.

장경아 · 박경아(2002). 당당하게 재혼합시다. 서울: 조선일보사. 46-50.

장동일(1997). 사회복지법의 이해. 서울: 학문사.

장영인 · 최영신 · 백선희 · 임유경(2006). 아동복지론. 서울: 나눔의집.

장인협 · 오정수(1999). 아동 · 청소년복지론. 서울: 서울대학교 출판부.

장인협 · 오정수(2001). 아동 · 청소년복지론. 서울: 서울대학교 출판부.

장혜경 외(2001). 여성한부모가족을 위한 사회적 지원 방안. 여성부.

전남련 · 김재환 · 박혜경 · 전대성 · 김경희(2009). 아동복지론. 경기: 학현사.

전봉자(2009). 다문화가정 아동의 문제점과 지원 방안. 가야대학교 행정대학원 석사학위논문.

정계숙 · 문혁준 · 김혜금 · 심희옥(2012). 부모교육. 서울: 창지사.

정무성(2009). 소년소녀가정 지원 방안에 관한 연구. 동광, Vol.-No. 105. 1-69.
정미라 · 이희선 · 배소연 · 최미경 · 조윤정(2006). 자녀 양육과 부모역할. 경기: 양서원.
정순란(2004). 국내 입양사업과 공개입양 활성화 방안에 관한 연구. 원광대학교 행정대학원 석사학위논문.
정원식(2003). 인간의 성격. 서울: 교육과학사
정원철(2000). 정신보건사회사업론. 서울: 학문사.
정익중 · 박현선 · 구인회(2006). 피학대 아동이 비행에 이르는 발달 경로. 한국사회복지학, 158(3). 223-244.
정채기(2004). 성격심리학. 서울: 교육아카데미.
정태회 · 김혜금 · 한세영 · 심희옥 · 제경숙 · 안효진 · 양성은 · 문혁준 · 김명애 · 정계숙 · 이정희 · 이희선(2007). 부모교육. 서울: 창지사.
조고은(2010). 재혼가족 자녀의 갈등과 적응에 대한 성경적 상담. 총신대학교 상담대학원 석사학위청구논문.
조민혜 · 강현아(2010). 공개입양가정의 가족레질리언스가 입양 아동의 자아 개념에 미치는 영향. 한국아동학회, 31(3). pp. 99-116 .
조복희 · 정옥분 · 유가효(1989). 인간발달: 발달심리적 접근. 서울: 교문사.
조영달(2006). 다문화가정의 자녀 교육 실태 조사. 서울: 교육인적자원부.
주수길 · 김지연(2009). 아동복지강론. 경기: 양서원.
주정일 · 이소희(2003). 아동복지실천론. 서울: 교문사.
중앙아동보호전문기관(2012). 2011년 전국아동학대현황보고서. (www.korea1391.org)
최미현(2001). 영유아보육의 이해. 서울: 창지사.
최성재 · 남기민(2001). 사회복지행정론. 서울: 나남출판사.
최순옥 · 윤난호 · 장수영 · 이주연 · 김은숙(2011). 아동복지의 이해. 서울: 태영.
최진희(2003). 국내입양 서비스 실태와 활성화 방안 연구. 공주대학교 대학원 석사학위논문.
통계청(2005). 한국의 사회지표.
통계청(2008). 아동종합 실태 조사.
통계청(2010). 인구통계연보.
통계청(2010. 12. 3.). 한국의 사회동향 2010. 보도자료.
통계청(2011). 이혼통계연보.
통계청(2011). 인구주택총조사. 2012 e-나라지표 한부모가족현황.

통계청(2012). 인구주택총 조사 및 '2005~2030 장래가구추계'. 2012 e-나라지표 한부모가족현황.

표갑수(2002). 아동청소년복지론. 서울: 나남출판사.

표갑수(2010). 아동청소년복지론. 서울: 나남출판사.

한국보건사회연구원(2009). 보건복지 통계뉴스.

한국보건사회연구원(2009). 2008 장애인 실태 조사.

한국보건사회연구원(2010). 아동복지정책 유형과 효과성 국제비교. 한국보건사회연구보고서, 19. 39-204.

한국보육진흥원(2012). 2012 어린이집 평가인증 참여 설명서.

한국여성복지연구회(2005). 가족복지론. 서울: 청목.

한국청소년정책연구원(2012). 청소년방과후아카데미 경제적 효과성 분석을 위한 기초연구.

한미현(2006). 아동서비스의 실제; 아동 학대의 사정 및 사례판정. 경기: 집문당.

한미현 · 문혁준 · 강희경 · 공인숙 · 김상희 · 안선희 · 안효진 · 양성은 · 이경열 · 이경옥 · 이진숙 · 천희영(2007). 아동복지. 서울: 창지사.

한미현 · 문혁준 · 강희경 · 공인숙 · 김상희 · 안선희 · 안효진 · 양성은 · 이경열 · 이경옥 · 이진숙 · 천희영(2008). 아동복지. 서울: 창지사.

한성심 · 송주미(2006). 아동복지론. 서울: 창지사.

행정안전부(2009). 다문화가족 자녀의 연령별 현황.

허남순(1998). 가정위탁관계양육법의 개정. 한국아동학회, Vol, 7(1). 157-189.

현은민(2003). 재혼가족의 아동. 한국 가족학회, 8(2). 101-126.

홀트아동복지회(2008). 공개입양현황.

홍봉선 · 남미애(2000). 청소년복지론. 서울: 양서원.

홍순혜 · 박미정(2007). 국민의 입양인식과 입양의사에 영향을 미치는 요인에 관한 연구. 서울여자대학교 사회과학연구소. 사회과학논총, Vol. 14. 73-95.

Belsky, J. (1980). Child maltreatment: An ecological integration. *American psychologist, 35*. 320-335.

Belsky, J. (1993). Etiology child maltreatment: A developmental-ecological analysis. *Psychological Bulletin, 114*. 413-434.

Berk, L. E. (2000). *Child development(5th ed.)*. Boston, MA: Allyn and Bacon.

Biestek, F. (1961). *The casework relationship*. Chicago: Royola Univ. Press.

Bijou, S. W. (1976). *Child development: The basic stage of early childhood.* Englewood Cliffs, New Jersey: Prentice-Hall, Inc.

Bronfenbrenner, U. (1979). *The ecology of human development.* Cambridge, MA: Harvard University Press.

Clingempeel, W. G., Brand, E., & Segal, S., A.(1987). *Multilevel-multivariable-developmental perspective for future research on stepfamilies.* New York: Guilford.

Corey, M. S., Corey, G., & Corey, C. (1997). *Groups: process and practice*(5th ed.). Pacific Grove, CA: Brooks/Cole. 김명권 · 김창대 · 박애선 · 전종국 · 천성문 역(2001). 집단상담: 과정과 실제. 서울: 시그마프레스.

Doe, S. S. (2000). Cultural factors in child maltreatment and domestic violence in Korea. *Children and Youth Service Review, 22(3).* 231-236.

Downs, S. W., Costin, L. B., & Mcfadden, E. J. (1996). *Child Welfare and Practice.* White plains, NY: Longman.

Erikson, E. H. (1950). *Childhood and society.* New York: W. W. Norton Co., Inc.

Flavell, J. H., & Wellman, H. M. (1976). *"Meta memory," Memory in Cognitive Development.* Hillsdale, New Jersey: Lawrence Erlbaum Associates.

Friedlander, W. A., & Apte, R. (1974). *Introduction to Social Welfare.* Englewood Cliffs: Prentice Hall.

Ganong, L., & Coleman, M. (1994). *Remarried family relationship.* Thousand Oaks: Sage Publications.

Garbarino, J. (1992). The meaning of poverty in the world of children. *American Bahavioral Scientist, 35(2).*

Gilbert, N., & Terrel, P. (1998). *Dimension of Social Welfare Policy*(4th ed.). Boston: Allyn and Bacon.

Gil, D. G. (1970). Violence against children Syndrome. *Journal of the American Medical Association, 181.* 17-24.

Horwath, J. (2001). *The Child' s world. Department of Health.* London, VK: JKP.

Kadushin, A. (1980). *Child welfare service.* New York: Macmillan.

Kadushin, A., & Martin, J. A. (1998). *Child welfare services*(4th ed.). N. Y.: Macmillan Publishing Co.

Kaufmam, J., & Zigler, E. (1987). Do abused children become abusive parents? *American Journal of Orthopsychiatry, 57.* 186-192.

Kempe, C. H., Silverman, F., Streele, B., Droegmueller, W., & Silver, H. (1962). The battered child syndrome. *Journal of the American Medical Association, 181.* 17-24.

Ihinger-Tallman, M., & Pasley, K. (1988). Stress in remarried families. *Family Perspectiive.*

Maluccio, A. N. (1995). Children: Direct Practice. *Encyclopedia of Social Work*(19th ed). NASW.

Miller, B., Fox, A. R., & Garcia-Bcckwith, L. (1999). Intervening in severe physical abuse cases: Mental health, legal, and social services. *Child Abuse & Neglect, 23(9).* 905-9114.

Newman, B. M., & Newman, P. R. (1991). *Development through life: a psychosocial approach(5th ed.).* Pacific Grove, CA: Brooks/Cole.

O' Brien, K. M., & Zomostny, K. P. (2003). Understanding adoptive families: An integrative review of empirical research and future. Directions for counseling Phycology.

Pecora, J. P., Whittaker, J. K., Maluccio, A. N., Barth, R. P., & Plotnick, R. D. (2000). *The child welfare challenge: policy, practice, and research*(2nd Ed). N. Y.: Aldine De Gruyter.

Sager, C. J. (1983). *Treating the Remarried Family.* New York: Brunner/Mazel, Publishers.

Sarason, I. G., & Sarason, B. R. (1995). *Abnormal psychology.* 김은정 · 김향구 · 황순택 역(2002). 이상심리학. 서울: 학지사.

Shaffer, D. R., & Kipp, K. (2007). *Developmental Psychology childhood & adolescence*(7th ed.). CA: Thompson Wadsworth.

Smead, R. (1995). *Skills and techniques for group work with children and adolescents.* Illinois: Research Press.

Thompson, C. L., & Rudolph, L. B. (2000). *Counseling children*(5th ed.). Belmont, CA: Wadsworth. 천성문 · 송재홍 · 윤치연 · 윤호열 · 이영순 · 박천식 · 김경일 · 하영자 · 김상희 역(2001). 아동상담의 이론과 실제. 서울: 시그마프레스.

Toseland, R. W., & Rivas, R. F. (1995). *An introduction to group work practice*(2nd ed). New York: Macmillan.

UNICEF(2002). *UNICEF's Profities for Children 2002-2005*(2nd edition). New York: UNICEF. (www.unicef.org)

Visher, E. B., & Visher, J. S. (1996). Therapy With Stepfamilies. New York: Brunner/Mazel. 반건호 · 조아랑 역(2003). 재혼 가정 치료: 행복한 복합가정 이루기. 서울: 빈센트. 33-41.

Wolfe, D. A., & Wekerle, C. (1993). Treatment strategies for child physical abuse and neglect: A critical abuse and neglect: A critical progress report. *Critical Psychology Review, 13*. 473-500.

Zuckerman, E. (1983). *Child welfare*. N. Y.: The Free Press.

보건복지부 홈페이지(http://www.mw.go.kr)

(사)한국다문화복지협회 홈페이지(http://한국다문화복지협회.com/)

(사)한국한부모가정사랑회 홈페이지(http://www.hanbumo.org)

서울시한부모가족지원센터 홈페이지(http://seoulhanbumo.or.kr)

여성가족부 홈페이지(http://www.mogef.go.kr)

위 스타트 홈페이지(http://westart.or.kr)

중앙건강가정지원센터 홈페이지(www.familynet.or.kr)

중앙아동보호전문기관 홈페이지(http://korea1391.org)

중앙입양정보원(www.kcare.or.kr)

통계청 홈페이지(http:www.kosis.kr/)

통계청, e-나라지표(http://www.index.go.kr/)

2차 경기북부여성, 학교폭력 피해자 ONE-STOP지원센터 유관기관 간담회 자료 (2009. 7. 3.)

저자소개

김 미 영
숙명여자대학교 아동복지학과 (이학박사)
(현재) 대덕대학교 사회복지과 교수
한국가족복지실천학회 부회장

조 성 심
평택대학교 사회복지학 박사
(현재) 한북대학교 사회복지학과 교수
한국학교사회복지사협회 부회장

조 윤 정
숙명여자대학교 아동복지학과 (이학박사)
(현재) 가천대학교, 두원공과대학교 외래교수
다문화아동발달심리센터 소장

조 윤 희
평택대학교 사회복지학 박사
(현재) 신흥대학교, 덕성여자대학교, 한서대학교, 평택대학교 외래교수
사단법인 한국다문화복지협회 대표

이 정 희
평택대학교 사회복지학 박사
(현재) 신흥대학교 사회복지학과 겸임교수
고은색동 어린이집 대표

김 정 식
서울기독대학교 사회복지학 박사 수료
(현재) 한서대학교 외래교수
(사)한국장애인문화예술교육협회 대표, 여울돌 고문위원
장애인 보철을 위한 '(사) 스마일 재단' 홍보대사, 파주 농아인협회 운영위원

아동복지론

초판 1쇄 인쇄 2013년 8월 19일
초판 1쇄 발행 2013년 8월 26일

지은이_ 김미영 · 조성심 · 조윤정 · 조윤희 · 이정희 · 김정식
펴낸이_ 황호철
펴낸곳_ 도서출판 파란마음

주소_ 140-845 서울시 용산구 백범로90라길 47 | 전화_ (02) 3275-2110~1 | 팩스_ (02) 3275-2199
홈페이지_ http://paranmaum.co.kr/

등 록_ 2006년 4월 24일 · 제302-2006-00024호

ISBN 978-89-97982-15-8 93370
값 19,000원